RE - 27

Hinweiskarten: VA und RF

SCHRIFTEN ZUR ANGEWANDTEN WIRTSCHAFTSFORSCHUNG

Begründet von

Walther G. Hoffmann

herausgegeben von

Bernhard Gahlen und Helmut Hesse

30

Entwicklungspole und räumliches Wirtschaftswachstum

Untersuchungen zur Identifikation und Inzidenz von Entwicklungspolen. Das spanische Beispiel 1964–1971

von

FRIEDRICH BUTTLER

1973

J. C. B. MOHR (PAUL SIEBECK) TÜBINGEN

Aus dem Ibero-Amerika-Institut für Wirtschaftsforschung
der Universität Göttingen

Als Habilitationsschrift auf Empfehlung der Wirtschafts- und Sozialwissenschaftlichen Fakultät der Universität Göttingen gedruckt mit Unterstützung der Deutschen Forschungsgemeinschaft.

©

Friedrich Buttler
J. C. B. Mohr (Paul Siebeck) Tübingen 1973
Alle Rechte vorbehalten
Ohne ausdrückliche Genehmigung des Verlags ist es auch nicht gestattet,
das Buch oder Teile daraus
auf photomechanischem Wege (Photokopie, Mikrokopie) zu vervielfältigen
Printed in Germany
Druck: Gutmann & Co., Heibronn a. N.
Einband: Heinrich Koch, Großbuchbinderei, Tübingen
ISBN 3 16 334782 7

Vorwort des Herausgebers

Die vorliegende Arbeit, die von der Göttinger Fakultät für Wirtschafts- und Sozialwissenschaften als Habilitationsleistung angenommen worden ist, liefert zu einer äußerst interessanten Fragestellung eine theoretisch fest fundierte empirische Analyse von beachtlicher Qualität und ist deshalb in die Reihe "Schriften zur angewandten Wirtschaftsforschung" aufgenommen worden. Der Verfasser setzt sich zum Ziel,"zur Klärung des Verhältnisses von teilräumlicher und gesamtwirtschaftlicher Entwicklungsplanung beizutragen. Damit ergibt sich eine doppelte Fragestellung, nach den raumwirtschaftlichen Implikationen der gesamtwirtschaftlichen Planung einerseits und nach den Auswirkungen regionaler Planungen auf das gesamtwirtschaftliche Wachstum andererseits" (S. 1). Beide Fragen werden im Rahmen der Polarisationstheorie behandelt. Es wird u. a. von der These ausgegangen, "daß gesamtwirtschaftliches Wachstum regional polarisiert stattfindet" (S. 9); und diese positive Aussage "wird zum strategischen Konzept, indem zusätzlich behauptet wird, daß ein solches regional polarisiertes Wachs- 'besser' ist... Das bedeutet, daß für die Planung auch tatsächlich eine Aufgabe darin bestehen kann, das entwicklungstheoretische Konzept der Polarisationstheorie durch die Wachstumspolitik zu instrumentalisieren" (S. 9). Von dieser Problemstellung her gesehen verdient die Arbeit das Interesse sowohl der Theoretiker als auch der Wirtschaftspolitiker. Zwar ist das Thema nicht neu, es ist aber in der Literatur bisher nur unvollständig und unvollkommen behandelt worden. Dem Verfasser bleibt somit Raum, vielfältige neue Aspekte aufzuwerfen und damit die Wissenschaft auf einem bisher vernachlässigten Feld voranzuführen.

Nachdem der Verfasser die Polarisationstheorie in ihrer grundlegenden Formulierung skizziert, im Hinblick auf die Theorie des regionalen Wirtschaftswachstums diskutiert und die Ansätze zu ihrer Instrumentalisierung (Wachstumspolpolitik) erläutert und auf das theoretische Grundkonzept zurückbezogen hat, gibt er einen Überblick über die spanische Wachstumspolpolitik und stellt ihre Ergebnisse den Aussagen der Polarisationstheorie gegenüber. Die empirischen Ergebnisse werden theoretisch wieder verdichtet und auf einen Strategievorschlag bezogen, der nicht nur den Wirtschaftspolitikern in Spanien wichtige Hilfen bei ihren Bemühungen leisten kann.

Der zweite Teil der Arbeit ist für die Wissenschaft deshalb wertvoll, weil er einen Einblick in die spanische Entwicklungsplanung gewährt, der bisher verschlossen war. Der Verfasser hat zusammen mit einer Arbeitsgruppe der Comisaría del Plan de Desarrollo Untersuchungen zur Kontrolle des spanischen Entwicklungsplans durchgeführt. Dabei hat er das Untersuchungsprogramm entworfen und es im Rahmen einer Pilot-Studie für das andalusische Polpaar Huelva und Sevilla auf seine Realisierbarkeit getestet. Insbesondere die regionalen Input-Output-Tabellen, die der Verfasser aufgrund eigener statistischer Erhebungen und Interviews vorlegen und auswerten kann, bringen wichtige neue Erkenntnisse.

Die Herausgeber glauben, daß das vorliegende Buch dazu beitragen kann, auch in der Bundesrepublik einer Wachstumspolitik, die bewußt auf den raumwirtschaftlichen Wirkungen verschiedener Maßnahmen aufbaut, den Weg zu ebnen. Sie wünschen ihm deshalb eine weite Verbreitung nicht nur unter Wissenschaftlern.

Helmut Hesse

GLIEDERUNG

Einleitung   1

1. Teil
Hypothesen über räumliche Polarisation   8

1.	Polarisations- und räumliche Wachstumstheorie	10
1.1.	Myrdals Kritik am Ohlin-Heckscher Theorem	11
1.1.1.	Gegenüberstellung der beiden Theoreme	12
1.1.2.	Empirische Relevanz der Myrdal-These	21
1.2.	Das Prinzip der zirkulären Verursachung	27
1.2.1.	Einordnung in die regionale Wachstumstheorie	28
1.2.2.	Kommunikationskosten als Ergebnis der Immobilität von Wachstumsdeterminanten	36
1.2.3.	Zirkuläre Verkettung von Immobilitäten	50
2.	Wachstumspole	57
2.1.	Identifikation und Inzidenz von Wachstumspolen	58
2.1.1.	Identifikation von Wachstumspolen	59
2.1.2.	Inzidenz von Wachstumspolen	69
2.2.	Das Konsistenzproblem: Thesen	75
3.	Erweiterungen des Wachstumspolkonzepts	80
3.1.	Einbeziehung der Theorie der zentralen Orte	81
3.2.	Stadtentwicklung und Wirtschaftswachstum	83
3.2.1.	Voten für eine entschiedene Urbanisationspolitik	83
3.2.2.	Die Rolle der Mittelstädte	90
3.3.	Die Ansätze zu einer allgemeinen Theorie räumlich polarisierten Wirtschaftswachstums	94

2. Teil
Das Beispiel der spanischen Wachstumspole   100

1.	Funktion der industriellen Wachstumspole in der spanischen Entwicklungsplanung	101
1.1.	Bedeutung des Programms	102

1.1.1.	Bedeutung der Regionalpolitik im Rahmen der Gesamtplanung	102
1.1.2.	Bedeutung des Polprogramms im Rahmen der Regionalpolitik	104
1.2.	Erwartungen	108
2.	Das Programm der Felduntersuchung	109
2.1.	Abgrenzung des Untersuchungsgegenstandes	109
2.1.1.	Abgrenzung des Pols	110
2.1.2.	Abgrenzung des Hinterlands	111
2.1.3.	Wahl der Berichtsjahre	112
2.2.	Methoden und Instrumente	113
2.3.	Das Gesamtsystem der Untersuchung	116
2.4.	Einwendungen gegen das Untersuchungsprogramm	118
2.4.1.	Kritische Würdigung der Abgrenzung des Pols	120
2.4.2.	Unvollkommenheit der Analyse der Einkommenspolarisation	122
2.4.3.	Kritische Würdigung der Abgrenzung des Hinterlands	125
3.	Synoptische Darstellung der andalusischen Wachstumspole	126
3.1.	Allgemeiner Überblick	126
3.1.1.	Investition, Produktion und Beschäftigung	126
3.1.2.	Bedeutung der Polaktivitäten im Rahmen der regionalen und volkswirtschaftlichen Gesamtrechnung	143
3.2.	Struktur der Investitionen und ihrer Finanzierung	154
3.2.1.	Abflußeffekte während der Investitionsphase	155
3.2.2.	Finanzierungsstruktur der Polindustrien und Abflußeffekte während der Produktionsphase	163
3.3.	Input-Output-Relationen	173
3.3.1.	Input-Output-Relationen zwischen Polindustrien	174
3.3.2.	Pol-Hinterland-Beziehungen und die Achse Huelva-Sevilla	179
3.3.3.	Integrationsgrade und Handelsbilanzen mit dem Rest der Volkswirtschaft und dem Ausland	186
3.4.	Gesamteffekte der Produktionsphase	195
3.4.1.	Direkte und indirekte Einkommenseffekte	196
3.4.2.	Der regionale Konsumausgabenmultiplikator	206

Exkurs:	Ergebnisse der Untersuchung der Entwicklungspole Burgos, La Coruña, Valladolid, Vigo und Zaragoza	224
4.	Erfüllen die spanischen Pole die Kriterien der Wachstumspoldefinition?	228
4.1.	Identifikations- und Inzidenzkriterien	228
4.1.1.	Identifikationskriterien	228
4.1.2.	Inzidenzkriterien	237
4.2.	Würdigung der Wachstumspolpolitik im I. und II. Plan	242
5.	Zur Strategie der räumlich polarisierten Entwicklung im Rahmen des III. Plans	249
5.1.	Grundlagen der Strategie	249
5.1.1.	Die Doktrin: Hintergrund, Ziele	250
5.1.2.	Dezentrale Konzentration	258
5.2.	Integrierte Sektoral/Regionalplanung?	263
5.2.1.	Zwei Versionen für ein Regionalmodell	264
5.2.2.	Kritik des Modells	272
5.2.3.	Der Widerspruch zwischen ordnungspolitischer Grundentscheidung und der Planungstechnik	276
5.3.	Zur Identifikation regionaler und sektoral/regionaler Pole im III. Plan	278
5.3.1.	Identifikation der metropolitanen, urbanen und ruralen Zonen als Anwendung eines allgemeinen Polarisationskonzepts?	279
5.3.2.	Identifikation sektoral/regionaler Pole - Attraktionsanalyse und Planung	285
5.4.	Grundsätze der dezentralen Konzentrationspolitik und Einordnung des Wachstumspolkonzepts	293
5.4.1.	Grundsätze	294
5.4.2.	Einordnung des traditionellen Wachstumspolkonzepts	299

Anhänge (zu Teil zwei der Arbeit):

Anhang 1: Regionale und sektorale Selektivität: Investitionskriterien (zu Abschnitt 1.3.)   305

Anhang 2: Einzelprobleme zum Abschnitt 2.2. des 2. Teils - Methoden und Instrumente   315

Anhang 3: Input-Output-Tabellen und Zusatztabellen Huelva und Sevilla für die drei Berichtsjahre (zu Abschnitt 3.3.)   328

Anhang 4: Standortvergleich Huelva-Tarragona für chemische Industrien (zu Abschnitt 3.3.1.)   346

Anhang 5: Input-Output-Tabellen Burgos, La Coruña, Valladolid, Vigo und Zaragoza für 1971 (zum Exkurs nach Abschnitt 3.4.2.)   353

Literaturverzeichnis   364

EINLEITUNG

Der Untersuchung ist zum Ziel gesetzt, zur Klärung des Verhältnisses von teilräumlicher und gesamtwirtschaftlicher Entwicklungsplanung beizutragen. Damit ergibt sich eine doppelte Fragestellung, nach den raumwirtschaftlichen Implikationen der gesamtwirtschaftlichen Planung einerseits und nach den Auswirkungen regionaler Planungen auf das gesamtwirtschaftliche Wachstum andererseits. Diese logische Doppelnatur der Fragestellung wird vom sachlichen Zusammenhang her durch den Erfahrungssatz untermauert, daß gesamtwirtschaftliches Wachstum <u>gleichzeitig raumwirksam und -abhängig ist</u>. Planungstechnisch ist damit ein dringliches Koordinationsproblem bezeichnet.

A. Zuerst soll kurz beleuchtet werden, daß hier eine ökonomische Fragestellung gegeben ist, zweitens, wie sie sich dem zentralen Planträger in einer Volkswirtschaft stellt. Ein ökonomisches Problem liegt offenbar schon deshalb vor, weil es im Hinblick auf das Ziel raschen gesamtwirtschaftlichen Wachstums nicht gleichgültig ist, wie die produktiven Aktivitäten räumlich verteilt sind, wenn sie je nach ihrer räumlichen Allokation unterschiedliche Beiträge zum Nationaleinkommen erwirtschaften. Der Marktmechanismus löst nach vielfach geäußerter Meinung die ihm zugedachte räumliche Allokationsaufgabe im Wachstumsprozeß unzureichend, daraus wird die Notwendigkeit planerischer Eingriffe abgeleitet. Derselbe Grund, der für diese allgemeine Motivation räumlicher Planung maßgeblich ist, erklärt auch, daß bei gleichzeitiger teilräumlicher und gesamtwirtschaftlicher Planung immer ein Konsistenzproblem auftreten muß. Denn nur in einer Welt vollkommener Konkurrenz, so wird behauptet, ist die Summe der für jeden Teilraum maximierten pro-Kopf Einkommen gleich dem maximierten nationalen pro-Kopf Einkommen (Richardson, 69, 366).

Im Idealfall wäre eine integrierte Global-/Sektoral-/Regionalplanung anzustreben, weil nur in ihr gleichzeitig alle Bedingungen optimaler Allokation erfüllt wären. In der Regel hat aber auch in den Volkswirtschaften, in denen gesamtwirtschaftliche Pläne aufgestellt werden, die Regionalplanug nur komplementäre Funktion. Aus der Sicht des zentralen Planungsträgers werden regionale Entwicklungspläne im allgemeinen durch die Diagnose einer Problemsituation in einem Teilraum der Volkswirtschaft begründet. Aufgrund der Diagnose entscheidet der zentrale Planungsträger, ob er "etwas für Region X, Y tun" will. Die sich ergebende Planungsaufgabe lautet allgemein, eine oder mehrere für die regionale Wohlfahrt relevante Zielvariable bei gegebenem Mitteleinsatz zu maximieren bzw. bei vorgegebenen Zielwerten den Mitteleinsatz zu minimieren.

Regionale Entwicklungsplanung läßt sich nun nicht nur aus spezifischen Problemsituationen begründen, wobei meist das Ziel <u>interregionaler Verteilungsgerechtigkeit</u> eine vorrangige Rolle spielt. Zwar wird, immer und insoweit das Regionskonzept wohlfahrtsrelevant ist, eine nationale Wohlfahrtsfunktion auch den interregionalen Verteilungsaspekt zu berücksichtigen haben. Darüber hinaus muß jedoch jede konsistente Planung auf nationaler Ebene die Entscheidung darüber, wieviel zu einem Zeitpunkt in einem Sektor insgesamt in der Volkswirtschaft investiert werden soll, von den räumlichen Gegebenheiten und komparativen Entwicklungsmöglichkeiten für die Faktorallokation im Hinblick auf das Ziel der <u>gesamtwirtschaftlichen Effizienz</u> abhängig machen. Soweit interregionale Verteilungsgerechtigkeit und gesamtwirtschaftliche Effizienz konkurrierende Ziele sind, besteht die Planungsaufgabe darin, Lösungen zu finden, die eine höchstmögliche Annäherung der objektiven Grenzrate der Transformation zwischen Effizienz und Gerechtigkeit und der sich aus der gesamtwirtschaftlichen Wohlfahrtsfunktion ergebenden entsprechenden marginalen Substitutionsrate ermöglichen.

Diese letztgenannte Bedingung charakterisiert ein Idealbild des Verbunds von gesamtwirtschaftlicher und teilräumlicher Planung. In konkreten Entwicklungsplänen stehen dagegen spezifische Regionalprogramme oft gänzlich unverbunden neben einer gesamtwirtschaftlichen Sektorplanung, deren räumliche Dimension unbekannt ist. Wenn auch die Notwendigkeit engerer Koordination anerkannt ist, scheitern Lösungsansätze an einer Vielfalt von Hindernissen, von denen hier drei besonders hervorgehoben werden sollen: es fehlt an empirischen <u>Informationen</u>, theoretischen <u>Kriterien</u> zu ihrer Bewertung und geeigneten planerischen <u>Techniken</u> zur strategischen Umsetzung der gefundenen Zusammenhänge.

Das soll kurz erläutert werden: Erstens fehlt es an Untersuchungen über den Zielerreichungsgrad der spezifischen Regionalprogramme. Ist gleichzeitig unbekannt, welche räumliche Dimension das gesamtwirtschaftliche Sektorprogrammierungsmodell hat, dann muß auch unklar bleiben, was konkret koordiniert werden soll. Zweitens, und das erschwert wiederum die Bereitstellung geeigneter Informationssysteme, ist der Zusammenhang von gesamtwirtschaftlichem Wachstum und regionaler Entwicklung nicht befriedigend erklärt. Zwei Argumente werden häufig genannt, um dieses Ungenügen zu begründen. Einmal wird darauf hingewiesen, daß die gesamtwirtschaftliche Wachstumstheorie von der Fiktion einer Punktwirtschaft ausgeht, zum anderen darauf, daß es bisher nicht gelungen ist, regionale Wachstums- und Standortstheorie zu integrieren. Das führt dazu, daß von einer geschlossenen Theorie des regionalwirtschaftlichen Wachstums bisher nicht gesprochen werden kann. Für die Formulierung überzeugender Strategien besteht darin ein entscheidendes Handikap. Drittens, und das erschwert wiederum die weitere Theoriebildung, lassen bekannte Planungstechniken die Berücksichtigung apriorisch plausibler und bisher nicht eindeutig falsifizierter Hypothesen oftmals nicht in angemessener Weise zu. Entsprechend sind viele Programmierungsmodelle theoretisch noch anspruchsloser konzipiert, als es nach dem an sich schon bescheidenen Aussagewert der vorhandenen theoretischen Konzepte zu erwarten wäre.

B. Vor diesem allgemeinen Hintergrund kann jetzt dargestellt werden, in welcher Weise die vorliegende Untersuchung zur Klärung des Verhältnisses von teilräumlicher und gesamtwirtschaftlicher Entwicklungsplanung beitragen soll, d.h. worin der Zusammenhang des skizzierten Planungsproblems mit dem Entwicklungspolkonzept zu sehen ist. Unter dem Entwicklungspolkonzept wird dabei zweierlei verstanden, ein theoretischer Erklärungsansatz (im folgenden als Polarisationstheorie bezeichnet) und seine Instrumentalisierung (im folgenden als Wachstumspolpolitik bezeichnet).

1. Ausgangspunkt der Überlegungen war die Raumbedeutsamkeit und Raumabhängigkeit des gesamtwirtschaftlichen Wachstumsprozesses. Die folgende These konkretisiert diesen Zusammenhang und begründet, warum es interessant ist, zu seiner Klärung die Polarisationstheorie heranzuziehen. Sie lautet: Entwicklungspole sind die räumliche Spiegelung des gesamtwirtschaftlichen Wachstumsprozesses. Gleichzeitig ist gesamtwirtschaftliches Wachstum das Ergebnis aufeinanderfolgender Entwicklungsschübe innerhalb sektoral/regional identifizierbarer Zusammenballungen wirtschaftlicher Aktivitäten (d. h. Entwicklungspolen), von denen aus Impulse zu Anpassungsbewegungen im übrigen gesamtwirtschaftlichen System diffundieren. Polarisation ist also das Nettoresultat von zentrifugalen und zentripetalen Vektoren.

2. Wachstumspolpolitik stellt den planvollen Versuch dar, das Entwicklungspolkonzept (d. h. die Polarisationstheorie) zu instrumentalisieren. Aus der Beobachtung entwicklungsbedingten Strukturwandels wird auf die strategische Bedeutung planvollen Strukturwandels für die Entwicklung zurückgeschlossen.[1)]

---

1) Einige der verwendeten Begriffe sind in erster Annäherung zu klären: Wachstum und Entwicklung werden hier gleichgesetzt. Wird allgemein von Sektoren gesprochen, so bezieht sich die Abgrenzung auf die ISIC-Klassifikation ohne Festlegung ihrer Aufgliederung (2-/3- usw. digital). Wird allgemein von Regionen gesprochen, dann sind Teilräume einer Volkswirtschaft gemeint; das ist

C. Die vorliegenden Fragestellungen werden in der Untersuchung am Beispiel der spanischen Entwicklungsplanung 1964-1971 und der Vorbereitungen für den III. Plan 1972-1975 verfolgt. Die Wahl des Beispielfalls hat Vor- und Nachteile. Als Vorteil kann gelten, daß die aktuelle Regionalpolitik in Spanien sich als Hauptpfeiler der Politik der Industrialisierung von Problemregionen der Wachstumspolpolitik bedient. Im ersten Plan wurden 1964 sieben sogenannte "Polos de Promoción Industrial" oder "Polos de Desarrollo Industrial" gegründet. Im zweiten Plan wurden weitere vier Pole bestimmt. Die sieben Pole des ersten Plans wurden vom Verf. in Zusammenarbeit mit dem spanischen Plankommissariat in der Zeit von 1969-1971 untersucht. Weiter kann als Vorteil gelten, daß schon im zweiten spanischen Entwicklungsplan die Vorstellung, daß optimale Wachstumspolitik erst durch effizienzorientierte Regionalpolitik möglich sei, ihren Niederschlag in der Qualifikation der Region als "Operationsbasis" der gesamtwirtschaftlichen Wachstumspolitik gefunden hat. Wenn auch damit zunächst mehr ein neues Wort als auch eine neue Strategie bezeichnet war, kennzeichnet dies doch die Richtung der Planungsdiskussion.

Nachteilig wirkt sich aus, daß der Beispielfall nicht für die Mehrzahl der heutigen Entwicklungsländer repräsentativ ist. Wenn auch Generalisierungen der Polarisationstheorie von vielen Autoren (Friedmann, 69, Lasuen, 71, z. B.) für möglich gehalten werden, bezieht sich die vorliegende Argumentation insbesondere im zweiten Teil der Arbeit auf eine halbindustrialisierte Volkswirtschaft, auf die Phase der Entwicklung zur Reife. Nachteilig mag weiter sein, daß die vorliegende Untersuchung in der Auswahl der Schwerpunkte der Argumentation auch davon beeinflußt ist, daß sie in engster Zusammenarbeit mit den spanischen Regionalplanern zustande gekommen ist und versucht, zu den dort aufgeworfenen Fragen Stellung zu nehmen. Damit ist fast unvermeidlich, daß Besonderheiten der gegebenen Situation

die einzige Regionsdefinition, über die in der Literatur Übereinstimmung herrscht!

die Gewichtung der Schwerpunkte der Argumentation im einzelnen beeinflussen.

Die Untersuchung besteht aus zwei Teilen. Der erste Teil dient der näheren Begründung und Konkretisierung der Arbeitshypothesen. Das bedeutet, daß zuerst die Polarisationstheorie in ihrer grundlegenden Formulierung skizziert und im Hinblick auf die Theorie des regionalen Wirtschaftswachstums diskutiert wird, daß danach die Ansätze zu ihrer Instrumentalisierung (Wachstumspolpolitik) erläutert und abschließend auf das theoretische Grundkonzept zurückbezogen werden.

Im zweiten Teil wird versucht, die Ergebnisse der spanischen Wachstumspolpolitik den Aussagen der Polarisationstheorie gegenüberzustellen. Es handelt sich um eine empirische Untersuchung zur Plankontrolle und, wie gezeigt werden wird, in beschränktem Umfang zur Planbewertung. Ihr methodischer Ansatz erlaubt nur teilweise ihre weitere Anwendung als Grundlage zukünftiger Programmierungsansätze. Die Untersuchung wird wiederum nur beispielhaft an der vom Verf. eigenständig durchgeführten und für die Auswertung der übrigen Pole maßgeblichen Pilotstudie über die Entwicklung der andalusischen Pole Huelva und Sevilla 1964 - 1971 vorgeführt. Auf die Ergebnisse der übrigen 5 Pole wird hingewiesen, um besonders wichtige Ergebnisse zu sichern.[1]

Im Schlußkapitel wird versucht, aus der Begrenztheit der beobachteten Wachstumspolpolitik Konsequenzen zu ziehen, indem unter Berücksichtigung neuer Überlegungen zur Polarisationstheorie das Entwicklungspolkonzept daraufhin un-

---
[1] Die Ergebnisse der Pole Huelva/Sevilla, La Coruña/Pontevedra sind inzwischen auch vom spanischen Plankommissariat publiziert: Vgl. Alegre, S., Arjona, A., Buttler, F., Fernández, F., Mendoza, J., et alii: Evaluación económica de los polos de desarrollo, Madrid 1972

tersucht wird, inwiefern es sich zur Integration von teilräumlicher und gesamtwirtschaftlicher Planung aus der Sicht des zentralen Planungsträgers eignet.

Es wird diskutiert, welche Modelle geeignet sein können, die Bedeutung der Polarisationsfaktoren zu quantifizieren. Das Ergebnis der Überlegungen wird in einer Strategiediskussion zusammengefaßt. Gegenstand der Analyse ist dabei insbesondere die vom spanischen Plankommissariat intendierte Strategie der dezentralen Konzentration, die auf der Polarisationstheorie basiert. Damit wird der Wachstumspolpolitik des ersten und zweiten Plans eine Alternative für den dritten Plan gegenübergestellt. In der Vorläufigkeit der Alternative liegt ein Risiko, andererseits auch eine Herausforderung zur Diskussion.

1. Teil

Hypothesen über räumliche Polarisation

Als Ausgangspunkt können drei Hypothesen gewählt werden:

H_1: "... the field of growth poles and growth centers... (provides) the most tangible link between national and regional policies and plans" (Kuklinski, 70, 276, Hervorheb. F.B.). Hier wird also behauptet, daß das Entwicklungspolkonzept im Hinblick auf die vorliegende Fragestellung eine besonders integrative Funktion hat. Im Sinne des theoretischen Erklärungsansatzes (Polarisationstheorie) muß sie nach obigem eine tragfähige Hypothese über den Zusammenhang von gesamtwirtschaftlichem Wachstum und regionaler Entwicklung beinhalten. Diese lautet:

H_2: "Growth takes place in successive spurts in sectoral-geographical clusters from which it spreads to the rest of the system" (Lasuen, 71, mimeo, 5). Als positive Hypothese formuliert, kann der Zusammenhang so ausgedrückt werden, daß gesamtwirtschaftliches Wachstum nicht nur sektoral, sondern auch regional polarisiert verläuft. Damit ist einmal die Bedeutung der Raumdimension für die Wachstumstheorie postuliert, zum anderen eine Aussage über den Zusammenhang zur Lokalisationstheorie impliziert, nämlich H_{21}: "whereas transport costs, senso stricto, are becoming less important in explaining the dispersion of activities over space, communication costs (including transport costs) - given the increasing complexity of production processes - are becoming more important", und H_{22}: "Communication costs prevent economic activities from spreading arbitrarily over a given space" (van Wickeren, 71, 3). Unter Berücksichtigung von H_{21} und H_{22} erscheint H_{23} sinnvoll: "The focus on specific geographical centers (i.e. Wachstumspole, F.B.) at the sub-regional level has helped to bridge the gap between locational analysis and regional economics" (Richardson, 69, 415; "regional economics" kann bei Richardson im vorliegenden Zusammenhang i. S. von regionaler Wachstumstheorie interpretiert werden). Zusammenfassend kann gesagt werden, daß a priori-Erwägungen die Tragfähigkeit der Polarisationstheorie zur Begründung des Zusammenhangs von gesamtwirtschaftlichem Wachstum und regionaler Entwicklung stützen.

Die integrative Funktion des Entwicklungskonzepts ist jetzt im Hinblick auf den mit ihr verbundenen Instrumentalisierungsansatz (Wachstumspolpolitik) zu begründen. Dabei ist es nicht erforderlich, sich auf bestimmte Wachstumspolstrategien zu beziehen, es ist darüber hinaus nicht wünschenswert, weil diese, wie nachgewiesen werden wird, wesentliche Verengungen des grundlegenden theoretischen Konzepts beinhalten können. Die wichtige Hypothese seitens des Entwicklungspolkonzepts zur Begründung der Behauptung, daß optimale Wachstumspolitik erst durch Regionalpolitik möglich ist (Gerfin, 64, 575) formuliert H_2 um und lautet H_3: Sektorale Polarisationen sind effizienter, wenn sie regional polarisiert sind als wenn sie regional dispers alloziiert sind. Noch einmal: die positive Aussage, daß gesamtwirtschaftliches Wachstum regional polarisiert stattfindet, wird zum strategischen Konzept, indem zusätzlich behauptet wird, daß ein solches regional polarisiertes Wachstum "besser" ist. Damit ist nicht gleichzeitig gesagt, daß der marktwirtschaftliche Entwicklungsprozeß allein optimale Polarisationen hervorbringt. <u>Das bedeutet, daß für die Planung auch tatsächlich eine Aufgabe darin bestehen kann, das entwicklungstheoretische Konzept der Polarisationstheorie durch die Wachstumspolpolitik zu instrumentalisieren.</u> Das kann weiter bedeuten: H_{31}: daß bei Verfolgung teilräumlich begründeter Wohlfahrtsziele das Wachstumspolkonzept anderen überlegen ist und H_{32}: daß es im Hinblick auf gesamtwirtschaftliche Effizienz wegen des teilweisen Versagens des Marktmechanismus richtig sein kann, Rückstandsregionen bevorzugt zu fördern und sich dabei der Wachstumspolpolitik zu bedienen.

Dies ist eine Arbeit zur Entwicklungsplanung, Gegenstand der Entwicklungsplanung ist die Formulierung, Durchsetzung und Kontrolle einer wirtschaftspolitischen Konzeption. Letztere kann definiert werden als Leitbild, das einen rationalen Zusammenhang von Zielen, Grundsätzen und Methoden der Wirtschaftspolitik darstellt (Pütz, 60, 11). Das Postulat eines rationalen Zusammenhangs erfordert theoretisch begründete Aussagen über die Ziel-Mittel Beziehung. Nach der oben gegebenen vereinfachten Darstellung der Planungsaufgabe sind die aus der Sicht des zentralen Planungsträgers vorrangigen Ziele Sozialproduktmaximierung und interregionale Verteilungsgerechtigkeit. Die Wohlfahrtsimplikationen dieser Ziele werden hier nicht grundsätzlich diskutiert. Daß sie gerade bei der Diskussion des Verteilungsziels berücksichtigt werden müssten, beleuchtet das folgende Zitat: "Paradoxically, the result of policies adopted to raise incomes in depressed areas may be to benefit the rich in the poor regions at the expenxe of the poor living in rich ones" (Richardson, 69, 366).

Was leistet die Polarisationshypothese zur Erklärung der Beziehung zwischen teilräumlichem und gesamtwirtschaftlichem Wachstum bzw. den entsprechenden Zielen?

1. Polarisations- und räumliche Wachstumstheorie

Eine geschlossene Polarisationstheorie besteht bisher nicht. Erklärtermaßen auf ihre Formulierung abzielende Ansätze finden sich neuerdings bei John Friedman (69, mimeo) und José R. Lasuen (71, mimeo). Wie gezeigt wird, lassen sich weitere Autoren in diesem Zusammenhang nennen, so insbesondere Jochimsen (66), der allerdings nicht von Polarisation, sondern von einer unter bestimmten Bedingungen sich selbst verstärkenden Tendenz zum (regionalen) ökonomischen Dualismus spricht.

Um den hypothetischen Charakter der Polarisationstheorie hervorzuheben, ist es richtiger, statt von einem geschlossenen Ansatz von einer Mehrzahl untereinander verbundener Theoreme zu sprechen. Autoren, die sich kritisch mit der Polarisationstheorie auseinandergesetzt haben (z.B. Blaug, 64; Körner, 67; Hansen, 67; Darwent, 69; Hermansen, 70) betonen die Vielfalt, Widersprüchlichkeit oder Ungenauigkeit ihrer Aussagen. Am heftigsten ist die Kritik, die den Theoriegehalt der Polarisationshypothese überhaupt anzweifelt: "It is simply a slogan masquerading as a theory" (Blaug, 64, 560).

Die Herausforderung durch Blaugs Kritik soll zum Anlaß genommen werden, an dieser Stelle weniger Einzeltheoreme zu analysieren als das Polarisationsargument grundsätzlich zu diskutieren. Blaug erinnert im Hinblick auf die Diskussion um Perrouxs "pôle de croissance" an die Parabel von des Kaisers neuen Kleidern. Tatsächlich scheinen viele Autoren, die sich um semantische Klarheit der in den Polarisationstheoremen verwendeten Begriffe bemüht haben, deren Grundidee als solche ohne weiteres zu akzeptieren. Dabei ist es im Hinblick auf die Grundhypothesen notwendig, sie einmal gegenüber jenen Theorien zu akzentuieren, die konträre Auffassungen vertreten.

1.1. Myrdals Kritik am Ohlin-Heckscher Theorem

Die Hinwendung zu einem Theorem der reinen Theorie des internationalen Handels ist zu begründen.

Die gesamtwirtschaftliche Wachstumstheorie vernachlässigt die Raumdimension, sie behandelt Volkswirtschaften wie Raumpunkte (Gerfin, 64, 568; Siebert, 67, 1). Die regionale Wachstumstheorie unterscheidet sich von der gesamtwirtschaftlichen oft nur dadurch, daß sie den Raumpunkt Gesamtwirtschaft regional desaggregiert. Regionen werden wiederum als Raumpunkte behandelt, deren Interdependenz mit dem Instrumentarium der reinen Theorie des internationalen Handels erklärt wird.

Das Ohlin-Heckscher Theorem hat u.a. die Bedingungen des internationalen Faktorpreisausgleichs zum Gegenstand. Es erklärt, unter welchen Voraussetzungen bei Mobilität der Güter und Immobilität der Faktoren über den internationalen Handel der Faktorpreisausgleich erfolgt. Es ist zu erwarten, daß der Faktorpreisausgleich umso leichter stattfindet, je mehr auch Faktoren mobil sind. Nur in Grenzfällen besteht Zweifel daran, daß die interregionale Faktormobilität größer ist als die internationale. Regionen werden in der Regel - das Argument der Größe sei hier vernachlässigt - durch einen weit höheren Offenheitsgrad[1] charakterisiert als Nationen.

Das Ohlin-Heckscher Theorem besagt, daß freier Güterhandel zum Faktorpreisausgleich führt. Das impliziert eine internationale (-regionale) Angleichung der pro-Kopf Einkommen.[2] Myrdal glaubt dagegen nicht, daß eine Handelsliberalisierung die Nivellierung der Pro-Kopf Einkommensdifferenzen fördert. Freihandel, so fürchtet er, macht reiche Nationen (Regionen) reicher, arme ärmer (Myrdal, 67, 51 ff). Myrdals Hypothese ist eine typische Polarisationshypothese, sie beruht auf dem Prinzip zirkulärer Verursachung (Myrdal, 57, 11 ff.) und beschreibt Polarisation der Einkommensniveaus als Nettoresultat von zentripetalen ("Backwash-") und zentrifugalen ("Spread-") Effekten.

1.1.1. Gegenüberstellung der beiden Theoreme.

1. Myrdals Analyse kann für einen Zwei-Regionen-Fall dargestellt werden (vgl. Olsen, 71, 71 ff.). Eine Region ist reich, die andere arm. Die reiche Region ebenso wie die arme lassen sich in ihrer Entwicklung durch kumulative Verkettungen charakterisieren. Zuerst wird angenommen, daß weder Güter noch Faktoren interregional mobil sind, später werden diese Annahmen schrittweise fallengelassen.

Die reiche Region besitzt bereits eine hohe Kapitalausstattung, die Investitionsquote ist hoch. Damit einher

---

1) Definiert als $\frac{\frac{1}{2}(X^r + M^r)}{Y^r}$, wobei X^r und M^r regionale Exporte bzw. Importe angeben, Y^r das Regionseinkommen (Boudeville, 65, 462).

2) "If factor prices are equalized, the only possible differences between nations (or regions) in incomes per capita are those to be explained by differences in the amount of capital per inhabitant or by differences in labour force participation rates" (Olson, 71, 35).

geht eine hohe Arbeitsproduktivität, das bedeutet hohe Löhne. Ein hoher Kapitalbestand pro Kopf bedeutet hohe Kapitaleinkommen. Hohe Lohn- und Kapitaleinkommen ergeben hohe Gesamteinkommen pro Kopf. Daher wird die Sparquote hoch sein, die Kapitalausstattung vermehrt usw. Die reiche Region verfügt über eine besser ausgebildete Arbeitsbevölkerung und eine sektorale Wirtschaftsstruktur, in der die Sektoren, die einen hohen Wertschöpfungsquotienten aufweisen, überrepräsentiert sind.

Die arme Region ist überwiegend agrarisch strukturiert. Die Kapitalausstattung und die Sparquote sind gering. Wegen der geringen Kapitalintensität der Produktion ist die Arbeitsproduktivität gering und sind die Löhne niedrig. Ebenso ist das Kapitaleinkommen niedrig. Daher ist das pro Kopf Einkommen gering, somit auch das Sparaufkommen und die Investitionen. Die resultierende Wachstumsrate ist gering. Wegen des Kapitalmangels werden Produktionsumwege insbesondere bei nicht direkt produktiven Aktivitäten (Infrastrukturinvestitionen) selten eingeschlagen.

Myrdal fragt jetzt, welche Entwicklungseffekte in beiden Regionen auftreten, wenn Hindernisse für Gütermobilität beseitigt werden.

In der reichen Regeion werden die kapital- und forschungsintensiven Industrien von der Eröffnung neuer Märkte profitieren, Produktionen im Primärgütersektor werden dagegen teilweise durch Importe substituiert. Die freigesetzten Faktoren werden in den expandierenden Industrien benötigt. Ohnehin sind es nicht viele, da die reiche Region nur einen sehr kleinen Teil ihrer Arbeitskräfte in der Primärproduktion beschäftigt hat. Diese Arbeitskräfte sind besser ausgebildet als die im gleichen Sektor in der armen Region tätigen, sie sind daher leichter umsetzbar. Wahrscheinlich wird die reiche Region durch Aufnahme des Güterhandels reicher.[1]

---

1) Die Argumentation Myrdals wird hier nur referiert, das Ergebnis ließe sich exakter formulieren. Vgl. Zur Kritik Myrdals auch D. Salvatore: The Operation of the Market Mechanism and Regional Inequality (Salvatore,72,518 ff)

Die arme Region ist bei Aufnahme des Güterhandels zwei gegenläufigen Effekten auf ihre Entwicklung ausgesetzt. "Spread"-Effekte wirken entwicklungsfördernd. Die Absatzmärkte und eventuell Absatzbedingungen für die Primärproduktion verbessern sich, die verstärkte Kommunikation mit der reichen Region mag zu einer beschleunigten Diffusion von Innovationen führen, so daß auch die Produktionsbedingungen sich verbessern. Dagegen wirken "Backwash"-Effekte entwicklungshemmend.[1] Einmal dadurch, daß der entwicklungsnotwendige Übergang von der Primärproduktion als strukturbestimmendem Faktor zur Industrialisierung durch die Spezialisierung und damit gegebene Bindung der Ressourcen verzögert wird, zum anderen dadurch, daß die Industrialisierung durch die überlegene Konkurrenz der Exportindustrien der reichen Region gefährdet wird (Infant-Industry-Argument). Das kann einmal sich darauf beschränken, daß die weitere Entwicklung vorhandener Aktivitäten im Sekundärsektor verzögert wird, kann aber auch zur vollständigen Eliminierung von - insbesondere handwerklich organisierten - Produktionen führen.

Welcher Effekt überwiegt, und ob bei Überwiegen des Entzugs-Effekts das industrielle Wachstum der armen Region nur verzögert oder aber auch schon erzielte Industrialisierungserfolge zunichte gemacht werden, kann nicht a priori beantwortet werden. Myrdal ergänzt seine Aussagen durch eine Stadienhypothese. Dabei ist sowohl der absolute als auch der relative Entwicklungsstand der armen Region maßgeblich. Ist die arme Region nur arm im Verhältnis zu der reichen, dagegen im internationalen Maßstab nicht, dann handelt es sich um eine schon entwickelte Volkswirtschaft. In ihr sind Ausbreitungs-Effekte stärker als in einer unterentwickelten Volkswirtschaft. Daher sind regionale Einkommensunterschiede in armen Volkswirtschaften größer als in reichen, sie tendieren in armen Volkswirtschaften zur Zunahme und in reichen zur Abnahme (Myrdal, 57, 33 f.). Das Verhältnis von

---

1) "Backwash"- und "Spread"-Effekte werden im folgenden als Entzugs- bzw. Ausbreitungseffekte bezeichnet.

Ausbreitungs- und Entzugs-Effekten hängt auch davon ab, welcher Entwicklungsunterschied zwischen der armen und der reichen Region besteht. Beide Zusammenhänge überlagern sich in armen Volkswirtschaften, "poverty becomes its own cause" (Ebd., 34).

Jetzt sei angenommen, daß auch die Faktoren interregional mobil sind. Myrdal fürchtet, daß der Entzugs-Effekt auch hier besonders wirksam wird. Trotz höherer Kapitalausstattung kann in reichen Regionen die Grenzproduktivität des Kapitals höher sein als in armen. Kapital aus armen Regionen wird unter diesen Umständen in die reichen Regionen fließen. Das heißt, Myrdal unterstellt unterschiedliche Produktionsfunktionen in beiden Regionen. Hinzu tritt ein Argument über die Entwicklung des Kapitalmarktes in beiden Regionen. Eine Anlage in der reichen Region ist schon deshalb vorteilhafter, weil die Liquidität, d.h. auch Mobilität zu alternativen Verwendungen, höher ist. Das Argument im Zusammenhang mit der Mobilität des Faktors Arbeit lautet: die Migrationsbewegungen wirken selektiv. Gerade besonders ausgebildete und anpassungsfreudige Arbeitskräfte entschließen sich zuerst zur Migration. Eine negative Auslese verbleibt in der armen Region. Ceteris paribus sinkt das Grenzprodukt der Arbeit, bzw. steigt nicht so, wie nach dem Ertragsgesetz zu erwarten wäre.

2. Die Gegenüberstellung mit dem Ohlin-Heckscher Theorem erfolgt sinnvollerweise durch den Vergleich der Voraussetzungen. Die Voraussetzungen für das Faktorpreisausgleichstheorem sind explizit und streng formuliert, mit ihnen wird begonnen. Dabei kann sich der Vergleich naturgemäß nur auf die Argumente Myrdals bei Gütermobilität ohne Faktormobilität stützen, da das Ohlin-Heckscher Theorem nur den Fall der Gütermobilität betrachtet, eine Ausnahme wird genannt.

Mit Olsen (71, 36 f.) lassen sich drei Gruppen von Annahmen des Ohlin-Heckscher Modells unterscheiden. In der ersten geht es um die sektorale Produktionsstruktur. Das Theorem wird unter der Annahme abgeleitet, daß beide Länder (Regionen von jetzt an) beide Güter produzieren. Die zweite Gruppe betrifft Annahmen über die Produktionsfunktionen. Sie sind in der Formulierung des Theorems durch Samuelson (Samuelson, 48, 70 und 75) in beiden Regionen identisch und linear-homogen. Es existieren zwei Faktoren, Arbeit und Kapital, die ebenfalls jeweils homogen sind und bei der Produktion beider Güter benötigt werden. Die Grenzrate der Substitution zwischen beiden Faktoren steigt bei der Produktion beider Güter. Schließlich soll bei jedem Faktorpreis das eine Gut immer kapitalintensiver hergestellt werden als das andere, das somit das arbeitsintensivere Gut ist. Die dritte Gruppe beinhaltet Annahmen über die Marktinterdependenz. In jeder Region herrscht vollkommene Konkurrenz auf Güter- und Faktormärkten. Güter sind interregional vollkommen mobil, Faktoren vollkommen immobil. Das Faktorenangebot ist fix.

Im nächsten Schritt können die Bedingungen des Ohlin-Heckscher Theorems fallengelassen werden, die notwendig sind, um den vollständigen Faktorpreisausgleich zu begründen, aber nicht, um die Ausgleichstendenz zu erklären. Dies deshalb, weil das Myrdal-Argument nicht darauf abzielt, den Faktorpreisausgleich, sondern die Tendenz dazu infrage zu stellen. Ein anderes Vorgehen würde Unterschiede betonen, die nicht zur Diskussion stehen.

Es kann gezeigt werden, daß die Annahme der ersten Gruppe fallengelassen werden darf. "...trade may equalize factor prices even in cases where both countries specialize their production" (Olsen, 71, 44). Das gilt umso mehr, wenn (auch nur in begrenztem Umfang) Kapitalbewegungen zugelassen werden (ebd., 45). Es ergibt sich weiter, daß die Annahme der dritten Gruppe, die sich auf die vollkommene Mobilität (d.h. Transportkosten (genauer: Kommunikationskosten) = 0) der Güter bezieht, fallengelassen werden kann. Die Einführung von Transportkosten verhindert zwar den vollständigen (Loco-) Güterpreisausgleich und damit den Faktorpreisausgleich. Solange jedoch die Transportkosten nicht prohibitiv wirken, bleibt die Ausgleichs<u>tendenz</u> bestehen.

Im dritten Schritt kann jetzt geprüft werden, welche der explizit oder implizit in der Myrdalschen Argumentation zu findenden Annahmen denen des Ohlin-Heckscher Theorems widersprechen. In der ersten Gruppe war nur eine Annahme gegeben, sie konnte fallengelassen werden. Dennoch würde Myrdal insofern widersprechen, als nach seinem Modell die im Faktorpreisausgleichstheorem zu unterstellende Ausgleichstendenz aufgrund von Kapitalbewegungen sich als Entzugs-Effekt darstellen kann. Myrdal könnte diesen Widerspruch jedoch angesichts der Logik der Ableitungen des Faktorpreisausgleichstheorems nur begründen, indem er weitere Annahmen des Theorems widerlegte. D.h., daß jene Annahmen die eigentlich strittigen sein müssen. Folgerungen für die hier behandelten stellen nur Derivate dar.

Myrdals Kritik muß sich hauptsächlich gegen die Annahmen der zweiten Gruppe richten. Nach seiner Ansicht sind die sektoralen Produktionsfunktionen interregional unterschiedlich. Der Faktor Arbeit ist interregional nicht homogen: In der reichen Region ist die Qualität des Faktors Arbeit aufgrund vorausgegangener Investitionen in die Ausbildung der Arbeitskräfte ("human capital"), die jetzt als in den Faktor Arbeit inkorporiert erscheinen, höher. Keine Einwendungen erhebt Myrdal gegen die Annahme der steigenden Grenzrate der Faktorsubstitution, ebensowenig gegen die Klassifikation der Güter in arbeitsintensive und kapitalintensive. Die Problematik wechselnder Faktorintensitäten steht also nicht zur Diskussion. Die Argumente, die eine Ungleichheit der Produktionsfunktionen für den gleichen Sektor in beiden Regionen begründen, sind näher zu untersuchen.

Myrdals Modell ist dynamisch formuliert. Das ist keine notwendige Bedingung für die hier zu behandelnden Elemente seiner Argumentation, im Gegenteil kann gezeigt werden, daß die für sein Modell wichtigen Überlegungen bereits bei komparativ-statischer Betrachtungsweise gelten. Im folgenden wird also in Übereinstimmung mit der Annahme des Ohlin-Heckscher Theorems (3. Gruppe) das Faktorangebot in

jeder Region konstant gesetzt. Es wird gefragt, ob auch
unter diesen Bedingungen die Aufnahme des Güterhandels zur
Vergrößerung der Einkommensdisparitäten (pro Kopf) führt.

Nach Myrdal führt die Aufnahme des Güterhandels zur Spezialisierung. In der reichen Region werden bisher im Primärgüterbereich beschäftigte Faktoren freigesetzt und im Sekundärsektor eingesetzt. Dort werden sie benötigt, um die zusätzliche Produktion für den Export zu erstellen. Es ergeben sich drei Effekte, die die Produktionsfunktionen in diesem Sektor betreffen:

a) Das im Primärsektor freigesetzte Kapital wird dem Sekundärsektor im Wege einer sektoralen Nettoinvestition zugeführt. Die Industrien sind forschungsintensiv. Mit der Nettoinvestition wird neuestes technisches Wissen realisiert (imbedded technical progress). Daraus ergibt sich eine Tendenz zur Verbesserung des Effizienzparameters.

b) Die Produktionsfunktionen weisen keine konstanten Skalenerträge auf. Mit der Zuführung neuer Produktionsfaktoren werden in einigen Exportindustrien interne Ersparnisse realisiert werden können.

c) Die Produktionsfunktionen sind nicht untereinander unabhängig. Die neuen Faktoren sind daher im Sekundärsektor effizienter als im Primärbereich, weil im ersteren externe Ersparnisse realisiert werden können.

Alle drei Argumente lassen sich bei Myrdal mindestens implizit nachweisen. Das Argument a) findet sich schon im Hinweis auf die Forschungsintensität der kapitalintensiven Industrien. Argument b) und c) lassen sich mit folgendem Zitat belegen: "A widening of markets often strengthens in the first instance the rich and progressive countries whose manufacturing industries have the lead and are already fortified by the surrounding external economies, while the underdeveloped countries are in continuous danger of seeing even what they have of industry and, in particular, small-scale industry and handicrafts priced out by cheap imports from the industrial countries, if they do not protect them" (Myrdal, 57, 51/52, Hervorheb. von F.B.).

Für die arme Region, das geht aus dem Zitat schon hervor, werden die gleichen Effekte nicht oder nicht im selben Umfang wirksam. Das Argument a) mag in abgeschwächtem Maße gelten, insofern die Aufnahme des Güterhandels die Diffusion technischen Fortschritts fördert. Auf diesen Ausbreitungs-Effekt wurde schon hingewiesen. Er wird auf analoge Weise zu dem für die reiche Region beschriebenen Faktorumsetzungsmechanismus wirksam. Hinter der Überlegung, daß dies nur in abgeschwächtem Maße der Fall sein wird, steht die Hypothese, daß anwendungsreifer technischer Fortschritt im Primärsektor nicht in dem Maße zur Verfügung steht als im Sekundärsektor. Das Argument b) wird gerade in sein Gegenteil verkehrt, was die schon bestehende (kleingewerbliche) Industrie in der armen Region betrifft. Hinsichtlich der Primärproduktion wird unterstellt, daß das Auftreten steigender Skalenerträge unwahrscheinlich ist. Das Argument c) gilt ebenfalls nicht für arme Regionen, weder für den Primär- noch für den Sekundärsektor. Denn im Sekundärsektor werden zunächst nur solche Aktivitäten vorhanden sein, die relativ geringe _interindustrielle_ Relationen aufweisen.

Myrdal stellt kein geschlossenes Modell vor. Endgültige Aussagen über die Entwicklung der Einkommensdisparitäten sind auf dieser Basis nicht möglich. Wenn ihm aber zugestimmt werden kann, daß bei Aufnahme des Güterhandels die Einkommensdisparitäten zunehmen, dann sind jetzt die Argumente dargestellt, mit denen sich eine solche Entwicklung gegenüber dem Ohlin-Heckscher-Theorem begründen läßt. Nur das war hier beabsichtigt.

3. Jetzt kann die Annahme fixen Faktorangebots, insbesondere Kapitalangebots, fallengelassen und gezeigt werden, daß die dynamische Analyse dem Myrdalschen Theorem kaum wesentliches hinzufügt.

a) Zuerst sei noch die Annahme der Immobilität der Faktoren aufrechterhalten.
Es wird also wieder das Argument der interregional unterschiedlichen Sparquote eingeführt. Myrdal unterstellt, daß

die Sparquote in reichen Regionen höher ist als in armen. Aus der komparativ-statischen Analyse ging hervor, daß der Handelsgewinn in reichen Regionen gemessen am Einkommen vor Aufnahme des Handels größer ist als in armen Regionen, jetzt wird hinzugefügt, daß aufgrund der unterschiedlichen Sparquote der relative Wachstumseffekt der Handelsgewinne in reichen Regionen größer ist als in armen. Dies <u>umso mehr</u> - das ist genau gesehen ein eigenständiges Argument - als in armen Regionen das Gesetz vom sinkenden Grenzertrag des Kapitals stärker zur Geltung kommt als in den reichen, deren Konzentration auf forschungsintensive Sektoren bei gleichzeitig absolut und relativ höherem Investitionsaufkommen dazu führt, daß die Erhöhung der technischen Effizienz der Produktionsprozesse dem Gesetz vom sinkenden Grenzertrag des Kapitals entgegenwirkt. Ob die resultierende Einkommensdifferenzierung kumulativ oder mit abnehmenden Raten erfolgt, ist Tatfrage. Soweit sie auf die Ausdehnung des interregionalen Handels zurückzuführen ist, muß sie bei vollständiger Spezialisierung der beiden Regionen ein Ende haben. Immerhin könnte bis zur Erreichung vollständiger interregionaler Spezialisierung der Differenzierungsprozeß aufgrund des Handels kumulativ vor sich gehen. Bei der Betrachtung von Regionen, die als offen auch im Hinblick auf die Faktormobilität gelten müssen, ist diese Argumentation aber wenig realistisch.

b) Deshalb wird die Annahme der interregionalen Immobilität der Faktoren fallengelassen. Wenn jetzt ein kumulativer Differenzierungsprozeß begründet werden soll, ist die Diagnose einer höheren Sparquote in reichen Regionen nicht ausreichend. Würden die Annahmen des Ohlin-Heckscher Theorems über die Produktionsfunktionen, Gleichheit des Effizienzparameters, konstante Skalenelastizität und Unabhängigkeit akzeptiert, dann ergäbe sich über die Mobilität der Faktoren bei unterstellter Gewinnmaximierung (offenbar von Myrdal nicht bestritten) der Investoren eine Ausgleichstendenz: Wanderungsbewegungen von Kapital und Arbeit würden zur Faktorpreis- und pro-Kopf Einkommensnivellierung beitragen. Erst wenn die Produktionsfunktionen nicht identisch sind, ergibt sich die Möglichkeit zu kumulativ disparitäten Entwicklungsprozessen. Myrdals Analyse widerspricht daher dem Ohlin-Heckscher Theorem nicht grundsätzlich deshalb, weil sie dynamische Elemente einführt, sondern deshalb, weil sie die Annahmen des Faktorpreisausgleichstheorems hinsichtlich der Produktionsfunktionen nicht akzeptiert.

Seine Annahmen über die Produktionsfunktionen entsprechen vielmehr typischen immer wieder genannten Polarisationshypothesen. Es wird zu zeigen sein, daß es in den Polarisationstheoremen regelmäßig um vier Grundelemente geht, die bereits in Myrdals Modell zu finden sind: partielle Mobilitätsbeschränkungen (Faktoren und Güter), sektoral und/oder regional unterschiedliche Diffusion des technischen Fortschritts, steigende Skalenerträge, gegenseitige Abhängigkeit von Produktionsfunktionen.

Myrdals Fragestellung ist weiter gespannt, als die hier ausgewählten Gesichtspunkte vermuten lassen könnten. Zu Vergleichszwecken wurden nur die Argumente ausgewählt, die vergleichbar sind. So beschränkt sich sein Interesse nicht auf die Konsequenzen der Aufnahme des Handels zwischen Regionen/Nationen. Sein Gegenstand ist allgemein die Entwicklung regionaler/nationaler Einkommensdisparitäten und deren Ursachen. Wird nach der Relevanz der von Myrdal ins Feld geführten Argumente für die Erklärung der Entstehung und Entwicklung der Einkommensdisparitäten gefragt, ist es sinnvoll, seinen Beobachtungsstandpunkt einzunehmen. Da es ihm nicht primär darauf ankommt, statische Handelsgewinne zu beschreiben, ist der Erklärungswert seiner Hypothese auch daran zu messen, inwieweit ihre Tragfähigkeit sich zur Erklärung der Entwicklung sozialer Systeme eignet.

1.1.2. Empirische Relevanz der Myrdal-These

Es ist unschwer einzusehen, daß <u>Myrdals These im strengen Sinne nicht hinreichend bestimmt ist, um empirisch mit</u>

Erfolg getestet werden zu können. Die Diskussion empirischer Arbeiten über die Entwicklung regionaler Einkommensdisparitäten kann daher nur der genaueren Definition einzelner Zusammenhänge, nicht der allgemeinen Annahme oder Zurückweisung der Myrdal-These dienen.

Als Polarisationshypothese behandelt sie immer das Nettoergebnis zentrifugaler und zentripetaler Vektoren. Nach Myrdal ist dieses Ergebnis phasenabhängig. Diese Phasen sind nicht näher bestimmt. Sie ließen sich allenfalls (im vorliegenden Zusammenhang tautologisch) dadurch abgrenzen, daß das jeweilige Verhältnis von Ausbreitungs- und Entzugs-Effekten als Kriterium herangezogen wird. Dennoch reicht die Berücksichtigung des Phasenarguments aus, um die Eignung der meisten vorliegenden empirischen Beobachtungen über Konvergenz bzw. Divergenz der pro-Kopf Einkommensentwicklung als Test der Myrdal-These zu bezweifeln.

1. Häufig wird Myrdal eine allgemeine Divergenzhypothese unterstellt, sie kann dann unabhängig vom relativen und absoluten Entwicklungsstand der betrachteten Raumeinheiten zu testen versucht werden. Da dies wegen der nicht geschlossenen Beweisführung Myrdals und der schwierigen Meßbarkeit der von ihm benutzten Einflußfaktoren auf dem direkten Wege kaum möglich ist, werden indirekte Tests herangezogen. So kann wie folgt argumentiert werden: wenn es gelingt, mit Hilfe von am Faktorpreisausgleichstheorem orientierten Modellen die Entwicklung regionaler pro-Kopf Einkommensunterschiede zutreffend zu erklären, dann würde das darauf hinweisen, daß die Myrdal-These im untersuchten Fall geringe Relevanz besitzt. Zwar mögen Polarisationsfaktoren wirksam sein, sie sind aber nicht durchschlagend.

Das Modell von Borts und Stein (Borts, 60, 320 ff., Borts und Stein, 64, 48 ff.) eignet sich in dieser Hinsicht am besten, weil es im wesentlichen dem Ohlin-Heckscher Modell entspricht, insbesondere gilt das für die Annahmen über die Produktionsfunktionen. Die Annahmen des Modells sind:
i. Das Gesamtangebot an Arbeit in allen Regionen zusammen ist fix, durch Migration kann sich das Arbeits-Angebot in

jeder einzelnen Region ändern. ii. In allen Regionen wird ein einziges homogenes Gut produziert. iii. Die Transportkosten sind 0, daher ist der Preis des Gutes in allen Regionen gleich. iv. In allen Regionen sind die Produktionsfunktionen identisch und homogen vom ersten Grade; die Faktoren sind Arbeit und Kapital. v. Das Gut kann ohne zusätzliche Kosten als Kapitalgut Einsatz finden.
Die (einzige und für alle Regionen gleiche) Produktionsfunktion kann geschrieben werden als:
$$X = f(K, A)$$
A ist die beschäftigte Menge des Faktors Arbeit, K der aus nicht konsumierten Mengen von X in der Vergangenheit akkumulierte Kapitalstock. Die Annahme der Homogenität vom Grade 1 besagt, daß das physische Grenzprodukt der Arbeit und des Kapitals beide lediglich eine Funktion der Faktorintensität sind:
$$f_A = g(K/A) \text{ und}$$
$$f_K = h(K/A).$$
Ist die Kapitalintensität in Region i größer als in Region j, dann ist der Reallohn in i höher als in j, das physische Grenzprodukt des Kapitals ist in j höher als in i. Unter Bedingung v ist die Grenzeffizienz der Investition gleich dem Grenzertrag des Kapitals. K wird von i nach j wandern, L von j nach i, solange bis
$$(K/A)_i = (K/A)_j.$$
Es genügt an dieser Stelle, das Konvergenzmodell in dieser einfachsten Form darzustellen (vgl. weiter Borts, 60, 321 ff.). Die Tests von Borts und Stein ergeben für die USA 1919-1953 eine Bestätigung der Konvergenzthese. Wie auch in anderen Arbeiten über die USA (Hanna, 59; Perloff, Dunn, Lampard, Muth, 60; Easterlin, 60; Romans, 65) ist der Prozeß der Konvergenz aber nicht stetig und auch nicht eindeutig nachweisbar.

2. Die Zeitreihenanalysen der zitierten Autoren überdecken nicht die für die Myrdal-These relevanten Entwicklungsstadien. Ebenso wie Borts und Stein haben sich Hanna, Perloff u.a. auf die Periode nach 1919 bezogen. Folgt man der Sta-

dienabgrenzung Rostows, so befand sich die amerikanische
Wirtschaft in den 20er Jahren im Übergang zum Zeitalter des
Massenkonsums (Rostow, 67), einer Phase also, für die Myrdal das Überwiegen der Ausbreitungs-Effekte über die Entzugs-Effekte für möglich halten würde. Für diese Phase gilt
nach Friedmann, daß das Grundproblem der Regionalpolitik
weniger im Phänomen interregionaler Dualismen als in der
Reorganisation der räumlichen Lebensverhältnisse in einer
grundsätzlich an urbanen Standards orientierten Wirtschaft
und Gesellschaft liegt (Friedmann, 66, insbesondere S. 7).

Wenn es an alle relevanten Phasen überdeckenden Zeitreihen
fehlt, liegt es nahe, den Zusammenhang zwischen Entwicklungsstand und interregionaler Einkommensverteilung mit
Hilfe einer internationalen Querschnittsanalyse zu überprüfen. Dabei werden Volkswirtschaften unterschiedlichen
Entwicklungsstandes zu einem Zeitpunkt miteinander verglichen. Es wird unterstellt, daß sich im großen und ganzen
die sich im internationalen Vergleich ergebenden Unterschiede "temporalisieren" lassen. Das bedeutet, daß sie
den Entwicklungspfad einer Volkswirtschaft durch die verschiedenen Stufen im Hinblick auf das betrachtete Merkmal
repräsentieren (kritisch dazu Chenery, 60, 633/4).

Williamson hat eine solche Querschnittsanalyse vorgenommen. Danach entwickelt sich der Index interregionaler Einkommensdisparitäten (dargestellt in einem Koordinatensystem mit der Abszissenbezeichnung Zeit bzw. Entwicklungsstadium und der Ordinatenbezeichnung durch den Disparitätsindex) im Sinne eines umgekehrten U (Williamson, 65,
9). Das bedeutet, daß im Entwicklungsprozeß die interregionalen Einkommensdisparitäten zuerst zu- und dann abnehmen. Williamsons Ergebnis stützt Myrdals Argumentation
insofern, als es den Zusammenhang zwischen internationaler und -regionaler Einkommensverteilung verdeutlicht:
Myrdal sagt, daß in einer unterentwickelten Volkswirtschaft die interregionalen Einkommensdisparitäten durch
den internationalen Handel stärker akzentuiert werden als
in einer höher entwickelten (vgl. S. 6). Das würde bedeu-

ten können, daß die Einkommensdisparitäten heute interregional in Entwicklungsländern größer sind als in der Vergangenheit, als die heutigen Industrieländer sich in einem entsprechenden Entwicklungsstadium befanden (Egner, 67, 104, belegt das für verschiedene Länder).

Die genannten Tests können aus Gründen der vorgenommenen Vereinfachung der theoretischen Zusammenhänge und der nicht eindeutigen Ergebnisse nicht überzeugen. Olsen (71, 81 ff.) hat ein Modell vorgelegt, das den Einbau der wichtigen Elemente der Myrdal-These erlaubt. Seine bisherigen Ergebnisse beim Test des Modells für die USA 1880-1950 lassen es seiner Ansicht nach als sinnvoll erscheinen, sie noch stärker als bisher explizit zu berücksichtigen. Myrdals These ist weder zutreffend verifiziert noch falsifiziert, insbesondere sind für ihre Instrumentalisierung die wesentlichen Voraussetzungen an konkreter Aussage noch nicht gegeben. "Much more empirical work is needed before a model like ours should be relied upon for specific policy recommendations" (Olsen, 71, 180).

3. Die Diskussion über den Zusammenhang von Entwicklungsstand bzw. interregionalem Handel einerseits und pro-Kopf Einkommensdisparitäten andererseits soll an dieser Stelle abgebrochen werden. Es genügt hier, die Raumbedeutsamkeit gesamtwirtschaftlichen Wachstums auf diese Weise illustriert zu haben. Polarisation der interregionalen Einkommensverteilung wurde als Ergebnis gesamtwirtschaftlicher Allokationsprozesse beschrieben.

Wendet man sich der <u>Frage der Raumabhängigkeit des gesamtwirtschaftlichen Wachstumsprozesses zu,</u> so ist die in diesem Zusammenhang ins Feld geführte Polarisationshypothese eine andere. Sie wird hier wiederholt: Gesamtwirtschaftliches Wachstum ist das Ergebnis aufeinanderfolgender Entwicklungsschübe innerhalb sektoral/regional identifizierbarer Zusammenballungen wirtschaftlicher Aktivitäten, von denen aus Impulse zu Anpassungsbewegungen im übrigen gesamtwirtschaftlichen System diffundieren. <u>Polarisation wird also jetzt nicht als Ergebnis, sondern in ihrer Funk-</u>

tion für den gesamtwirtschaftlichen Wachstumsprozeß betrachtet.

Als grundsätzliche Kritik an den bisherigen Versuchen, die Myrdal-These auf ihre empirische Relevanz hin zu überprüfen, kann folgende Überlegung aufgefaßt werden. Die Tests implizieren, daß Regionen, wie sie aus Gründen der Verfügbarkeit von Daten statistisch in Anlehnung an administrative Abgrenzungen definiert werden, vom Standpunkt der Polarisationshypothese relevant sind. Das wäre, betrachtet man die implizit in der Hypothese zur Raumabhängigkeit gesamtwirtschaftlichen Wachstums enthaltene Poldefinition, offenbar reiner Zufall. Darüber hinaus muß angenommen werden, daß die relevante Region für jede einzelne sektoral/regionale Zusammenballung unterschiedlich sein kann.

Myrdals Argumentation selbst hat aber derartige Testversuche bzw. die Heranziehung der genannten Arbeiten zum Zweck des Tests seiner Hypothese begünstigt. Zwar ist seine Darstellung nicht arm an Facetten, insbesondere beispielhaften Einzelheiten, im Grunde handelt es sich jedoch um eine holzschnittartige Kontrastierung von arm und reich in einem zwei Länder/zwei Sektoren/zwei Faktoren Modell.

Man könnte versucht sein, das grundsätzliche Mißverständnis gegenüber der Polarisationstheorie dieser Vereinfachung zuzuschreiben. Es besteht darin, daß weniger auf die Raumabhängigkeit (Funktion von Polarisationen) als auf die Raumbedeutsamkeit (Polarisation als Ergebnis) wirtschaftlichen Wachstums in bezug auf die Polarisationshypothese abgestellt wird. Myrdals Darstellung nährt dieses Mißverständnis: "poverty becomes its own cause" bzw. "nothing succeeds like success" sind analytisch leere Kategorien. Ihre Betonung bei Myrdal steht im Zusammenhang mit der oben dargestellten allgemeinen Ableitung der circuli viciosi: auf dem Wege einfacher kreislauftheoretischer Betrachtungen wird gezeigt, wie Sparaufkommen, Kapitalbildung (auch "Ausbildungskapital") und Effizienz zirkulär zusammenhängen. Bei Geltung der Voraussetzungen des Faktorpreisausgleichstheorems würden für offene Volkswirtschaften Myrdals Ergebnisse nicht zutreffen. Für Regionen, zwischen denen ein beträchtlicher Grad von Faktormobilität möglich ist, umso weniger. Die Kontrastierung der Annahmen des Faktorpreisausgleichstheorems und der Myrdal-These hat gezeigt, daß es im Zusammenhang interregionaler Analyse bei Faktormobilität auf das Kapitalbildungsargument nicht ankommt. <u>Entscheidend ist die (partielle) Immobilität von Wachstumsdeterminanten.</u> Die Maßgröße dieser Immobilität wird hier als <u>Kommunikationskosten</u> bezeichnet. Letztgenannter Begriff wird im folgenden Abschnitt erläutert.

Die Analyse der Theorie und Strategie industrieller Wachstumspole wird zeigen, daß jeder Versuch der unmittelbaren Instrumentalisierung der Myrdal-These zum Scheitern verurteilt sein muß.

1.2. Das Prinzip der zirkulären Verursachung

Für die Polarisationstheorie ist das Prinzip der zirkulären Verursachung grundlegend. Formal bezeichnet es einen wechselseitigen Zusammenhang zwischen Ursache und Wirkung, auf den Prozeß der Wirtschaftsentwicklung angewendet: zwischen Wachstum und Wachstumsdeterminanten. <u>Räumlich polarisiertes Wachstum kommt dadurch zustande, daß einzelne Wachstumsdeterminanten ganz oder teilweise immobil sind.</u> Mobilitätsbeschränkungen können bei allgemeiner Offenheit von Regionen im marktwirtschaftlichen System durch monopolistische Starrheiten und durch Kommunikationskosten begründet werden. Beide Begriffe sind zunächst sehr weit gefaßt: <u>monopolistische Starrheiten</u> beinhalten Autoritäts-/Abhängigkeitsbeziehungen (Friedmann, 69), durch sie können Kommunikationskosten zusätzlich erhöht oder eine Kommunikation verhindert werden. <u>Kommunikationskosten</u> schließen Transportkosten ein. Ihr Auftreten bedeutet, daß die Produktions- bzw. Gewinnfunktion irgendeiner Aktivität i in der Region j davon beeinflußt ist, ob deren direkte und indirekte Inputs/Outputs in räumlicher Nachbarschaft angeboten/nachgefragt werden oder nicht.

1.2.1. Einordnung in die regionale Wachstumstheorie

Im Hinblick auf die von Richardson postulierte Integrationsfunktion der Polarisationstheorie für Standorts- und regionale Wachstumstheorie ist es nützlich, die Standorts- und räumliche Organisationstheorie mit in die Überlegungen einzubeziehen. Eine geschlossene Systematik steht wegen der Besonderheit der hier verfolgten Fragestellung nicht zur Diskussion (vgl. dazu z.B.Meyer, 68, 240 ff.; Siebert, 69, 51 ff.).

1. Die klassische Standortstheorie ist in zwei hier besonders interessierenden Richtungen weiterentwickelt worden. Es handelt sich um die Industriekomplexanalyse und die räumliche Organisationstheorie, letztere allerdings nur, soweit sie nicht als allgemeine räumliche Gleichgewichtstheorie (z. B. Böventer, 62, 77 ff.) formuliert ist. Die Industriekomplexanalyse geht in die Theorie der industriellen Wachstumspole ein, die räumliche Organisationstheorie in die nicht am Input-Output-Ansatz orientierte Theorie der Wachstumszentren, die auf der Theorie der zentralen Orte basiert. In beiden Fällen ist ein enger Zusammenhang mit der Polarisationstheorie über das Argument der Kommunikationskosten gegeben.

a) <u>Industriekomplexanalyse</u>: Sie grenzt sich gegenüber dem einzelunternehmerischen Standortkalkül dadurch ab, daß externe Allokationseffekte berücksichtigt werden. "It is quite possible, that, on the basis of typical individual industry location studies with respect to a given region, negative or inconclusive results regarding each industry might obtain, but that, in contrast, positive conclusions would be reached if interindustry relations were systematically considered. Such relations often lead to diverse external economies – economies stemming from a larger and more diversified labor force; from larger requirements of fuel, power, transport, and various urban and social facilities, from the localization in one district of diverse activities which feed by-products into each other, etc." (Isard, Schooler, Vietoricz, 59, 8). Es liegen gemäß der oben gegebenen Definition offenbar Kommunikationskosten vor, nur werden sie nach Meinung der zitierten Autoren typischerweise nicht beim Standortvergleich beachtet. Sie können erst dann systematisch berücksichtigt werden, wenn die Allokationsentscheidung für einen Komplex insgesamt bzw. für seine Elemente simultan erfolgt. Das bedeutet, daß ein Teil der externen Effekte im Komplex internalisiert werden könnte. Beschränkt sich die Industriekomplexanalyse nicht auf die simultane Planung industrieller Investitionen, sondern bezieht sie die personale, materiale und institutionelle Infrastrukturplanung (Begriff: Jochimsen, 66, 99 ff.) ebenso wie die Bereitstellung von Dienstleistungen des privaten Sektors ein, so können auch die weiteren genannten externen Effekte im Komplex weitgehend internalisiert werden.

Die Industriekomplexanalyse grenzt sich andererseits von globaleren Planungssätzen ab. Zwar beinhaltet das Externalitäts-Argument eine klare Indikation für Planung, doch werden traditionelle Planungsansätze infrage gestellt. Isard/Schooler/Vietorisz weisen auf die Begrenztheit der aus der allgemeinen Entwicklungstheorie abgeleiteten Investitionskriterien hin: Kapitalkoeffizient, Faktorangebot, Ressourcen, Innovationsbereitschaft etc. Für die Industrialisierungspolitik in peripheren Räumen sind solche Kriterien oftmals nicht hinreichend konkret, um die Auswahl solcher Aktivitäten treffen zu können, deren Wettbewerbsfähigkeit im interregionalen Vergleich bei peripherer Ansiedlung gesichert erscheint. Für die Regionalplanung bzw. eine regionalisierte Sektorplanung auf gesamtwirtschaftlicher Ebene ist die Industriekomplexanalyse deshalb wertvoll, weil sie ein feineres analytisches Instrumentarium bereitstellt, "... one that could accomplish the objective of identifying specific industries whose development... might be justified in dollars and cents figures" (ibid., 7).

Der polarisationstheoretische Gehalt der Industriekomplexanalyse, die die Allokationseffizienz einer industriellen Aktivität in Abhängigkeit von der räumlichen Nachbarschaft

verbundener Aktivitäten zum Gegenstand hat, wird besonders
im Zusammenhang mit dem Flexibilitätstheorem deutlich. Danach attrahiert - d.h. wird zum kommunikationskostengünstigen Standort - ein einmal in einer Region angesiedelter Komplex unter sonst gleichen Bedingungen umso leichter und schneller weitere Aktivitäten, je mehr er in der
Region schon entwickelt ist (Klaassen, 70, 116/7). Das bedeutet, daß Wachstumsergebnis und Wachstumsdeterminante
zirkulär verbunden sind. ABER, LAQS IN FRANKREICH

b) Theorie der zentralen Orte: der Grundgedanke dieser
räumlichen Organisationstheorie besteht darin, daß jedes
Siedlungszentrum ein bestimmtes Hinterland benötigt. Das
Zentrum leitet seine Existenz aus der Funktion des Anbieters notwendiger Dienste für das Hinterland ab. In ihrer
ersten Formulierung durch Christaller und Lösch (Christaller, 33; Lösch, 44) war die Theorie unter sehr restriktiven Bedingungen formuliert, polarisationstheoretisch relevant ist sie besonders durch die Fassung geworden, wie sie
von Berry und Garrison (58, wiederabgedruckt in Leahy,
McKee, Dean, 70, 117 ff.) dargestellt wird.

Danach reduziert sich der entscheidende Aussagewert auf
das Konzept der relevanten Region eines zentralen Gutes und
und das des kritischen Schwellenwerts, unterhalb dessen
die Produktion nicht aufgenommen wird. Der kritische
Schwellenwert ergibt sich aus dem Auftreten von Unteilbarkeiten im Angebot zentraler Güter, er bezeichnet bei gegebener räumlicher Verteilung der Nachfrage den minimalen
Umfang der relevanten Region. Der maximale Umfang der
relevanten Region liegt bei der ökonomischen Entfernung,
bei der aufgrund entstehender Kommunikationskosten und im
Zusammenhang mit konkurrierenden Standorten des Angebots
die effektive Nachfrage gegen Null tendiert. Aus der unterschiedlichen Größe der relevanten Region für verschiedene zentrale Güter ergibt sich eine hierarchische Verteilung der Zentren im Raum, bei der jedes Zentrum höherer
Ordnung neben seinem "marginalen zentralen Gut" auch die
zentralen Güter anbieten wird, die alle untergeordneten

Zentren anbieten.

Das Grundphänomen der durch die Hierarchie der zentralen Orte beschriebenen polarisierten Siedlungsstruktur sind Unteilbarkeiten. Der Prozeß der Polarisation, der durch sie ausgelöst wird, kann wie folgt beschrieben werden:
- je höher der Rang eines Zentrums, desto größer und differenzierter das Angebot und die Nachfrage nach zentralen Gütern und, wegen des Kommunikationskostenarguments, umso höher die Produktivität ihrer Bewohner;
- je höher das Angebot zentraler Güter, umso attraktiver ist das Zentrum für neue Aktivitäten. Dies nicht allein im Zusammenhang mit Kommunikationskosten für nachgefragte Vorleistungen, sondern auch aufgrund der von neuen Arbeitskräften entfalteten Nachfrage. Das gilt besonders für moderne Industrien. Das resultierende Wachstum der Stadt ermöglicht das Angebot weiterer zentraler Güter, dadurch wird wieder die Attraktivität erhöht, usw. (Klaassen, 70, 124).

Diese einfache Darstellung reicht aus, um den Zusammenhang zur Polarisationstheorie zu schildern. Empirische Studien haben die Relevanz des Theorems im allgemeinen erhärtet (Berry und Pred, 61). Im Zusammenhang mit den bisherigen Überlegungen ergibt als kritische Würdigung:
- die Theorie der zentralen Orte ist besonders geeignet, Zentrum-Hinterland-Beziehungen zu erklären (Richardson, 69, 162);
- die Theorie kann aber Austauschbeziehungen zwischen horizontal integrierten Systemen nicht erklären, die Kategorie der Zentralität eines Gutes ist für die Erklärung interregionaler Austauschbeziehungen für sich genommen unerheblich;
- die Tragfähigkeit der sich ergebenden Hierarchie-Hypothese für optimale räumliche Planung ist noch nicht schlüssig erwiesen (Tinbergen, Mennes, Waardenburg, 69, 242).

2. Die Einordnung des Polarisationstheorems und insbesondere des Prinzips der kumulativen Verursachung in die re-

gionale Wachstumstheorie kann zutreffend nur im Hinblick
auf solche Theorien vorgenommen werden, die sowohl regionsinterne als auch -externe Wachstumsdeterminanten zum
Gegenstand haben. Zwar kann der Anstoß für einen kumulativen regionalen Entwicklungsprozeß außerhalb der Region
liegen, doch muß die kumulative Reaktion des sozioökonomischen Systems der Region durch einen internen Anpassungsmechanismus getragen werden. Weiter ist wegen des hohen
Offenheitsgrades von Regionen die Bedeutung interregionaler Rückkopplungseffekte (wie etwa des Ausbreitungs- oder
Entzugs-Effektes) systematisch zu berücksichtigen. Das
wird besonders deutlich, wenn zuerst zwei Typen regionaler Wachstumstheorie vorgestellt werden, die im Hinblick
auf den beschriebenen Zusammenhang einseitig sind, Exportbasistheorie und Stufentheorie des regionalen Wachstums.

a) Die Exportbasistheorie (North, 64, 240 ff.) sieht das
regionale Wachstum in ausschließlicher Abhängigkeit von
der regionsexternen Nachfrage nach Produktion der Region.
Der regionale Export setzt einen Multiplikatorprozeß in
der Region in Gang, von dem die für die regionale Nachfrage produzierenden Sektoren profitieren. Die Exportsektoren werden als Basis-, die übrigen als Nicht-Basis-Aktivitäten bezeichnet. Polarisationstheoretiker haben im
Auftreten von Multiplikatoreffekten dieser Art ein Polarisationsphänomen sehen wollen und es als "Keynes-Effekt"
bezeichnet (Paelinck, 65, 37). Das ist sicherlich unzutreffend, da die Multiplikatorwirkung im Prozeß/Zeitverlauf abnimmt. Multiplikatoreffekte können kumulative Prozesse unterstützen, die kumulative Verursachung erklären
sie nicht. Damit mit Hilfe der Exportbasistheorie regionales Wachstum begründet werden kann, muß immer wieder auf
neue externe Wachstumsimpulse verwiesen werden. Wie diese
zustandekommen und wie weit sie von der betrachteten Region selbst mitbeeinflußt werden, wird nicht untersucht.

Die Stufentheorie ist im Gegensatz zur Exportbasistheorie an den regionsinternen Wachstumsdeterminanten orientiert. Sie überträgt das Konzept phasentypisch führender Sektoren aus der gesamtwirtschaftlichen Dimension in die regionale. Typisch für ihren Ansatz ist die Sektorenentwicklungshypothese von Hoover und Fisher (vgl. North, 64, 241), nach der die Erreichung eines höheren Entwicklungsstadiums begleitet ist von der Abnahme der relativen Bedeutung des Primärsektors und der Zunahme des Sekundärsektors. Die Geschwindigkeit, mit der dieser sektorale Strukturwandel vor sich geht, wird als maßgeblich für die regionale Wachstumsrate angesehen. Dieser Erklärungsversuch ist tautologisch, er erklärt nicht die Ursachen für das Wachstum, sondern bietet nur eine globale Hypothese über die Veränderung der sektoralen Wirtschaftsstruktur, wenn die Wirtschaft wächst. Man könnte versuchen, als Antwort auf die Frage nach den Wachstumsursachen eine weitere Polarisationskategorie heranzuziehen, die des "führenden Sektors". Ein führender Sektor könnte durch überdurchschnittliche Produktivität gekennzeichnet sein. Dann würde eine intraregionale Umverteilung der Faktoren zugunsten solcher führender Sektoren die regionale Wachstumsrate beschleunigen. Das ist im Grundzug der Ansatz, wie ihn Perloff, Dunn, Lampard, Muth verfolgen (Perloff, ..., 1960).

Für die Identifikation eines führenden Sektors hätte die Stufentheorie eine Antwort bereit: sie würde auf die Bedeutung der Einkommenselastizität der Nachfrage für den sektoralen Strukturwandel im Entwicklungsverlauf hinweisen. Gäbe man sich mit diesem globalen Kriterium zufrieden, wäre dennoch der Schluß auf regionales Wachstum im Hinblick auf die Offenheit von Regionen unzulässig. Denn: Warum sollte der marktmäßige Allokationsmechanismus nur zu einer intraregionalen Umverteilung der Faktoren führen? Das bedeutet, daß die Stufentheorie an sich für die Erklärung regionalwirtschaftlichen Wachstums bei allgemeiner Offenheit von Regionen unzureichend ist, und daß auch der Erklärungsversuch von Perloff u. a.. nur beschreibt, welche Sektoren in welchem Umfang in einer Region zu deren Wachstum beigetragen haben. Dagegen wird nicht erklärt, weshalb diese Sektoren sich gerade in einer bestimmten Region angesiedelt haben und in einer anderen nicht.[1]

Der Mangel beider geschilderten Ansätze, ihre Einseitigkeit in bezug auf die Beschränkung auf interne oder externe Wachstumsdeterminanten, könnte aufgehoben werden in einer regionalen Wachstumstheorie, die Elemente der gesamtwirtschaftlichen Wachstumstheorie und der Theorie des internationalen Handels verbindet. Es braucht jetzt nicht noch einmal dargestellt zu werden, auf welche Bedenken ein solcher Versuch stößt, das war Gegenstand von Kap. 1.1. Deshalb wird an dieser Stelle direkt auf einen Versuch zur regionalen Wachstumstheorie eingegangen, der bereits polarisationstheoretische Gesichtspunkte einbezieht und sowohl mit Elementen der Wachstums- als auch der Außenhandelstheorie arbeitet, also interne und externe Wachstumsdeterminanten systematisch analysiert.

b) Siebert (70, 28 ff.) geht in seinem interregionalen Wachstumsmodell zunächst von einer geschlossenen Region aus. Hier hängt das regionale Wachstum nur von den internen Wachstumsdeterminanten ab. Anschließend begründet er die Notwendigkeit der Erklärung regionalen Wachstums im Zusammenhang eines interregionalen Wachstumsmodells mit dem Hinweis auf den Zusammenhang zwischen der Größe der betrachteten Raumeinheit und autonomem Wachstum einerseits, dem Fehlen administrativer Handelshemmnisse zwischen Regionen andererseits. Er verweist auf Boudeville, dessen Berechnungen für das Rhône-Alpes Gebiet einen Offenheitsgrad der betrachteten Region von 68 % ergeben hatten (Boudeville, 65, 462). "Erscheint es noch zulässig, das Wachstum einer relativ großen Region, etwa einer Volkswirtschaft, unter der vereinfachenden Prämisse zu analysieren, daß die Region geschlossen ist, so kann eine dynamische Analyse für räumliche Subsysteme einer Volkswirtschaft bei dieser Annahme nicht stehen bleiben" (Siebert, 70, 35).

---
[1] Die Arbeiten von Perloff, Dunn, Lampart und Muth sind an dieser Stelle nicht zu würdigen gewesen, eine zutreffende Würdigung gibt Richardson, 69, 342 ff.

Das Grundproblem der Analyse in der offenen Region bzw. in einem System offener Regionen besteht nun zweifellos darin zu erklären, warum im interregionalen Zusammenhang Mobilitätsbeschränkungen von Wachstumsdeterminanten auftreten können und welche Bedeutung das Immobilitätsargument für die Erklärung interregionaler Wachstumsunterschiede besitzt. Siebert problematisiert einmal die räumliche Ubiquität des technischen Wissens, zum anderen analysiert er die Bedingungen der Standortwahl sowohl für den Faktor Arbeit als auch für den Faktor Kapital abweichend von der Betrachtung des formalen Nutzen- bzw. Gewinnmaximierungsprinzip unter Einbeziehung informationstheoretischer Erkenntnisse. Dies ist insofern bedeutsam, als zwar in regionalwirtschaftlichen Studien die Bedingung vollkommener Markttransparenz in Zweifel gezogen wird, jedoch systematische Ansätze über das Allokationsverhalten unter Unsicherheit selten sind.

In Sieberts Modell verketten sich partielle und/oder totale Immobilitäten von Wachstumsdeterminanten zirkulär. Es lohnt sich, die in der ersten Auflage seiner hier zitierten Arbeit besonders kurz zusammengefaßten Ergebnisse wiederzugeben (Siebert, 67, 166):

"a. Hat eine Region einen Wachstumsvorsprung, so besteht eine Tendenz zu einer sich selbst verschärfenden Differenzierung auf Grund der Mechanismen des Modells.
b. Je größer die interregionale Mobilität eines Faktors, umso geringer ist der Differenzierungseffekt.
c. Je mobiler die positiven externen Effekte, umso geringer ist der Differenzierungseffekt.
d. Ist eine Wachstumsdeterminante interregional immobil, so ist der Differenzierungseffekt umso größer, je mobiler interregional die induzierten Determinanten sind.
e. Eine Agglomeration kann nur dann entstehen, wenn zumindest eine Wachstumsdeterminante immobil ist. Historisch können Rohstofferneuerungen als diese Einflußgröße angesehen werden.
Diese Aussagen über den isoliert betrachteten Differenzierungseffekt (a-e) müssen dem Nivellierungseffekt (f-i) gegenübergestellt werden:
f. Im Verlauf des Prozesses der regionalen Expansion werden Tendenzen wirksam, welche die sich selbst verstärkende Differenzierung abschwächen und bremsen (Nivellierungseffekte).
g. Je immobiler die negativen externen Effekte, umso stärker ist der Nivellierungseffekt.

h. Der interregionale Multiplikator hat zwar nivellierende Tendenzen; eine vollständige Nivellierung auf Grund der Mechanismen des Modells ist jedoch unwahrscheinlich.
i. Durch die Zunahme der Nachfrage und die Preissteigerung des immobilen Inputs Boden entsteht eine Tendenz zur Verschlechterung der interregionalen terms of trade für die stark expandierende Region und damit zur Nivellierung."

Es kann jetzt daran gegangen werden, die Hemmnisse für die interregionale Mobilität von Wachstumsdeterminanten näher zu analysieren und systematisch zu ordnen.

1.2.2. Kommunikationskosten als Ergebnis der Immobilität von Wachstumsdeterminanten

Kommunikationskosten wurden oben bereits in erster Annäherung definiert, hier wird versucht, ihre Bestimmungsgründe näher zu untersuchen.

1. Kommunikationskosten schließen Transportkosten ein. Im Zuge der technischen Entwicklung des Transportsystems hat insgesamt die Bedeutung der Transportkosten als Standortfaktor abgenommen. Daraus könnte geschlossen werden, daß die Bedeutung des Faktors Raum, ausgedrückt in alternativen Kosten der Raumüberwindung, insgesamt zurückgegangen ist. Wirtschaftliches Wachstum wäre demnach in der Gegenwart räumlich weniger polarisiert (differenziert) als in der Vergangenheit. Wie ist es unter diesen Bedingungen möglich, daß im Zusammenhang offener Regionen nach wie vor zunehmende Differenzierungen auftreten?

Zwei Gründe lassen sich dafür anführen, daß der Schluß von der Beobachtung sinkender Transportkosten auf geringere Differenzierung nicht zulässig ist. Einmal kann darauf hingewiesen werden, daß die Verbilligung des Transports zusätzliche Differenzierungseffekte nach sich ziehen kann: ist. z. B. die Transportkostenbelastung für ein Gut hoch und handelt es sich nicht um ein ubiquitäres Gut, dann wird seine Verarbeitung in situ vorteilhaft, sofern das veredelte Produkt gemessen an seinem Wert weniger transportkostenempfindlich ist. Das gilt bekanntlich in deutlicher Weise für Gewichtsverlustmaterialien. Die Verarbeitung in situ bedeutet, daß die dadurch erzeugte Wertschöpfung am Ort des Produktionsangebots entsteht und, Gleichheit von Inlands- und Inländereinkommen im konkreten Fall vorausgesetzt, das Regionseinkommen im gleichen Umfang erhöht. Das nicht ubiquitäre, transportkostenempfindliche Gut wird nun umso leichter in die Nähe des Ortes der Endnachfrage seiner Derivate zur weiteren Veredelung transportiert, je geringer die Transportkosten sind. Als Folge wird die vorher in der Region des Angebots entstandene Wertschöpfung in Richtung auf das Gravitationszentrum der Nachfrage nach seinen Derivaten verlagert. Transportkostensenkungen können also Entzugs-Effekte sogar verstärken. Empirisch belegt wird dieses Argument durch den Zusammenhang von Entwicklung des Transportsystems und interregionaler Differenzierung z.B. in lateinamerikanischen Ländern (Popescu, 64, 374 ff.).

Zweitens hat die Diskussion des Ohlin-Heckscher Theorems gezeigt, daß das Transportkostenargument nicht dafür entscheidend ist, ob die Aufnahme von Handelsbeziehungen zur Konvergenz oder Divergenz führt. Gelten die Annahmen des Theorems, dann verhindern Transportkosten zwar den Faktorpreisausgleich, nicht aber die Tendenz dazu. Gelten sie nicht, dann ist der Faktorpreisausgleich auch tendenziell infrage gestellt, wenn die Transportkosten Null sind. <u>Das Transportkostenargument allein reicht also in keinem Fall aus, Polarisationen zu begründen, es sei denn die Transportkosten seien prohibitiv.</u> Angewendet auf Regionen würden prohibitive Transportkosten bedeuten, daß die Regionen in dieser Hinsicht als geschlossen anzusehen sind. Das gilt für eine Kategorie von Gütern, die als regionale Güter bezeichnet werden. Es kann nicht für alle Güter gelten. Daher müssen Regionen als offene Raumeinheiten behandelt werden.

Wenn also das Transportkostenargument nicht ausreicht, müssen die Ursachen für zirkuläre Verkettungen an anderer Stelle gesucht werden.

2. Agglomerationseffekte und Kommunikationskosten: Agglomerationseffekte werden traditionell in Lokalisations- und Urbanisationseffekte eingeteilt. Erstere sind "extern in bezug auf die Firma", letztere "extern in bezug auf die Industrie". "Firma" und "Industrie" sind sehr ungenaue Begriffe. Bei Viel-Produkt, Viel-Betriebs, Viel-Standort-Unternehmen ist der Ausdruck Firma für ein derart heterogenes Konglomerat im Zusammenhang mit dem Argument der (räumlichen) externen Effekte irrelevant, "Industrie" kann im Sinne der ISIC-Klassifikation 1-,2-,3- usw. digital abgegrenzt werden.

Die Grundidee der Aufteilung der Agglomerationseffekte in Lokalisationseffekte und Urbanisationseffekte läßt sich am besten dadurch verdeutlichen, daß im ersteren Fall die externen Effekte im Zusammenhang mit Verkopplungs-Effekten der "Firmen" untereinander entstehen, im zweiten Fall Verkopplungs-Effekte keine Rolle spielen. Im ersten Fall wird daher von externen Matrizialeffekten, d.h. von durch Input-Output-Beziehungen vermittelten externen Effekten, im zweiten von horizontalen, d.h. von den jeweiligen Zuliefer-Abnehmer-Strukturen unabhängigen externen Effekten gesprochen. Ein positiver Lokalisationseffekt wird z.B. dadurch erzielt, daß A in der Nähe seines potentiellen Klienten B angesiedelt ist und ein intensiver Informationsaustausch über die Produktionsprogramme stattfindet. Stellt A Schwefelsäure her, H_2SO_4 in verschiedenen Reinheitsgraden, dann genügt zur Kontaktaufnahme mit dem Verarbeiter ein Telefonanruf. Stellt A dagegen komplexere chemische Verbindungen her und ist B dauernd darauf angewiesen, seine Angebotsmöglichkeiten mit dem Entwicklungsbüro von A abzustimmen, wird die räumliche Nachbarschaft gesucht. Je stärker die Standardisierung und Spezialisierung der I-O-Relationen zwischen A und B, desto geringer sind die Kosten der Kommunikation, desto weniger bedeutsam ist die räumlich nachbarschaftliche Ansiedlung, desto geringer sind die positiven externen Effekte der Lokalisation.

Ein positiver Urbanisationseffekt liegt z. B. dann vor,

wenn Schuheinzelhändler, die offenbar keine Zuliefer- Abnehmerbeziehung untereinander zu halten brauchen, die räumliche Nachbarschaft suchen. Sind A, B und C in einer Gegend der Stadt (meist zentral wegen der relativ geringen Häufigkeit des Schuhkaufs) angesiedelt und eingeführt, so daß "man dort Schuhe kauft", wird D sich in der Nähe niederzulassen versuchen, eben weil die potentiellen Nachfrager dort, wo A, B und C anbieten, ein reichhaltiges Angebot bei günstigen Preisen vermuten. Vorausgesetzt ist allerdings, daß die Gesamtnachfrage im relevanten Marktbereich ausreicht, A, B, C und D bei gegebener Minimalkapazität einen als hinreichend angesehenen Gewinn zu ermöglichen. D kommuniziert hier nicht mit A, B oder C, aber ebenso wie im vorangegangenen Beispiel erleichtert D durch seine nachbarschaftliche Ansiedlung zu A, B und C die Kommunikation seiner potentiellen Klienten mit sich.

Negative Lokalisationseffekte gibt es nicht, weil der Umstand, daß Zuliefer-Abnehmer-Relationen unter sonst gleichen Bedingungen dann mit einem positiven Effekt auf die jeweiligen Produktionsfunktionen von irgendwelchen A und B verbunden sein könnten, wenn A und B räumlich entfernter angesiedelt wären, keinerlei Relevanz hat. Dagegen sind negative Urbanisationseffekte möglich. Eine Fabrik für Präzisionsuhren mag durch die räumliche Nachbarschaft einer Zementfabrik zu erhöhten Vorkehrungen gegen Staubinfiltration gezwungen werden, die Ballung von Aktivitäten auf engem Raum wirkt auf die Bodenpreise, die zusätzliche Beanspruchung eines gegebenen Straßennetzes lastet allen bisherigen Benutzern zusätzliche Zeitkosten auf, etc.

In den gegebenen Beispielen sind teils technologische, teils monetäre externe Effekte angesprochen. Im Fall der komplexen Chemieproduktion liegt ein technologischer Effekt vor: A's Produktionsfunktion wird davon beeinflußt, ob er mit B kommunizieren kann, B's Leistungsfähigkeit kann darüber hinaus davon abhängen, ob der dauernde Kontakt mit A funktioniert. Der Effekt ist in diesem Fall zweiseitig. Im Beispiel der Schuhhändler liegt ein monetärer Effekt vor, wenn ohne Veränderung der Produktionsfunktionen von A, B, C einerseits und D anderseits allein die Konzentration ihrer Standorte den gemeinsamen Standort attraktiver macht. Auch dieser Effekt kann zweiseitig sein, wenn die verbesserte Standortqualität für den zuerst angesiedelten den Konkurrenzeffekt der Ansiedlung des nächsten überkompensiert. Im Fall der Zementfabrik ist der Effekt technologisch und einseitig negativ. Im Fall der Bodenpreise ist der Effekt monetär und zweiseitig. Im Beispiel der Straßenbelastung sind die gestiegenen Agglomerationskosten für alle Benutzer wirksam, es liegt ein technologischer Effekt vor.

Aus den Beispielen lassen sich weiter folgende Beobachtungen ableiten:
Erstens sind monetäre externe Effekte, obgleich unter dem Gesichtspunkt gesamtwirtschaftlicher statischer Allokationseffizienz unmaßgeblich (reines Transferproblem), für räumliche Allokationsentscheidungen privater Investoren bedeutsam. Zudem können die Wachstumseffekte, die sie (positiv) bei Begünstigten und (negativ) bei Betroffenen bewirken, unterschiedliche räumliche Wachstumseffekte haben. Was im Zusammenhang mit technologischen externen Effekten für die Planung gilt, nämlich daß durch ihre Internalisierung einzel- und gesamtwirtschaftliche Allokationsentscheidungen eher kongruent zu gestalten sind, kann in den meisten Fällen nicht für monetäre Effekte gelten. Sie diffundieren über den interdependenten Marktmechanismus und sind - insbesondere bei indikativer Wirtschaftsplanung - dem planerischen Zugriff in einer großen Anzahl von Fällen unzugänglich. Das kann aber nicht bedeuten, daß die Planung sie als vernachlässigbar behandelt (Scitovsky, 54, 143-51).

Weiter ist als Indikation für überindividuelle Standortplanung das Zweiseitigkeitsargument bedeutsam. Das sei am Beispiel der Industriekomplexanalyse insbesondere für räumliche Externalitäten erklärt (für eine allgemeine

Darstellung des Entscheidungsproblems bei gegenseitiger
Abhängigkeit der Produktionsfunktionen, Whinston und Davis,
62, 243 ff.): sowohl für A als auch für B kann die Ansiedlung an einer Raumstelle unvorteilhaft sein, solange B
bzw. A sich nicht schon dort niedergelassen hat. Hätte nur
A's Anwesenheit für B positive Wirkungen, aber gelte dies
nicht umgekehrt und würde die Raumstelle für A privatwirtschaftlich günstig sein, so könnte A sich unabhängig ansiedeln. B wird folgen können. Ist dagegen der Effekt
zweiseitig und ausschlaggebend für die Ansiedlung, so
wird A sich nur ansiedeln, wenn B es auch tut und vice
versa. Die für diesen Fall notwendige Koordination erfolgt
durch den Markt nicht. Schließlich kann A's Ansiedlung für
A selbst auch nach Ansiedlung von B unvorteilhaft bleiben,
trotzdem kann der Komplex A/B an der betrachteten Raumstelle die gesamtwirtschaftlich effizienteste räumliche
Allokation gefunden haben.

Drittens ist im vorliegenden Zusammenhang darauf hinzuweisen, welche Problematik mit den Matrizialeffekten verbunden ist. Sie treten im Zusammenhang mit marktmäßigen Beziehungen, Input-Output-Relationen, auf. Dagegen werden
in der Regel externe Effekte mit dem Kriterium nichtmarktmäßiger Interdependenz in Zusammenhang gebracht, es sei
denn, daß es sich um monetäre externe Effekte handelt.[1]
Im Fall der Matrizialeffekte soll nun ein externer Vorteil räumlicher Wirkung nicht deshalb vorliegen, weil Anbieter und Nachfrager mit größerer Entfernung höhere
Transportkosten zu berücksichtigen haben, denn Transportkosten stellen wiederum Marktbeziehungen dar, wenn auch
evtl. durch Dritte vermittelte. Vielmehr wird unterstellt,
daß auch dann, wenn die Transportkosten für Güter und
Dienste Null sind, Kommunikationskosten auftreten können.
Das läßt sich im Zusammenhang mit der räumlichen Diffusion

---

1) Z. B. wirkt unter bestimmten Bedingungen die Ausweitung
der Produktion durch A auf B, der A-Produkte verwendet,
als Geldvorteil, ebenso kann sich für C, der intermediäre Inputs für A erzeugt, A's Produktionsausweitung
als Geldvorteil niederschlagen, etc. (Jochimsen, 66,
72).

des technischen Fortschrittes verdeutlichen, wobei physische Transportkosten nicht existieren.

Viele Autoren nehmen an, daß die Verfügbarkeit technischen Wissens ubiquitär ist, daß also keine Mobilitätshemmnisse für die räumliche Diffusion technischen Wissens bestehen (Gerfin, 64, 575; Borts und Stein, 64, 8). Siebert stellt die Ubiquität technischen Wissens infrage und behandelt seine Diffusion und Adaptation unter informationstheoretischen Gesichtspunkten. Auch die Entstehung neuen technischen Wissens wird in Abhängigkeit von der Raumstruktur gesehen (Friedmann, 70, 6 ff.). Die Mobilitätsbeschränkung bei in irgendeiner Region vorhandenem technischen Fortschritt hat nun, bezogen auf das vorliegende Problem der im Zusammenhang mit Verkopplungs-Effekten entstehenden externen Matrizialeffekte, die folgende Wirkung: Der Anbieter eines neuen Kapitalgutes A wird den Produzenten B, C und D, die das Gut als Input benutzen, Informationen über das neue Gut geben, um seinen Absatz zu fördern. B und C mögen in räumlicher Nachbarschaft zu A angesiedelt sein, D nicht. Dann wird die Geschwindigkeit der Adaption aufgrund von Informationskosten im Zusammenhang mit der Raumüberwindung bei B und C größer sein als bei D. Wenn für D die Kosten des Transports seiner Produkte in die Absatzzentren wenig sensibel auf Standortvariationen reagieren, muß er sich überlegen, ob er zur Aufrechterhaltung seiner Konkurrenzfähigkeit einen informationskostenminimalen Standort, also im Beispiel die Nähe des A, suchen sollte. Geringe Sensibilität der Transportkosten bei D wird normalerweise auch geringe Sensibilität bei seinen Konkurrenten bedeuten. Diese können aufgrund von Informationsvorsprüngen in D's Absatzmarkt eindringen (vgl. weiter Siebert, 70, 106 ff.). Es kann geschlossen werden, daß die räumliche Nähe von Zulieferern bzw. Abnehmern aufgrund von nicht transportkostenbedingten Kommunikationskosten die Adaption bzw. Diffusion neuen technischen Wissens ceteris paribus fördert. Solche Kommunikationskosten bewirken einen nichtmarktmäßigen Einfluß der räumlichen Nähe auf die Produktionsfunktionen. Im genannten Fall ist die Abhängigkeit vertikal (matrizial), einseitig und technologisch.

Siebert versucht, den Zusammenhang von Innovation und regionaler Adaption verallgemeinernd für die sektoral-regionale Dimension zu formulieren. Der Adaptionskoeffizient a = N^A/N gibt an, wieviele Unternehmen (N^A) eines Sektors N in einer Region ein neues Verfahren eingeführt haben. Nach der Hypothese Friedmanns, nach der neues technisches Wissen vornehmlich in "Zentren" (core-regions) entsteht und mit differenzierten Anpassungszeiten in periphere Räume diffundiert, haben zentrale Räume unter sonst gleichen Bedingungen höhere Adaptionskoeffizienten als periphere.

Diese Überlegungen reichen aus, um die Möglichkeit der Existenz externer räumlicher Matrizialeffekte zu erklären. Gleichzeitig ist mit dem Friedmann-Argument ein erster Hinweis auf ihren sich selbst verstärkenden Differenziationseffekt gegeben. Die Argumente zur beschränkten Mobilität des technischen Wissens als Wachstumsdeterminante lassen sich insofern verallgemeinern, als nicht nur Input-Output-Relationen, sondern auch Konkurrenz- und Komplementaritätsbeziehungen einbezogen werden (vgl. die Bemerkungen zum Imitationseffekt, Siebert, 70, 102 ff. und zum Zusammenhang von Komplementaritätsbeziehungen und monetären externen Effekten, Jochimsen, 66, 72, die jeweils analoge Berücksichtigung der Raumdimension zulassen). Bei Konkurrenzbeziehungen bzw. Komplementaritäten ist aber der hier betrachtete Zusammenhang, daß trotz Vorliegens direkter Marktbeziehungen von externen Effekten gesprochen werden kann, von vornherein weniger problematisch.

Eine weiterführende Systematik räumlicher externer Effekte ist für Planungszwecke derzeit irrelevant. Sie wäre nur sinnvoll, wenn sich Möglichkeiten ergäben, bei der Messung von Kommunikationskosten deren Determinanten und ihren Einfluß zu isolieren. Da Kommunikationskosten bisher nicht zutreffend direkt meßbar sind, kann nur am Vergleich ihrer Resultate geschätzt werden, ob und in welcher Intensität sie auftreten. Auch das bleibt noch problematisch, wie spätere Überlegungen zur Attraktionsanalyse, deren Gegenstand die Messung von Kommunikationskosten ist, zeigen werden (vergl. Teil 2, Kap. 5). Kommunikationskosten können bisher nur insgesamt gemessen werden, die Möglichkeiten der Bestimmung ihrer Determinanten sind so wenig trennscharf, daß weitere Verfeinerungen des systematischen Apparates hier zurückgestellt werden können.

Kommunikationskosten werden aber nicht allein durch räumliche Externalitäten und Transportkosten verursacht, sondern auch durch Unteilbarkeiten.

3. Unteilbarkeiten und Kommunikationskosten: Es lassen sich grundsätzlich zwei Fälle denken. Im ersten können bestimmte Güter und Dienste nur zu sinkenden Grenzkosten produziert werden, die Produktionsfunktionen sind in allen Bereichen durch steigende Niveaugrenzerträge gekennzeichnet. Im zweiten wird aufgrund hoher Fixkostenbelastung die Gewinnschwelle für einen privaten Anbieter erst bei relativ hohen Ausstoßmengen erreichbar, es kann also sein, daß im Bereich der effektiven Nachfrage nur zu sinkenden Durchschnittskosten produziert werden kann. Beide Fälle sind auf ihre Raumbedeutung hin zu untersuchen.

Dabei sei unterstellt, daß beide Güterarten in der Volkswirtschaft produziert würden, wenn die Nachfrage und das Angebot auf einen Raumpunkt konzentriert wären. Maßgeblich für die Entscheidung über die Aufnahme der Produktion ist in diesem Fall ein Gesamtkosten/Gesamtnutzenvergleich und/oder der Umstand, daß bei Berücksichtigung der sozialen Werte auf der Kosten- und Ertragsseite die effektive Nachfrage mindestens die Erreichung des Durchschnittskostenminimums ermöglichen würde.

Jetzt werden Mobilitätsbeschränkungen eingeführt bei gleichzeitiger Verteilung der Nachfrage auf eine Vielzahl von Raumstellen. Die Mobilitätsbeschränkungen können sich sowohl auf der Angebots- als auch der Nachfrageseite einstellen. Einige Güter und Leistungen können nur am Produktionsort konsumiert bzw. als Vorleistungen eingesetzt werden (insbesondere im Bereich der Infrastruktur), sie sind nicht transportfähig. Bei anderen erhöhen Transport- und Informationskosten den Angebotspreis am Ort des Nachfragers. Das wird unter sonst gleichen Bedingungen bedeuten, daß der Nachfrager beim gleichen Loco-Preis eine größere Menge nachfragt, je näher er am Produktionsort ist. Gleichzeitig ist zu berücksichtigen, daß auch die Nachfrage mobil sein kann. Aus der schon zitierten Theorie der zentralen Orte ergibt sich, daß dies umso mehr der Fall sein wird, je geringer die Frequenz der Inanspruchnahme ist. Unterschiedliche Frequenzen der Inanspruchnahme können z. B. vorliegen bei der Dienstleistung unterschiedlich spezialisierter Einzelhändler, beim Vergleich zwischen einer Paßstelle - einem Krankenhaus - einer Badeanstalt, etc.

Die Raumbedeutsamkeit von Unteilbarkeiten läßt sich jetzt im Sinne gesamtwirtschaftlicher Allokationseffizienz definieren. Das statische Effizienzargument wird zuerst behandelt. Dabei werden wieder die beiden einleitend genannten Grundfälle herangezogen. Im ersten Fall handelt es sich, sofern die Produktion unter den genannten Bedingungen überhaupt aufgenommen wird, zweifellos um öffentlich bereitzustellende Güter. Damit ist wiederum die Planungsindikation bezeichnet. Öffentlich bereitzustellende Güter werden hier im Anschluß an Andel (Andel, 69, 213) als solche definiert, bei deren Produktionsaufnahme oder -ausweitung der privat appropriierbare Teil des sozialen Nutzenzuwachses unter der gleichzeitig entstehenden Erhöhung der privaten Kosten liegt. Im ersten Fall ist unter sonst gleichen Bedingungen der Effizienzgewinn umso höher, je stärker Angebot und Nachfrage räumlich nachbarschaftlich alloziiert sind. Die Kurve der relevanten Nachfrage verschiebt sich für eine Raumstelle im Koordinatensystem mit der Abszissenbezeichnung Menge und der Ordinatenbezeichnung Preis und Grenzkosten nach rechts oben. Entsprechend wird der Gesamtnutzen/Gesamtkostenvergleich, der auch über die Frage entscheidet, ob das Gut überhaupt bereitgestellt werden soll, positiver ausfallen.

Im zweiten Fall kann ein Gut, das in Abwesenheit von Mobilitätsbeschränkungen als privates Gut zu bezeichnen wäre, aufgrund von Mobilitätsbeschränkungen möglicherweise nur noch im Bereich sinkender Durchschnittskosten in der für seinen Absatzradius relevanten Region produziert werden. Der Satz, daß der Effizienzgewinn umso größer ist, je stärker Angebot und Nachfrage räumlich nachbarschaftlich angesiedelt sind, gilt hier ebenfalls. Es lassen sich zwei Unterfälle bilden: im ersten legt bereits die privatwirtschaftliche Kosten-/Ertragskalkulation eine räumlich nachbarschaftliche Ansiedlung nahe, dann ergibt sich eine spontane Agglomerationstendenz. Im zweiten gilt die höhere Effizienz nachbarschaftlicher Ansiedlung erst bei Verwendung der genannten gesamtwirtschaftlichen Lokalisationskriterien, dann ergibt sich wieder eine Planungsindikation. Zusammenfassend kann festgestellt werden, daß Unteilbarkeiten im Zusammenhang mit Mobilitätsbeschränkungen dazu führen können, daß Anbieter und Nachfrager räumlich effizienter alloziiert sind, wenn sie nachbarschaftlich angesiedelt sind als wenn dies nicht der Fall wäre. Es liegen Kommunikationskosten vor.

An dieser Stelle kann die einleitend gegebene Definition der Kommunikationskosten erweitert werden: das Vorhandensein von Kommunikationskosten führt dazu, daß die gesamtwirtschaftliche Effizienz einer Aktivität i in einer Region j davon beeinflußt wird, ob ihre direkten/indirekten Inputs/Outputs in räumlicher Nachbarschaft angeboten/nachgefragt werden oder nicht.

Jetzt ist das dynamische Effizienzargument zu behandeln: Besteht aufgrund von Unteilbarkeiten im Zusammenhang mit Mobilitätsbeschränkungen eine Tendenz zur räumlich nachbarschaftlichen Ansiedlung, dann werden neue Aktivitäten den Standort suchen bzw. im Zusammenhang mit dem gesamtwirtschaftlichen Effizienzargument bevorzugen sollen, an dem unter sonst gleichen Bedingungen ihre zusätzliche Nachfrage zu den niedrigsten Grenzkosten befriedigt werden kann. Das gilt unabhängig davon, ob ein von den volkswirtschaftlichen Alternativkosten abweichender Preis zu zahlen ist. Das heißt, daß ceteris paribus Standorte bevorzugt werden, die im Sinne der Polarisationstheorie zentral sind. Dadurch wird der Differenzierungseffekt zwischen Zentrum und Peripherie selbstverstärkend wirksam.

Für die zirkuläre Verursachung ist im vorliegenden Zusammenhang weiter bedeutend, daß, wie schon im Anschluß an Klaassen dargestellt wurde, die Nachfrage nach zentralörtlichen Gütern und Diensten selbst nicht unabhängig vom Angebot ist. Je näher das Angebot, desto höher die Frequenz der Inanspruchnahme. Das gilt weniger für technologische Einsatz-Ausstoß-Relationen als für den Endverbrauch. D.h.: je mehr räumlich konzentriert das Angebot bestimmter Güter und Dienste ist, desto stärker wird das Wahlverhalten der Konsumenten zugunsten jener beeinflußt und desto größer die effektive Nachfrage. Das Argument läßt sich am Beispiel des Angebots sog. urbaner Standards leicht verständlich machen.

4. Bisher wurden interregionale Mobilitätsbeschränkungen von Wachstumsdeterminanten unter der stillschweigenden Voraussetzung diskutiert, daß, abgesehen von externen oder internen Effekten und abgesehen von Transportkosten, alle weiteren Bedingungen vollständiger Konkurrenz gegeben wären. Insbesondere wurden monopolistische Starrheiten, die auf Autoritäts-Abhängigkeitsbeziehungen zwischen Peripherie und Zentrum beruhen, bisher ausgeklammert. Solche Abhängigkeitsbeziehungen werden in der Preistheorie als monopolistische Preisbildung diskutiert. Während es sich dort um eine statische Analyse handelt, will die Dominationstheorie dynamische Effekte von Autoritäts-Abhängigkeitsbeziehungen untersuchen. Die Schule um Perroux diskutiert diesen Zusammenhang unter Einbeziehung der Raumdimension. Es ist deutlich, daß sich auch Myrdals Kategorien des Entzugs- und Ausbreitungs-Effektes hier einordnen lassen.

Ein umfassendes dominationstheoretisches Konzept hat Friedmann in seiner "General Theory of Polarized Development" (Friedmann, 69) vorgelegt. Seine Überlegungen sind auch deshalb bemerkenswert, weil sie die bei Siebert als relevant erwähnte, jedoch aus der systematischen Analyse ausgeschlossene Wachstumsdeterminante S_o, das soziale System, explizit behandeln. Gegenüber den Versuchen der "französischen Schule" in der Nachfolge Perroux's, die die Formalisierung von Dominationseffekten im Zusammenhang mit der relativen Bedeutung von Input-Output-Relationen zum Gegenstand haben[1], ist Friedmanns Analyse theoretisch zwingender, wenn auch die empirische Bedeutung seiner Thesen nach seinem eigenen Urteil schwer zu testen ist.

Ausgehend von Kuznets' These, daß die ökonomisch wesentliche Innovation unserer Epoche in der "extended application of science to problems of economic production" liegt (Kuznets, 66, 9), sieht Friedmann gegenwärtig die entscheidende Ursache für Autoritäts/Abhängigkeitsverhältnisse interregionaler Dimension im räumlich unterschiedlichen Auftreten, der Diffusion und Adaption technischer und institutioneller Innovationen. Die sich ergebende Interpretation des modernen Entwicklungsprozesses steht in engem Zusammenhang mit der einleitend formulierten These zur Raumabhängigkeit gesamtwirtschaftlichen Wachstums: "development may be studied as a discontinuous, cumulative process that occurs as a series of elementary innovations which become organized into innovative clusters and finally into largescale systems of innovation" (Friedmann, 69, 8).

Die beschränkte Mobilität von Innovationen wird in einem sozialen Feld wirksam, in dem sich Autoritäts/Abhängigkeitsbeziehungen in der räumlichen Zentrum-Peripherie Dimension spiegeln. "More precisely, core regions are

---

1) Aujac (1960) definiert die Domination, die ein Sektor j über einen Sektor i ausübt, durch die Ungleichung A_{ij}/P_i A_{ji}/P_i. Dabei bezeichnen A_{ij} die Verkäufe von i an j, A_{ji} die von j an i. P_i und P_j bezeichnen den Gesamtumsatz von i bzw. j.

territorially organized subsystems of society which have
a high capacity for innovative change; peripheral regions
are subsystems whose development path is determined
chiefly by core region institutions with respect to which
they stand in relation of substantial dependency" (Friedmann, 69, 18).

Der Unterschied zum Konzept Myrdals wird in der Deutung
des Ausbreitungs-Effekts offenkundig. Für Myrdal ist der
Ausbreitungs-Effekt grundsätzlich positiv für die empfangene Region (Myrdal, 57, 31 ff.). Die steigende Nachfrage
z. B. in den Zentren nach Rohstoffen der Peripherie wird
über die zusätzliche Nachfrage neuer Arbeitskräfte in der
Peripherie eine eigene Konsumgüterindustrie entstehen
lassen, etc. (ibid., 31). In der Sicht Friedmanns verbindet sich das Dominationsargument auch und gerade mit interregionalen Austauschbeziehungen, wie sie im gegebenen
Beispiel für einen Ausbreitungs-Effekt vorliegen. Bei Myrdals Argumentation genügt für das Vorliegen eines Ausbreitungs-Effektes z. B. die Auslagerung bestimmter Hilfs- und
Zuliefererfunktionen in die Peripherie. Auch Lasuen hält
an der damit bezeichneten Strategie der Industrialisierung
peripherer Räume fest: "The accelaration of growth in the
Mezzogiorno in the later decade, in today's north-east
Brazil, and the great success of Spain's growth poles in
the last four years is also easily understood from this
perspective. Most of the new employment created has taken
place in plants which are extensions, filials, subsidiaries, licensees, subcontractors, etc. of the expanded and
transformed firms in the "norths" ("north" ist hier Synonym für Zentrum, F.B.)" (Lasuen, 69, 148). Dagegen kann es
nach Friedmann gerade auf diese Art der Industrialisierung
peripherer Räume zurückzuführen sein, daß sich die Abhängigkeit der Peripherie noch verstärkt.

Der Grund dafür liegt darin, daß die Innovationen[1] in den

---

1) Innovation bedeutet für Friedmann die erfolgreiche Einführung neuer Verfahren oder Ideen in ein soziales
(Sub-)System, in dem sie bisher nicht vorhanden waren.
Es kann sich also auch um den Transfer eines anderswo

peripheren Räumen durch Institutionen des Zentrums vorgenommen und kontrolliert werden. Dadurch werden wichtige Entscheidungen den lokalen Eliten abgenommen bzw. aufgezwungen (ibid., 20). Die Fähigkeit der Peripherie zur autonomen Hervorbringung eines selbstverstärkenden Wachstumsprozesses wird reduziert.

Das Kommunikationskostenargument kann im vorliegenden Zusammenhang folgendermaßen lauten: Autoritäts/Abhängigkeitsbeziehungen zwischen Zentrum und Peripherie führen dazu, daß für das Wachstum der Peripherie strategische Informationen, Aktivitäten, Institutionen von den zentralen Eliten kontrolliert und nur soweit als Innovationen weitergegeben werden, als es dem Eigeninteresse dieser Eliten dient. Autoritäts/Abhängigkeitsbeziehungen bedeuten zusätzliche Mobilitätsbeschränkungen von Wachstumsdeterminanten.

1.2.3. Zirkuläre Verkettung von Immobilitäten

Es wird zuerst auf die Mechanismen des Prozesses der zirkulären Verursachung der Immobilität von Wachstumsdeterminanten eingegangen (1.), anschließend werden einige Überlegungen zum Ergebnis dieses Prozesses angestellt (2.).

1. Bei der Analyse der Mechanismen kann der Systematik der obengenannten Bestimmungsgründe gefolgt werden. Dabei ist zu unterscheiden, ob jeweils ein Bestimmungsgrund ausreicht, um einen dynamischen Rückkopplungseffekt auszulösen, und ob die Rückkopplung nur durch Interaktion zweier Bestimmungsgründe zustandekommt.

a. Es wurde festgestellt, daß das Transportkostenargument allein keine hinreichende Bedingung für zirkuläre Rückkopplungen darstellt. Transportkosten wirken verstärkend auf anderweitig begründete zirkuläre Verursachungsprozesse, d. h. daß sich der durch die verursachte Polarisa-

---

altbekannten Organisationsprinzips oder Produktionsverfahrens handelt (Friedmann, 69, 9).

tionseffekt erst im Zusammenhang mit der Interaktion mit anderen Mobilitätsbeschränkungen ergibt.

b. Das Externalitätsargument dagegen ist für sich genommen hinreichend für die Begründung zirkulärer Verursachung. Dazu ist es nicht erforderlich, daß zweiseitige Externalitäten vorliegen, denn: ist aufgrund der räumlichen Attraktionswirkung eines Produzenten ein anderer zur nachbarschaftlichen Ansiedlung veranlaßt worden, so genügt es, daß nun bei gleichbleibender Attraktionswirkung des ersten die Attraktivität der Raumstelle durch externe Effekte, die der zweite erzeugen könnte, erhöht wird.

c. Das Unteilbarkeitsargument reicht für sich genommen aus, weil entweder (im Fall, daß das Gut schon produziert wird) noch niedrigere Alternativkosten durch die Bereitstellung zusätzlicher Produktionseinheiten verursacht werden, oder (im Fall, daß die Produktion noch nicht aufgenommen werden konnte) bei Aufnahme der Produktion der Diversifikations- bzw. Flexibilitätsgrad der betroffenen Raumstelle erhöht und damit ihre Standortqualität (Attraktivität) verbessert wird. Dabei ist es grundsätzlich irrelevant, ob für Folgeaktivitäten das neue bzw. erweiterte Angebot einen direkten oder indirekten Input darstellt.[1]

d. Das Autoritäts/Abhängigkeitsargument ist ebenfalls für sich genommen ausreichend: die Kontrolle, die zentrale Eliten über die Peripherie ausüben, stärkt die Macht des Zentrums auch dadurch, daß über die für die Produktion neuer Innovationen notwendigen knappen Produktionsfaktoren, die in der Peripherie vorhanden sind, verfügt werden kann. Friedmann nennt sechs hauptsächliche Rückkopplungseffekte, die zur Selbstverstärkung der Domination eines Zentrums über seine Peripherie beitragen (Friedmann, 69, 21).

---

1) Als indirekter Input wird hier hauptsächlich die Infrastruktur betrachtet. Dabei wird davon ausgegangen, daß insofern ein unbezahlter Faktor vorliegt, als die Infrastruktur auf dem Wege nicht nutzungsäquivalenter Besteuerung finanziert wird.

Dabei handelt es sich um eine Phänomenologie, die im großen und ganzen die wesentlichen Faktoren erfaßt, die, wie gezeigt wurde, bei Immobilität von Wachstumsdeterminanten in Richtung auf eine weitere Differenzierung wirken. Deshalb wird sie hier nicht gesondert vorgeführt. Andererseits kann nach Ansicht des Verf. der Erklärungswert einer derartigen Aneinanderreihung von Effekten nur befriedigen, wenn jedes einzelne Argument im Lichte der Analyse des Kommunikationskostenarguments gesehen wird, weil in jedem Einzelfall nachzuweisen ist, daß Kommunikationskosten einem interregionalen Ausgleichmechanismus im Wege stehen. Friedmanns Analyse ist sehr stark an der Idee eines Dualismus von Zentrum und Peripherie im Sinne zweier in sich relativ abgeschlossener Kreisläufe orientiert. Hier dagegen wird die Region von vornherein als offen definiert und die Frage gestellt, warum bei grundsätzlicher Offenheit Mobilitätsbeschränkungen selbstverstärkende Differenzierungseffekte herbeiführen können. Es handelt sich um eine Akzentverschiebung, die für die Art und Weise der Argumentation einige Tragweite hat.

e. In den unter b - d betrachteten Fällen reichen die dargestellten Elemente jeweils aus, einen zirkulären Verursachungsmechanismus zu erklären. Darüber hinaus sind diese Elemente auch untereinander als zirkulär verkettet vorstellbar. Auf diese Weise ist das Zustandekommen dauerhaft selbsttragender Wachstumsprozesse mit zu erklären. Dieser Prozeß ist umso stärker räumlich polarisiert, je immobiler die induzierten Wachstumsdeterminanten sind.

Der Prozeß der zirkulären Verursachung findet seinen Ausdruck in einer Folge von Innovationen (im oben im Anschluß an Friedmann definierten Sinn), deren Trägerschaft wechselt, so daß auch die motorischen Aktivitäten im Prozeßverlauf nicht dieselben bleiben.

Das Medium des polarisierten Wachstumsprozesses ist die Siedlungsstruktur. So ist für Friedmann die Stadt ein Kommunikationsfeld, in dem die Wahrscheinlichkeit des Informationsaustausches hoch und generell die sozialen Interaktionsbeziehungen relativ dicht sind. Das führt zu einer räumlichen Häufung von Innovationen (Friedmann, 69, 11). Ähnlich Ritter: "Wirtschaftliche Entwicklung ist ein Prozeß, der in Dörfern, Städten und Ballungsgebieten stattfindet. Diese bilden ein System, dessen Struktur den Verlauf des Entwicklungsprozesses ebenso sehr bestimmt, wie dieser die Gestalt der Siedlungsstruktur beeinflußt" (Ritter, 70, 163). Dennoch ist die Frage des Zusammenhangs von Stadtentwicklung und gesamtwirtschaftlichem Wachstum noch wenig erforscht (Lasuen, Lorca, Oria, 68, 5).

Zusammenfassend kann die einleitend formulierte grundlegende Polarisationshypothese wiederholt werden: Gesamtwirtschaftliches Wachstum ist das Ergebnis aufeinanderfolgender Entwicklungsschübe innerhalb sektoral/regional identifizierbarer Zusammenballungen wirtschaftlicher Aktivitäten, von denen aus Anpassungsbewegungen im übrigen gesamtwirtschaftlichen System diffundieren. Diese Hypothese ist jetzt weiter spezifiziert aber noch nicht bewiesen worden.

2. Die vorläufige Würdigung des Prinzips der zirkulären Verursachung soll sich auf drei noch offene Fragen beziehen.

a. Die erste hängt damit zusammen, daß bisher explizit wenig von Nivellierungstendenzen durch Ausbreitungs-Effekte die Rede war. So könnte eingewendet werden, daß die Darstellung einseitig die zentripetalen Wirkungen der räumlichen Polarisation betont hat und daher zutreffende Schlüsse auf das Nettoergebnis zentrifugaler und zentripetaler Kräfte nicht gezogen werden können.

Dieser Einwand kann unter Hinweis auf den Ausgangspunkt der Darstellung leicht entkräftet werden. Dabei wurde ein einfaches interregionales Konvergenzmodell diskutiert, dessen grundlegenden Annahmen sich auf Güter- und Faktormobilität bezogen. Die Mechanismen dieses Modells erklären die Konvergenzwirkungen, also Ausbreitungs-Effekte. Mehr wird auch von Myrdal nicht vorgebracht.

Vielmehr sind die Überlegungen im Zusammenhang mit Diffusionswirkungen dahingehend spezifiziert worden, daß selbst dort, wo für ihr Auftreten günstige Bedingungen vorzuliegen scheinen, Entzugs-Effekte induziert werden können: Verbesserte Transportbedingungen für Güter und Faktoren können bei Immobilität komplementärer Wachstumsdeterminanten den Polarisationsprozeß beschleunigen. Ebenso kann ein Diffusionseffekt wie die Auslagerung von Zulieferfunktionen in die Peripherie das Dominationspotential des Zentrums fördern.

b. Die zweite Frage ergibt sich im Zusammenhang damit, daß die Raumdimension des Polarisationsprozesses bisher nicht abgegrenzt wurde. Der verwendete Begriff der räumlichen Nachbarschaft deutet diese Dimension in keinerlei exakter Weise. Die Schwierigkeit ist darauf zurückzuführen, daß der Nachbarschaftsbegriff nicht für alle Aktivitäten eine gleiche Dimension hat und daß für den kommunikationsoptimalen Standort einer Aktivität auch die Standorte konkurrierender Anbieter bzw. Nachfrager entscheidend sind. Die Konkretisierung der ökonomischen Entfernung, innerhalb derer "Nachbarschaft" vorliegt, setzt die Messung von Kommunikationskosten voraus. Dies ist Gegenstand der Attraktionsanalyse, die später diskutiert wird. An dieser Stelle genügt es zu erkennen, daß die Identifikation einer Polarisationsregion entscheidend für die regionalpolitische Instrumentalisierung der Polarisationshypothesen ist. Am Beispiel der industriellen Wachstumspole ist darauf wieder einzugehen.

Gleichzeitig wird durch diese Überlegungen der direkte Schluß von der Beobachtung räumlich polarisierter zirkulärer Verkettungen auf regionale Wachstumsunterschiede problematisiert:
Das Zentrum-Peripherie-Modell ist eine analytische Konstruktion, die nicht unmittelbar auf diejenigen Raumdimensionen übertragen werden darf, in bezug auf die regionalen Einkommensunterschiede gemessen werden. Wissenschaftsgeschichtlich ist es zwar so, daß die Problematik der Ein-

kommensgefälle zuerst in Form eines eindeutigen "Nord-Süd"-Gefälles erkannt wurde (Frankreichs Südwesten, Italiens Süden, Brasiliens Nordosten); der einfache Nord-Süd-Dualismus läßt sich aber nicht auf jede Volkswirtschaft anwenden, in der interregionale Wohlfahrtsunterschiede gegeben sind.

Die oben wiederholte Polarisationsthese spricht daher nicht von regionalen Wohlfahrtsdifferenzen. Sie können Ergebnis der räumlich polarisiert stattfindenden Wachstumsschübe sein und sind es häufig auch. Sie müssen es aber nicht, deshalb wäre jeder Schluß von der Beobachtung geringer regionaler Einkommensdifferenzen auf geringe empirische Relevanz der Polarisationstheorie unzutreffend. Wie wichtig dieser Gesichtspunkt ist, wird die Diskussion des Raumbegriffs in der Polarisationstheorie zeigen.

In dieser Arbeit wird im vorliegenden Zusammenhang die These vertreten, daß unter sonst gleichen Bedingungen polarisierte Wachstumsprozesse umso eher die Entstehung regionaler Einkommensdisparitäten fördern, je unterschiedlicher entwickelt die Siedlungsstrukturen der gegebenen Teilräume sind. Das ist auf den Mediumcharakter der Siedlungsstruktur für den Wachstumsprozeß zurückzuführen (Ritter, 70, 163). Hinter dieser allgemeinen Feststellung stehen wiederum Überlegungen im Zusammenhang mit der beschränkten Mobilität von Wachstumsdeterminanten. Sie führen in den Fällen, in denen überwiegend positive Urbanisationseffekte bestehen, dazu, daß größere und im Angebot von zentralen Leistungen ranghöhere Zentren kleineren und rangniedrigeren Zentren tendenziell vorgezogen werden. Das Transportkostenargument mag diese Tendenz zusätzlich unterstützen.

Aus dem Mediumcharakter der Siedlungsstruktur folgt, daß regionale Entwicklungspolitik immer gleichzeitig Siedlungsstrukturpolitik zu sein hat.

c) Die dritte Frage bezieht sich auf die Bewertung des Prozesses zirkulärer Verursachung. Sie ist in der Literatur umstritten. Dabei steht einmal das Dualismus-Argument im Vordergrund, zum anderen die Rolle des Verstädterungsprozesses in bezug auf das wirtschaftliche Wachstum.

Jochimsen kommt bei seiner Analyse der kumulativen Verkettung zu folgendem Ergebnis: "Die Verkettung externer Effekte und Starrheiten zum ökonomischen Dualismus führt insgesamt zu einer Behinderung der zweckmäßigen Verwendung der Produktionsfaktoren, so daß das Sozialprodukt nicht die Höhe erreicht, die bei ihrer Abwesenheit möglich wäre... Immobilität der Produktionsfaktoren, Möglichkeiten, sie nur in bestimmter Stücklung einzusetzen, und diskriminierende Handlungen können insbesondere zur Ausbildung des wirtschaftlichen Dualismus in der Form desintegrierter Faktor- und Produktmärkte führen" (Jochimsen, 66, 85).

Auf der anderen Seite wird in der Entwicklungstheorie der Verstädterungsprozeß angesichts des Phänomens der "Hyperurbanisation" als ein negatives Resultat polarisierter Wachstumsprozesse gesehen.

Die Polarisationstheorie in ihrer modernen Form würde beide Schlußfolgerungen als falsch zurückweisen, ohne daß sie die disfunktionalen Wirkungen des Dualismus bzw. die "sozialen Kosten" des Urbanisationsprozesses vernachlässigt. Beide Gesichtspunkte werden bei der Diskussion der Strategie der dezentralen Konzentration später wieder aufzugreifen sein, und zwar im Zusammenhang mit dem Integrationsziel einerseits, der Diskussion um optimale bzw. minimale Stadtgröße andererseits.

Lloyd Rodwin (61) und Friedmann würden Jochimsens Bewertung des zirkulären Verursachungsprozesses für ein Stück Konkurrenzromantik halten. Der Urbanismuskritik würden sie unter Hinweis auf die Wachstumsnotwendigkeit des Verstädterungsprozesses entgegentreten. Die gemeinsame Basis für beide Argumente beziehen sie aus der grundsätzlichen Deutung der räumlichen Dimension des Wachstumsprozesses, "... in which the principle variable is the pattern of authority-dependency relationships that characterizes any organized social system" (Friedmann, 69, 4).

Aufgrund der Überlegungen zur (partiellen) Immobilität von Wachstumsdeterminanten und deren zirkulärer Verursachungswirkungen kann das Ergebnis Jochimsens nicht ohne weiteres hingenommen werden: "Die Verkettung... führt insgesamt zu einer Behinderung der zweckmäßigen Verwendung der Produktionsfaktoren... " Vielmehr wurde gezeigt, daß <u>der kommunikationskostenminimale Standort und damit die optimale räumliche Allokation von Aktivitäten bei Vorliegen von Externalitäten und Unteilbarkeiten Polarisationen erfordern kann</u>. Ebensowenig können Autoritäts-Abhängigkeitsbeziehungen ausschließlich als disfunktional für das gesamtwirtschaftliche Wachstum angesehen werden. Neue Wege der Dualismus-Interpretation sind erst in Ansätzen vorhanden (vgl. Körner, 70, 208 ff.).

Vor dem Hintergrund der Darstellung des Prinzips der zirkulären Verursachung kann jetzt die Theorie der Wachstumspole gesehen werden.

2. Wachstumspole

Es existiert so etwas wie eine "Legaldefinition" des Begriffs des Wachstumspols, jedenfalls galt das für die Zeit, in der das Institut de Science Économique Appliquée führend in der Weiterentwicklung der Polarisationstheorie war. Die Definition lautet: "constitue un pôle de croussance une industrie qui, par les flux de produits et de revenus qu'elle engendre, conditionne le développment et la croissance d'industries techniquement liées a elle (polarisation technique), détermine la prospérité du secteur tertiaire par les revenus qu'elle engendre (polarisation des revenus) et produit une croissance du revenu régional grâce à la concentration de nouvelles activités dans une zone donnée, moyennant la perspective de pouvoir disposer de certains facteurs de production (polarisation psychologique et géographique)" Pae linck, 65, 12).

Es wird nicht verwundern, daß die Anzahl von Definitionen in Proportion mit der Anzahl der Beiträge zur Wachstumspoltheorie und -politik zugenommen hat. Mit Lasuen kann aber die Feststellung zu Recht getroffen werden; "Yet, their seems to exist general agreement among specialists about the central ideas within the concept. They are: A growth pole is a large group of industries (a) strongly related through their input-output linkages (b) around a leading industry (c), and clustered geographically (d). The leading industry itself (e), and (through its inducement (f)) the whole group, innovates (g) and grows (h) at a faster pace (i) than the industries external to the pole" (Lasuen, 71, 2).

2.1. Identifikation und Inzidenz von Wachstumspolen

Es handelt sich in beiden Fällen um funktionale Definitionen des Wachstumspols, denn sie beinhalten bereits Aussagen über die Wirkungen, die von einem Wachstumspol erwartet werden. Um einen Wachstumspol a posteriori zu identifizieren, kann so vorgegangen werden.

Die Wachstumspoltheorie beansprucht aber für sich, beschleunigtes regionales[1] Wirtschaftswachstum zu erklären. Daher ist zu fragen, warum ein Wachstumspol schneller wächst als der Rest des Systems. Aus diesem Grunde ist es nützlich, die in den beiden Definitionen auftretenden Aussagen in strukturelle und inzidenzielle zu untergliedern. Strukturelle Aussagen sind z. B. "large group of industries"[2] und "strongly related through their input-output-linkages", inzidenzielle Aussagen sind die von Paelinck genannten Polarisationseffekte bzw. die Aussagen (e) - (i) in der von Lasuen zitierten Definition.

---

1) Beide Definitionen beziehen sich explizit auf eine regionale Dimension: "et produit un croissance du revenu régional" bzw. "clustered geographically".
2) In der Betonung der "large group of industries" liegt gegenüber der ersten Definition ebenfalls ein Unterschied in der Wortwahl vor: "une industrie" darf nicht mit einer einzelnen Unternehmung notwendigerweise gleichgesetzt werden, sonst würde in der französischen Wachtsumspolliteratur der Begriff "firme" gewählt.

Zur Beantwortung der Frage, warum ein Wachstumspol schneller wächst als der Rest des Systems, sind die strukturellen Ursachen der für den Wachstumspol behaupteten Inzidenzwirkungen zu analysieren. Die Identifikation eines Wachstumspols muß sich auf die Strukturaussagen beschränken, nur dann kann das Wachstumspolkonzept als prognostisch verwertbare analytische Kategorie benutzt werden.

Zuerst werden daher Probleme der Identifikation eines Wachstumspols unter ausschließlicher Berücksichtigung der Strukturaussagen behandelt. Danach werden die von einem Wachstumspol erwarteten Induktionswirkungen dargestellt. Abschließend wird zur Diskussion gestellt, ob Wachstumspole ein notwendiges Element zur Beschleunigung des gesamtwirtschaftlichen Wachstums darstellen.

2.1.1. Identifikation von Wachstumspolen

Notwendige Bedingung für die Identifikation eines Wachstumspols ist in beiden Definitionen die Diagnose "bedeutender" Input-Output-Relationen zwischen Industrien. Das Attribut "bedeutend" wird in der Literatur uneinheitlich verwendet, nämlich einerseits strukturell, andererseits wiederum phänomenologisch/inzidenziell. Bei der strukturellen Deutung geht es um wertmäßig hohe Stromgrößen oder hohe Input-Output-Koeffizienten. Dagegen ist für Hirschman die Bedeutung abhängig von den Induktionswirkungen "... z. B. in Form der Nettoausbringung der neuen Industrien, die ins Leben gerufen werden..." (Hirschman, 67, 94). Eine gemessen an ihrem Sozialproduktsbeitrag bedeutende Industrie kann aufgrund des zusätzlichen regionalen Angebots eines für sie wertmäßig unbedeutenden, aber wegen hoher Kommunikationskosten nicht extraregional zu beziehenden Inputs ins Leben gerufen werden.

Notwendige Bedingung ist weiter das Vorhandensein bedeutender <u>interindustrieller</u> Input-Output-Beziehungen. Sie stellen nach beiden Definitionen den strategischen Kern des Wachstumspols dar. Daraus leitet sich das Konzept <u>industrieller Wachstumspole</u> ab. →PERROUX

Beide Definitionen implizieren, wie oben gezeigt wurde, eine räumliche Dimension des Wachstumspols. Um diese zu begründen, reichen die bisher diskutierten Bedingungen nicht aus. Sind nämlich die Kommunikationskosten zwischen allen[1] durch Input-Output-Beziehungen verbundenen Aktivitäten Null, dann besteht kein Zusammenhang zwischen sektoraler und sektoral/regionaler Polarisation, d. h. der Wachstumspol, wie er nach obigen Definitionen sektoral identifiziert werden könnte, ist nicht eindeutig einer abgrenzbaren räumlichen Dimension zuzuordnen.

Die genannten notwendigen Bedingungen charakterisieren sektorale Polarisationen, die Hinzunahme der hinreichenden Bedingung, Existenz von Kommunikationskosten, führt zur Bestimmung sektoral/regionaler Polarisationen. Keinesfalls ist damit bereits eine <u>bestimmte</u> teilräumliche Dimension eines sektoralen Pols festgelegt. Das immer wieder angewandte Konzept des räumlich <u>punktuellen industriellen Wachstumspols</u> findet in der <u>bloßen Existenz</u> von Kommunikationskosten keine hinreichende Basis.
Sektorale Pole werden also als Bündel von durch bedeutende Input/Output-Beziehung verbundenen Aktivitäten unabhängig von deren räumlichen Allokationszusammenhang bezeichnet. <u>Neigen Elemente eines sektoralen Poles zur räumlich nachbarschaftlichen Ansiedlung, so entsteht ein sektoral/regionaler Pol.</u>

Für die Identifikation von Wachstumspolen im Zusammenhang mit obengenannten Strukturkriterien ist vom Standpunkt räumlicher Wachstumstheorie die Unterscheidung sektoraler und sektoral/regionaler Pole fundamental. Entsprechend werden zuerst die Bedingungen sektoraler Polarisation dis-

---

[1] Zu beachten ist, daß auch dann, wenn zwischen <u>zwei</u> derart verbundenen Aktivitäten keine Kommunikationskosten auftreten würden, sie dennoch räumlich nachbarschaftlich angesiedelt sein könnten, weil sie auf einen gemeinsamen Input beschränkter Mobilität angewiesen sind. oder weil nicht gemeinsame Inputs jeweils beschränkter Mobilität untereinander auf nachbarschaftliche Ansiedlung angewiesen sind.

kutiert (1), anschließend wird der Raumbegriff der Wachstumspoltheorie behandelt (2).

(1) In seinem Kern besagt das spezifisch sektorale Polarisationsargument, daß <u>wirtschaftliches Wachstum sektoral ungleichgewichtig verläuft. Ungleichgewichtigkeit bedeutet hier, daß die sektoralen Wachstumsraten sich in unterschiedlichem Maße verändern.</u> Wird ein "führender Sektor" als Sektor überdurchschnittlicher (gemessen an der gesamtwirtschaftlichen Wachstumsrate) Wachstumsrate bezeichnet, so kann der Wachstumsprozeß als Abfolge führender Sektoren charakterisiert werden.

Diese Aussage ist noch unvollkommen und, wie sofort zu sehen ist, völlig unspezifisch. Besagt sie doch weiter nichts, als daß <u>gesamtwirtschaftliches Wachstum sektoralen Strukturwandel impliziert.</u> Diesen Strukturwandel als polarisierten Prozeß zu bezeichnen hieße in der Tat, von des Kaisers neuen Kleidern zu sprechen. Weiter kann gezeigt werden, daß die Ungleichgewichtsdefinition unscharf ist. Sie kann sich vollkommen mit der in der Entwicklungstheorie seit Nurkse (Nurkse, 53) verwendeten Definition gleichgewichtigen Wachstums decken. Dann nämlich, wenn der sektorale Strukturwandel der Veränderung der Einkommenselastizitäten der Nachfrage entspricht.

Der spezifische Aussagewert der Wachstumspoltheorie wird also daran gemessen werden müssen, was sie den bekannten Definitionen des ungleichgewichtigen Wachstums und des "führenden" oder "motorischen" Sektors hinzufügt.

Das sektorale Polarisationsargument hat seine Ursprünge bei Schumpeter (Schumpeter, 12, 463 ff.), wird bei Perroux wieder aufgenommen (Perroux, 55) und hat seine bekannteste Formulierung als Wachstumsstrategie bei Hirschman (Hirschman, 67) gefunden.

(a) Der Rückgriff auf Schumpeters Interpretation des wirtschaftlichen Entwicklungsprozesses erlaubt eine erste Präzisierung des mit der Idee der sektoralen Polarisation verbundenen Ungleichgewichtsbegriffs: "Der dritte allgemeine Satz, der für das Phänomen der wirtschaftlichen Entwicklung gilt - der erste war, daß es eine rein wirtschaftliche Entwicklung in unserem Sinne wirklich gibt, der zweite, daß diese Entwicklung essentiell eine Störung des Gleichgewichts ist - lautet: Die wirtschaftliche Entwicklung ist keine organische Einheit in ihrer Gänze, sondern sie besteht aus einander anschließenden, aber relativ selbständigen Teilentwicklungen... Danach vollzieht sich die Entwicklung der Wirtschaft gleichsam in Wellenform, wobei jede dieser Wellen ihr eigenes Leben für sich hat" (Schumpeter, 12, 490). Das eigentlich selbständige derartige Teilentwicklungen in Gang setzende Element ist die Innovation. Sie führt zu einer Störung des Gleichgewichts "ohne jede Tendenz, diesem oder überhaupt irgendeinem anderen Gleichgewichtszustand wieder zuzustreben" (ibid., 489). Insbesondere wird die Entwicklung der Nachfrage nicht als selbständige Entwicklungsursache angesehen, da sie ja erst Ergebnis der Entwicklung ist (ibid., 485).

Es kann zweierlei geschlossen werden: Erstens ist die von Schumpeter gegebene Charakterisierung dynamischer Ungleichgewichte nicht konsistent mit Nurkses Definition gleichgewichtigen Wachstums. Zweitens, und das fügt sie dem obengenannten allgemeinen Strukturwandelargument hinzu, gehen diese Ungleichgewichte von der Angebotsseite aus. Die Polarisationstheorie ist daher essentiell eine angebotsorientierte Wachstumstheorie. Innovationen lösen Wellen von einander anschließenden, aber relativ selbständigen Teilentwicklungen in einzelnen Sektoren oder Bündeln von Aktivitäten aus. Die Gründe dafür, daß "jede dieser Wellen ihr eigenes Leben für sich hat", z. B. Imitation durch Konkurrenten, die von Scitovsky beschriebenen Wirkungen auf Anbieter und Nachfrager, etc., brauchen hier nicht wiederholt zu werden. Das "eigene Leben" der Innovationswellen kann als sektoraler Polarisationsprozeß beschrieben werden.

(b) Unter den Schumpeter'schen Innovationen bezieht sich
Perroux insbesondere auf die Produktion neuer Güter. So
ist Entwicklung für ihn durch das Auftreten neuer Industrien und den Untergang alter charakterisiert. Neue, insbesondere einer hohen Einkommenselastizität der Nachfrage
gegenüberstehende Aktivitäten bilden (sektorale) Wachstumspole. Ein Wachstumspol wird zunächst grundsätzlich
ohne Festlegung einer geographischen Dimension definiert:
"toutes ces conceptualisations sont utilisables et permettant de traiter en explicitant <u>ou non</u> (im Original
kursiv) leur localisation" (Perroux, 60, 203).

Ein Wachstumspol ist eine motorische Einheit (unité motrice), die einfach oder komplex sein kann:

motorische Einheiten
1. Die Unternehmung
2. Nicht institutionalisierte Gruppen von Unternehmungen
3. Institutionalisierte (private und halbstaatliche) Gruppen von Unternehmungen

Eine motorische Einheit, die wegen der Unbestimmtheit des
Sektorbegriffs hier mit einem führenden Sektor gleichgesetzt werden kann, muß drei Kriterien erfüllen: Diese sind:
hoher Grad interindustrieller Verflechtungen, hoher Grad
an Dominanz, quantitativ bedeutende "Größe" (Darwent, 69,
6).

Der <u>Grad interindustrieller Verflechtung</u> läßt sich als
Summe von Vorwärts- und Rückwärtsverkopplung definieren.
Vorwärtsverkopplung ist das Verhältnis der Verkäufe an
Industrien zum Gesamtumsatz, Rückwärtsverkopplung ist das
Verhältnis der Käufe von Industrien zum Bruttoproduktionswert (Chenery und Watanabe, 58, 483).

<u>Dominanz</u> von i über j liegt nach der gebräuchlichsten Definition der Wachstumspoltheorie vor, wenn die in Geldeinheiten bewerteten realen Stromgrößen von j an i im Verhältnis zu j's Bruttoproduktionswert höher sind als die
entsprechenden Stromgrößen von i an j im Verhältnis zum
Bruttoproduktionswert i's (vgl. oben S. 48, Fußnote 1).

Das Argument der Größe ist schwer zu fassen, da sich unterschiedliche Möglichkeiten anbieten. Größe könnte z, B. (absolut) am Bruttoproduktionswert, (relativ) am Marktanteil oder an einer Kombination beider Kriterien gemessen werden.

Es bleibt unklar, wie verflochten, dominant, groß ein Sektor zu sein hat, um die Qualifikation motorisch zu verdienen. Unklar bleibt weiter, welcher Zusammenhang zwischen den drei Kriterien besteht. Schließlich ist eine systematische Analyse der Tragfähigkeit jedes einzelnen Arguments zur Begründung des motorischen Charakters eines Sektors zu vermissen.

- Die Dominanzdefinition würde angewendet auf einseitige Lieferbeziehungen regelmäßig einen Dominanzeffekt des Nachfragers über den Anbieter implizieren. Herrscht z. B. ein Angebotsmonopol, wird die Definition völlig unsinnig.
- Der direkte Schluß von Input/Output-Relationen auf potentielle Verkopplungs-Effekte ist schon wegen der Offenheit von Volkswirtschaften unzulässig. "Die... Interdependenzrelationen sind nur sehr grobe Indices für potentielle Kopplungseffekte..." (Hirschman, 67, 101).
- Größe und Dominanz sind nach den gegebenen Definitionen nicht generell voneinander unabhängige Kriterien. Je größer unter sonst gleichen Umständen i, desto stärker muß die Dominanz von i über j sein.

Die Beispiele genügen, um der Kritik der unpräzisen Begrifflichkeit der Wachstumspoltheorie zustimmen zu können. Die Kritik an Perroux kann noch weiter in Richtung von Blaugs Argumentation gehen, indem gefragt wird, was eigentlich originell an der Perrouxschen Fassung der Wachstumspoltheorie sei. Dabei soll die Analyse zunächst auf das sektorale Polarisationsargument beschränkt werden.

Unter dieser Voraussetzung ist zu fragen, welche Induktionsmechanismen Perroux beobachtet hat, um seine Identifikationskriterien für motorische Sektoren abzuleiten. Neben dem Anschluß an Schumpeter fällt dabei insbesondere die Orientierung an Scitovskys monetären externen Effekten auf (Perroux, 55, 311 ff.). Dabei ist Darwent (Darwent, 69, 7) zuzustimmen, der aus dem Vergleich der Aussagen beider Autoren folgert: "Perroux adds little to this concept of external economies in explaining the mechanics of polarization... None of this, however, is either precise or rigorous. Moreover it is oversimplified." Man tut daher gut daran, Hirschmans Darstellung des Entwicklungsprozesses im Sinne sektoraler Polarisation als Grundlage der Polarisationstheorie heranzuziehen.

(c) Auch Hirschman bezieht sich ausdrücklich auf Schumpeter und Scitovsky. Entwicklung definiert er als Kette von Ungleichgewichten. Ungleichgewichte werden durch das Vorhandensein von Gewinnen signalisiert. In der Möglichkeit der Gewinnerzielung sieht er wie Schumpeter den entscheidenden Entwicklungsstimulus. Entwicklung ist also eine Folge von Sequenzen, die vom Gleichgewicht wegführen (Hirschman, 67, 62). Sequenzen von Ungleichgewichten ergeben sich dadurch, "daß die Expansion der Industrie A zu Vorteilen führt, die extern für A, aber appropriierbar für B sind..." etc. (ibid., 62/63). Die durch derartige Komplementäreffekte induzierten Investitionen setzen voraus, "daß die Projekte, die in diese Kategorie fallen, per Saldo Nutznießer von externen Ersparnissen sein müssen" (ibid., 67). Damit ist eine allgemeine Erklärung dafür versucht, daß der Entwicklungsprozeß sektoral polarisiert verläuft.

Hirschmans Analyse der Verkopplungs-Effekte verdeutlicht, daß das Problem der Identifikation von effizienten Sequenzen, d. h. von sektoralen Polen, mit der Betonung hoher Input/Output-Relationen nicht gelöst ist. Sein Gedankenexperiment, mit dem er Input/Output-Relationen und Verkopplungs-Effekte gleichsetzt, verwischt diesen Tatbestand. Die Beobachtung blosser interindustrieller Relationen sagt nichts über die Wahrscheinlichkeit aus, mit der auf diese Weise vorwärts- und rückwärtsverbundene Aktivitäten im konkreten Fall eines Pols tatsächlich in dem Pol oder seinem Hinterland errichtet werden (ibid., 95).

Wenn es aber bereits schwierig ist, über die Beobachtung von Input/Output-Relationen sektorale Pole eindeutig zu definieren, muß das Identifikationsproblem noch mehr erschwert sein, wenn sektorale Pole einer regionalen Dimension zugeordnet werden sollen. Denn die (bisher unbekannte) Wahrscheinlichkeit der Entstehung eines sektoralen Pols sagt noch nichts darüber aus, mit welcher Wahrscheinlichkeit sich ein sektoraler Pol in einer bestimmten Region ansiedelt. Es heißt, daß Perroux's Beitrag gerade im Zusammenhang mit dieser Frage bedeutsam sei. "In brief, the net contribution of Perroux to the basic Schumpetarian argument was that he took Schumpeter's toolbox of concepts and hypotheses from its original sectoral-temporal setting and applied it to a sectoral-temporal-geographical universe" (Lasuen, 69, 139). Daher ist jetzt der Raumbegriff der Wachstumspoltheorie im Hinblick auf seine Operationalität für die Identifikation sektoral/regionaler Pole zu prüfen.

(2) Perroux geht von einem abstrakten Raumbegriff aus. Der abstrakte, topologische, ökonomische Raum ist ein geographisch indeterminiertes Interaktionsfeld wirtschaftlicher Beziehungen. Drei Grundtypen des ökonomischen Raums werden unterschieden, der homogene, der polarisierte und der geplante Raum (Perroux, 50, 89).

(a) Das Auftreten eines sektoralen Pols führt zur Entstehung eines polarisierten Raums, indem nämlich im Zusammenhang mit der Tatsache, daß die Elemente des Pols irgendwie geographisch lokalisiert sein müssen, ein sektoraler Pol auch die Heterogenität der geographischen Raumstruktur fördert. Über die Lokalisationsbedingungen der Elemente ist damit noch nichts gesagt. Daher kann ein sektoraler Pol auf soviele Raumstellen verteilt sein, wie er Elemente hat. Diese Raumstellen müssen keineswegs innerhalb irgendwelcher aufgrund geographischer, historischer, soziologischer etc. Kriterien abgegrenzter Regionen geballt auftreten.

Es besteht daher heute Einigkeit darüber, daß Perroux's

Wachstumspoltheorie keine Lokalisationstheorie ist, schon gar nicht eine Theorie der sektoral/regionalen Polarisation (Paelinck, 65; Hansen, 67; Darwent, 69). Weder gibt sie an, warum ein sektoraler Pol zuerst an bestimmten Raumstellen zu wachsen beginnt, noch, wovon die räumliche Verteilung der induzierten Wachstumswirkungen abhängt. Es findet sich in der "Note sur la notion de 'pôle de croissance'" nur ein sehr genereller Hinweis darauf, daß ein sektoraler Pol schneller wächst, wenn seine Elemente räumlich nachbarschaftlich angesiedelt sind. "Dans un pôle industriel complexe qui est géographiquement aggloméré et en croissance, on enregistre des effets d'intensification des activités économiques dus a la proximité et aux contacts humains" (Perroux, 55, 317).

(b) <u>Boudeville</u> hat versucht, den Begriff des polarisierten Raums eine eindeutige geographische Dimension zu geben: die <u>polarisierte Region</u>. "En définitive, elle (la région fonctionelle ou polarisée, F.B.) se définit comme le <u>lieu d'échange des biens et services dont l'intensité interne est superieure en chaque point a l'intensité externe</u>" (Boudeville, 57, 7). Diese Definition behauptet, daß sektorale Pole sich zumindest tendenziell eindeutig geographisch abgrenzen lassen. Sektorale und sektoral/regionale Polarisation werden gleichgesetzt.

Dafür, daß ein <u>sektoraler Pol auch räumlich polarisiert</u>, <u>ist die Existenz von Kommunikationskosten notwendige Bedingung</u>. Kommunikationskosten werden aber in den Arbeiten der französischen Schule nicht systematisch untersucht. Bemerkenswert ist, daß Scitovsky's Externalitätsargument, das mit dem Auftreten sinkender Durchschnittskosten verbunden ist, übernommen wird, ohne daß die für das Entstehen regionaler Polarisationen entscheidenden Mobilitätsbeschränkungen externer Effekte diskutiert werden. So gelten alle bisher gefundenen Polarisationsargumente nur für die Begründung sektoraler Polarisationen.

(c) Die Verwirrung in der Diskussion um Wachstumspoltheorie und -politik hat ihre Ursache darin, daß Perroux und seine Nachfolger das in sich immer noch vage sektorale Polarisationsargument unmittelbar auf konkrete räumliche Dimensionen anzuwenden versucht haben.

Die empirischen Arbeiten der französischen Schule haben sich jeweils auf bestimmte Regionen, insbesondere Ballungsräume bezogen[1]). <u>Ihr Gegenstand war also jedesmal unter der stillschweigenden Annahme abgegrenzt, daß ein Pol regional identifizierbar sein müsse.</u> Daß innerhalb der gewählten Regionen sektorale Pole gefunden werden konnten, nimmt nicht Wunder, beweist aber angesichts der vielfachen Abgrenzungsmöglichkeiten für Sektoren nichts. Die Arbeiten sind daher im wesentlichen beschreibend und phänomenologisch/systematisch gewesen. Sie sind im strengen Sinne auch nicht geeignet gewesen, das sektorale Polarisationsargument zu testen, da sie es unzulässig auf den Input/Output-Ansatz reduziert haben (Hansen, 67, 715). Insbesondere wird der Zusammenhang von Stadtentwicklung und Wirtschaftswachstum und damit das Wirken von Urbanisationseffekten nicht untersucht (Lasuen, 69, 141). Da gerade wegen der vermutlichen Wirkung allgemeiner Urbanisationseffekte der Nachweis der Existenz sektoraler Polarisationen in den untersuchten Regionen wohl nicht zufällig möglich war, ist es interessant, das Urteil über die Wirkungsweise des sektoralen Pols im Département Basses-Pyrenées zu betrachten, weil dort mit dem Auftreten starker Urbanisationseffekte nicht gerechnet werden konnte.

---

1) So haben z. B. Aydalot, 65, über das Département Basses Pyrenées, Bauchet, 55, über Lothringen, Boudeville, 57, über Minas Gerais, Davin, Degeer und Paelinck, 59, über Liège, Derwa, 57, über Liège, Labasse und Laferrère, 60, über Lyon, Rosenfeld, 1964, über Turin gearbeitet. Eine besonders zu nennende Ausnahme macht Paelincks Studie über Venezuela (unveröffentlicht, o. J.). Derselbe Autor differenziert auch die regionale Dimension eines sektoralen Pols weiter als andere, indem er zwischen der Lokalisation eines Pols in der Region und seinen Inzidenzwirkungen auf die Region unterscheidet (Paelinck, 65, 14).

Im Département Basses-Pyrenées wurde von der Entdeckung der Gasvorkommen und im Zusammenhang mit dem Ausbeutungsprojekt Lacq das Entstehen eines sektoral/regionalen Pols erwartet. Das Département war vor der Entdeckung der Gasvorkommen eine typisch periphere Region. Daran hat sich wenig geändert. Daraus wurde gefolgert, daß das Lacq-Projekt als Wachstumspol versagt habe, weil die erwarteten Induktionswirkungen auf das Wachstums des Départements bzw. der französischen Südwestregion ausgeblieben sind. Wachstumspol wurde hier wiederum mit sektoral/regionaler Polarisation identifiziert. "Yet this discussion is almost entirely misconceived. There is nothing in the original growth pole notion to suggest that the exploitation of gas in Lacq should attract growth at that location; this notion claims only that the gas field will induce growth in the economy (without reference to geographic space)... Growth has undoubtedly taken place - but not in S. W. France" (Darwent, 69, 8).

Das Lacq-Projekt, ebenso wie die italienische Südfrage, ebenso wie das Scheitern der Wachstumspolpolitik in Problemräumen traditioneller Industrialisierung (Ruhr, Lothringen, Asturien in Spanien etc.) haben das Cannae der französischen Schule bedeutet. Die Schule ist daran gescheitert, daß sie die für die regionalpolitische Instrumentalisierung des Wachstumspolkonzepts hinreichende Bedingung der Identifikation eines sektoral/regionalen Pols - Kommunikationskostenminimierung - nicht bzw. nicht zutreffend analysiert hat.

2.1.2. Inzidenz von Wachstumspolen

Bisher wurden die strukturellen Aussagen der einleitend zitierten Wachstumspoldefinitionen analysiert, jetzt sollen die inzidenziellen Aussagen diskutiert werden. Zur Darstellung der wichtigen Argumente genügt es, auf die von Paelinck vorgenommen Systematik und die im Zusammenhang mit der Evaluation des Lacq-Projekts von der SEMA[1)]

[1)] Societé d'Économie et de Mathematique appliquée, 61, 30 ff.

erarbeitete Konzeption zurückzugreifen. Mit der SEMA-Systematik sei begonnen, weil sie einfacher ist und sich unmittelbar an der Möglichkeit empirischer Nachprüfung im Rahmen regionaler und volkswirtschaftlicher Gesamrechnnungssysteme orientiert.

1. Die Systematik der SEMA konzentriert sich auf die <u>Analyse von Einkommenseffekten eines sektoralen Pols auf die Region seiner Lokalisation</u>. Im Fall des Lacq-Projekts waren die in der Region lokalisierten Elemente des sektoralen Pols leichter zu identifizieren, da nur im Zusammenhang mit der Entdeckung und Ausbeutung des Gasvorkommens neu entstandene und erweiterte Aktivitäten infrage kamen. Dabei wurde unterstellt, daß das Projekt den Kern eines sektoralen Pols ausmache und daß die <u>geographische Dimension des sektoralen Pols</u> die Region SW-Frankreich sei. Daher wurden die Wirkungen des Lacq-Projekts insofern nicht auf das gesamtwirtschaftliche Wachstum bezogen untersucht, als neue bzw. erweiterte Aktivitäten außerhalb der Region nicht auf ihren Zusammenhang mit dem Lacq-Projekt hin analysiert wurden. Wachstumswirkungen in den übrigen Regionen hätten so allenfalls im Zusammenhang mit durch das Projekt induzierten interregionalen Güter- und Einkommensströmen gemessen werden können.

Es werden sogenannte direkte, indirekte und induzierte Einkommenseffekte beschrieben:
- die direkten Effekte bezeichnen den Beitrag der Polindustrien zum Nettoregionalprodukt zu Marktpreisen, dessen Empfänger Regionsinländer sind;
- die indirekten Effekte ergeben sich als der von Regionsinländern empfangene Teil des Beitrags zum Nettoregionalprodukt zu Marktpreisen, der in allen übrigen Unternehmungen der Region zusätzlich durch Verwendung ihrer Produkte als intermediäre Inputs der Polindustrien entstanden ist;
- die induzierten Effekte ergeben sich als Multiplikatoreffekt der in der Region bezogenen Faktoreinkommen aufgrund direkter und indirekter Effekte, soweit sie in der

Region selbst verausgabt werden. Es handelt sich um einen einfachen regionalen Multiplikator, wobei interregionale Rückwirkungen unberücksichtigt bleiben.

Effekte auf das Einkommen anderer Regionen werden nur insofern unmittelbar berechnet, als bei den betrachteten Effekten für die Polregion Inlands- und Inländereinkommen unterschieden werden. Ein analoges Vorgehen wie bei der Bestimmung der indirekten Effekte und die Anwendung eines interregionalen Multiplikatormodells erscheint möglich, wird aber nicht praktiziert.

Die SEMA hat ihre Berechnungen nur für ein Jahr durchgeführt. Das Ergebnis ist eine Momentaufnahme, die im großen und ganzen geeignet erscheint, im Zusammenhang mit der Aktivität der Polindustrien entstandene zusätzliche Regionseinkommen zu bestimmen.[1] Aufschlüsse über die Wachstumsrate des Beitrags des Pols zum Nettoregionalprodukt kann erst der Vergleich mehrerer Periodenergebnisse geben. Im Zusammenhang mit der regionalen Gesamtrechnung könnte die Aussage der Wachstumspoldefinition, die ein schnelleres Wachstum des Pols im Vergleich zum Rest des Systems beinhaltet, im vorliegenden Fall nachgeprüft werden.

2. Paelincks Systematik der Polarisationseffekte (Paelinck, 63) folgt den in der erstgenannten Wachstumspoldefinition aufgezählten inzidenziellen Kriterien der technischen, einkommensmäßigen, geographischen und psychologischen Polarisation.

a. <u>Technische Polarisation:</u> Zuerst geht es darum, den motorischen Kern eines Wachstumspols zu bestimmen. Dabei bezieht sich Paelinck auf Chenery und Watanabe und die Verkopplungs-Effekte bei Hirschman. Der motorische Kern eines Pols ist unter Bezugnahme auf die Trias hohe interindustrielle Relationen, bedeutende Größe, Dominanz zu

---

[1] Auf die Bedingungen der Genauigkeit dieses Resultats wird im zweiten Teil eingegangen.

bestimmen. Er muß hohe interindustrielle Verflechtungen
aufweisen, weil die Wahrscheinlichkeit der Attraktion neuer Aktivitäten damit höher ist. Er muß aus großen Einheiten bestehen, weil nur solche sich die für weitere Innovationen notwendige Forschungs- und Entwicklungsausgaben
leisten können. Er muß aus dominanten Einheiten bestehen,
weil diese über die Errichtung von Zweigbetrieben, über
Subkontrakte, über Kapitalverflechtungen etc. besondere
Entwicklungsimpulse ausstrahlen.

b. <u>Polarisation der Einkommen:</u> Dabei geht es um die Wirkung des regionalen Einkommensmultiplikators. Grundsätzlich gilt dieser Effekt unabhängig davon, ob ein einfacher
regionaler Multiplikator oder ein interregionaler Multiplikator (mit Rückkopplungswirkungen) betrachtet wird. Aus
der Multiplikatortheorie folgt aber, daß eine polarisierende, d. h. selbstverstärkende, Wirkung nur dann zu erwarten ist, wenn immer wieder anderweitig (z. B. durch
technische Polarisation) induzierte Einkommenserhöhungen
vorliegen. Das bedeutet, daß <u>der betrachtete Effekt anderweitig begründete Polarisationseffekte verstärken
kann, aber nicht in sich selbstverstärkend wirkt.</u>

c. <u>Psychologische Polarisation:</u> Hier handelt es sich im
wesentlichen um <u>Nachahmungs- und Informationseffekte.</u>
Paelinck stellt fest, daß der Erfolg der Polarisationseffekte entscheidend davon abhängt, ob die Kreativität
der motorischen Einheiten ausreicht, Klein- und Mittelbetriebe zu komplementären Investitionen zu ermutigen,
ob der Austausch spezieller für einen Sektor strategischer Informationen funktioniert und ob die Gesamtplanung
zutreffende und hinreichend konkrete gesamtwirtschaftliche Orientierungsdaten zur Verfügung stellt. Dieser Gesichtspunkt ist vom Standpunkt der an Kommunikationskosten orientierten Theorie außerordentlich wichtig, wird
aber nicht hinreichend konkretisiert (vgl. immerhin ebd.,
23 ff.).

d. <u>Geographische Polarisation:</u> es handelt sich nicht um
die Bedingungen, unter denen ein sektoraler Pol regional

polarisiert, sondern um die interne räumliche Organisation der unterstellten Polarisationsregion. Da Paelinck zustimmt, daß die Polarisationstheorie keine Lokalisationstheorie ist (ebd. 45/46), hält er auch eine räumliche Konzentration auf einen Punktpol für nicht zwingend: "On dira simplement, ici, qu'il s'agit d'un aspect de la polarisation, et que la théorie de la polarisation peut se combiner de façon suple avec l'amenagement régional de l'espace, car il ne s'agit pas d'une théorie de la concentration" (ebd., 38).

Insbesondere beinhaltet das Argument die Verteilung eines sektoral/regionalen Pols auf verschiedene Raumstellen innerhalb der Polregion. Dabei werden geographisch identifizierbare Haupt- und Nebenpole unterschieden.

Ein zweiter wichtiger Gesichtspunkt der geographischen Polarisation im Sinne Paelincks hat den sog. Beschäftigungsmultiplikator zum Gegenstand, der von der Entwicklung von Basis-Aktivitäten auf Nicht-Basis-Aktivitäten ausgeht. Der Beschäftigungsmultiplikator stellt einen Zusammenhang zwischen der Beschäftigtenzahl im Basisbereich und der Beschäftigungszahl im Nichtbasis-Bereich her. Basis-Aktivitäten sind solche, die für den regionalen Export produzieren, Nicht-Basis-Aktivitäten produzieren nur für den regionalen Markt. Die Unterscheidung entspricht im wesentlichen der in nationale und internationale Güter einerseits, in lokale und regionale andererseits.[1]

Zur weiteren Vereinfachung sei davon ausgegangen, daß der Polkern ebenso wie die von ihm in erster, zweiter, etc. Generation hervorgebrachten Aktivitäten dem Basis-Bereich zuzurechnen sind. Diese Basis-Aktivitäten haben nach dem Exportbasistheorem zur Folge, daß komplementäre Aktivitäten im Nicht-Basis-Bereich (Bauwirtschaft, Dienstleistungen) induziert werden, ohne daß im einzelnen zwischen jeder Branche des (erweiterten) Polkerns einerseits, der

---
[1] Es soll hier darauf verzichtet werden, die Fragwürdigkeit der genannten Unterscheidung zu diskutieren (vgl. Klaassen, 70, 95; Rittenbruch, 68, 48 ff.).

Nicht-Basis-Aktivitäten andererseits hohe Input/Output-Koeffizienten bestehen. Vielmehr ergibt in diesem Fall die hohe Frequenz trotz niedriger Intensität der Güter- und Leistungsströme ein der Wirkungsweise starker interindustrieller Relationen ähnliches Ergebnis.

Soweit es sich um lokale Güter handelt, können Nicht-Basis-Aktivitäten zur Erklärung der intraregionalen räumlichen Produktionsstruktur herangezogen werden. Dadurch ergibt sich ein gewisser Zusammenhang zum geographischen Polarisationsargument Paelincks. Zusätzlich kann angeführt werden, daß Nicht-Basis-Aktivitäten auch unabhängig von der Existenz von Input/Output-Relationen mit Basis-Aktivitäten über die von Basis-Aktivitäten ausgehenden Endnachfragewirkungen induziert werden können.

Der unterstellte intraregionale Dezentralisierungseffekt läßt sich erst systematisch mit dem Kommunikationskostenargument begründen. Daß aber eine systematische Berücksichtigung von Kommunikationskosten in dem zitierten Aufsatz nicht erfolgt, wird schon aufgrund folgender Überlegung deutlich: einerseits bezieht Paelinck die räumlichen Wirkungen eines sektoralen Polkerns fast ausschließlich auf die "Region", in der er angesiedelt ist. Andererseits weigert er sich unter Hinweis auf die Tatsache, daß die Polarisationstheorie Perroux'scher Observanz keine Lokalisationstheorie ist, aus der behaupteten Quasi-Identität sektoraler und sektoral/regionaler Polarisation die Notwendigkeit der Konzentration eines Wachstumspols auf eine einzige Raumstelle abzuleiten. Wenn erkannt ist, daß Perroux's Theorie keine Lokalisationstheorie ist, warum gilt das nur für die intraregionale Dimension?

Paelinck wurde hier so ausführlich zitiert, weil seine Systematik der Inzidenz von Wachstumspolen repräsentativ für die französische Schule ist. Gleichzeitig hat sie den Vorteil der weitgehenden empirischen Testfähigkeit. Einige Argumente, insbesondere die zur psychologischen Polarisation, bedürfen noch einer stärker operationalen Formulierung, andere entziehen sich entsprechenden Tests. Darauf wird im zweiten Teil der Arbeit eingegangen.

2.2. Das Konsistenzproblem: Thesen

Gegenstand der Überlegungen dieses Abschnittes ist, ob sektoral/regionale Pole im Hinblick auf das Ziel der Maximierung der gesamtwirtschaftlichen Wachstumsrate positiv zu beurteilen sind. Diese Fragestellung ist bisher einer eindeutigen Beantwortung so wenig zugänglich, daß es sinnvoll erscheint, die an dieser Stelle notwendigerweise allgemeinen Erörterungen in Thesenform darzustellen.

1. Die Aussagen der Wachstumspoltheorie gelten insgesamt allenfalls für die Begründung sektoraler Polarisation. Die entsprechende Raumdimension ist die des abstrakten Raumes. Sektorale Polarisation ist eine notwendige Bedingung beschleunigten gesamtwirtschaftlichen Wachstums. Wachstumspolpolitik kann in diesem Sinne als Instrument zur Maximierung der gesamtwirtschaftlichen Wachstumsrate angesehen werden.

Die Identifikation sektoraler Pole - motorischer Aktivitäten, effizienter Investitionssequenzen - ist in der Wachstumspoltheorie noch nicht zufriedenstellend gelöst.

2. In Abwesenheit von Kommunikationskosten können die Elemente sektoraler Pole gleichmäßig im geographischen Raum verteilt sein. Kommunikationskosten zwischen Polelementen führen tendenziell dazu, daß der effizienteste Standort irgendeines Elements in räumlicher Nachbarschaft von irgendeinem (mehreren) anderen Element (Elementen) liegt. Der geographisch-räumliche Polarisationseffekt ergibt sich daraus, daß die Determinanten von Kommunikationskosten zirkulär verkettet sind.

Ein sektoraler Pol kann daher einen höheren Sozialproduktsbeitrag erbringen, wenn seine Elemente ganz oder teilweise nachbarschaftlich angesiedelt sind, als wenn sie dispers alloziiert sind.

Der Nachbarschaftsbegriff ist nach wie vor nicht konkretisiert.

3. Regionale Polarisationen können also das Ergebnis sektoraler Polarisation sein. Es gibt darüber hinaus regionale Polarisationen, die nicht durch sektorale Polarisationen im Zusammenhang mit dem Auftreten von durch Input/Output-Beziehungen vermittelten Kommunikationskosten bedingt sind. Das ist auf allgemeine Urbanisationseffekte zurückzuführen. Diese können bewirken, daß der Standort irgendeiner Aktivität unabhängig vom Standort der mit ihr durch interindustrielle Relationen verbundenen Aktivitäten im urbanen Milieu kommunikationskostenminimal ist. Entscheidend ist also die Struktur der Kommunikationskosten.

Das Argument besagt, daß die Betonung industrieller Wachstumspole in der Wachstumspoltheorie einseitig ist.

Da sich Kommunikationskosten nicht direkt messen lassen, ist es schwierig, die Struktur der Kommunikationskosten zu quantifizieren.

4. Allgemeine Urbanisationseffekte beeinflussen auch die Kommunikationskostenstruktur sektoral/regionaler Pole.
Es besteht kein Anlaß anzunehmen, daß das Argument der allgemeinen Urbanisationseffekte nur für regionale, nicht gleichzeitig sektorale, Pole gilt.

Daraus folgt, daß die Siedlungsstruktur eine wichtige Determinante der Lokalisation sektoraler Pole ist. Die Siedlungsstruktur beeinflußt sowohl die interregionale Verteilung regional polarisierender sektoraler Pole als auch den intraregionalen Allokationszusammenhang (Haupt- und Nebenpole) solcher sektoraler Pole.

Die Siedlungsstruktur wird nicht nur durch die Größenverteilung der Zentren, sondern auch durch deren Funktion definiert.

5. Die entscheidende These der Wachstumspoltheorie zur Begründung des Zusammenfallens sektoraler und regionaler Polarisation müßte lauten:
Innovationen treten in der Regel zuerst im urbanen Milieu auf und setzen sich dort auch beschleunigt um. Das urbane Milieu ist durch eine besondere Dichte der Interaktions-

beziehungen gekennzeichnet. Damit erfüllt es die Qualifikation auch des für die sektorale Polarisation maßgeblichen abstrakten Raums. Sektorale Pole entstehen zuerst im urbanen Milieu und sind damit essenziell im Anfang sektoral/regionale Pole.
Der Begriff des urbanen Milieus wird durch die Doppelseitigkeit des Urbanisationsbegriffs verallgemeinert. Urbanisation bedeutet sowohl Verstädterung im geographischen Sinne als auch Ausbreitung urbaner Standards, Wertorientierungen, Attitüden.
Die These ist besonders wichtig, umstritten und wenig operational formuliert. Ihre Darstellung in dieser Form genügt aber, um auf die entscheidende Umkehr der Gesichtspunkte hinzuweisen. Die bisherigen Überlegungen waren so aufgebaut, daß zuerst sektorale Pole identifiziert und danach ihre geographisch-räumliche Dimension diskutiert wurde. Hier wird gesagt, daß die Existenz räumlicher Agglomerationen Vorbedingung der Erzeugung eines Maximums effizienter Investitionssequenzen (sektoraler Pole) ist. Regionale Pole sind daher notwendig für schnelles gesamtwirtschaftliches Wachstum.

6. Der Umstand, daß sektorale Pole in einer konkreten Situation nicht regional polarisiert lokalisiert sind, widerlegt nicht, daß sie räumlich polarisiert entstanden sind. Je weiter entwickelt ein gegebener sektoraler Pol ist, desto standardisierter werden bestimmte Produktionsprozesse. Umso geringer sind unter sonst gleichen Bedingungen die mit diesen Prozessen zusammenhängenden Kommunikationskosten, umso leichter können sie in periphere Standorte ausgesiedelt werden.
Die "Dialektik" des Polarisationsprozesses kann daher auch darin gesehen werden, daß sektorale Pole, obwohl sie nicht an Eigendynamik verloren haben, im Verlauf ihrer Entwicklung insgesamt weniger stark regional polarisieren.

7. Die sich aufgrund von 6. ergebende Ausbreitungstendenz kann als Ausbreitungseffekt i. S. Hirschman's bezeichnet werden. Beschränkt sie sich auf die schon traditionellen

Elemente sektoraler Pole, so ist die Innovationswirkung
auf die Region der neuen Lokalisation infrage gestellt. Im
Gegenteil kann es sich so verhalten, daß die Dominanz des
ursprünglichen sektoral/regionalen Pols über die Peripherie verstärkt wird. → FRIEDMANN → AUTORITÄT

8. Das regionale Polarisationsargument kann, wenn von seinen bisherigen operationalen Schwächen abgesehen wird, im
Sinne einer Wachstumspolpolitik instrumentalisiert werden.
Ein Bedürfnis dazu besteht bei marktwirtschaftlicher Entwicklung, wenn
- aufgrund von Wettbewerbsverzerrungen, die nicht der Natur des Polarisationsprozesses immanent sind, die Förderung eines regionalen Wachstumspotentials unterbleibt,
obwohl schon kurzfristig die dadurch erreichbaren Sozialproduktszuwächse über jenen liegen, die mit Hilfe der zu
transferierenden Investitionsmittel andernfalls in den
Kernregionen zu erreichen gewesen wären;
- marktgesteuerte Neuansiedlungen in der für den neuen
Wachstumspol auszuwählenden Region nur unter Berücksichtigung des privat appropriierbaren Teils des sozialen Nutzenzuwachses erfolgen und dadurch Investitionen nicht das
bei Veranschlagung der sozialen Werte sich ergebende Ausmaß erreichen;
- private und soziale Diskontierungssätze auf erwartete
Ausgaben/Einnahmen-Ströme nicht identisch sind;
- das privatwirtschaftliche Risiko aufgrund von Unsicherheit über das Investitionsverhalten bei komplementären Aktivitäten durch Koordination der Investitionspläne verringert werden kann.

Dieser Katalog ist hinreichend, um die Planungsindikation
zu erläutern. Er bietet keine umfassende Systematik an.

9. <u>Wachstumspoltheorie ist eine Theorie sektoral und regional ungleichgewichtigen Wachstums.</u> Wachstumspolpolitik
muß deshalb nicht notwendigerweise als ungleichgewichtige
Strategie angesehen werden. Sie könnte als gleichgewichtig
bezeichnet werden, wenn sie aufgrund der Überlegungen zu
8. die Schaffung gegengewichtiger Zentren fördert. Ist ein

gegebenes Zentren/Peripherien-System in einer Volkswirtschaft suboptimal, dann kann die Situation dadurch verbessert werden, daß bestimmte Peripherien zentrale Funktionen übernehmen. Das würde einen Nivellierungseffekt auf die regionale Einkommensverteilung bewirken können, im Hinblick auf diesen Effekt wäre die Strategie als gleichgewichtig zu bezeichnen.

Wachstumspolpolitik kann insofern als ungleichgewichtige Strategie bezeichnet werden, als sie bei der Auswahl von Polregionen als potentielle Zentralregionen interregional selektiv vorgeht. Sie kann auch insofern als ungleichgewichtige Strategie gelten, als sie sich zur Förderung gegengewichtiger Zentren des Prinzips der vom Gleichgewicht wegführenden Investitionssequenzen bedient.

Das am Kriterium gesamtwirtschaftlicher Wachstumsbeschleunigung orientierte Argument der Förderung gegengewichtiger Zentren und das zu diesem Förderungszweck angewendete Prinzip der Stimulierung von Ungleichgewichten verbinden sich in der regionalpolitischen Diskussion unter dem Schlagwort der <u>dezentralen Konzentration</u>.

10. <u>Die Wachstumspoltheorie in ihrer in diesem Abschnitt diskutierten Formulierung ist zu unscharf, um zwingende operationale Schlußfolgerungen für die Wachstumspolpolitik ableiten zu können. Wie gezeigt wurde, ist das regionale Polarisationsargument völlig unzureichend begründet.</u>
Aber auch dann, wenn man die Erklärungsversuche nur für sektorale Polarisation gelten lassen will, müssen sie als nicht hinreichend bezeichnet werden. Die Überlegungen zum Verhältnis von Polarisations- und räumlicher Wachstumstheorie haben immerhin gezeigt, warum wirtschaftliches Wachstum räumlich polarisiert verläuft bzw. verlaufen kann. Wenn das so ist, dann kann die gesamtwirtschaftliche Wachstumstheorie nicht am Polarisationstheorem vorbeidenken.

3. Erweiterungen des Wachstumspolkonzepts

Dieses Kapitel nimmt eine Diskussion auf, die zeitlich auf die Wachstumspoldiskussion der französischen Schule gefolgt ist. Man kann sie dadurch kennzeichnen, daß von der einseitigen Betonung interindustrieller Relationen in der Wachstumspoltheorie Abstand genommen wird, während andere die Polarisierung der räumlichen Struktur der Wirtschaft begründende Faktoren stärker in den Vordergrund rücken. Unter den im ersten Kapitel dieser Arbeit abgehandelten Polarisationsfaktoren gewinnen in der genannten Diskussion insbesondere jene an Bedeutung, deren Wirkung eng mit der Siedlungsstruktur einer Volkswirtschaft verbunden ist, nämlich die sog. allgemeinen Urbanisationseffekte (externe Effekte der Urbanisation) und die aus Unteilbarkeiten bei der Güterproduktion bei gleichzeitiger (partieller) Immobilität von Angebot und/oder Nachfrage resultierenden Differenzierungswirkungen, wie sie die Theorie der zentralen Orte beschreibt.

Die Diskussion hat ihren Niederschlag in den Versuchen John Friedmanns und José Lasuens zu einer allgemeinen Theorie der polarisierten Entwicklung gefunden (Friedmann, 69; Lasuen, 71) und ist in wichtigen Teilen zusammengefaßt in dem Tagungsbericht des United Nations Research Institute for Social Development (UNRISD, 72) über "A Review of the Concepts and Theories of Growth Poles and Growth Centres". Die Gegenüberstellung der Begriffe Wachstumspole und Wachstumszentren bezeichnet bereits den über die Wachstumspoltheorie hinausgehenden Schritt. Wachstumszentren sind dabei als Entwicklungspole zu interpretieren, für deren Entstehungszusammenhang neben den von der französischen Schule abgehandelten Polarisationsfaktoren auch die übrigen im ersten Kapitel genannten konstitutiv sind.

Wegen der grundlegenden Diskussion im ersten Kapitel dieser Untersuchung ist es nicht erforderlich, die Überlegungen im einzelnen nachzuvollziehen, die der Diskussion um die Wachstumszentren zugrunde liegen. Vielmehr soll an dieser Stelle eine Auswahl getroffen werden, die die neuen

Gesichtspunkte hervorhebt. Nicht behandelt werden hier daher die Versuche zur näheren Begründung und Quantifizierung sektoral/regionaler Polarisationen. Diese werden im Zusammenhang mit den Modellen zu Konkretisierung der regionalpolitischen Strategie im Rahmen des dritten spanischen Entwicklungsplans (Attraktionsmodelle) behandelt. Behandelt werden sollen dagegen an dieser Stelle die Überlegungen zur Erweiterung des Wachstumspolkonzepts der französischen Schule durch die Theorie der Wachstumszentren.

Grundlegend für die weiteren Überlegungen ist daher das Argument der Siedlungsstruktur. Seine Hervorhebung stützt sich auf die Beobachtung, daß wirtschaftliches Wachstum überwiegend von städtischen Zentren ausgeht, anders ausgedrückt, daß der moderne Entwicklungsprozeß ausnahmslos von einem Urbanisierungsprozeß begleitet ist. Diese Beobachtung ist in der Wachstumspoldiskussion praktisch vernachlässigt worden.

3.1 Einbeziehung der Theorie der zentralen Orte

Die Wachstumspoldefinition hat sektorale Polarisationen zur Vorbedingung regionaler Polarisationen erklärt. Die dort behandelten Komplementaritätsbeziehungen - Input/Output-Relationen - sind für die Erklärung regionaler Polarisationen nicht allein maßgeblich. Die Theorie der zentralen Orte ist geeignet, die Erklärung für einen anderen Typ von Komplementaritätsbeziehungen zu geben.

Bestimmend dafür ist die Existenz von Unteilbarkeiten im Angebot von Gütern und Dienstleistungen in Verbindung mit Mobilitätsbeschränkungen. Bestimmte Dienstleistungen können völlig immobil sein, sie müssen im Augenblick des Angebots am Angebotsort verbraucht werden. Hier ist es die Nachfrage, die Mobilitätsbeschränkungen unterliegt. Die Theorie der zentralen Orte erklärt aus diesen Beobachtungen die Hierarchie zentraler Orte. Komplementaritätsbeziehungen ergeben sich dadurch, daß ein zentraler Ort neben seinem "marginalen zentralen Gut" auch die

zentralen Güter anbieten wird, die alle untergeordneten
Zentren anbieten. Abgesehen von Komplementaritätsbeziehungen des Input-Output-Typs und deren räumlichen Polarisationswirkungen kann also angenommen werden, daß die räumliche Struktur der Siedlungen schon deshalb hierarchisch und damit polarisiert sein wird, weil sogenannte zentrale Güter und Dienste existieren, wie auch immer die räumliche Verteilung der Nachfrage ist (Berry und Garrison, 70, 121).

Regionale Polarisationen entstehen somit auch unabhängig von der Existenz von Komplementaritäten des Input-Output-Typs. Die beiden unterschiedlichen Erklärungsansätze für räumliche Polarisationen stellt Lasuen gegenüber: "In central place theory, the geographical complementarities which create the geographical cluster, select the sectoral cluster and its organizing principles. In growth pole theory, the sectoral complementarities which determine the sectoral cluster, select the geographical clusters and their organizing principles" (Lasuen, 71, 9).

Oben wurde (im Anschluß an Klaassen, 70, 125) dargestellt, wie die durch die beiden Erklärungsansätze beschriebenen Polarisationsprozesse sich gegenseitig verstärken.

Alle Polarisationskonzepte, auch das des industriellen Wachstumspols, stellen einen Zusammenhang zwischen räumlich polarisiertem Wachstum und Urbanisationsprozeß her. Sei es im Hinblick auf die Minimalerfordernisse eines entsprechenden Potentials der für einen Pol ausgewählten Lokalisation (Klaassen, 70, 132 ff.), sei es unter Hinweis auf die Rolle der Stadt für die Beschleunigung von Innovationsprozessen (Friedmann, 69, 18). In der Wachstumspolstrategie traditioneller Prägung ist dem Element der Stadtentwicklungspolitik aber nicht die ihm zukommende Rolle eingeräumt worden. <u>Eine entschiedene Urbanisationspolitik wird dagegen im Zusammenhang mit der Reinterpretation der Schumpeter-Perroux' schen Entwicklungstheorie</u> von Autoren wie Darwent, Hansen, Hermansen, Klaassen, Lasuen und insbesondere Friedmann und Rodwin (61) <u>für erforderlich gehalten.</u>

3.2. Stadtentwicklung und Wirtschaftswachstum

3.2.1. Voten für eine entschiedene Urbanisationspolitik

Das Für und Wider einer entschiedenen Urbanisationspolitik wird insbesondere im Zusammenhang mit zwei Fragenkomplexen gesehen. Der eine betrifft die Diskussion um die optimale bzw. minimale Stadtgröße, der andere die Rolle der Urbanisationspolitik für die Entwicklung des sozialen Systems und damit für die sozialen Voraussetzungen des Wirtschaftswachstums.

(1) Seit dem Barlow-Report (Report of the Royal Commission on the Distribution of the Industrial Population, 1940) hat sich die Diskussion um die optimale Stadtgröße an der Diagnose orientiert, daß das Städtewachstum von steigenden sozialen Grenzkosten der Agglomeration begleitet sei. Man vermutete schon damals, daß nicht allein die ökonomische Aktivität, sondern auch die Qualität des urbanen Lebens davon auf die Dauer in immer stärkerem Umfang beeinträchtigt werde. Insbesondere unter dem Eindruck der "Hyperurbanisation" in Entwicklungsländern hat diese Diagnose jedoch nicht zu der Annahme geführt, daß damit ein automatischer Bremsvorgang wirksam würde, mit der Folge einer gleichmäßigeren Verteilung vergleichbar großer Städte.

Die Idee einer optimalen Stadtgröße wird regelmäßig mit der Hypothese eines U-förmigen Verlaufs der sozialen Grenzkosten der Agglomeration begründet. Verschiedene Versuche sind unternommen worden, diese Hypothese zu testen. Zwei werden hier aufgeführt.

Das Stanford Research Institute hat 1968 in Zusammenarbeit mit indischen Instituten eine Untersuchung der "Costs of Urban infrastructure for Industry as Related to City Size in Developing Countries" vorgelegt. Die spezifische Testhypothese ist, daß die zusätzlichen Infrastrukturinvestitionen für neue Industrien mit wachsender Stadtgröße zunächst ab- und dann zunehmen. Aufgrund einer Querschnittsanalyse sind dabei folgende Ergebnisse erzielt worden:

- es konnte nachgewiesen werden, daß die Hypothese eines zunächst sinkenden Grenzkostenverlaufs im untersuchten Fall zutrifft. Sinkende Grenzkosten wurden bis zu einer Stadtgröße zwischen 130.000 und 323.000 Einwohnern festgestellt,
- dagegen ergab sich für die Hypothese steigender Grenzkosten bei keiner Stadtgröße empirische Evidenz.

In einer anderen Studie hat Neutze (Neutze, 65) die U-Hypothese für Australien zu testen versucht. Er ging dabei von folgenden Überlegungen aus: Wächst im Vergleich zweier Zentren A und B Zentrum A schneller, dann läßt das auf höhere positive Agglomerationseffekte in A schließen. Bis zu einem gewissen Punkt wird die Neuansiedlung von Familien und Industrien in A weitere positive Agglomerationseffekte mit sich bringen, die auch den in A bereits angesiedelten zugute kommen. Aber diese zusätzlichen positiven Effekte werden mit zunehmender Stadtgröße immer geringer werden, bis schließlich die Neuansiedlung - die für den einzelnen Neuankömmling noch reizvoll erscheint - für die bereits angesiedelten negative externe Effekte bewirkt. Daher sei zu vermuten, daß es eine optimale Stadtgröße gäbe.

Neutzes Ergebnisse stützen wiederum die Auffassung, daß das Städtewachstum zunächst positive Wirkungen im Sinne der Untersuchung hat, daß aber Überlegungen, die die Diagnose einer Überurbanisierung nahelegen, spekulativ bleiben.

Die These der Überurbanisierung kann damit nicht als hinreichend falsifiziert gelten.[1] Geeignete Nutzen-Kosten-Analysen sind bisher nicht durchgeführt worden. Dagegen lassen die Ergebnisse der empirischen Studien den Schluß zu, daß erst ab einer bestimmten minimalen Stadtgröße das Agglomerationskosten-/Nutzenoptimum erreicht werden kann. <u>Für die Polarisationsstrategie ist daher weniger die nicht</u>

---

1) Vgl. dazu besonders die Diskussion bei Ritter und die dortige Analyse der peruanischen Entwicklung (Ritter, 72, 45 ff.).

faßbare Kategorie der optimalen Stadtgröße als vielmehr
die Idee einer Mindestgröße von Bedeutung.

Das wird deutlich, wenn die mit der Idee der optimalen
Stadtgröße verbundenen strategischen Schlußfolgerungen
den sich auf das Konzept der minimalen Stadtgröße berufen-
den gegenübergestellt werden. Für die erstere Position erscheint der Verstädterungsprozeß nur als (negatives) Ergebnis des wirtschaftlichen Wachstums (Hauser, 63, 203),
während für die zweite die Bedeutung der Stadt als Kataly-
sator entwicklungsnotwendigen Strukturwandels im Vordergrund steht. Friedmann, wohl einer der profiliertesten
Vertreter der zweiten Position, wendet sich gegen die aus
der Vorstellung der optimalen Stadtgröße abgeleitete Deglomerationspolitik: "That position, still widely accepted
in academic and planning circles, will be challenged here.
Urbanization will be interpreted as a complex of inter-
related processes capable of creating conditions that will
favor a rapid advance towards the goals of national development. It will be argued that strategies should be
devised for steering a country along the difficult path
of deliberate urbanization" (Friedmann, 68, 364).

Überlegungen, die im wesentlichen diesem Vorschlag folgen,
haben zur Betonung der "política urbana" im III. spanischen Entwicklungsplan geführt. Dabei wird davon ausgegangen, daß eine "urbane Region" als Zusammenhang einer
Städtehierarchie zu begreifen ist, an deren Spitze eine
Stadt steht, die das Minimumkriterium erfüllt. Allgemein
wird die minimale Stadtgröße für diese führende Stadt im
funktionalen Sinne dadurch definiert, daß sie ausreicht,
um relevante Impulse auf das gesamtwirtschaftliche Wachstum auszustrahlen. Eine solche urbane Region kann als
Entwicklungspol bezeichnet werden. Die Kriterien der spanischen Planer zur Identifikation solcher Entwicklungspole werden weiter unten zur Diskussion gestellt (vgl.
Teil 2, Kap. 5.).

(2) Von den Befürwortern einer entschiedenen Urbanisationsstrategie werden insbesondere drei Gesichtspunkte vorgebracht, die das Minimumkriterium begründen. Dabei geht es um den Zusammenhang von Stadtgröße einerseits, Funktion, Diversifikation und Innovationspotential andererseits.

a. Eine minimale Stadtgröße ist danach erforderlich, damit die Stadt als "full grown" (Colin Clark) im Sinne ihrer städtischen Funktionen gelten kann. Abgesehen von der Möglichkeit einer horizontalen Spezialisierung gleichrangiger Zentren und der damit verbundenen Unterschiedlichkeit der städtischen Funktionen kann a priori angenommen werden, daß der durch die zentralen Funktionen einer Stadt bestimmte Rang zunächst mit zunehmender Stadtgröße schnell, dann aber mit abnehmenden Raten wächst. Danach kann schon eine mittlere Stadt im wesentlichen als voll ausgebaut im Sinne ihrer zentralen Funktionen bezeichnet werden (Klaassen, 70, 137 f.). Colin Clark hat in seiner Studie "The Economic Functions of a City in Relation to its Size" (1945) die Größe einer solchen mittleren Stadt mit 200.000 Einwohnern angegeben.

b. Eine minimale Stadtgröße ist für die führende Stadt einer Polarisationsregion weiter erforderlich, weil die damit verbundene Möglichkeit einer diversifizierten industriellen Produktionsstruktur die Attraktion der Stadt und damit der Region für dynamische nationale und internationale Sektoren (zu den Begriffen vgl. Mennes, Tinbergen, Waardenburg, 69) erhöht. Der Erfolg der Polarisationspolitik hängt entscheidend davon ab, inwieweit es gelingt, diese im gesamtwirtschaftlichen Maßstab führenden Sektoren anzusiedeln (Lasuen, 71, 20). Eine Arbeit des Nederlands Economisch Instituut (1961), die Klaassen (70, 139) zitiert, hat in diesem Zusammenhang für die BRD ergeben, daß Städte mit über 275.000 Einwohnern nicht nur höhere Wachstumsraten ihres Sozialproduktsbeitrags hatten, sondern auch untereinander kaum differierende. Klaassen vermutet, daß im Hinblick auf den zu erreichenden minimalen Diversifikationsgrad einer Stadt eine Größe von unter 500.000 Einwohnern ausreicht. Clark hatte in seiner Untersuchung die Größe, bei der die Stadt auch hinsichtlich der industriellen Produktionsstruktur als "full grown" angesehen werden kann, mit 500.000 Einwohnern beziffert.[1]

c. Eine minimale Stadtgröße erscheint drittens erforderlich, weil die Stadt in ihrer Eigenschaft als <u>Verdichtungsfeld sozialer Interaktion</u> (Friedmann, 69, 11) eine Katalysatorfunktion für die Entstehung und Diffusion von Innovationen hat. Hägerstrand (1953), Friedmann (1969) und Pedersen (1969) weisen darauf hin, <u>daß Innovationen zuerst in den großen Zentren auftreten und dann in der Hierarchie des Siedlungssystems diffundieren.</u> Folgendes Zitat Pedersens faßt die diesbezüglichen Ergebnisse seiner Untersuchungen in Chile zusammen: "As the country develops the transportation and communication network improves. This improvement in communication in general will increase the speed of information diffusion, but it will tend to benefit the largest towns most, and the information diffusion process will therefore change from being a spatial process to the small towns" (Pedersen, 69, zit. n. Hermansen, 70,79).

(3) Die Identifikation von potentiellen Entwicklungsregionen kann sich nach Friedmann nicht nur an der Siedlungsstruktur orientieren, sondern muß die <u>sozialen Voraussetzungen</u> für das Wirtschaftswachstum in den Regionen als Kriterium einbeziehen. <u>Ob eine potentielle Polarisationsregion auch in diesem Sinne die Qualifikation als ("sozialer") Entwicklungspol verdient,</u> hängt nach Friedmann von zwei Faktoren ab, den sogenannten <u>objektiven Bedingungen</u> für und den <u>subjektiven Einstellungen zum sozialen Wandel</u>. Zu ersteren gehören z. B. die vertikale Mobilität und das Bildungsniveau, die Existenz einer potentiellen Unternehmerschicht etc. Letztere werden durch die

---

[1] Solche Zahlen sind allenfalls grobe Richtwerte. Interessanterweise werden immer wieder Zahlen um 250.000 Einwohner genannt, wenn die minimale "effiziente" Stadtgröße diskutiert wird, vgl. dazu Hansen, 71a, S.81

Werthaltungen bedingt. Das Maß der Erfüllung beider Faktoren wird in "hoch" und "niedrig" unterschieden. Danach ergeben sich vier Kombinationsmöglichkeiten, die in folgendem Schema (Friedmann, 68, 368) wiedergegeben sind:

		Objektive Bedingungen	
		hoch	niedrig
Werthaltungen, Bereitschaft zum sozialen Wandel	hoch	A	B
	niedrig	C	D

Alternativ mögliche Entwicklungsgebiete (Regionen) werden diesem Schema zugeordnet. Für die Regionen des Typs A gilt demnach die Qualifikation als potentielle Entwicklungspole. Die B-Regionen müssen wahrscheinlich mit Wanderungsverlusten insbesondere bei dem Bevölkerungsteil rechnen, der hochqualifiziert und besonders motiviert zur Anpassung an sozialen Wandel ist. C-Regionen sind ein Ausnahmefall, D-Regionen sind von traditionellen sozialen Systemen geprägt.

Interessant wäre im Zusammenhang der vorliegenden Arbeit insbesondere die Konkretisierung der Kriterien zur Identifikation von A-Regionen, potentiellen Entwicklungspolen. Friedmanns Anmerkungen dazu erscheinen noch zu wenig operational formuliert[1], in dieser Hinsicht werden interdisziplinäre Studien von größter Bedeutung sein.

---

1) "First, areas of relatively recent settlement will tend to be more efficient for social development than older areas because they afford more direct access to channels of social mobility leading to modernization...

Second, modernization will tend to be positively correlated with city size; thus, other things remaining equal, large cities will tend to be more efficient as modernizing agents than small cities...

Third, modernization will tend to be positively correlated with capital-intensive methods of production; thus, industrial regions and regions specializing in commercial agriculture are likely to be more efficient as social development poles than those in which traditional methods of production will still dominate" (Friedmann, 68, 368, im Original gesperrt).

Die genannten Kriterien für das soziale Entwicklungspotential werden von Friedmann ergänzt durch das Kriterium des ökonomischen Entwicklungspotentials. Letzteres wird selbst nicht explizit definiert. Es ergibt sich eine allerdings noch wenig aussagekräftige Kombinationsmatrix des relativen sozialen bzw. ökonomischen Entwicklungspotentials:

		soziales Entwicklungspotential	
		hoch	niedrig
ökonomisches Entwicklungspotential	hoch	A_1	B_1
	niedrig	C_1	D_1

B_1 und C_1 können in diesem Schema mit Einschränkungen als mögliche Entwicklungspole bezeichnet werden, während A_1 diese Qualifikation mit Sicherheit erfüllt. Für B_1- bzw. C_1-Regionen gelten unterschiedliche Schwerpunkte der Entwicklungsstrategie. Während in B_1-Regionen vorrangig die objektiven Bedingungen für den sozialen Wandel und/oder die Einstellungen dazu zu verändern sind, könnte in C_1-Regionen nach Friedmann folgende Prioritätsskala Geltung haben:

- Förderung der Kommunikation mit den Gravitationszentren ökonomischer Aktivität,
- Verstärkung der sozialen (vertikalen) Mobilität durch Bildungsinvestitionen, Diversifikation des Infrastrukturangebots mit dem Ziel, die andernfalls zur Emigration neigenden Bevölkerungsteile in der Region zu halten und Emigranten aus B, D, bzw. D_1-Regionen zu attrahieren,
- möglichst intensive Integration der lokalen Initiative in Vorbereitungs-, Entscheidungs-, und Ausführungsprozeß der Entwicklung und
- begleitende Industrieansiedlungspolitik, wobei in Regionen überwiegend landwirtschaftlicher Produktion die Veredelung in situ und Vermarktung bisher unveredelt exportierter Produkte an erster Stelle stehen kann.

<u>Ein sozialer Entwicklungspol kann also als Komplement oder als Vorstufe eines ökonomischen Entwicklungspols angesehen werden.</u> Die Berücksichtigung dieser Kategorie in der Polarisationsstrategie führt dazu, daß das Urbanisationskonzept in zweifacher Bedeutung verwendet wird, nämlich im

Sinne der geographischen Konzentration der Bevölkerung und
der sekundären und tertiären Aktivitäten in Siedlungseinheiten unterschiedlicher Größe und Form ("Urbanisation I"),
und im Sinne der geographischen Diffusion urbaner Werte,
Attitüden, Organisationsformen und Institutionen ("Urbanisation II") (Friedmann, 70, 3).

<u>Die Verbindung von Polarisations- und Urbanisationspolitik
erscheint zwingend. Da das moderne Wirtschaftswachstum
nicht losgelöst vom Verstädterungsprozeß gesehen werden
kann, ist aktive Regionalpolitik auf anderem Wege nicht
möglich.</u> "If national policy is unable to roll back urbanization during periods of active industrialization, the
only alternative left is to direct this process into
channels which will promote national development" (Friedmann, 70, 62).

3.2.2. Die Rolle der Mittelstädte

Die oben wiedergegebene Diskussion um optimale bzw. minimale Stadtgröße hat ergeben, daß es bisher nicht überzeugend gelungen ist, optimale Stadtgrößen nachzuweisen. Das
Minimumkriterium wurde als Ersatz angeboten. Man kann aber
noch weiter gehen und fragen, ob der vielbesprochene Ansatz zur Bestimmung einer optimalen Stadtgröße überhaupt
zutreffend gewählt ist, ganz abgesehen einmal von den
Schwierigkeiten seiner Konkretisierung. Vielfach wird das
Stadtoptimum in einem Punkt gesucht, in dem die externen
Grenznachteile der Agglomeration die externen Grenzvorteile gerade ausgleichen. Ein solcher Optimalpunkt würde
sich in einem gedachten Diagramm mit der Ordinatenbezeichnung "Veränderung der Agglomerationseffekte" und der Abszissenbezeichnung "Einwohnerzahl" als Schnittpunkt der
Ortslinien der Punkte ergeben, die die Zunahme der negativen Agglomerationseffekte einerseits, der positiven andererseits in Abhängigkeit von der Einwohnerzahl repräsentieren. Unterstellen wir im einfachsten Fall, daß beide
Ortslinien Geraden sind. Dann würde die These von der optimalen Stadtgröße implizieren, daß diese beiden Linien
positive Steigung haben, daß sie die Abszisse an irgend-

welchen Punkten schneiden, daß die ersten Nachteile erst
bei höherer Einwohnerzahl auftreten als die ersten Vorteile und daß die Steigung der Nachteilsgeraden größer ist
als die der Vorteilsgeraden.

Eine solche Darstellung ist zwar sehr schematisch, ist
aber derjenigen, bei der die optimale Stadtgröße ausschließlich anhand eines irgendwie gearteten U-förmigen
Durchschnittskostenverlaufs für Sozialinvestitionen zu bestimmen versucht wird, überlegen, weil sie die Kosten- und
Nutzenseite formal in Betracht zieht. Es kann aber deshalb
auf jede Verfeinerung der Darstellung verzichtet werden,
weil nach Ansicht des Verf. der zugrundeliegende theoretische Ansatz ebenfalls unbefriedigend ist.

Denn es ist gar nicht einzusehen, warum eine Stadt bis zu
dem charakterisierten "Optimalpunkt" wachsen soll. Besser
erscheint unter sonst gleichen Umständen eine Urbanisationspolitik, die versucht, die Differenz zwischen Urbanisationsvorteilen und Nachteilen im gesamtwirtschaftlichen
Durchschnitt zu maximieren. Niles Hansen hat das so ausgedrückt: "Even if expansion of a big city yielded a positive net social product (economies greater than diseconomies) it would be preferable to have the expansion take
place in an intermediate-size city if the net social product were even greater there. The case for the intermediate-size city is based on considerable evidence that it
has most of the external economies of a big city but that
it has not yet become a generator of significant external
diseconomies" (Hansen, 71a, 84).

Daraus ergibt sich ein wichtiges Argument zur Förderung
von Mittelstädten und ihrer Entwicklung zu Wachstumszentren. Das Konzept der minimalen Stadtgröße ist aus dieser
Sicht also nicht mehr bloße Hilfskonstruktion, sondern
gewinnt dadurch eigenständige Bedeutung, daß es möglicherweise gesamtwirtschaftlich effizienter sein kann, Mittelstädte an Stelle von traditionellen Metropolen zu fördern.

Erfahrungen in Entwicklungsländern legen dagegen den
Schluß nahe, daß die Tendenz zur beschleunigten Verstädte-

rung zu einem ausgesprochen starken Wachstum der metropolitanen Zonen führt, während die Mittelstädte an Bedeutung verlieren. Das ist einmal darauf zurückzuführen, daß der Ausbau der Infrastruktur dieser Städte relativ zurückbleibt, so daß viele von ihnen wegen der immer größeren Rückständigkeit selbst für die bisherigen Bewohner unwirtlich werden (Barbancho, 68, 17). Wanderungsbewegungen von den Peripherien in die Zentren finden nicht nur deshalb unter Umgehung der Mittelstädte statt, sondern auch deshalb, weil

a. in den größeren Städten die Chance als größer angesehen wird, einen Arbeitsplatz zu finden, und
b. von den einzelnen Zuwanderern allenfalls die Nachteile der Agglomeration ins Kalkül gezogen werden, die sie selbst empfinden, aber nicht jene, die sie für andere Stadtbewohner verursachen (Ritter, 72, 106).

Die vielfach zu beobachtende Politik des "worst first", wonach außerordentliche Zunahmen der metropolitanen Bevölkerung die öffentlichen Stellen dazu veranlassen, in den Metropolen selbst zuerst die dringendsten Notlagen zu beseitigen, trägt unbeabsichtigt zu der relativen Bevorzugung der metropolitanen Zonen im Rahmen der Infrastrukturpolitik bei und wirkt dadurch tendenziell eher trendverstärkend als -umlenkend (Hansen, 71a, 85).

Wenn wir einmal unterstellen, daß es sich tatsächlich so verhält, daß von einer bestimmten Stadtgröße an die Agglomerationsnachteile schneller zunehmen als die Agglomerationsvorteile, dann befindet sich die Strategie des "worst first" in der Situation eines Verteidigers, der mit dem Rücken zur Wand kämpft. Deshalb erscheint es auch verständlich, wenn trotz vorrangiger Förderung metropolitaner Zonen in einigen Ländern eine "Verländlichung" (Ritter, 72, 57) selbst der Großstädte zu verzeichnen ist. Im Endeffekt kann sich eine Situation ergeben, in der

a. die Mittelstädte nach Struktur und Funktion mangels entsprechender Förderung immer unattraktiver werden, während

b. die Großstädte trotz massiver Förderung den Ansprüchen einer außerordentlich stark wachsenden Bevölkerung ebenfalls nicht gerecht werden können.

Die Politik der Förderung von Wachstumszentren verspricht daher eine Verbesserung der gesamtwirtschaftlichen Siedlungsstruktur im Hinblick auf das Ziel der volkswirtschaftlichen Effizienzmaximierung. Das in dieser Form umschriebene Entwicklungspolkonzept kann daher als Instrument gesamtwirtschaftlicher Wachstumspolitik aufgefaßt werden. Eine solche Auffassung entspricht der einleitend zitierten Vorstellung z. B. der spanischen Regionalplaner von der Region als Operationsfeld (unidad operativa) der globalen Entwicklungspolitik.

Gleichzeitig verspricht das Konzept der Wachstumszentren eine gewisse Harmonisierung des gesamtwirtschaftlichen Effizienzziels mit dem traditionellen regionalpolitischen Ziel des interregionalen Einkommensausgleichs. Allerdings verlangt es die (dezentrale) Konzentration der knappen Ressourcen und kann daher nicht unter Verzicht auf interregionale Diskriminierung angewendet werden. Eine übermäßige Proliferation von Förderungsräumen stellt erfahrungsgemäß den Erfolg des gesamten Programms infrage. Das wird im zweiten Teil der Arbeit auch für die spanische Wachstumspol- bzw. Entwicklungszentrenpolitik erhärtet.

Kriterien für die Implementierung der Förderung von Wachstumszentren ergeben sich, wie zu erwarten ist, in der Hauptsache aus den Erfahrungen der traditionellen Wachstumspolpolitik und den Modellen zur Anwendung der Theorie der zentralen Orte (Hansen, 71). Notwendig erscheint weiter die nähere Klärung der sozialen Voraussetzungen des räumlich dezentral konzentrierten Wirtschaftswachstums. Anwendungsbeispiele hat kürzlich wiederum Hansen (Hansen, 71a, 93 ff.) für die USA gegeben[1]. Die Kriterien der spa-

---

[1] Hansen geht a.a.O. auch auf die entsprechenden Erfahrungen in Großbritannien, Frankreich und Italien ein (Hansen, 71a, 38 ff.). Auf eine Darstellung kann hier verzichtet werden.

nischen Urbanisationspolitik im 3. spanischen Entwicklungsplan werden im zweiten Teil der vorliegenden Arbeit behandelt.

3.3. Die Ansätze zu einer allgemeinen Theorie räumlich polarisierten Wirtschaftswachstums

Nach Auffassung des Verfassers sind die Versuche Friedmanns und Lasuens zur Verallgemeinerung der Theorie räumlich polarisierten Wirtschaftswachstums die für die zukünftige Diskussion bedeutendsten Beiträge. Beiden ist gemeinsam, daß sie die Erklärung des Wachstumsprozesses von der ausschließlichen Betrachtung der räumlichen Inzidenz sektoraler Polarisationen abheben. Sie unterscheiden sich in der Betonung unterschiedlicher weiterer Determinanten der räumlichen Polarisation. In dieser Unterschiedlichkeit liegt im wesentlichen kein Widerspruch (Lasuen, 71, 22). Ihre Darstellung erlaubt, die im ersten Teil der vorliegenden Untersuchung zusammengetragenen Hypothesen wieder präsent zu machen und zu zeigen, daß sich das Problem der Identifikation von Entwicklungspolen wesentlich differenzierter darstellt als beim nachgewiesenermaßen zu engen Wachstumspolkonzept.

(1) Friedmanns Ansatz, der hier noch einmal kurz zusammengefaßt wird, ist dominationstheoretisch fundiert (vgl. im folgenden Friedmann, 69 und 70). Räumliche Polarisation wird als das Ergebnis von Autoritäts-Abhängigkeitsbeziehungen erklärt. Autorität ist als legitime Macht definiert. Der Besitz legitimer Macht bedeutet die Möglichkeit, aufgrund autonomer Entscheidungen Einfluß auf einen bestimmten sozialen Bereich ausüben zu können. Dieser Bereich kann als räumliches System definiert werden, das aus einem Zentrum und der es umgebenden Peripherie besteht. Das Zentrum ist der Ort maximalen Interaktionspotentials. Die Peripherie wird durch die Abhängigkeitsbeziehung mit dem Zentrum bestimmt. Die Zentrum/Peripherie-Relation wird weiter intern hierarchisch durch die Existenz intermediärer Zentren strukturiert.

Das Zentrum übt seine Autorität aufgrund sukzessiver Innovationen aus, die seinen komparativen Vorteil gegenüber der Peripherie dauerhaft sichern. Im einzelnen wird jeder errungene Vorteil nach Maßgabe der Adoption der Innovation durch die Peripherie abgebaut, dennoch kann das Zentrum insgesamt seine Position halten, weil in ihm ein fortwährender Selbsterzeugungsprozeß von Innovationen stattfindet. Bedingung dafür ist, daß das Zentrum in der Position als Ort des maximalen Interaktionspotentials bleibt.

Ein räumliches System ist im wesentlichen ein soziales System. Seine Integration wird über die Autoritäts-Abhängigkeitsbeziehungen erzwungen. Sie vollzieht sich durch die Einführung von Institutionen durch das Zentrum in der Peripherie. Diese werden vom Zentrum selbst kontrolliert. Vom Standpunkt der Peripherie kann es sich dabei um Innovationen handeln, denn Innovationen brauchen nicht neue Organisationsformen technischer, ökonomischer, sozialer und politischer Art zu sein, vielmehr genügt für die Qualifikation einer Organisationsform, als Innovation, daß sie in dem sozialen Subsystem, in das sie eingeführt wird, bisher nicht bekannt oder verwendet war.

Der selbsterzeugende Charakter des zentralen Innovationsprozesses hat seine Ursachen im einzelnen in den aus den Überlegungen der vorliegenden Untersuchung bereits bekannten Polarisationsmechanismen:

a. dem Dominationseffekt im spezifischen Sinne des Entzugs-Effekts;
b. dem Informationseffekt im Zusammenhang mit Stadtgröße und Siedlungsstruktur;
c. dem "psychologischen"EEffekt, dessen Folge die dauernde Aufrechterhaltung eines günstigen Innovationsklimas im Zentrum aufgrund positiver Erwartungen und Geringschätzung von Risiken ist;
d. dem Modernisierungseffekt, wonach im Zentrum selbst und über die Diffusionskanäle im peripheren Hinterland dauernde Veränderungen der Werthaltungen, Attitüden und Institutionen erzeugt werden;

e. dem Effekt der Erweiterung der regionalen Input-Output Matrix ("Matrizialmultiplikator"), über den Innovationen sich in verbundenen Aktivitäten fortsetzen und

f. sogenannten Produktionseffekten, die nach Einführung einer Innovation in der Form von zeitweiligen Monopolrenten, Massenproduktionsvorteilen und externen Effekten der Agglomeration realisiert werden können.

Friedmanns Versuch einer knappen Würdigung zu unterziehen, bringt die Gefahr eines vorschnellen Urteils mit sich. Folgende Schlußfolgerungen erscheinen zutreffend möglich[1]:

- Die "general theory of polarized development" ist der Versuch, die Polarisations- und räumliche Wachstumstheorie auf ein sauber definiertes Fundament zu stellen. Friedmanns Überlegungen könnten wie Schumpeters Theorie der wirtschaftlichen Entwicklung auch geeignet sein, der Entwicklungstheorie allgemein Impulse zu geben; und zwar nicht nur hinsichtlich der raumwirtschaftlichen Bedingtheit des gesamtwirtschaftlichen Wachstumsprozesses.

- Friedmanns allgemeine Theorie ist - in Friedmanns Kategorien gesprochen - keine Innovation in dem Sinne, daß sie etwas an und für sich neues aussagt. Denn Friedmann steht ganz in der Tradition Schumpeters und Perroux's und - nicht zuletzt - eines soziologischen Denkansatzes, wie ihn Dahrendorf (Dahrendorf, 57) vertritt. Die genannten Autoren, insbesondere Dahrendorf, werden von Friedmann auch entsprechend hervorgehoben. Er tut also im Grunde nichts weiter, als mit der Perroux'schen Übersetzung des Schumpeterschen Entwicklungsarguments in die Raum/Zeit-Dimension Ernst zu machen. Das ist eine Innovation im Friedmann-Sinne, deshalb, weil die allgemeine Theorie in einer Situation formuliert wird, in der das polarisationstheoretische Konzept aus Gründen der unmittelbaren Operationalität nur noch verengt diskutiert wird.

---

1) Vgl. dazu auch Hansen, 71a, 28.

(2) Lasuens Beitrag zur Problematik der Identifikation von
Entwicklungspolen und damit zur Überwindung des engen
Wachstumspolkonzepts geht in eine andere Richtung (Lasuen,
69 und 71). Grundsätzlich geht es auch ihm darum, die Polarisationstheorie wieder auf das allgemeine Konzept
Schumpeters und Perroux's zurückzubeziehen. Anders als
Friedmann versucht er aber, die Generalisierung der Entwicklungstheorie nicht auf ein Grundkonzept (wie Friedmanns dominationstheoretisches) aufzubauen, vielmehr verschiedene Bereiche der regionalen Wachstumstheorie zusammenzufassen.

Wichtig sind für ihn zwei Beobachtungen. Die erste bezieht
sich darauf, daß regionale Agglomerationen nicht notwendigerweise sektorale Agglomerationen zur Grundlage haben
müssen. Das wird mit der einfachen Überlegung begründet,
daß unter den Polarisationsfaktoren das Auftreten von im
Zusammenhang mit Input-Output-Relationen stehenden Lokalisationsersparnissen nur ein wichtiges Element ist (Lasuen, 71, 11 f.). Die zweite Beobachtung betrifft die nach
Meinung Lasuens abnehmende Bedeutung von Input-Output-Beziehungen für räumliche Polarisationen. Wie oben dargestellt wurde, kann als Argument dafür nicht das der abnehmenden Bedeutung von Transportkosten gelten. Denn diese
wird möglicherweise überkompensiert durch zunehmende Bedeutung anderer Kommunikationskosten im Zusammenhang mit
Input-Output-Relationen. Vielmehr gründet sich Lasuens Urteil auf die Beobachtung der veränderten Organisationsstruktur der modernen führenden Unternehmen gegenüber derjenigen, auf die sich Perroux bezogen hat.

Für Perroux und noch für Paelinck (Paelinck, 65, 44) war
die Zielvorstellung einer voll integrierten Polarisationsregion an der Struktur des Ruhrgebietes orientiert. Lasuen
führt dagegen an, daß die hinter der Ruhr-Struktur stehende Form der Unternehmensorganisation (Krupp-Typ) den
Prototyp der führenden Industrie der Vergangenheit repräsentiert, daß dagegen die modernen führenden Industrien
eine andere Unternehmensorganisation haben (Litton-Typ).

Sein Schluß, daß durch die Entwicklung zu "multi-product/ multi-plant/multi-city-firms" gesamtwirtschaftliches Wachstum in der Gegenwart weniger räumlich polarisiert verläuft als in der Vergangenheit (Lasuen, 69), ist dagegen nicht zwingend und wird auch in dem späteren Beitrag (Lasuen, 71) nicht wiederholt. In letzterem ist die sich aus dieser Beobachtung ergebende Konsequenz nicht die, daß der moderne Wachstumsprozeß weniger polarisiert verläuft, vielmehr die, daß es heute andere Polarisationsfaktoren sind, die entscheidende Bedeutung haben.

Diese Faktoren versucht Lasuen zu berücksichtigen, indem er seine Verallgemeinerung der Entwicklungspoltheorie auf eine zusammenfassende Sicht relevanter Theoreme der Standorttheorie, der räumlichen Organisationstheorie, der Theorie der Stadtentwicklung und der regionalen Wachstumstheorie, soweit sie den interregionalen Zusammenhang berücksichtigt, begründet. Insbesondere legt er Gewicht auf die Verbindung von Wachstumspoltheorie und Theorie der zentralen Orte. Die Notwendigkeit und Möglichkeit dieser Verbindung wurde bereits hinreichend kommentiert.

Besonders wichtig ist für Lasuen weiter die Verbindung zur interregionalen Wachstumstheorie. Friedmann hat dazu wenig gesagt, sein dominationstheoretisches Konzept ist nicht geeignet, horizontal zwischen Zentrum-Peripherie-Systemen vermittelte Wachstumsimpulse zu erklären. Friedmann übersieht das damit gestellte Problem nicht, er verweist ausdrücklich auf die diesbezüglichen Ausführungen Sieberts (Siebert, 67). Lasuen will die Verbindung über die strukturanalytische Erklärung regionalen Wachstums bzw. interregionaler Wachstumsunterschiede herstellen. Er knüpft dabei deutlich an Perloff, Dunn, Lampard und Muth (1960) an.

Lasuen ist darin zuzustimmen, das Wachstums- bzw. Entwicklungspole nicht nur im Zusammenhang der isolierten Betrachtung einer Region identifiziert werden können. Seine im folgenden zitierte Aussage ist in jeder Hinsicht zutreffend: "The propelling effect on the regions from their different national activities depends, as stated, on the income elasticity of these activities, on their previous levels of activity in each region, and their ability to capture a larger share of nation demand" (Lasuen, 71, 20). Das entscheidende Problem, um das es bei der Identifikation von Entwicklungspolen geht, ist aber hier nur richtig eingeordnet, nicht einer Lösung zugeführt. Die "ability to capture" kann auch als Attraktion übersetzt werden.

Es zeigt sich, daß Lasuen zur Frage der sektoral/regionalen Polarisation, abgesehen vom Argument der Organisationsstruktur der Unternehmen, nichts hinzugefügt hat. Sein Beitrag liegt deshalb nicht in der selbstverständlich wichtigen Zuwendung zur strukturanalytischen Wachstumstheorie, sondern in der Hervorhebung der nicht durch sektorale Polarisation begründeten regionalen Polarisation. Damit ist sein wichtigstes Argument das des Zusammenhangs von polarisierter Entwicklung, Stadtgröße und Städtestruktur, während das strukturanalytische Argument in seiner bisherigen Formulierung kein neues Polarisationsargument beinhaltet.

Die mit dem strukturanalytischen Argument verbundene Strategie, in Rückstandsregionen nicht noch strukturschwache Sektoren zu fördern, sondern führende Industrien, ist jedem Regionalplaner geläufig. Die Schwierigkeit des Wie, die Wahrscheinlichkeit hoher regionaler Inzidenz und das Erfordernis gesamtwirtschaftlicher Konsistenz solcher Allokationsentscheidungen sind das eigentliche Thema der Theorie sektoral/regionaler Pole.

Zusammenfassend kann festgestellt werden, daß Friedmann und Lasuen die These von der Bedeutung der städtischen Siedlungsstruktur für die Entstehung regionaler Polarisationen verdeutlichen. Deshalb sind sie hier eingeordnet worden.

2. Teil

Das Beispiel der spanischen Wachstumspole

In diesem Teil werden die Hypothesen der Wachstumspoltheorie mit den Erfahrungen der spanischen "polos de desarrollo industrial" konfrontiert. Es wird gezeigt werden, daß die im ersten und zweiten spanischen Entwicklungsplan verfolgte Wachstumspolpolitik eine getreue Kopie des Konzepts der französischen Schule war. Die Vermutung, daß dieses Konzept unzureichend ist, wird am Beispielfall weiter begründet und untermauert. Der kritischen Würdigung der bisherigen Ergebnisse der spanischen Wachstumspole folgen deshalb Überlegungen zur Strategie der dezentralen Konzentration im Rahmen des gegenwärtigen dritten Plans. Mit dieser Strategie wird versucht, eine dezidierte Urbanisationspolitik mit der Entwicklung ausgewählter peripherer Regionen zu verbinden. Die Entwicklung der planleitenden Vorstellungen spiegelt so den Gang der Diskussion über Wachstumspole und Wachstumszentren wider, wie sie im zweiten und dritten Kapitel des ersten Teils dargestellt wurde. Die grundsätzlichen Überlegungen des ersten Kapitels bilden die Grundlage für die kritische Würdigung sowohl der traditionellen Wachstumspolpolitik als auch der Urbanisationspolitik.

Der zweite Teil gliedert sich in fünf Kapitel. Im ersten wird die Funktion der Wachstumspole im Rahmen der spanischen Entwicklungsplanung dargestellt. Damit werden die Zielsetzungen und Erwartungen bezeichnet, die mit dem Polprogramm im konkreten Fall verbunden wurden. Im zweiten Kapitel wird das Untersuchungsprogramm kurz umrissen. Das dritte Kapitel dient der Präsentation des statistischen Materials und gibt einen Überblick über die wichtigsten Ergebnisse. Im vierten Kapitel werden die in den Kapiteln über Wachstumspole allgemein und über die Funktion der spanischen Wachstumspole im besonderen zusammengetragenen Hypothesen präzisiert und den Ergebnissen der empirischen Untersuchung gegenübergestellt. Im letzten Kapitel wird diskutiert, inwiefern die "neue" Strategie der dezentralen Konzentration geeignet ist, die nachweislichen Schwächen des Wachstumspolprogramms zu überwinden. Es wird gezeigt, wie die Wachstumspolpolitik der veränderten Strategie zugeordnet werden kann und welche polarisationstheoretischen Probleme in diesem Zusammenhang noch als nicht befriedigend gelöst anzusehen sind.

Grundlage für die Auswertung der Ergebnisse der Wachstumspolpolitik ist eine Felduntersuchung, die der Verf. zusammen mit einer Arbeitsgruppe des spanischen Plankommissariats seit September 1969 durchgeführt hat. Das Untersuchungsprogramm wurde vom Verf. entworfen und im Rahmen einer Pilot-Studie für das andalusische Polpaar Huelva und Sevilla getestet. Der Bericht hat einer erweiterten Arbeitsgruppe als Leitbild für die Untersuchung der fünf übrigen Pole gedient (Comisaría del Plan, 72).

Grundlage für die Diskussion der Urbanisationspolitik im dritten Plan bilden die Studien, die der Verf. im Rahmen der Vorbereitungen zu diesem Plan nach Abschluß der Pilot-Studie durchführen konnte. Das Plankommissariat hat die Arbeiten des Verf. unterstützt und keinerlei Richtlinien vorgegeben.

1. <u>Funktion der industriellen Wachstumspole in der spanischen Entwicklungsplanung</u>

In Spanien ist vom Jahre 1964 an der Versuch gemacht worden, das Konzept industrieller Wachstumspole unmittelbar anzuwenden. Wurde im vorhergehenden Teil gezeigt, daß sich der Erklärungswert der Wachstumspoltheorie dort am deutlichsten zeigt, wo neue Pole in peripheren Räumen zu gründen versucht wurden, dann muß die Auswertung der spanischen Polpolitik als reizvoll angesehen werden. Dies umso mehr, als bereits im ersten spanischen Entwicklungsplan nicht weniger als 7 "Polos de Desarrollo" bzw. "Polos de Promoción Industrial"[1] und 5 Entlastungspole für die Me-

---

1) Burgos, Huelva, La Coruña, Sevilla, Valladolid, Vigo, Zaragoza

tropole Madrid ("Polígonos de Descongestión")[1] gegründet
wurden. Im zweiten Plan sind vier weitere "Polos de Desarrollo" gegründet worden[2], die Gründung eines fünften
ist in der Planung.[3]

Die Einordnung der Wachstumspolpolitik in das Konzept der
Gesamtplanung kann von zwei Gesichtspunkten her erfolgen.
Der erste betrifft die Bedeutung im Konzert aller ent-
wicklungspolitischer Programme. Der zweite hat die spezifischen Ziele und damit die an das Wachstumspolprogramm
geknüpften Erwartungen zum Gegenstand.

Der Leser, der im Zusammenhang mit den beiden Fragen an
der geübten Praxis der Auswahl und Förderung der Polstädte und Polindustrien interessiert ist, sei auf die
Darstellung in Anhang 1 verwiesen.

1.1. Bedeutung des Programms

1.1.1. Bedeutung der Regionalpolitik im Rahmen der
       Gesamtplanung

Die Frage nach der relativen Bedeutung des Wachstumspolprogramms im Rahmen der spanischen Entwicklungsplanung
kann nur im Zusammenhang mit der Bedeutung der Regionalpolitik allgemein für die Planung gesehen werden. Diese
hat sich seit dem ersten Plan bis zur Vorbereitung des
dritten Plans verändert.

Im ersten Plan stand die allein sektororientierte Wachs-
tumspolitik auf gesamtwirtschaftlicher Ebene derart im
Vordergrund, daß die Regionalpolitik nur akzessorischen
Charakter hatte. Ihre Rolle kommt besonders deutlich in
einer Stellungnahme der Weltbank zum Ausdruck, die grund-
sätzlich die beste Regionalpolitik in einer globalen
Wachstumspolitik sieht. Die Analogie zum liberalistischen
Konzept der Wachstumspolitik, mit deren Hilfe den unteren

---
1) Aranda de Duero, Alcázar de S.Juan, Guadalajara, Man-
   zanares, Toledo
2) Córdoba, Granada, Logroño, Oviedo
3) Villagarcía de Arosa

Einkommensschichten zwar nicht unbedingt ein größerer Anteil am Volkseinkommen, aber ein größerer Einkommensbetrag zufließen soll, ist deutlich. Diese Parallele zum Verhältnis von Wirtschaftswachstum und personeller Einkommensverteilung wird, übertragen auf die interregionale Einkommensverteilung, von der Weltbank durch die Verwendung eines Sozialhilfearguments weitergeführt: "Kurzfristig sind zusätzlich im Einklang mit diesem Grundsatz (Regionalpolitik durch gesamtwirtschaftliche Wachstumspolitik, F.B.) verschiedene Instrumente einzusetzen, die zu einer weiteren Linderung der Armut in den ländlichen Zonen beitragen können" (IBRD, 62, 431).

Im zweiten Plan (1968-1971) wird der Zusammenhang "Regionalpolitik durch gesamtwirtschaftliche Wachstumspolitik" nach der Intention der Regionalplaner umgedreht. Die Region wird jetzt als "unidad operativa" des gesamtwirtschaftlichen Wachstumsprozesses bezeichnet (Comisaría del Plan, Ponencia de Desarrollo Regional, 69, 7). Dieser Wandel der Auffassungen ist im II. Plan jedoch von keiner praktischen Tragweite gewesen. Die Gründe dafür lassen sich in folgenden Punkten zusammenfassen:

- Die Idee der "unidad operativa" wird im II. Plan nicht weiter konkretisiert. Um das leisten zu können, hätten Überlegungen zu den regionalwirtschaftlichen Implikationen der gesamtwirtschaftlichen Sektorplanung und zur gesamtwirtschaftlichen Konsistenz der Regionalplanung angestellt werden müssen. Dazu fehlten sowohl theoretische als auch empirische Grundlagen.

- Die Stellungnahme der Ponencia de Desarrollo Regional ist nicht repräsentativ für das Denken der übrigen Planungsgremien. Innerhalb des Plankommissariats und zwischen den beteiligten Ministerien gehen die Auffassungen über die Rolle der Regionalpolitik weit auseinander. Kennzeichnend für die Gegenposition zur Ponencia de Desarrollo Regional ist die Stellungnahme des Industrieministeriums zum Programm der Industrieparks ("polígonos industriales"), in der noch 1970 der rein akzessorische Charakter der Regionalpolitik hervorgehoben wird (Comisaría del Plan, Nota..., 70).

- Die Festlegungen aufgrund einmal in Angriff genommener regionaler Förderungsprogramme erschweren die Durchsetzung neuer Konzepte. Im Hinblick auf die Signalfunktion indikativer Planung ist die dadurch bewirkte Tendenz zur Kontinuität positiv zu bewerten, andererseits führt die geringe Durchsichtigkeit des Planungsprozesses dazu, daß oft erst außerordentlich schwerwiegende Planungsfehler zur Neuorientierung zwingen.

Insgesamt ist daher die im zweiten Plan erfolgte Neuinterpretation der Regionalpolitik als Ausdruck dafür aufzufassen, daß die regionale Dimension des Entwicklungsprozesses bewußter geworden ist. Das zeigt sich auch darin, daß im zweiten Plan erstmals ein gesondertes Plandokument zur Regionalpolitik vorlag. Allerdings liegt inhaltlich das Hauptgewicht auf der retrospektiven Analyse der Ergebnisse des ersten Plans. Erst die Vorbereitungen zum III. Plan zeigen, daß sich der Denkansatz der Regionalplaner von der rein akzessorischen Betrachtung der Regionalpolitik und dem nur korrigierenden Charakter der einkommensredistributiven Regionalpolitik zu lösen beginnt.

1.1.2. Bedeutung des Polprogramms im Rahmen der Regionalpolitik ("acción regional")

Da die räumlichen Implikationen der gesamtwirtschaftlichen Sektorplanung nicht systematisch untersucht wurden, wurde das raumwirtschaftliche Planungsproblem auch nur im Zusammenhang mit den spezifischen Regionalprogrammen (Sammelbegriff: acción regional) gesehen. Wie wenig bekannt die räumlichen Wirkungen der übrigen Planungsbereiche waren und überwiegend noch sind, mag folgendes Beispiel verdeutlichen: der im allgemeinen indikative Plan ist selbstverständlich für den öffentlichen Sektor imperativ ("indicativo para el sector privado - vinculante para el sector público", Comisaría del Plan de Desarrollo, 69, 70). Dennoch war im Bereich der öffentlichen Infrastrukturausgaben bis 1967 kein Versuch gemacht worden, die nach dem Ressortprinzip durchgeführten Investitionen zusammenzustellen, um einen Überblick über die insgesamt in jeder Provinz in jedem Jahr erfolgten Investitionen zu bekommen. Derartige Zahlen liegen erst ab 1968 vor (Acción Regional, Oficina de Vigilancia, 69).

Unter diesen Umständen muß sich die Einordnung des Wachstumspolprogramms in die regionalen Förderungsmaßnahmen auf die Betrachtung der spezifischen Programme der acción regional beschränken. Dabei können folgende Gruppen von Programmen gebildet werden:

1. Das organisatorisch nicht zur acción regional gehörende, aber mit ihr in enger Verbindung stehende Programm der "ordenación rural y concentración parcelaria", die Landreform.
2. Programme für einzelne Provinzen, die a) überwiegend agrarisch, b) industriell, aber mit stagnierenden Aktivitäten, strukturiert sind. In die Gruppe a gehören der Plan Badajoz, der Plan Jaén, der Plan Tierra de Campos[1], der Plan Canarias[2]. In die Gruppe b fällt der Plan Asturias in seiner ersten Phase.
3. Das eigentliche Programm der Polos de Desarrollo und Polígonos de Descongestión.
4. Die Programme für die Zonen, die von besonderem touristischen Interesse sind (zonas de preferente interes turistico) und für die Restrukturation der Ballungsräume. Beide gehören wiederum organisatorisch nicht zur acción regional, sondern werden vom Ministerio de Información y Turismo bzw. dem Ministerio de Vivienda getragen. Es erfolgt aber eine teilweise enge Abstimmung.
5. Gemischte Programme, wie zum Beispiel in der zweiten Phase des Plans Asturias durch die Gründung des Pols von Oviedo. Gleiches gilt neuerdings für die Entwicklung von Galizien, wo über das bestehende Programm der Pole hinaus andere Bereiche in eine Gesamtplanung für die Region ein-

---
1) 2) Hier handelt es sich um die Provinzgrenzen überschreitende Programme.

bezogen werden sollen. Ähnlich ist die Situation in der Bahía de Algeciras, wo zwar formell kein Pol gegründet wurde, jedoch ähnliche Förderungsmaßnahmen vorgenommen werden.

6. Die sog. Planes Provinciales, die Infrastrukturaufgaben auf lokaler und Provinzebene zum Gegenstand haben, deren Charakter zwar lokal/provinzial ist, deren Durchführung aber der zentralstaatlichen Unterstützung bedarf. Die Planes Provinciales sind wiederum organisatorisch nicht zur acción regional gehörig, aber in enger Verbindung mit ihr stehend. Im Unterschied zu den unter 1. - 5. genannten Programmen werden sie in allen Provinzen aufgestellt, es wird also kein interregionales Selektivitätskriterium angewendet.

Insgesamt sind hier nur Programme aufgeführt, die von der Zentralbehörde selbst durchgeführt bzw. von ihr generell unterstützt werden (vgl. dazu die Karte, S. 107).

Unter den genannten Programmen hat, vielleicht zu Unrecht, das Programm der Wachstumspole in der regionalpolitischen Diskussion die meiste Beachtung gefunden. Zu Unrecht deshalb, weil die Bedeutung der landwirtschaftlichen Förderungsprogramme dadurch eine falsche Einschätzung erfahren könnte. Denn in Spanien, das abgesehen von wenigen regional begrenzten industriellen Ballungen gemeinhin noch als überwiegend agrarisch strukturiertes Land gilt, betrug der Sozialproduktsbeitrag von Land-, Forst- und Fischereiwirtschaft 1969 nur etwa 16 % (I.N.E., 70, 75).

Das Gesetz Nr. 193/1963, mit dem der I. Plan in Kraft gesetzt wurde, nennt unter den Maßnahmen, die das Pro-Kopf-Einkommen der relativ armen Regionen erhöhen sollen, die Industrialisierung an erster Stelle. Diese wiederum wird ausschließlich über das Programm der Wachstums- und Deglomerationspole sowie der Industrieparks verwirklicht.[1)]

---

1) In Art.6 heißt es: "La acción del Estado, en favor de la elevación del nivel de vida de las regiones o zonas económicas de baja renta por habitante, se realizará mediante el fomento de su industrialización, la mejora agraria y la modernización de los servicios... para el fomento de la industrialización se crearán polos de desarrollo, polos de promoción y polígonos industriales."

Karte: Geographische Lage der Förderungsgebiete und anderer im weiteren Text genannter Zonen. (Entnommen aus: Consejo Económico Sindical Nacional, 67, vom Verf. ergänzt.)

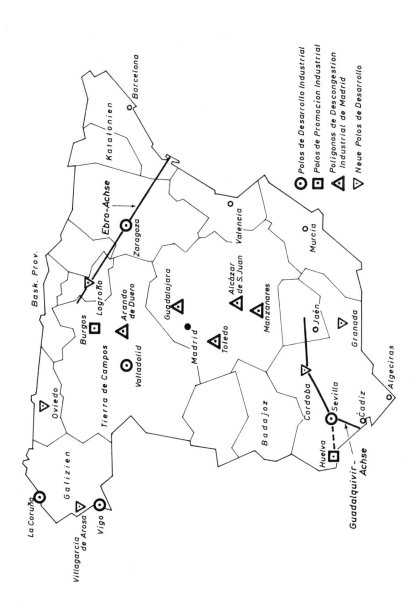

Ebenso heißt es im Plandokument: "... unter Berücksichtigung der Budgetrestriktionen konzentriert sich die acción regional im I. Plan vorzugsweise auf das Instrument der Schaffung von Wachstumspolen" (I Plan de Desarrollo, 63, 150).

1.2. Erwartungen

In der öffentlichen Meinung haben sich mit dem Programm große Erwartungen auf (auch kurzfristig realisierbare) Industrialisierungserfolge verbunden. Neue Daten über den Erfolg der Polpolitik, der hauptsächlich an der Wachstumsrate des pro-Kopf-Einkommens der Polprovinzen zu messen versucht wird, sind nachgerade zum Politikum geworden. Dem liegt eine nicht nur in Spanien zu beobachtende Fehleinschätzung zugrunde: "Das Wachstumspolkonzept ist oft fehlinterpretiert worden. Es wurde mit dem der Schlüsselindustrie, der Basisindustrie, des Industriekomplexes, verwechselt. Daher resultiert die irrtümliche Einschätzung, nach der ein Wachstumspol so etwas wie ein industrielles Monument sei, errichtet zur Glorie zukünftiger regionaler Industrialisierung, Garant sicheren Wirtschaftswachstums" (Paelinck, 63, 10, übers. vom Verf.).

Hauptsächlich sind es drei Zielsetzungen, deren schnelle und nachhaltige Erreichung von der Wachstumspolpolitik erwartet wurde.
- Die Wachstumspole sollen durch ihre sektorale Strukturierung selbsttragendes Wachstum ermöglichen;
- sie sollen im Gefolge der technischen Polarisation Irradiationseffekte auf ihr Hinterland ausüben und den selbsttragenden Wachstumsprozeß auf ihre gesamte Region ausbreiten;
- sie sollen über die Schaffung industrieller Arbeitsplätze die andernfalls zur Abwanderung gezwungene arbeitsfähige Bevölkerung in der Region halten.

Diese allgemeinen Ziele werden im Plandokument nicht weiter präzisiert. In der als Experimentierphase zu bezeichnenden Periode des I. Plans waren auch keinerlei Anhaltspunkte gegeben, die Ziele zu quantifizieren. Wenn auch heute Erfahrungen über zwei Planperioden vorliegen, ist man gegenüber Festlegungen zurückhaltend. Die Maßstäbe zur Planbewertung sind daher meist aleatorisch. Vom heutigen Standpunkt kann allein die Zeitspanne gekennzeichnet werden, innerhalb derer sich die Regierung die Erzeugung eines selbsttragenden Wachstumsprozesses der Pole vorgestellt hat. Sie ergibt sich daraus, daß jeder Pol nur etwa 6 - 8 Jahre gefördert wird. Danach, so hofft man offenbar, hat der Pol soviel eigene Attraktionskraft entwickelt, daß das Förderungsprogramm eingestellt werden kann. Das ist z. B. bereits bei Zaragoza, Sevilla und Huelva geschehen.

Im einzelnen braucht auf die Erwartungen im Zusammenhang mit der Wachstumspolpolitik hier nicht eingegangen zu werden. Sie ergeben sich in Analogie zu den im zweiten Kapitel des ersten Teils der Arbeit abgehandelten Wirkungen, da ja die spanische Wachstumspolpolitik eine getreue Kopie des Konzepts der französischen Schule ist.

2. Das Programm der Felduntersuchung

Es handelt sich um eine Arbeit zur Plankontrolle, d. h. ex post-Analyse. Da, wie dargestellt wurde, die Erwartungen der spanischen Planer im Zusammenhang mit dem Polprogramm den Hypothesen der französischen Schule über räumliche Polarisation entsprechen, kann auch von einem Test der Wachstumspoltheorie gesprochen werden. Einschränkungen dieses Anspruchs werden unter 2.4. behandelt.

2.1. Abgrenzung des Untersuchungsgegenstandes

Wie oben gezeigt wurde, ist räumliche Polarisation das Nettoresultat geographisch zentripetaler und zentrifugaler ökonomischer und sozialer Kräfte. In der Wachstumspoltheorie wird der Motor der zentripetalen Bewegungen in den interindustriellen Relationen gesehen. Die zentrifugalen Kräfte bezeichnen den Wachstumseffekt, den ein derart geographisch geballter sektoraler Pol auf sein Hinterland ausübt. Der Pol ist also durch eine Innen- und eine Außenbeziehung charakterisiert.

Das Differenzierungskriterium für "innen" und "außen" kann nach Perroux (Perroux, 50) im Zusammenhang mit Homogenitäts-, Funktional- und Planungskriterien aufgestellt werden. Da eine Untersuchung zur Plankontrolle den Kategorien zu folgen hat, in bezug auf die Erwartungswerte eines gegebenen Planungshorizonts formuliert werden, wurden zur Abgrenzung die beiden zentralen Elemente des Untersuchungsgegenstandes - Pol und Hinterland - im Sinne der ex ante Festlegungen der Planer definiert.

2.1.1. Abgrenzung des Pols

Die Planer definieren den Pol als administrative Einheit; danach gehören zum Pol alle die Industrien, denen die Förderungsmaßnahmen des Polprogramms direkt zugute kommen. Das sind diejenigen, deren Anträge im Zulassungsverfahren ("concurso") angenommen wurden. Darüber hinaus sind im vorliegenden Fall alle diejenigen Industrien in die Untersuchung einbezogen worden, die nach 1964, also dem Beginn des Polprogramms, am Ort der Lokalisation des Pols gegründet wurden, auch wenn sie nicht im Wege des concurso zugelassen wurden. Sie sollten aber dem gemäß der Wachstumspoltheorie entscheidenden Kriterium für die Innenbeziehung des Pols genügen, nämlich der Existenz bedeutender Input-Output-Relationen mit solchen Industrien, wie sie bereits im Pol im eng definierten administrativen Sinne vorhanden waren. Dabei sollte es gleichgültig sein, ob bereits tatsächliche Lieferbeziehungen bestanden, was ja im übrigen auch erst zu untersuchen war.

In Sevilla sind die Fälle zusätzlicher Aktivitäten gemäß der erweiterten Poldefinition selten. Im wesentlichen haben alle Unternehmen, die neue Industrien aufbauten oder vorhandene erweiterten, von den Förderungsmaßnahmen Gebrauch machen können. Im Fall Huelvas ist der Pol (erweiterte Definition) zum großen Teil identisch mit dem industriellen Produktionspotential der Provinz, wenn Baugewerbe und extraktive Aktivitäten ausgenommen werden. Im Fall Sevillas bestand bereits eine gewisse Industrie, so daß der nach obigen Kriterien abgegrenzte Pol nicht identisch mit der Hauptmasse des industriellen Produktionspotentials der Provinz ist. Allerdings hat sich eine große Anzahl der bereits vorhandenen großen Industrien bei Erweiterungsinvestitionen die Polförderungsmaßnahmen zunutze gemacht.

Stichtag für die Abgrenzung des Pols war für die Untersuchung der 31.12.1969. Zum Pol zugelassene Aktivitäten, die sich noch in der Projektphase befanden bzw. für die die Aufnahme der Produktion nicht vor 1972 erwartet werden konnte, wurden nicht erfaßt. Der so abgegrenzte Pol umfaßte am Stichtag in Huelva 42 Industrien, in Sevilla 70.

Der Begriff Industrie wird hier in einem besonderen Sinne verwendet. Er bezeichnet selbständige Produktionseinheiten und ist nicht notwendigerweise mit dem der Unternehmung gleichzusetzen. Einmal deshalb, weil viele Polbetriebe zu nicht im Pol ansässigen Unternehmungen gehören, zum anderen, weil einige Unternehmungen mehrere selbständige Produktionseinheiten im selben Pol gegründet haben. Ein Beispiel dafür ist die Raffinerie der Gulf Oil in Huelva und die in der Folge von der Gulf Oil gegründete Asphaltfabrik. Würden beide Produktionseinheiten zusammengefaßt, würden die Lieferverflechtungen unter ihnen, die für die Folgegründung der Asphaltfabrik maßgeblich waren, nicht sichtbar werden. Zugegebenermaßen ist das Kriterium, nach dem eine solche Trennung vorgenommen wird, wegen der Unvergleichbarkeit konkreter Situationen immer etwas arbiträr.

2.1.2. Abgrenzung des Hinterlands

Das Hinterland des Pols kann als funktionale bzw. Nodalregion oder als Planregion bestimmt werden. Grundsätzlich wäre es richtig gewesen, mit dem Konzept der Nodalregion zu arbeiten, weil die Nodalregion als geographische Projektion einer sektoralen Polarisation definiert werden kann. Diese festzulegen könnte aber allenfalls Ergebnis der Untersuchung sein. Auch aus diesem Grunde wird die

Abgrenzung des Hinterlands im Zusammenhang mit dem Konzept
der Planregion bestimmt. Im administrativen Sinne existieren in Spanien Planregionen nicht (Beck, 68, 17 ff.). Die
Vorstellungen der Planer lassen aber Schlüsse auf entsprechende territoriale Abgrenzungen zu.

Im Fall der andalusischen Pole ist die Planregion die des
Flusses Guadalquivir. Für ihre Bildung ist das Achsenprinzip verbunden mit dem geographischen Homogenitätskriterium
"Flußlauf" maßgeblich. Die Planregion umfaßt in der ersten
Ausbaustufe die Polprovinzen Huelva und Sevilla, in der
zweiten zusätzlich (ab III. Plan) die Polprovinz Córdoba,
die Provinz Cádiz (Bahía de Algeciras-Projekt) und evtl.
die Provinz Jaén. Aus Gründen der Verfügbarkeit von Statistiken muß sich jede Regionsabgrenzung an den Provinzgrenzen orientieren (vgl. Karte S. 107).
In der Untersuchung ist das Hinterland der andalusischen
Pole auf die erste Ausbaustufe beschränkt.

2.1.3. Wahl der Berichtsjahre

Die ersten Polindustrien wurden 1964 gegründet. Vor 1967
hatten nur sehr wenige Industrien ihre Produktion aufgenommen. Auch 1967 erreichte der Bruttoproduktionswert der
Industrien beider Pole nicht mehr als etwa 20 % (Huelva)
bzw. 42 % (Sevilla) des Wertes für 1971. 1967 wurde als
erstes Berichtsjahr gewählt.

Das zweite Berichtsjahr ist 1969, da für dieses Jahr die
letzten Daten aus den Unterlagen des betrieblichen Rechnungswesens der Industrien zu erhalten waren. Dagegen beruhen die Daten für 1971 auf Schätzungen der Unternehmungen. Bei der Auswertung dieser Schätzungen wurde im Zweifel immer der niedrigere von zwei möglichen Werten angesetzt. Eine Beschränkung der Untersuchung auf die Daten
bis 1969 hätte ein zu unvollständiges Bild ergeben, denn
1969 erreichte der Bruttoproduktionswert der Industrien
beider Pole nicht mehr als etwa 39 % (Huelva) bzw. 72 %
(Sevilla) des Wertes für 1971.

Diese Berichtsjahre gelten für die <u>Produktionsphase</u> der

Polindustrien. Um die Wirkungen zu erfassen, die während der <u>Investitionsphase</u> auf Einkommen und regionale Außenbeziehungen ausgegangen sind, wurden in diesem Zusammenhang auch die Jahre 1964-1966 betrachtet.

2.2. Methoden und Instrumente[1]

(1) Die Erfolgskontrolle der Programme der Regionalpolitik wurde bisher in Spanien ausschließlich mit Hilfe der Beobachtung einfacher Indikatoren wie durchgeführte Investitionen, neugeschaffene Arbeitsplätze etc. vorgenommen. Es waren teilweise nicht einmal sichere Unterlagen darüber vorhanden, welche Industrien bereits mit der Produktion begonnen hatten.[2] Gegenüber diesen in jeder Hinsicht unvollkommenen Ansätzen wurde für die Untersuchung der Wachstumspole die Verwendung geschlossener Rechensysteme vom Verf. vorgeschlagen. Das ist umso wichtiger, als die Beobachtung beziehungsloser Indikatoren nicht erlaubt, die Qualität der Daten kritisch zu würdigen. Daraus ergab sich der Versuch, die Analyse der Ergebnisse der Wachstumspole auf zwei Grundsystemen aufzubauen.

a. Zur Untersuchung der Entwicklung des Pols und seiner Innenbeziehungen sowie seiner Verflechtung mit dem Hinterland, dem Rest der Volkswirtschaft und dem Ausland wurden für jede Polindustrie zwei Konten aufgestellt.

Das Produktionskonto gibt Auskunft über die Ergebnisse der Produktionsphase der Polindustrien. Es ist so aufgegliedert, daß die Handelsströme mit dem Hinterland, dem Rest der Volkswirtschaft und dem Ausland sichtbar werden. Daraus können entsprechende Handelsbilanzen der Sektoren des Pols errechnet werden. Sektoren des Pols sind Zusammenfassungen einzelner Polindustrien gemäß der an der ISIC-Klassi-

---

[1] Vgl. zu den Einzelheiten den Anhang 2.
[2] Das Fehlen einer Erfolgskontrolle der Regionalpolitik ist nicht nur in Spanien zu beobachten. Die sich daraus ergebende "wirkungsanalytische Wissenslücke" (Streit, 71, 689) ist für fast alle Länder gegeben.

fikation orientierten spanischen Industrieklassifikation. Für die Pole wird von den beteiligten Ministerien eine zusammengefaßte Klassifikation benutzt.[1] Ihr wird hier gefolgt, weil eine genaue Aufgliederung nach der ISIC-Klassifikation erlauben würde, einzelne Industrien in den Input-Output-Tabellen zu identifizieren. Außerdem ist nur auf diese Weise eine Vergleichbarkeit mit amtlichen Statistiken über die Pole möglich.

Die Input-Output-Tabellen wurden ebenfalls auf der Basis der Produktionskonten erstellt. Dazu war es erforderlich, in den Konten die Lieferbeziehungen von Polindustrien untereinander genau aufzuschlüsseln. Die Input-Output-Tabellen wurden zunächst für jedes Berichtsjahr unter Darstellung der Werte jeder Industrie aufgestellt und anschließend so sektoral aggregiert, daß die Interrelationen nicht durch Konsolidierung innerhalb der Sektoren aufgehoben wurden. Die detaillierten Tabellen sind wegen des zu wahrenden statistischen Geheimnisses zur Veröffentlichung nicht geeignet.

Das "Kapitalkonto" oder Konto der Anlageinvestition und ihrer Finanzierung gibt Auskunft über die Transaktionen, von denen aus die ökonomischen Wirkungen des Pols während der Investitionsphase analysiert werden können. Im Zusammenhang mit den Daten über die Infrastrukturinvestitionen im Pol lassen sich auf dieser Basis insbesondere die regionalen Abfluß-Effekte während der Investitionsphase darstellen.

b. Die Pol-Hinterland-Beziehungen lassen sich im Rahmen von Gesamtrechnungen für die Polprovinzen beschreiben. Sie erlauben, die Bedeutung des Pols in Relation zu den Gesamtgrößen der Region zu sehen, bzw. die Veränderung der Gesamtgrößen durch die Aktivität des Pols darzustellen. Die Gesamtrechnungen dienen insbesondere dazu, die indirekten und induzierten Effekte auf das Regionaleinkommen gemäß der SEMA-Systematik zu berechnen. Damit wird ein

---
1) Orden Ministerial vom 1.2.1964

weit größerer Genauigkeitsgrad als bei der Auswertung des Lacq-Projekts erreicht.

Abgesehen von den Zusammenhängen, die sich in den genannten Rechenwerken darstellen lassen, ist noch eine Reihe von Zusatzinformationen verarbeitet worden, die im Rahmen der Polarisationstheorie relevant sind. Insbesondere geht es um die Beschäftigung und deren Struktur, um interregionale Dominanzbeziehungen zwischen Muttergesellschaften und Zweigindustrien, um die Bedeutung der Polindustrien im Rahmen der volkswirtschaftlichen Produktionsstruktur etc.

(2) Da für die Ausfüllung der Produktions- und Kapitalkonten sowie für die Erarbeitung ergänzender Informationen nur sehr wenig Material aufgrund amtlicher Statistiken und Unterlagen vorhanden war, mußten die entsprechenden Daten fast ausschließlich über eine Enquête bei den Polindustrien erhoben werden. Der Hauptumfrage lag ein Fragebogen zugrunde, der im Herbst 1969 in einigen Industrien in Huelva getestet wurde. Nach seiner Revision wurde im Februar 1970 mit der eigentlichen Umfrage begonnen.

Der im Anhang 2 übersetzt wiedergegebene Fragebogen ist bewußt einfach gehalten. Maßgeblich dafür war die Überlegung, daß andernfalls eine befriedigende Rücklaufquote nicht hätte erreicht werden können. Die Besonderheit des Untersuchungsgegenstandes brachte es mit sich, daß bei geringer Rücklaufquote die Untersuchung gescheitert wäre. Die Besonderheit liegt einmal in dem geringen Umfang der Grundgesamtheit (42 bzw. 70 Industrien) und deren differenzierter sektoraler Struktur, zum anderen darin, daß die überwiegende Zahl der Industrien noch 1969 mit unterdurchschnittlichen Kapazitätsauslastungsgraden produzierte, so daß es nicht sinnvoll gewesen wäre, irgendwelche Normalwerte (z. B. aus der nationalen I-O-Tabelle) in Anschlag zu bringen. Aus diesen Gründen wäre etwa bei nur 60 %iger Rücklaufquote jeder Schluß auf den Rest der Grundgesamtheit unzulässig gewesen, sei es mit Hilfe der nationalen Input-Output-Tabelle, sei es in Analogie zu verwandten Aktivitäten im Pol.

Da andererseits keine 100 %ige Rücklaufquote zu erreichen war, wurden im Zusammenhang mit den vorliegenden Kontrolldaten Näherungswerte für die Industrien ermittelt, die nicht antwortbereit waren (vgl. dazu Anhang 2, 2.2.2. (3)).
Die folgende Tabelle zeigt die erreichte Rücklaufquote und die relative Bedeutung der nicht antwortbereiten Industrien:

Tab. 3: Rücklaufquote bei der Hauptumfrage

Pol	Anzahl der Industrien	ohne Antw.	relative Bedeutung[1] bezogen auf		
			Investition	Arbeitsplätze	Bruttoproduktionswert 2)
Huelva	42	4	0,3 %	1,7 %	1,6 %
Sevilla	70	7	1,5 %	1,7 %	2,2 %

1) Werte zum Stichtag
2) Bruttoproduktionswert 1969, Quelle: Ministerio de Hacienda, Dir. General de Impuestos Indirectos, Madrid 1970

2.3. Das Gesamtsystem der Untersuchung

Das Gesamtsystem der Untersuchung gliedert sich in zwei Hauptstränge, den der Rechnungen für die Investitionsphase und den der Rechnungen für die Produktionsphase der Pole. Bei der Untersuchung der Investitionsphase werden zwei Unterstränge unterschieden, Infrastrukturinvestitionen einerseits, direkt produktive Investitionen andererseits. Bei der Funktionsphase wird ein Nebenstrang gebildet, der die mit den Anträgen auf Zulassung zum Pol eingereichten Projekte und deren Vergleich mit den sich aus der Enquête ergebenden tatsächlichen Werten beinhaltet. Es ergibt sich:

117

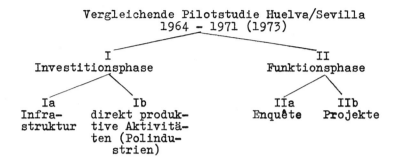

Bevor die einzelnen Untersuchungsstränge weiterverfolgt werden, wird der differenzierteste Teil, die Aufgliederung der in den Produktionskonten erfaßten Stromgrößen intermediärer Inputs und der Verkäufe gesondert behandelt.

A. Intermediäre Inputs der Polindustrien

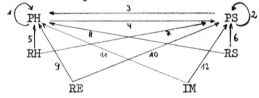

B. Verkäufe der Polindustrien

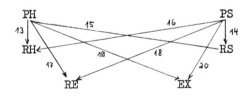

Die Symbole:

PH	= Pol Huelva	RS	= Rest der Provinz Sevilla
PS	= Pol Sevilla		
RH	= Rest der Provinz Huelva	IM	= Importe Ausland
		EX	= Exporte Ausland

Die Pfeilrichtung bezeichnet den Güterstrom. Die Ströme 1 und 2 sind für jede Industrie einzeln erfaßt und dargestellt, die Ströme 3 und 4 sind in den Zusatztabellen zu den Input-Output-Tabellen nach lieferndem und empfangendem Sektor aufgeschlüsselt. Das gleiche gilt für die Ströme 5 bis 8. Die Zusatztabellen sind in Kapitel 3 wiedergegeben.

Die Ströme 9 - 12 wurden nur in bezug auf den Empfänger (Polindustrien) detailliert. Die Ströme 13 - 20 (Verkäufe) wurden in bezug auf Produzenten und Verwendungsrichtungen detailliert. Die Aufgliederung nach Verwendungen - als intermediärer Input, Investitionsgut, Konsumgut - ist wichtig, weil nur aufgrund intermediärer Verwendung Vorwärts-Verkopplungen erwartet werden können.

Die einzelnen Stränge der Untersuchung können jetzt weiter beschrieben werden. Grundlage ist das Schaubild auf S. 119.

2.4. Einwendungen gegen das Untersuchungsprogramm

An dieser Stelle sind einige mögliche Einwendungen gegenüber dem Untersuchungsprogramm zu diskutieren. Dadurch können gleichzeitig die mit wichtigen Elementen der Analyse verbundenen Fragestellungen stärker präzisiert werden.

Der erste Einwand könnte lauten: Die auf die Polindustrien beschränkte Input-Output-Analyse erlaubt nicht eine zutreffende Beobachtung der Matrizialmultiplikatoren (Leontief-Rasmussen- und Perroux-Effekt), die im Sinne der technischen Polarisation in der Planregion wirksam werden.

Der zweite: Die Analyse der Polarisation der Einkommen im Zusammenhang mit der Berechnung der direkten, indirekten und induzierten Einkommenseffekte bleibt Stückwerk. Die Inzidenz des Pols auf das Einkommen der Planregion wird nur teilweise und dort nur ungenau erfaßt.

Der dritte: Die Beobachtung der Pol-Hinterland-Beziehungen unter Beschränkung auf die eng definierte Planregion ist ungeeignet, die positiven und negativen Wirkungen der Pole für das gesamtwirtschaftliche Wachstum zu analysieren. Die volkswirtschaftlichen Opportunitätskosten der Wachstumspolpolitik werden daher vernachlässigt.

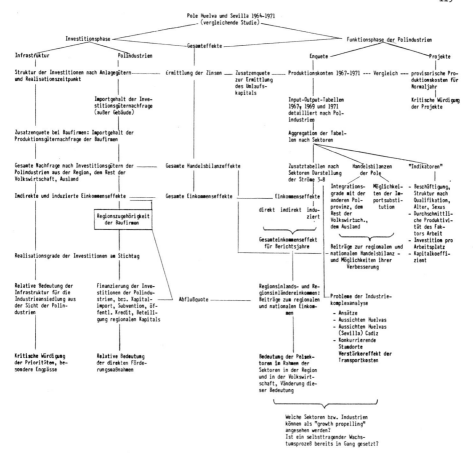

2.4.1. Kritische Würdigung der Abgrenzung des Pols

Die Abgrenzung des Pols folgt der eingeengten Definition des Wachstumspols als industriellem Punktpol. Die Input-Output-Rechnung ist daher im wesentlichen auf diesen Bereich beschränkt. Dagegen könnte vorgeschlagen werden, eine Input-Output-Tabelle für die gesamte Planregion aufzustellen. Dieser Vorschlag ist zu prüfen:

(1) Mit der Forderung nach einer die gesamte Planregion umfassenden Input-Output-Analyse wird im Regelfall die Hoffnung verbunden, daß mit ihrer Hilfe ein sektoral/regionales Programmierungsmodell aufgebaut werden kann. Das ist insofern zutreffend, als regionale Input-Output-Tabellen eine wichtige Grundlage derartiger multisektoraler Programmierungsmodelle bilden.

Ein regionales Input/Output-Modell kann aber nur dann auf die Prognose regionaler Wachstumsprozesse angewendet werden, wenn es als Attraktionsmodell formuliert ist. Befriedigende dynamische Modelle dieses Typs sind noch nicht erarbeitet bzw. noch nicht auf ihre Brauchbarkeit getestet (van Wickeren und Smit, 71, 89 ff.). Auf eine Formulierung von regionalen Input/Output-Modellen unter Verwendung der Attraktionsanalyse kann nur dann verzichtet werden, wenn davon auszugehen ist, daß die Industrialisierung einer Planregion um _jeden_ Preis gefördert werden soll. Unter diesen Umständen kann auch im Rahmen indikativer Planung die direkte und indirekte Subventionierung der Industrieansiedlung so hoch angesetzt werden, daß privatwirtschaftliche Standortnachteile nachhaltig kompensiert werden, so daß der Attraktionseffekt erzwungen wird.

(2) Es wird aber auch deshalb eine die gesamte Planregion erfassende Input-Output-Tabelle gefordert, weil bereits die ex-post Analyse einer Untersuchung zur Plankontrolle nicht zureichend mit Hilfe partieller Input-Output-Rechnungen wie der hier vorgeschlagenen durchgeführt werden könne. Dazu sind zwei Einschränkungen zu machen:

Erstens: Das Argument ist umso weniger relevant, je größer der Anteil der Polindustrien an der industriellen Wertschöpfung der jeweiligen Polprovinz ist. Das gilt, wenn der Wachstumspoltheorie insofern zugestimmt wird, als die technische Polarisation als entscheidender Stimulus sektoral/regionaler Polarisation angesehen wird. Folgende Tabelle beleuchtet die Situation im konkreten Fall der untersuchten Pole:

Tab. 4: Bruttowertschöpfung der verarbeitenden Industrie*) (in Millionen Ptas.)

	Rest der Provinz 1967	Pol 1967	Pol 1971
Huelva	1.607,5	644,7	4.319,4
Sevilla	8.726,2	1.602,5	3.793,8

*) gesamte Industrie ohne extraktive Industrie, Baugewerbe und Energiewirtschaft.
Quellen: Regionale Gesamtrechnung und Enquête

Für das Jahr 1971 liegen für den Rest der Provinz keine zuverlässigen Schätzungen vor.[1] Daher sei angenommen, daß im Rest der Provinz für beide Pole ein 10 %iger jährlicher Zuwachs erreicht sein könnte. Unter dieser optimistischen Annahme würde in Huelva der Pol 1971 etwa knapp 2/3 der industriellen Wertschöpfung der Gesamtprovinz produzieren, für Sevilla läge der entsprechende Wert bei knapp 30 %.

Diese unterschiedliche Pol-Hinterland Relation verdeutlicht, warum Huelva zunächst als Polo de Promoción gefördert wurde. Sie zeigt auch, daß das Argument unter (2)

---

[1] Die Schätzungen der regionalen Einkommensverteilung und der entsprechenden sektoral/regionalen Wertschöpfung für 1971, wie sie bisher vorliegen, sind sicherlich für die Polprovinzen unzutreffend (vgl. Comisaría del Plan, Estimación..., 1971). Das wird für die Polprovinzen auch von den Autoren der genannten Arbeit eingeräumt, nachdem ein erster Datenaustausch die Überlegenheit der Enquête über das Standardverfahren erwiesen hat.

insbesondere für Polos de Desarrollo wie Sevilla bisher nicht zu entkräften gewesen ist. Für Huelva dagegen muß es schon deshalb als gegenstandslos angesehen werden, als die vorhandene verarbeitende Industrie mit der Ausnahme einer Zementfabrik im Rest der Provinz traditionelle Züge trägt, so daß in einigen Fällen angesichts der Konkurrenz moderner Polindustrien sogar mit einem Rückgang der Produktion und Wertschöpfung gerechnet werden muß, weil handwerkliche Betriebe verdrängt werden.

Zweitens: Sowohl für Polos de Promoción als auch für Polos de Desarrollo gilt immerhin, daß die Zunahme der interindustriellen Beziehungen in der Rolregion mit der auf die Polindustrien beschränkten Input-Output-Tabelle in ihrer Entwicklung 1967-1971 einigermaßen zutreffend erfaßt ist. Denn der allgemeine Allokationsvorteil der Provinzhauptstadt (höheres zentralörtliches Niveau - höhere positive Urbanisationseffekte) zusammen mit den im dort angesiedelten Pol gebotenen direkten und indirekten Allokationsanreizen muß in der Regel dazu führen, daß sich Neuansiedlungen in der Provinz auf den Pol konzentrieren.[1]

2.4.2. Unvollkommenheit der Analyse der Einkommenspolarisation

Bei der Berechnung der direkten, indirekten und induzierten Einkommenseffekte wird, wie schon gesagt, der Systematik der SEMA gefolgt. Zuerst wird erklärt, welche Absicht damit verfolgt wird, dann werden notwendige Einschränkungen erläutert.

(1) Die Analyse der direkten Effekte ist genau und umfassend, soweit nicht Erhebungsschwierigkeiten, wie sie im

---

1) Das ist eine für die Wachstumspolpolitik nicht uninteressante Feststellung: Die durch den Pol angebotenen Investitionsanreize führen bei der Konstruktion geographischer Punktpole geradezu zu dem Ergebnis, die sogenannte geographische Polarisation (i.S. Paelincks, vgl.oben) zu verzögern anstatt zu beschleunigen.

Anhang erklärt sind, beeinträchtigend wirken. Die konzeptionelle Problematik liegt bei der Analyse der indirekten und induzierten Effekte.

Indirekte und induzierte Einkommenseffekte erfassen verschiedene Komponenten des Pol-Hinterland Verhältnisses. Gegenstand des indirekten Effekts ist die vom Pol induzierte Nachfrage nach Investitionsgütern (Aufbauphase) und Produktionsgütern (Produktionsphase), soweit sie in der Planregion wirksam geworden ist. Der induzierte Effekt erklärt die aufgrund der von im Zusammenhang mit direkten und indirekten Effekten entstandenen zusätzlichen Einkommen induzierte Konsumgüternachfrage, ebenfalls aufgegliedert nach der regionalen Inzidenz (intra- bzw. extraregional). Darin liegt die Systematik des Ansatzes.

Es soll also gezeigt werden, in welchem Umfang vom Pol ausgestrahlte Ausbreitungswirkungen auf die mit ihm durch allgemeine Interdependenzbeziehungen verbundene Volkswirtschaft vom eigenen Hinterland absorbiert werden können. Der grundsätzliche Ansatzpunkt ist, daß die Höhe der regionalen Abfluß-Effekte sich umgekehrt proportional zur Attraktion des Hinterlandes verhält.

Um die Attraktionskraft des Hinterlands in bezug auf Konsum-, Investitions- und Produktionsgüterangebot zu einem gegebenen Zeitpunkt zu beschreiben, genügt es im wesentlichen, sich auf die unmittelbaren Pol-Hinterland-Beziehungen zu beziehen. Denn es besteht kein Anlaß anzunehmen, daß in einer peripheren Region die Abfluß- bzw. Attraktionseffekte mittelbarer Art relativ höher oder niedriger sein würden als die unmittelbaren, soweit Investitionsgüter betroffen sind. Diese mittelbaren Effekte treten z. B. aufgrund induzierter Erweiterungsinvestitionen bei Zulieferern von Polindustrien auf. Für Abfluß-Effekte im Zusammenhang mit Ausstrahlungen auf den Konsumgütersektor sind dagegen Unterschiede zu vermuten. Das wird im Zusammenhang mit der Berechnung des regionalen Multiplikators diskutiert. Ebenso ist es möglich, daß Nachfolgeeffekte aufgrund induzierter <u>Produktionsgüter</u>nachfrage auch in unterentwickelten Regionen wegen deren branchenmäßiger Spezialisierung systematisch höhere (niedrigere) Attraktions- bzw. Abfluß-Relationen zeigen.

Solche Nachfolgeeffekte aufgrund der von Polindustrien entfalteten Nachfrage nach intermediären Inputs in der Planregion (Ströme 5 - 8 in der Darstellung unter 2.3.) entstehen dadurch, daß die intraregionalen Zulieferer von Polindustrien wiederum bei anderen intraregionalen Aktivitäten zusätzlich Güter und Dienste nachfragen, diese wiederum bei dritten etc. Der indirekte Effekt ließe sich daher als Effekt erster, zweiter, dritter etc. Generation im Rahmen eines regionalen Input-Output-Modells beschreiben. Die Einkommensinzidenz würde sich auf jeder Stufe durch den den Regionsinländern zufließenden zusätzlichen Wertschöpfungsanteil ausdrücken lassen. Nachfolgeeffekte zweiter und folgender Generation sind in der Untersuchung nicht erfaßt. In ihrer Darstellung könnte wiederum der Vorteil einer gesamtregionalen Input-Output-Rechnung gesehen werden.

Der erhoffte Vorteil ist jedoch nicht zu realisieren, weil die in einer regionalen Input-Output-Tabelle dargestellten Interdependenzen nicht ohne Zuhilfenahme eines spezifischen Attraktionsmodells erklären, welche der dargestellten Lieferbeziehungen von den Polindustrien induziert sind. Diese Lieferbeziehungen durch direkte Erhebungen bei nicht polangehörigen Aktivitäten insbesondere in den Fällen der Polos de Desarrollo - und um diese geht es bei dem Argument im besonderen - erfassen zu wollen, wäre illusorisch. An dieser Stelle sei einmal ein Praktikabilitätsargument zugelassen.

Es folgt, daß die Analyse der indirekten Effekte sich mit der Messung der unmittelbaren, d. h. auf der ersten Interdependenzstufe auftretenden Abfluß-Effekte, begnügen muß, um die unterschiedlichen Ausbreitungseffekte der Pole zu beschreiben. Dabei wird unterstellt, daß die Abflußquote bei den Folgewirkungen auch der induzierten Produktionsgüternachfrage nicht systematisch von der bei den unmittelbaren Wirkungen ermittelten abweicht.

(2) Trotz dieser Einschränkungen kann gesagt werden, daß die Analyse des direkten, indirekten und induzierten Effekts geeignet ist, die Absorptionsfähigkeit des Hinterlands bzw. die Abfluß-Effekte darzustellen. Das gilt insbesondere im Vergleich mehrerer Pole, wie im Fall Huelva/Sevilla verdeutlicht wird. Die strukturelle Bedingtheit der relativen Höhe des indirekten Effekts wird in den Zusatztabellen gezeigt, die des induzierten Effekts in der regionalen Multiplikatorrelation, die nicht allein die Sparquote, sondern auch die regionale Importquote für Konsumgüter und Vorleistungen als Abflußquote berücksichtigt.

Dieser Zusammenhang zwischen Struktur des Pols und Struktur seines Hinterlands ist polarisationstheoretisch bedeutsam.

2.4.3. Kritische Würdigung der Abgrenzung des Hinterlands

Der dritte Einwand bezieht sich darauf, daß das Hinterland des Pols im funktionalen Sinne nicht mit der Planregion der Untersuchung identisch ist. Die gesamtwirtschaftlichen Wirkungen des Pols werden daher in der Untersuchung nicht zutreffend erfaßt. Das gilt einmal für die im Rest der Volkswirtschaft durch den Pol induzierten Wachstumseffekte, zum anderen für die volkswirtschaftlichen Alternativkosten der Bindung investibler Ressourcen in der Planregion. Weiter muß zugestanden werden, daß eine derart begrenzte Untersuchung auch für die Analyse der regionalen Wachstumswirkungen selbst innerhalb der Planregion unzureichend ist. Der Grund dafür liegt darin, daß das Untersuchungsprogramm nicht als interregionales Wachstumsmodell formuliert ist. So werten interregionale Rückwirkungseffekte nicht erfaßt.[1]

---

1) Das wird schon bei der Formulierung der Multiplikatorrelation deutlich. k ist ein einfacher regionaler Multiplikator. Dagegen wird in der Literatur vorgeschlagen, ein interregionales Multiplikatormodell in Analo-

Dieser Einwand ist in jeder Hinsicht zutreffend.[1] Aus ihm erklärt sich die auch im 5. Kap. wieder aufgenommene Frage nach der gesamtwirtschaftlichen Konsistenz der polarisationsorientierten Regionalpolitik. Analog zur aktuellen Problematik der spanischen Regionalplanung - Regionalpolitik als Ergänzung der gesamtwirtschaftlichen Wachstumspolitik vs. gesamtwirtschaftliche Wachstumspolitik durch Regionalpolitik- wird dort die Rolle der Polstrategie im gesamtwirtschaftlichen Zusammenhang erörtert. Gegenstand der empirischen Untersuchung ist dagegen das bis dahin in der Planung verwendete traditionelle Polkonzept. Das Ergebnis wird die Notwendigkeit der erweiterten Fragestellung noch verdeutlichen.

Unter dieser äußerst wichtigen Einschränkung leistet die Untersuchung, was sie verspricht, einen Beitrag zur Plankontrolle und Planbewertung.

3. Synoptische Darstellung der andalusischen Wachstumspole

3.1. Allgemeiner Überblick

Dieser Abschnitt gibt eine Orientierung über wichtige Gesamtgrößen, vergleicht sie mit den Planwerten der Projekte und bezieht sie auf die entsprechenden Ergebnisse der regionalen und der volkswirtschaftlichen Gesamtrechnung.

3.1.1. Investition, Produktion und Beschäftigung

(1) Die gesamten <u>Anlageinvestitionen</u> im Pol sind in direkt produktive (Polindustrien) und Infrastruktur-Investitionen untergliedert.

---

gie zum internationalen Multiplikator mit Rückwirkungseffekten (Vanek, 62, 101 ff.) zu verwenden (Isard, 60, 205 ff., Jansen, 68, 50 ff.).

[1] Eine Ausnahme bildet der Abschnitt über alternative Standortmöglichkeiten für Nachfolgeaktivitäten des Chemiekomplexes Huelva/Sevilla (vgl. dazu unten Abschnitt 3.3.1.).

Tab. 5: Anlageinvestitionen der Polindustrien 1964 - 1969 (in Tsd. Ptas.)

Sektor		Pol Huelva			Pol Sevilla		
Nr.	Bezeichnung	Anz. d. Ind.	Invest. Vol.	%	Anz. d. Ind.	Invest. Vol.	%
1	Nahrungsmit.	4	284.469	1,9	18	785.409	9,3
2	Holzverarb.	6	1.427.474	9,7	0	0	0
3	Papierverarb.	0	0	0	7	246.467	2,9
4	Textil	0	0	0	3	888.219	10,5
5	Chemie	14	10.081.579	68,6	8	822.983	9,8
6	Baustoff	5	241.975	1,6	16	3.431.397	40,6
7	Metall	8	1.189.614	8,1	12	1.374.553	16,3
8	Energie	1	1.209.918	8,2	1	687.003	8,1
9	Verschiedene *	4	214.029	1,5	5	207.523	2,5
10	Sonderfälle **	3	54.717	0,4	0	0	0

*) Zusammenfassung all der Industrien, die andernfalls identifizierbar gewesen wären. Sektoren müssen mindestens 3-fach besetzt sein. Daher figurieren zwei Industrien in Huelva, die zur Textil- und Papierverarbeitenden Industrie gehören, unter "Verschiedene". Eine Ausnahme bildet der Sektor Energie.

**) Industrien, die zum Pol gehören, im Bau sind, jedoch nicht vor 1972 die Produktion aufgenommen haben. Sie finden nur an dieser Stelle Berücksichtigung. Mit großer Wahrscheinlichkeit müssen die betreffenden Betriebsgründungen als gescheitert angesehen werden.

Der Anteil der Polindustrien, die keine direkten Förderungsmaßnahmen erhielten, da sie nicht im Wege des concurso zur Förderung zugelassen wurden, betrug für die Periode 1964/69 41 % des Totals in Huelva, 23 % in Sevilla.

Für die Polindustrien kann eine Vorausschätzung der zukünftigen Investitionen für die Periode bis 1973 vorgenommen werden. Die Schätzung beruht auf den Investitionsprojekten all der Industrien, die zum Stichtag Erweiterungsinvestitionen bis 1972 planten bzw. bereits im Wege des concurso zugelassen waren, ohne bis zum Stichtag mit dem Aufbau begonnen zu haben.

Danach wären bei den schon im Pol zugelassenen und den übrigen schon vorhandenen 1970-1973 zusätzlich Anlageinvestitionen in Höhe von

        8.776.200 Tsd. Ptas. in Huelva und
        4.321.500 Tsd. Ptas. in Sevilla

zu erwarten. Da in der Regel die tatsächliche Investition beträchtlich über der geplanten gelegen hat, könnte sich dieser Wert noch erhöhen, ohne daß weitere Industrien hinzukämen. Andererseits erscheinen die Werte für Huelva jedoch zu hoch, da nach neueren Informationen insgesamt 8 Projekte mit einem Investitionsvolumen von 3.031.018 im Jahre 1971 fallengelassen wurden. Bei diesen handelt es sich in der Hauptsache um Investitionen in der Chemieindustrie (insgesamt etwa 2,7 Mrd. Ptas.), auf die Gründe wird im 4. Kap. eingegangen werden. Hier sei nur darauf hingewiesen, daß der konkurrierende Standort Tarragona in Cataluña einige der geplanten Projekte der Chemieindustrie attrahiert. Daher sind auch sichere Voraussagen über weitere Investitionen bei der chemischen Großindustrie, die nicht im Wege des concurso zugelassen sind, nicht möglich.

Die <u>Infrastrukturinvestitionen</u> belaufen sich für die Periode 1964-1969 insgesamt auf 1,539 Mrd. Ptas. Die folgende Tabelle zeigt ihre Aufgliederung:

Tab. 6: Infrastrukturinvestitionen 1964-1969 (in Mill. Ptas.)

Pol	Industrie-gelände	Zu- und Abwasser	Straßen-bau	Hafenan-lagen	Total
Huelva	70	829	139	222	1.259
Sevilla	154	88	38	0	280
Total	224	914	176	222	1.539

Die Planziffern für die Infrastrukturinvestitionen in den beiden Polen (Comisaría del Plan, Ponencia de Desarrollo Regional, 69, 226) zeigen, daß im Rahmen des II. Plans bis 1971 noch folgende Investitionen vorzunehmen gewesen wären, um die Planansätze zu erfüllen:

Tab. 7: Infrastrukturinvestitionen 1970-1971 (in Mill. Ptas.)

Pol	Industrie-gelände	Zu- und Abwasser	Straßen-bau	Hafenan-lagen	Total
Huelva	267	1.105	642	343	2.357
Sevilla	188	143	-[1]	0	331
Total	455	1.248	642	343	2.688

[1] Die Planziffern weisen die Straßenbauinvestitionen, die im Zusammenhang mit dem Pol zu sehen sind, nicht gesondert aus, Für Straßen- und Eisenbahnbau zusammen waren zusätzlich 1.701 Mill. Ptas. geplant.

Es ist auszuschließen, daß diese Investitionen bis 1971 sämtlich realisiert wurden. Genaue Angaben dazu liegen noch nicht vor. Wenn auch damit gerechnet werden muß, daß einzelne Positionen (insbesondere "Industriegelände") stark reduziert werden, ist anzunehmen, daß die projektierten Infrastrukturinvestitionen bis 1973 abgeschlossen sein können.

Damit ergäbe sich etwa folgendes Gesamtbild:

Tab. 8: Gesamtinvestitionen in Anlagevermögen. Pole
Huelva und Sevilla 1964-1969 und 1970-1973
(in Mill. Ptas.)

	Huelva	Sevilla
Infrastruktur		
- bis 1969	1.259	280
- bis 1973	2.357	331
Polindustrien		
- bis 1969	14.704	8.444
- bis 1973	8.776	4.321
T o t a l	27.096	13.376

(2) <u>Die Produktion</u> der beiden Pole und ihre Entwicklung
wird für die drei Berichtsjahre in Tab. 9 zusammengefaßt:

Tab. 9: Bruttoproduktionswert der Polindustrien
(in Mill. Ptas.)

	H u e l v a		S e v i l l a	
	Anzahl der produzierenden Ind.	Bruttoproduktionswert	Anzahl der produzierenden Ind.	Bruttoproduktionswert
1967	17	3.351,1	45	4.758,7
1969	35	6.500,5	57	8.084,6
1971	41 *	16.852,8	69 **	11.155,1

*) 1 Industrie, die 1969 gesondert ausgewiesen war, ist
  1971 in einer anderen aufgegangen.
**) 1 Industrie, die bis 1969 produzierte, ist zahlungs-
   unfähig geworden.

Produktion und Bruttowertschöpfung sind für die Berichtsjahre in Tab. 10 nach Sektoren aufgeschlüsselt.

Für das Jahr 1973 wurde versucht, die Bruttoproduktion
und Wertschöpfung abzuschätzen. Der Zweck war, einen Überblick über die Entwicklung der Pole unter der Annahme zu
geben, daß sowohl die bereits 1971 produzierenden Industrien bei voller Kapazitätsauslastung arbeiten würden[1],

---

1) Abgesehen von der in Abschn. 2.2.2. (4) genannten Gruppe, für die schon für 1971 keine Schätzungen möglich
   waren (vgl. Anhang 2).

Tab. 10: Bruttoproduktionswert und Bruttowertschöpfung 1964-1971 nach Sektoren (in Mill. Ptas.)

a) Huelva

	Bruttoproduktionswert			Bruttowertschöpfung		
	1967	1969	1971	1967	1969	1971
Nahrungsmittel	0	15,1	190,0	0	9,0	77,0
Holzverarb.	415,4	602,0	951,0	201,3	283,7	439,7
Chemie	2.792,1	5.300,7	9.783,0	420,5	1.136,4	2.786,1
Baustoff	22,2	160,7	166,8	13,1	61,9	63,9
Metall	23,3	111,9	5.314,9	10,2	68,4	881,7
Energie *)	96,7	197,6	353,7	69,9	117,8	212,2
Verschiedene	2,4	112,5	138,4	0,1	49,7	71,1
T o t a l	3.351,1	6.500,5	16.852,8	715,1	1.726,9	4.531,7

b) <u>Sevilla</u>

	Bruttoproduktionswert			Bruttowertschöpfung		
	1967	1969	1971	1967	1969	1971
Nahrungsmittel	1.189,7	1.828,8	2.118,8	107,3	288,9	394,5
Textil	528,3	667,3	667,3	151,0	176,7	176,7
Papierverarb.	201,6	359,1	812,7	44,3	74,1	242,5
Chemie	408,2	999,5	1.100,8	39,0	185,3	225,6
Baustoff	892,9	1.474,4	2.827,2	403,4	568,1	1.215,6
Metall	1.411,3	2.485,1	3.068,7	795,5	1.307,1	1.422,0
Energie *)	68,5	195,0	255,1	43,3	102,6	160,0
Verschiedene	58,2	75,4	304,0	18,7	28,0	109,9
T o t a l	4.758,7	8.084,6	11.155,1	1.602,5	2.730,9	3.976,8

*) Enthält nur die Werte im Zusammenhang mit Verkäufen an andere Polindustrien. Das betreffende Unternehmen bestand bereits vor 1964 in beiden Polen. Nur im Zusammenhang mit der Polgründung vorgenommene Erweiterungsinvestitionen und Verkäufe an Polindustrien nach diesen Erweiterungen wurden erfaßt. Daher war es auch unnötig, diese "Industrie" wegen der andernfalls zu beobachtenden statistischen Anonymität dem Sektor "Verschiedene" zuzurechnen.

als auch die zum Stichtag vorhandenen Projekte vollständig realisiert sein würden. Das Ergebnis zeigt Tab. 11:

Tab. 11: Planziffern für Bruttoproduktionswert und Bruttowertschöpfung (in Mill. Ptas. von 1969) 1973

Sektor Nr. *)	Huelva			Sevilla		
	Zahl d.I.	BPW	B.-wertsch.	Zahl d.I.	BPW	B.wertsch.
1	7	897,5	255,3	21	4.812,1	1.287,4
2	8	2.131,0	1.037,9	0	0	0
3	0	0	0	8	819,7	245,3
4	0	0	0	4	2.233,2	1.114,9
5	20	13.885,3	4.469,8	16	2.226,0	534,2
6	5	166,8	63,9	20	3.182,2	1.484,0
7	10	5.384,6	983,3	15	3.289,9	1.490,5
8	1	596,7	358,4	2	371,2	233,8
9 **)	8	4.336,1	1.551,8	11	1.118,0	429,8
Total	59	27.398,0	8.720,5	97	17.052,3	6.819,9

*) Vgl. Tab. 5
**) Die kräftige Erhöhung der Werte für den Sektor in Huelva ist dem Hinzukommen je einer weiteren Industrie der Textil- und Papierverarbeitenden Industrie zuzuschreiben.

Die Interpretation der Produktionsergebnisse, insbesondere der sich ergebenden Wertschöpfungskoeffizienten, müßte an Hand der detaillierten Input-Output-Tabellen vorgenommen werden. Nur so wären scheinbar offenkundige Inkonsistenzen, insbesondere im Vergleich der Sektoren beider Pole untereinander, in konkreten Fall aufzuklären. Allgemein muß jeder derartige Vergleich als sehr problematisch angesehen werden, weil die Produktionsstruktur (product-mix) innerhalb der Sektoren zwischen den Polen stark differiert. An einem besonders krassen Beispiel sei das verdeutlicht.

Die Wertschöpfungsquote des Sektors Metall ist 1971 in Huelva 16,6 %, in Sevilla 46,3 %. Während es sich in Sevilla fast ausschließlich um verarbeitende Industrie handelt, ist es in Huelva im wesentlichen ein Hüttenwerk

(Herstellung von Elektrolytkupfer), welches fast die gesamte Produktion und Wertschöpfung des Sektors erzeugt. Die übrigen neun Industrien sind Kleinbetriebe des Schiffbaus und der Metallverarbeitung.

Auch die Entwicklung der Wertschöpfungsquote innerhalb eines Sektors des gleichen Pols kann durchaus uneinheitlich sein, wenn die Sektorzusammensetzung durch Neugründungen verändert wird. Erfolgen keine Neugründungen oder ist der Sektor bereits so groß, daß ihre relative Bedeutung gering ist, dann ist in der Anfangsphase des Pols damit zu rechnen, daß die Wertschöpfungsquoten aufgrund höherer Kapazitätsauslastung tendenziell bis zur Erreichung der Normalproduktion steigen. Der Grund dafür liegt darin, daß der Verbrauch einiger intermediärer Inputs unter-proportional mit der Kapazitätsauslastung steigt und daß in der Anfangsphase höhere Ausschußquoten bei der Produktion anfallen. Am Beispiel dreier Sektoren kann dieser Verlauf illustriert werden:

Tab. 12: Relation Bruttowertschöpfung/Bruttoproduktionswert (Wertschöpfungsquote)

	1967	1969	1971	1973
Chemie Huelva	15,0	21,4	28,5	32,2
Chemie Sevilla	9,6	18,5	20,5	24,0
Nahrungsmittel Sevilla	5,7	15,8	18,6	26,7

In welchem Maße bei der Interpretation die Produktionsbedingungen der einzelnen Industrien zu beachten sind, zeigt das Beispiel des Nahrungsmittelsektors in Huelva. Hier sinkt die Wertschöpfungsquote seit 1969, dem ersten Produktionsjahr, von 59,6 auf 40,5 im Jahre 1971 und 28,4 im Jahre 1973. Der Grund liegt darin, daß die beiden Industrien, die 1969 produzierten (Tiefkühlfisch), nur die Dienstleistung der Kühlung, Lagerung und Verpackung übernahmen, ohne selbst den Fisch zu kaufen oder zu verkaufen. Entsprechendes gilt teilweise für eine dritte Industrie, die 1971 zu produzieren begann. Die vierte schließlich, die ebenfalls 1971 begann, stellt Futtermittel her. Während bei der ersten und zweiten die Wertschöpfungsquote hoch sein muß, kann dies bei der dritten entsprechend nur für den Anteil erwartet werden, der sich auf die Dienstleistung der Kühlung, Lagerung und Verpackung beschränkt. Denn bei dem anderen Teil ist bei gleicher betrieblicher Leistung der Bruttoproduktionswert durch den Verkauf der Produkte auf eigene Rechnung mindestens um den Einkaufspreis der Vorprodukte erhöht, die Wertschöpfungsquote ist geringer. Für die vierte Industrie muß schließlich ein geringer Wertschöpfungsgrad angenommen werden, weil sich der eigentliche Produktionsprozeß auf einen mechanischen Mischvorgang beschränkt.[1] Die Senkung des Wertschöpfungsanteils für 1973 gegenüber 1971 ergibt sich weiter einmal daraus, daß zwei der drei Produzenten von Tiefkühlprodukten ihre Produktion ganz auf eigene Produkte umstellen wollen und daß drei neue Industrien auftreten, so daß der product-mix des Sektors stark verändert wird.

Diese Beispiele wurden deshalb ausgebreitet, weil an ihnen zu zeigen ist, daß die Interpretation der Ergebnisse eines so kleinen Aggregats wie der Polsektoren im Zusammenhang mit Durchschnittswerten der nationalen Input-Output-Tabellen nicht sinnvoll ist. Durch solche Vergleiche ist kein Schluß auf die Richtigkeit der Ergebnisse der Enquête möglich. Die zweifellos notwendigen Einschränkungen zum Genauigkeitsgrad der Enquête sind bereits in Kapitel 2 behandelt worden.

(3) Die Wirkungen des Pols auf die <u>Beschäftigung</u> werden zunächst durch die neugeschaffenen Arbeitsplätze in Tab. 13 charakterisiert.

---

[1] Dieses Argument gilt auch zur Erklärung der in allen Jahren niedrigeren Wertschöpfungsquote der chemischen Industrie in Sevilla gegenüber der in Huelva. Es sei nur auf die Düngemittelproduktion in Sevilla verwiesen, die sich in den meisten Fällen auf Mischprozesse beschränkt. Das gilt nicht für die größte Chemieindustrie in Sevilla, hier liegt der Wert auch weit über dem Durchschnitt, nämlich bei 32,7.

Tab. 13: Neugeschaffene Arbeitsplätze *) in Polindustrien bis zum Jahr...

	Huelva			Sevilla		
	1967	1969	1971	1967	1969	1971
Nahrungsmittel	0	55	87	426	612	1.061
Holzverarb.	592	766	766	0	0	0
Papierverarb.	0	0	0	176	230	550
Textil	0	0	0	453	682	682
Chemie	656	1.356	1.663	222	481	822
Baustoff	59	178	178	1.372	1.866	2.689
Metall	106	288	1.064	2.052	2.858	2.858
Energie	0	20	20	20	28	28
Verschiedene	45	160	160	160	130	357
Total	1.458	2.823	3.938	4.881	6.887	9.047

*) Nur "feste" Arbeitsplätze

Projektionen für 1973 unter den bisher zu diesem Zweck gemachten Annahmen ergeben noch einmal eine erhebliche Steigerung. Die Annahmen seien noch einmal wiederholt: es wird unterstellt, daß alle Industrien, die am Stichtag zum Pol zugelassen waren und im weiteren Sinne zum Pol gehörten, und deren Verwirklichung am Stichtag für wahrscheinlich gehalten werden mußte, 1973 normal produzieren, unabhängig davon, ob sie sich zum Stichtag in der Projekt-, Aufbau- oder Produktionsphase befanden.

Bemerkenswert ist der hohe Zuwachs in Huelva gegenüber 1971. Auch wenn die obengenannten Projekte insbesondere der Chemieindustrie, deren Realisierung sich nach dem Stichtag als unwahrscheinlich herausstellte, eliminiert werden, ist das Ergebnis nicht wesentlich anders. Denn dadurch werden nur insgesamt 634 Arbeitsplätze betroffen. Vielmehr ist der Zuwachs fast ausschließlich durch zwei Industrien im Textilsektor* bedingt, die insgesamt etwa

---

*) Sie figuieren hier nach wie vor unter dem Sektor "Verschiedene"

3.000 neue Arbeitsplätze planen. Für Huelva hängt daher der Aussagewert dieser Projektion von der Durchführung dieser beiden Projekte ab, die zweifelhaft ist.

Tab. 14: Neugeschaffene Arbeitsplätze 1964-1973

	Huelva	Sevilla
Nahrungsmittel	504	1.267
Holzverarb.	1.227	0
Papierverarb.	0	711
Textil	0	2.445
Chemie	2.431	1.171
Baustoff	198	5.030
Metall	1.070	2.858
Energie	20	39
Verschiedene	3.418	783
Total	8.868	14.569

Die Beschäftigungswirkung der Pole ist damit nicht annähernd vollkommen erfaßt, da Beschäftigungseffekte einmal über die indirekten und induzierten Einkommenseffekte zusätzlich auftreten können, andererseits auch in der Investitionsphase von Polindustrien und Infrastruktur bisher unterbeschäftigte Arbeitskräfte der Region Beschäftigung fanden. Insofern ist hier nur der "direkte" Arbeitsplatzbeschaffungseffekt analog zum direkten Einkommenseffekt der Polindustrien in der Produktionsphase dargestellt.

Dagegen wird in der Literatur ein sogenannter Beschäftigungsmultiplikator diskutiert, mit dessen Hilfe die Inzidenz eines Pols auf die Beschäftigung im Hinterland zu messen versucht werden könnte (z.B. Paelinck, 65, 39 f. und Isard, 60, 189 ff.). So wird in bei Isard zitierten Studien der Beschäftigungsmultiplikator mit Werten zwischen 2,6 und 3,5 angegeben. Ausgangspunkt für derartige Multiplikatormodelle bildet die Exportbasistheorie, wonach die Entwicklung von Basisaktivitäten (Exportaktivitäten) bestimmte Relationen zur Entwicklung von Nicht-Basis-Aktivitäten aufweisen soll. In der Literatur besteht Einigkeit darüber, daß das theoretische Fundament eines solchen Kalküls unzureichend ist (vgl. zusätzlich zu Isard Rittenbruch, 68, 48 ff. und Klaassen, 70, 95 ff.). Nachdem aufgrund theoretischer Überlegungen sowie wegen der Schwierigkeiten ihrer Durchführung die interregionale Input-Output-Theorie in ihrem Aussagewert für die vorliegende Untersuchung in Frage gestellt wurde, sollte ein derartiger Ansatz nicht verfolgt werden. Denn seine empirische Aussagefähigkeit ist gering, sein theoretischer Erklärungsgehalt dem der Input-Output-Theorie weit unterlegen.

(4) Aufgrund der jetzt zusammengetragenen Daten können bereits drei wichtige <u>Strukturkoeffizienten</u> berechnet werden, nämlich durchschnittliche Arbeitsproduktivität (π), Kapitalintensität (ε) und Kapitalkoeffizient (ϱ). Zwischen ihnen besteht definitionsgemäß die Beziehung

$$\varepsilon = \pi \cdot \varrho .$$

Die durchschnittliche Arbeitsproduktivität wird im folgenden für 1969, 1971 und 1973 aufgeschlüsselt nach Sektoren wiedergegeben.

Insgesamt ist eine steigende Tendenz zu beobachten, abgesehen von dem Wert für Huelva 1973. Die steigende Tendenz ist daraus zu erklären, daß - wie oben begründet - die Wertschöpfungsquote zunimmt und daß die Beschäftigtenzahl bei Aufnahme der Produktion bereits relativ hoch ist und bei zunehmender Kapazitätsauslastung unterproportional wächst. Das ist aber keine hinreichende Begründung. Denn im Einzelfall ebenso wie im Gesamtergebnis kann die Veränderung des product-mix der Sektoren - durch unterschiedliche Wachstumsraten der Industrien sowie das Hinzukommen neuer Industrien - diese Tendenz verstärken, abschwächen oder überkompensieren. Im vorliegenden Fall ist es so, daß in Huelva wegen des hohen Gewichts des Sektors Verschiedene im Jahre 1973 gegenüber 1971 trotz wachsender Arbeitsproduktivität bei insgesamt unterdurchschnittlicher Arbeitsproduktivität in diesem Sektor das Gesamtergebnis für den Pol sinkt.

Tab. 15: Durchschnittliche Arbeitsproduktivität 1969-1973 (in 1.000 Ptas. zu Preisen von 1969)

	Pol Huelva			Pol Sevilla		
	1969	1971	1973	1969	1971	1973
Nahrungsmittel	164	885	507	472	372	1016
Holzverarb.	370	574	845	0	0	0
Papierverarb.	0	0	0	259	259	345
Textil	0	0	0	322	441	456
Chemie	838	1675	1839	385	274	456
Baustoff	348	359	323	304	452	295
Metall	238	829	919	457	497	474
Energie*)	-	-	-	-	-	-
Verschiedene	311	444	454	215	307	549

*) Der Sektor Energie wurde nicht einbezogen, da für die Berechnung der Wertschöpfung ein besonderes Verfahren angewendet wurde (vgl. oben Fußnote zu Tab. 10).

Um entsprechende sektorale Werte für die Kapitalintensität und den Kapitalkoeffizienten zu berechnen, ist zunächst die für die Gesamtperiode 1964-1973 geplante Investition sektoral aufzuschlüsseln. Es wird bei der Berechnung der Koeffizienten darauf verzichtet, Werte für 1969 und 1971 zu ermitteln, da diese wenig aussagefähig wären. Denn in jedem der beiden Berichtsjahre wurden Investitionen getätigt, ohne daß die entsprechenden Produktionen aufgenommen bzw. Arbeitsplätze besetzt werden konnten. Während im Fall der Entwicklung der Arbeitsproduktivität wenigstens eine gewisse zeitliche Korrespondenz der Entwicklung ihrer beiden Bestimmungsgrößen vorliegt, gilt das hier nicht. Notwendige Einschränkungen des Aussagewertes der Projektionen für 1973 und damit der gebildeten Koeffizienten werden unten noch einmal zusammengefaßt.

Einschränkungen des Aussagewertes der Projektionen für 1973 ergeben sich aufgrund folgender Faktoren:

- die Investitionen sind mit Preisen für das Anlagekapital zum Zeitpunkt der Projektvorlage bei noch nicht zum Stichtag realisierten Investitionen erfaßt und daher un-

Tab. 16: Durchgeführte und projektierte Gesamtinvestitionen 1964-1973 in Polindustrien (in Mill. Ptas. zu jeweilig laufenden Preisen)

	Huelva	Sevilla
Nahrungsmittel	601,3	1.116,5
Holzverarb.	1.657,5	0
Papierverarb.	0	489,3
Textil	0	1.070,6
Chemie	15.605,8	1.476,3
Baustoff	265,9	4.625,0
Metall	1.279,4	1.750,5
Energie	1.812,6	1.811,7
Verschiedene	2.257,5	425,3
Total	23.480,0	12.765,2

terbewertet;
- es hat sich bei den bis zum Stichtag realisierten Investitionen gezeigt, daß die realisierten Werte über den projektierten lagen, und zwar nur zum geringen Teil bedingt durch Preissteigerungen der geplanten Anlagegüter;
- ebenso wie für die Projektion bei Produktion und Beschäftigtenzahl gilt, daß nach dem Zeitpunkt der Enquête bisher für sehr wahrscheinlich zu haltende Investitionen sich als unwahrscheinlich herausstellten. Das wurde für den in dieser Hinsicht relevanten Bereich der Chemieindustrie in Huelva bereits quantitativ dargestellt;
- nach dem Stichtag bzw. bei durch die Enquête untersuchten Polindustrien nach dem Befragungszeitpunkt geplante Investitionen wurden nicht erfaßt.

Insgesamt gibt also die Projektion für 1973 nur die zum Zeitpunkt der Enquête als wahrscheinlich erkannten Werte wieder. Dabei ist zusätzlich zu berücksichtigen, daß die aus Projekten der Polindustrien hervorgegangenen Schätzungen in mehrerer Hinsicht fehlerhaft sein dürften:

Abgesehen von der Fehlerbehaftung von Projektionen allgemein dürfte gelten,

- daß projektierte Beschäftigungszahlen wegen des "sozialen" Charakters des Plans und der daraus abgeleiteten Zulassungskriterien tendenziell zu hoch angesetzt werden,
- daß die Wertschöpfungsquote im Hinblick auf das Einkommensbeitragskriterium bei der Zulassung überdimensioniert angegeben wird,
- und daß die Investitionen wegen der fehlenden Möglichkeit, später auftretende Erhöhungen der Plansätze bei der Berechnung der Subventionen etc. zu berücksichtigen, aufgrund vorliegender Erfahrungen von vornherein großzügiger kalkuliert werden.

Immerhin kann aufgrund der bei allen für die Projektion der Koeffizienten wichtigen Grunddaten auftretenden tendenziellen Überbewertung vermutet werden, daß die sich ergebenden Koeffizienten zutreffender sein dürften als es der Aussagewert der Projektionen der Grunddaten im einzelnen ist.

Unter den angeführten Vorbehalten sind mit den in Tabelle 15 und 17 dargestellten Werten für π, ε und ς Normalwerte für die Sektoren beider Pole unter der Annahme vollkommener Realisierung der Projekte bezeichnet. Dabei ergeben sich insgesamt bedeutende Unterschiede zwischen den beiden Polen.

Die Kapitalintensität ist auch das Maß für das Volumen der Anlageinvestition pro Arbeitsplatz. Bei Unterstellung eines ungefähren Wechselkurses DM : Pta. von 1 : 20 ergibt sich, daß ein Arbeitsplatz im Pol Huelva durchschnittlich 0,123 Mill. DM kostete, im Pol Sevilla 0,038 Mill. DM. Wird weiter berücksichtigt, daß der Kapitalkoeffizient als Indikator für die Geschwindigkeit der Wiedergewinnung des Investitionskapitals im Wege des "cash-flow" gelten kann, dann ist zu vermuten, daß die wesentlichen Elemente des Industrialisierungsprozesses in Huelva in weit stärkerem Maße als in Sevilla von kapital- und liquiditätskräftigen Unternehmen zu tragen sind. Wird schließlich berücksichtigt, daß die investiblen Ressourcen in Huelva pro Kopf der Bevölkerung weit geringer sind als in Se-

Tab. 17: Kapitalintensität und Kapitalkoeffizient nach Sektoren für 1973

	Huelva		Sevilla	
	ε in 10^6 Ptas.	ϱ	ε in 10^6 Ptas.	ϱ
Nahrungsmittel	1,193	2,35	0,881	0,87
Holzverarb.	1,351	1,60	-	-
Papierverarb.	-	-	0,688	1,99
Textil	-	-	0,438	0,96
Chemie	6,419	3,49	1,261	2,77
Baustoff	1,343***	4,15***	0,919	3,12
Metall	1,196	1,30	0,668	1,41
Energie*	-	-	-	-
Verschiedene	0,660	1,45	0,543	0,99
Total **	2,449	2,59	0,754	1,66

* Der Sektor Energie wurde wegen seiner Besonderheit wiederum nicht berücksichtigt.
** Abweichungen vom exakten Produkt aus $\varepsilon = \pi \cdot \varrho$ sind auf Rundungsfehler zurückzuführen.
*** besonders problematischer Wert.

villa, dann muß vermutet werden, daß die Beteiligung heimischen Kapitals an den Polinvestitionen in Huelva weit geringer ist als in Sevilla. Das ist auch der Fall, wie später genauer dargelegt wird. Entsprechend ist die Abflußquote, das heißt die Differenz zwischen regionalem Inlands- und Inländereinkommen beim direkten Einkommenseffekt, unterschiedlich (vgl. 3.4).

Derartige Relationen sind so deutlich, daß es sich lohnt, obige Vergleiche auch dann zu ziehen, wenn der Wert des statistischen Materials im einzelnen zweifelhaft ist.
Im folgenden wird mit den Projektionen für 1973 nicht weitergearbeitet. Sie haben hier ihren Zweck erfüllt, unter bestimmten Annahmen einen Überblick über die voraussichtliche Entwicklung der Pole zu geben. Spätere mehr ins Detail gehende Auswertungen lassen eine Berücksichtigung der Projektionen für 1973 nicht zu, zumal schon die

Schätzungen einiger Werte für 1971 an Sicherheit viel zu wünschen übrig lassen.

3.1.2. Bedeutung der Polaktivitäten im Rahmen der regionalen und volkswirtschaftlichen Gesamtrechnung

Diese Analyse bezieht die Polaktivitäten auf entsprechende Werte der regionalen und volkswirtschaftlichen Gesamtrechnung. Damit werden wichtige der im vorangegangenen Abschnitt dargestellte Größen in ihrer relativen Bedeutung im Rahmen der Polprovinzen und der Volkswirtschaft gemessen.

Die Wachstumspolpolitik verfolgt unter anderem das <u>Ziel, das Angebot industrieller Arbeitsplätze zu erhöhen, die Industrieproduktion der Provinz zu erweitern, zu diversifizieren und zu modernisieren. Es ist interessant, die mit der Produktionsaufnahme der Polindustrien unmittelbar auftretenden Wirkungen in diesem Zusammenhang zu sehen.</u>

(1) Einleitend sollen einige Strukturdaten für die beiden Polprovinzen wiedergegeben werden.

a. Rückstandsregionen sind in der Regel Emigrationsräume. Ihr Anteil an der Gesamtbevölkerung geht stark zurück (für Spanien: Barbancho, 67, 109 ff.). Die Wachstumspolpolitik hat sich die Aufgabe gesetzt, Teile der andernfalls zur Wanderung gezwungenen Bevölkerung in der Provinz zu halten.

Tab. 18: Provinzbevölkerung in 1000 Einwohnern

Provinz	absolut			in % d.nation. Bevölk.		
	1964	1967	1969 *)	1964	1967	1969 *)
Huelva	403,7	394,4	408,5	1,28	1,22	1,21
Sevilla	1.342,5	1.375,4	1.456,6	4,25	4,25	4,31

*) Quelle: INE, Boletin Mensual Estadístico, Juli 1970.

Beide Provinzen verzeichnen 1969 gegenüber 1964 einen absoluten Bevölkerungszuwachs. Diese Tedenz setzt sich auch 1971 fort (Comisaria del Plan: Estimación ..., 71, 166).

Während sich in Huelva die Abnahme des Anteils an der Gesamtbevölkerung Spaniens stark vermindert, steigt der Anteil in Sevilla. Es wäre zu früh, dieses Ergebnis der Polansiedlung zuzuschreiben[1], interessant ist immerhin, daß 6 der 7 Wachstumspole in Spanien 1971 gegenüber 1967 ein positives Bevölkerungswachstum haben, nur Sevilla zeigt auch einen steigenden Anteil an der Gesamtbevölkerung (ibid.). Dagegen war das Bevölkerungswachstum in 22 der übrigen 43 Provinzen 1971 gegenüber 1967 negativ.

b. Gesamteinkommen und pro-Kopf-Einkommen stellten sich für beide Provinzen 1967 wie folgt dar:

Tab. 19: Einkommenswerte 1967

	Rangstelle	Gesamteinkommen in 1000 Ptas.	Rangstelle	pro-Kopf-Einkommen in Ptas.
Huelva	35	11.867.200	40	31.113
Sevilla	5	46.545.200	34	32.521
Total Nation	--	1.443.646.400	--	44.681

Die Tabelle zeigt gleichzeitig die Rangstelle, die die beiden Provinzen bezogen auf Gesamt- und pro-Kopf-Einkommen in der Rangskala der 50 spanischen Provinzen einnehmen.

c. Die Tabelle 20 gibt die sektorale Produktionsstruktur wieder. Sektor I umfaßt Land- und Forstwirtschaft sowie Fischerei, Sektor II die Industrie, III bezeichnet den Dienstleistungssektor. Genauere Aufgliederungen für die Sektoren finden sich in der regionalen Gesamtrechnung ("RGR", Comisaría del Plan, 70).

---

1) Denn Sevilla ist mit über 500.000 Einwohnern die mit Abstand größte Polstadt und unterliegt so der allgemeinen Wanderungstendenz, die die "metropolitanen" Zonen bevorzugt.

Tab. 20: Sektorale Produktionsstruktur der Polprovinzen 1967 und der Volkswirtschaft

	Huelva		Sevilla		Spanien	
(a)	10^6 Ptas.	%	10^6 Ptas.	%	10^6 Ptas.	%
I	3.218,5	23,9	10.623,9	20,9	243.535,4	16,1
II	4.428,4	32,9	14.498,7	28,4	523.699,0	34,6
III	5.821,4	43,2	25.769,8	50,7	746.798,5	49,3
Total	13.468,3	100	50.892,4	100	1.514.032,9	100
(b) *)	Anzahl	%	Anzahl	%	Anzahl	%
I	52.097	39,7	158.151	34,0	4.176.644	32,0
II	35.356	26,9	134.946	29,0	3.992.765	30,6
III	43.869	33,4	171.561	37,0	4.888.075	37,4
(c)	10^3 Ptas.		10^3 Ptas.		10^3 Ptas.	
I	63,0		67,2		58,3	
II	125,3		107,4		131,2	
III	132,7		150,2		152,8	
Total	102,7		109,5		116,0	

(a) = Bruttowertschöpfung
(b) = Beschäftigte
(c) = durchschnittliche Arbeitsproduktivität
*) einschl. mithelfender Familienangehöriger ohne direkte Bezüge.
Quelle: Für die Berechnung der Werte für Spanien: Comisaría ..., Ponencia de Desarrollo Regional, 68, 46 ff. und I.N.E., Contabilidad, 70, 39).

(2) Damit ist ein gewisser Überblick gegeben. Jetzt kann dargestellt werden, welche Bedeutung die Polindustrien für Wertschöpfung, Beschäftigung, Lohnsumme und durchschnittliche Arbeitsproduktivität ihrer Provinz hatten. Da aus den erwähnten Gründen nur für 1967 der Versuch einer regionalen Gesamtrechnung gemacht werden konnte und da die Polindustrien nur verarbeitende Industrie[1]

[1] Gesamte Industrie ohne extraktive Industrie und Bauindustrie.

umfassen, wird für den Vergleich folgendes Verfahren angewendet: von den Gesamtwerten für die Provinz 1967 werden die der Polindustrien abgezogen. Nur Gesamtwerte der verarbeitenden Industrie werden analysiert. Nach Abzug der Werte für die Polindustrien ergibt sich der Wert für die "Provinz 1967 ohne Pol". Auf diesen Restwert werden dann die Ergebnisse des jeweiligen Pols 1967, 1969 und 1971 bezogen. Für 1969 und 1971 wird also die Relation Pol/Hinterland unter der Annahme bestimmt, daß im Hinterland gegenüber 1967 keine Veränderungen stattgefunden haben. Diese Annahme ist selbstverständlich im Hinblick auf eine exakte Wirklichkeitsbeschreibung völlig unsinnig, dagegen erlaubt sie zu erklären, welche relative Bedeutung jeder Pol für sein Hinterland im Zeitablauf aufgrund seiner unmittelbaren Wirkungen hat, wenn unterstellt wird, daß die "autonome" (polunabhängige) Wachstumsrate der beobachteten Größen in beiden Polen gleich ist.

Ein geeigneteres Verfahren ist wegen der Unsicherheit der bisherigen Schätzwerte für 1969 und 1971, soweit es die regionale Aufgliederung betrifft, nicht realisierbar. Die für die Polprovinzen zu beobachtenden Inkonsistenzen der Projektionen für 1971 sind sehr groß.[1]

a. <u>Relative Bedeutung des Arbeitsplatzangebotes</u> bezogen auf das Arbeitsplatzangebot der verarbeitenden Industrie im Rest der Provinz; s. Tab. 21.

Da unterstellt werden kann, daß die gezahlten Löhne insgesamt Einkommen von Regionsinländern darstellen, ist es interessant, die Entwicklung der Lohnsumme zu verfolgen.

---

1) Die Methodik der Projektion ist dafür verantwortlich. Es wird angenommen, daß in der Vergangenheit beobachtete Trends im wesentlichen unverändert fortwirken. Wachstumspolpolitik soll aber gerade trendverändernd wirken.

Tab. 21: Arbeitsplätze Pol/Rest der Provinz (ohne mithelfende Familienangehörige etc.)

Sektor	Rest d. Provinz 1967	Zuwachsrate verursacht durch Polindustrien jeweils gegenüber 1967 Restprovinz		
a) Huelva		1967	1969	1971
Nahrungsm.	4.938	0 %	1,1 %	1,8 %
Holzverarb.	2.340	25,3 %	32,7 %	32,7 %
Chemie	587	111,8 %	231,0 %	283,3 %
Baustoff	628	9,4 %	28,3 %	28,3 %
Metall	2.169	4,9 %	13,2 %	49,1 %
Energie	758	0 %	2,6 %	2,6 %
Verschiede.	2.469	1,8 %	6,5 %	6,5 %
Total	13.889	10,5 %	20,3 %	28,4 %
b) Sevilla				
Nahrungsm.	26.870	1,6 %	2,3 %	3,9 %
Textil	4.634	9,8 %	14,7 %	14,7 %
Papierver.	1.720	10,2 %	13,4 %	32,0 %
Chemie	2.903	7,6 %	16,6 %	28,3 %
Baustoff	3.346	41,0 %	55,8 %	80,4 %
Metall	17.556	11,7 %	16,3 %	16,3 %
Energie	2.947	0,7 %	1,0 %	1,0 %
Verschied.	13.922	1,2 %	1,0 %	2,7 %
Total	73.898	6,6 %	9,3 %	12,2 %

Tabelle 22 zeigt, daß die Wachstumsrate der Lohnsumme in den Polen aufgrund der Polaktivität etwa 1,6 bis 2,4 mal so hoch ist wie die beobachtete Wachstumsrate der Beschäftigtenzahl. Diese Relation ist einkommenspolitisch von Bedeutung.

Für Huelva ergibt sich zusätzlich, daß die Relation Wachstumsrate der Lohnsumme/Wachstumsrate der Beschäftigten von Berichtsjahr zu Berichtsjahr ansteigt, und zwar von 1,65 im Jahr 1967 auf 2,25 im Jahr 1971, während die Relation für Sevilla zwischen 2,2 und 2,4 ziemlich konstant bleibt.

Tab. 22: Lohnsumme Pol/Rest der Provinz

Sektor	Rest der Provinz 1967- in 10^6 Ptas	Zuwachsrate verursacht durch Polindustrien jeweils gegenüber 1967 ohne Pol in %		
		1967	1969	1971
a) Huelva				
Nahrungsm.	237,4	0	1,9	6,1
Holzverarb.	88,1	62,0	99,0	113,7
Chemie	38,9	236,0	519,3	735,2
Baustoff	41,3	7,3	47,2	47,2
Metall	161,5	3,5	18,5	87,3
Energie	79,7	0	2,4	2,4
Verschied.	224,0	0,8	6,6	8,0
Total	900,9	17,4	40,0	64,0
b) Sevilla				
Nahrungsm.	1458,6	3,5	7,0	7,4
Textil	239,1	16,1	57,2	57,2
Papierver.	127,2	14,7	16,0	45,4
Chemie	238,8	10,3	20,4	24,7
Baustoff	250,9	69,1	102,0	163,1
Metall	1369,2	30,2	43,5	43,5
Energie	345,2	0,4	0,6	0,4
Verschied.	836,6	0,9	1,0	6,2
Total	4860,6	14,5	22,4	27,6

Die überproportionale Erhöhung der Lohnsumme in Huelva 1971 ist im wesentlichen auf die Entwicklung im Bereich der Metallindustrie zurückzuführen. Generell hängt das Auseinanderfallen von Wachstumsrate der Beschäftigung und der Lohnsumme damit zusammen, daß in den Polindustrien im Durchschnitt höhere Löhne für gleiche Qualifikationsgrade gezahlt werden als in entsprechenden Industrien des Hinterlandes und daß der durchschnittliche Qualifikationsgrad der Beschäftigten in Polindustrien über dem der Beschäftigten in Industrien des Hinterlands liegt.[1] Der

---

[1] Obwohl in der Enquête der Qualifikationsgrad der Be-

erste Teil des Arguments wird insbesondere verständlich, wenn berücksichtigt wird, daß die Zulassung von Industrien im concurso auch davon abhängig gemacht wird, daß überdurchschnittliche Löhne gezahlt werden.

b. <u>Relative Bedeutung der Wertschöpfung</u> bezogen auf die verarbeitende Industrie im Rest der Provinz:

Tab. 23: Bruttowertschöpfung Pol/Rest der Provinz

Sektor	Rest der Provinz 1967 -in 10^6 Ptas	Zuwachsrate verursacht durch Pol- industrien jeweils gegenüber Rest der Provinz 1967 in %		
		1967	1969	1971
a) Huelva				
Nahrungsm.	630,7	0	1,4	12,2
Holzverarb.	80,4	250,4	352,9	546,9
Chemie	66,9	628,6	1.698,7	4.164,6
Baustoff	83,4	15,7	74,2	76,6
Metall	393,8	2,6	17,4	223,9
Energie	278,6	25,1	42,3	76,2
Verschied.	1.696,8	0	2,9	4,2
Total	3.230,6	22,1	53,5	140,3
b) Sevilla				
Nahrungsm.	3.616,7	3,0	8,0	10,9
Textil	361,1	41,8	48,9	48,9
Papier	258,1	17,2	28,7	94,0
Chemie	619,0	6,3	29,9	36,4
Baustoff	231,4	174,3	245,5	525,3
Metall	1.876,1	42,3	69,6	75,7
Energie	613,7	7,1	16,7	26,1
Verschied.	1.999,7	0,9	1,4	5,5
Total	9.575,8	16,7	28,5	41,2

schäftigten in Polindustrien erfaßt wurde, kann wegen fehlender Vergleichsdaten auf regionaler Ebene die Bedeutung dieses Arguments nicht quantitativ abgesichert werden.

c. **Wirkung auf die durchschnittliche Arbeitsproduktivität der Provinz insgesamt.**

Der Vergleich der Tab. 15 und Tab. 20 c macht bereits deutlich, daß der Produktivitätsunterschied zwischen Polindustrien und den Industrien des Hinterlands erheblich ist. Tab. 24 stellt die Zuwachsraten der durchschnittlichen Arbeitsproduktivität dar, die für die Provinzen insgesamt aufgrund der Produktion der Polindustrien entstanden sind.

Tab. 24: Durchschnittliche Arbeitsproduktivität Pol/Rest der Provinz, bezogen auf alle Sektoren

	Rest der Provinz 1967 in Ptas.	Zuwachsrate verursacht durch Polindustrien jeweils gegenüber Rest der Provinz 1967 in %		
		1967	1969	1971
Huelva	99.600	+ 4,4 %	+ 10,9 %	+ 31,7 %
Sevilla	107.200	+ 2,1 %	+ 3,9 %	+ 5,9 %

Zusammenfassend kann festgestellt werden, daß hier die direkte Bedeutung des Pols von Sevilla im Rahmen seines Hinterlands erheblich geringer ist als die des Pols von Huelva. Das ist nicht überraschend, wenn die in Tab. 18 - 20 dargestellte unterschiedliche Ausgangssituation noch einmal vergegenwärtigt wird. Dagegen ist zu vermuten, daß die indirekten und induzierten Effekte des Pols von Sevilla für die Restprovinz relativ höher sein werden als die des Pols von Huelva. Denn unter sonst gleichen Umständen werden die Abfluss-Effekte in einem größeren Marktzentrum geringer sein als in einem kleineren (vgl. unten 3.2. und 3.3.).

(3) **Die relative Bedeutung der Polindustrien im Rahmen der nationalen Industrie** insgesamt und nach Sektoren zeigt den Stellenwert der beiden Wachstumspole im gesamtwirtschaftlichen Wachstumsprozeß.

Tabelle 25 ist für das Jahr 1971 nicht leicht zu interpretieren, da die Angaben über die Wertschöpfung einer anderen Quelle als der für 1967 und 1969 entstammen.

Tab. 25: Anteil der Pole an der Bruttowertschöpfung der verarbeitenden Industrie Spaniens

Quelle: Daten für die Volkswirtschaft 1967 und 1969: I.N.E.,
Contabilidad Nacional de España 1966-1968 y avance de 1969, Madrid 1970; für 1971:
Comisaría del Plan/Banco de Bilbao: Estimación..., 71.

	1967		1969		1971 ++	
	Total der Volksw. in Mill. Ptas.	Anteil Pol in %	Total der Volksw. in Mill. Ptas.	Anteil Pol in %	Total der Volksw. in Mill. Ptas.	Anteil Pol in %
a) Huelva						
Nahrungsmittel	65.840,1	0	78.027,8	0,01	74.911,5+	0,1
Holz	22.964,1	0,84	28.329,0	0,96	37.746,9	1,16
Chemie	44.642,7	0,87	58.750,6	1,79	93.898,3	2,95
Baustoff	25.924,6	0,05	30.945,5	0,20	32.652,5	0,19
Metall	135.249,3	0,01	176.743,1	0,04	236.524,4	0,37
Energie	29.640,1	0,24	41.000,0	0,28	44.160,4	0,48
Verschiedene	121.164,3	0	144.728,0	0,03	119.158,5	0,06
Total	445.425,2	0,15	558.524,0	0,29	639.052,5	0,71
b) Sevilla						
Nahrungsmittel	65.840,1	0,14	78.027,8	0,34	74.911,5+	0,53
Textil	67.838,8	0,20	81.923,5	0,20	92.122,9	0,19
Papier	19.267,5	0,19	22.157,7	0,29	27.005,6	0,90
Chemie	44.642,7	0,07	57.750,6	0,30	93.898,3	0,24
Baustoff	25.924,6	1,47	30.945,5	1,74	32.652,5	3,72
Metall	135.249,3	0,57	176.743,1	0,71	236.524,4	0,60
Energie	29.640,1	0,15	41.000,0	0,25	44.190,4	0,36
Verschiedene	57.022,1	0,03	68.975,8	0,04	37.746,9+	0,29
Total	445.425,2	0,33	558.524,0	0,46	639.052,5	0,62

+ In Preisen von 1967. Richtigerweise hätte zum genauen Vergleich mit Preisen von 1969 gearbeitet werden müssen. Entsprechendes Material lag nicht vor.
++ Andere Sektorabgrenzungen als in der Statistik des I.N.E. bedingen diese Abweichungen, vgl. die Werte für 1969.

Dadurch ergeben sich gewisse Inkonsistenzen der Sektoreinteilung, sie werden besonders im Nahrungsmittelsektor und im Sektor Verschiedene deutlich. Weiter ergeben sich kleine Verschiebungen, weil 1967 und 1969 die Bruttowertschöpfung von Pol und Volkswirtschaft zu Faktorkosten, 1971 zu Marktpreisen verglichen wurden. Quantitativ fällt das nicht ins Gewicht.[1] Schließlich sind die Prozentsätze für 1971 insofern überbewertet, als nicht, wie notwendig, mit Preisen von 1969, sondern von 1967 gerechnet wurde. Das schien wegen der allgemein niedrigen Wertansätze für die Pole für 1971 (vgl. Anhang 2) vertretbar.

Trotz dieser Einschränkungen sind die wichtigen Ergebnisse deutlich genug. Insgesamt wächst in beiden Polen die industrielle Wertschöpfung schneller als in der verarbeitenden Industrie der Volkswirtschaft insgesamt.[2] Dabei ist zu beobachten, daß die Wachstumsrate 1971/69 in Sevilla geringer ist als 1969/67, während es in Huelva umgekehrt ist. Der Grund mag darin liegen, daß die Investitionsperiode in Huelva länger war, andererseits mag es sein, daß die in Sevilla zunächst zu beobachtende Dynamik des Wachstumsprozesses mit der Beendigung des Polförderungsprogramms 1970 auszulaufen beginnt. Das wird im 4. Kapitel weiter analysiert.

Immerhin zeigt schon die nähere Betrachtung der Beiträge der Sektoren zum wachsenden Anteil der Pole an der industriellen Produktion der Gesamtwirtschaft, daß die in Sevilla bis 1971 zu beobachtende Dynamik des Polwachstums sich hauptsächlich auf die Industrien stützt, die als regionale Industrien zu bezeichnen sind. Das sind die Baustoff- und überwiegend auch die Papierindustrie. Allein die Metallindustrie kann noch Schritt halten, für 1973 kann hier aber nur dann mit einem entsprechenden Entwick-

---

1) Die Differenz beträgt im Durchschnitt der Werte etwa 0,03 Prozentpunkte.
2) Das ist aber noch kein Beweis für die besondere Dynamik der Pole, da bei niedrigen Anfangswerten hohe Wachstumsraten wenig aussagen.

lungsrhythmus gerechnet werden, wenn neue Investitionen projektiert werden, die zum Zeitpunkt der Enquête jedenfalls nicht geplant waren. Folgt man den Aussagen der Exportbasistheorie, so sind "regionale" Aktivitäten nur Nachfolgeaktivitäten der eigentlich wachstumsfördernden Exportindustrien. Rückfragen bei Industrien des Sektors Baustoff haben auch ergeben, daß vielfach daraufhin geplant worden war, daß in anderen Sektoren eine kräftigere Investitionstätigkeit aufgrund der Polförderungspolitik erwartet worden war. Es ist überdies bekannt, daß zwei der bedeutendsten Industrien des Sektors 1971 die Zahlungen wegen zu geringer Kapazitätsauslastung fast einstellen mußten und daß eine weitere die für 1968 geplante Produktion wegen Ausbleibens der erwarteten Nachfrage erst 1971 anlaufen ließ.

Dagegen steht bei der derzeitigen Struktur des Pols außer Zweifel, daß die Entwicklungschancen Huelvas in den Sektoren Chemie und Holzverarbeitung liegen. Bei den vorliegenden Produktionen handelt es sich fast ausschließlich um regionale Exportindustrien, die intermediäre Verwendungsquote (vgl. 3.3.) im Rest der Polprovinz ist noch gering. Ähnliche Impulse könnten auch vom Sektor Metall erwartet werden, Wettbewerbsvereinbarungen und Prioritäten der regionalen Entwicklungspolitik lassen aber bisher die weiteren Entwicklungschancen des Sektors in der Provinz nicht günstig erscheinen.[1] Der Grund für die Festlegung der regionalen Prioritäten ist darin zu sehen, daß sich die spanische Regierung durch die besondere Förderung der Metallindustrie in Asturien (ENSIDESA und UNINSA) sowie in der Bahía de Algeciras bereits gebunden hatte. Diese Hinweise

---

1) Dazu kann aus Gründen des Geheimnisschutzes nur folgendes gesagt werden: Wegen Wettbewerbsvereinbarungen ist es unmöglich, daß sich um den Hauptkern der Metallindustrie in Huelva Nachfolgeaktivitäten ansiedeln. Darüber hinaus hat die Anwendung der sektoralen Selektivitätskriterien im concurso 1970 dazu geführt, daß Investitionen im Bereich der Metallindustrie in Huelva in Höhe von <u>9.000 Millionen Ptas.</u> zurückgezogen wurden.

sollen nicht andeuten, ob der Verf. mit den entsprechenden Planentscheidungen einverstanden ist, vielmehr muß bezweifelt werden, ob die in der Planung angewendeten Investitionskriterien genügend begründet sind.

Mit diesem Abschnitt kann der allgemeine Überblick über die Entwicklung der Pole abgeschlossen werden. Die Untersuchung wendet sich jetzt den ökonomischen Effekten der Struktur der Investitionen und ihrer Finanzierung zu.

3.2. Struktur der Investitionen und ihrer Finanzierung

Mit der Struktur der Investitionen ist hier dreierlei gemeint. Erstens die Verteilung der Investitionen auf die verschiedenen Sektoren der Pole einerseits, die Infrastruktur andererseits. Darauf wurde bereits teilweise eingegangen. Es wurde gezeigt, wie sich diese Struktur in der Produktionsphase über Kapitalkoeffizient und Faktoreinsatzverhältnis auf den Bruttosozialproduktsbeitrag der Polindustrien auswirkt. Auch wurde deutlich, daß in Huelva relativ und absolut höhere Infrastrukturinvestitionen getätigt wurden als in Sevilla.[1] Zweitens ist mit der Struktur der Investition die Zusammensetzung des Anlagekapitals der Polindustrien nach Arten gemeint, drittens der jeweilige regionale und nationale Importgehalt der Investitionsgüternachfrage.

Die Struktur des Anlagekapitals nach Arten beeinflußt auch den Importgehalt der entsprechenden Investitionsgüternachfrage. Daher ist sie im vorliegenden Zusammenhang interessant, in dem die bei der Durchführung der Investi-

---

1) Richtigerweise hätte der Kapitalkoeffizient und die Faktorintensität für den Durchschnitt beider Pole entsprechend bereinigt werden müssen. Dadurch wären die vorliegenden Unterschiede zwischen beiden Polen noch akzentuiert worden. Das geschah aus Gründen mangelnder Zurechenbarkeit nicht, insbesondere der jeweilige Auslastungsgrad der neuen Infrastruktur und externe Wirkungen bei der Nutzung bestehender hätten hier beobachtet werden müssen. Immerhin ist zu erkennen, daß die volkswirtschaftlichen (Opportunitäts-)Kosten pro Arbeitsplatz durch die Infrastrukturinvestitionen wesentlich erhöht werden.

tion entstehenden Wirkungen auf das Hinterland - negativ formuliert: die regionalen Abfluß-Effekte - dargestellt werden sollen.

Die Struktur des Anlagekapitals nach Arten beeinflußt schließlich die Struktur der Finanzierung dieses Kapitals. Dieser Zusammenhang ist ganz deutlich, wenn als Finanzierungsregel eine Entsprechung von Liquidität der Anlage und Fristigkeit der Finanzierung gefordert wird. Im vorliegenden Fall ergibt sich ein enger Zusammenhang z.B. auch dadurch, daß die den Polindustrien gewährten öffentlichen Kredite nur für bestimmte Anlagearten zur Verfügung stehen.

Die <u>Struktur der Finanzierung</u> der Investitionen ist einmal nach Finanzierungskanälen gegliedert. Soweit Kreditfinanzierung vorliegt, besteht ein enger Zusammenhang zur Laufzeit. Die Beobachtung der Finanzierungsstruktur erlaubt insbesondere, die Bedeutung der öffentlichen Kredite und Investitionssubventionen im Rahmen der gesamten Anlageinvestition zu erkennen. Die Struktur der Finanzierung wirkt aber über die eigentliche Investitionsphase hinaus. Sie bestimmt - vermittelt durch die entsprechende Zinsstruktur -, welcher Teil der Nettowertschöpfung zu Zinseinkommen wird, und weiter - im Zusammenhang mit der regionalen Aufgliederung der Finanzierungsquellen -, welcher Teil der Zinseinkommen ins Regionsausland abfließt.

Zum anderen kann unter der Struktur der Finanzierung auch die Beteiligung regionalen, nationalen und ausländischen Kapitals am Grundkapital der Industrien verstanden werden. Unter bestimmten Annahmen lassen sich daraus Schlüsse auf die Abflußquote der Gewinneinkommen ziehen.

3.2.1. Abfluß-Effekte während der Investitionsphase

Ausgangspunkt der Analyse ist die Gesamtanlageinvestition in Polindustrien, die bis zum 31.12.69 realisiert war.[1] Entsprechende Überlegungen für die Infrastrukturinvestitionen werden angefügt.

---
1) vgl. oben Tab. 5

(1) der erste Schritt zur Bestimmung der Abflußquote besteht in der Erfassung der Struktur der Investitionen nach Anlagearten. Die Anlagearten sind:
- bebaute und unbebaute Grundstücke (I),
- Geschäfts-, Fabrikgebäude, sonstige Baulichkeiten (II),
- übriges Anlagevermögen (III).

Tabelle 26 zeigt die absoluten und relativen Werte für beide Pole.

(2) Jetzt kann der Importgehalt der Investitionsgüternachfrage für die Anlagearten II und III bestimmt werden.

a. Die Herkunft der Anlagegüter der Art "übriges Anlagevermögen" (III), also Maschinen und maschinelle Anlagen, Werkzeuge, Betriebs- und Geschäftsausstattungen, ergibt sich aus der Hauptenquête. Die Ergebnisse können direkt übernommen werden und sind mit den Ergebnissen der Berechnungen für die Anlageart II in Tab. 26 zusammengefaßt.

b. Wie schon ausgeführt wurde, war es nötig, die "Herkunft" der Anlageart "Geschäfts- und Fabrikgebäude, sonstige Baulichkeiten" über eine kleinere Zusatzenquête bei den Baufirmen zu erfassen. Denn die Polindustrien konnten darüber keine Auskunft geben, weil die entsprechenden Transaktionen nicht von ihnen selbst durchgeführt wurden.

Mit der Zusatzenquête wurden 40 % der gesamten auf die Anlageart II entfallenden Investitionen erfaßt. Diese Beantwortungsquote erschien wegen der relativ homogenen Struktur der Grundgesamtheit befriedigend.[1] Die Ergebnisse wurden auf 100 % unter der Annahme hochgerechnet, daß sie in jeder Weise repräsentativ seien.

---

1) Die Homogenität der Struktur der Gesamtheit der Bau- und Installationsfirmen in bezug auf Wertschöpfungsanteil und Bezugsquellen für Vorleistungen sowie Lohnquote ist hier als Arbeitshypothese zu werten. Ihre Benutzung kann systematische Fehler mit sich bringen. Z.B. ist es im Regelfall so, daß sowohl Wertschöpfungsanteil und regionale Inzidenz der Arbeitseinkommen als auch die regionale Struktur der Vorleistungskäufe bei den im Durchschnitt kleinen und mittleren Unternehmen der Polregion von den entsprechenden Werten für die auf nationaler Ebene arbeitenden Unternehmen abweichen. Da die Zusatzenquête mit einer Ausnahme nur von

Tab. 26: Struktur des Anlagekapitals nach Arten

Sektor Nr. *)	I		II		III	
	Volum. 1.000 Ptas.	%	Volum. 1.000 Ptas.	%	Volum. 1.000 Ptas.	%
a) Huelva						
1	374	0,1	99.939	35,1	184.156	64,8
2	29.419	2,0	493.466	34,6	904.589	63,4
5	60.513	0,6	1.335.148	13,2	8.685.918	86,2
6	5.785	2,5	91.327	37,6	144.863	59,9
7	6.920	0,6	360.256	30,3	822.438	69,2
8	2.743	0,3	127.826	10,6	1.079.349	89,2
9	6.563	00,3	52.450	24,2	155.016	72,4
10	21.532	40,0	33.185	60,0	0	0
Total	133.849	0,9**	2.593.597	17,6	11.976,329	81,5
b) Sevilla						
1	56.497	7,1	354.278	45,1	374.634	47,8
4	12.372	1,4	271.772	30,6	604.075	68,0
3	15.101	6,1	85.473	34,6	145.893	59,4
5	31.778	3,9	196.807	23,9	594.388	72,2
6	108.371	3,2	1.186.395	34,6	2.136.631	62,3
7	58.187	4,2	282.711	20,6	1.033.655	75,2
8	10.232	1,5	94.835	13,9	581.936	84,7
9	23.829	11,5	61.047	29,3	122.647	59,1
Total	316.367	3,7**	2.533.318	30,0	5.593.869	66,3

*) vgl. Tab. 5
**) Die Unterschiede zwischen den Polen im Hinblick auf den Anteil der Investitionen in Grundstücke lassen sich allein daraus erklären, daß in Huelva fast die gesamte Industrie der Sektoren Nahrungsmittel, Chemie, Metall und Energie das Industriegelände von der Junta de Obras del Puerto gepachtet hat.

auf nationaler Ebene arbeitenden Unternehmen beantwortet wurde, ist bei der Hochrechnung ein systematischer Fehler nicht auszuschließen. Für den Vergleich beider Pole ist das wegen der unterschiedlichen Beteiligung von Unternehmen des Polhinterlands nicht unbeachtlich. Allerdings ist zu erwarten, daß die dargestellten Unterschiede tendenziell eher akzentuiert als abgeschwächt werden.

Die "Herkunft" zur Anlageart II gehörender Güter ist nicht allein dadurch zu bestimmen, daß die mit der Durchführung der Bauinvestitionen verbundenen Käufe an Vorleistungen regional aufgegliedert werden. Gleichzeitig muß auch der dem Investitionsvolumen entsprechende Wertschöpfungsanteil regional zugerechnet werden. Unter der Annahme, daß alle Bau- und Installationsfirmen aus dem Hinterland des Pols kämen und sich auch dort finanzierten, könnte die gesamte mit der Durchführung der Bauvorhaben entstehende Wertschöpfung als Beitrag zum regionalen Bruttoinländerprodukt angesehen werden. Diese Voraussetzung ist aber unhaltbar, da in Huelva nur etwa 7 % des Investitionsvolumens von Unternehmen der Polprovinz durchgeführt wurden, in Sevilla etwa 39 %.

Es wurde daher folgendes Vorgehen gewählt: Das Investitionsvolumen wurde aufgeteilt in Käufe von Vorleistungen und Bruttowertschöpfungsanteil; letzerer wiederum in Abschreibungen, Arbeitseinkommen und andere Faktoreinkommen. Die relativen Anteile ergaben sich aus der Enquête. Im Zusammenhang mit der regionalen Zurechnung des Wertschöpfungsanteils wurde die Annahme gemacht, daß alle Arbeitseinkommen der Polregion zugerechnet werden können, in der die Investition durchgeführt wird. Die Abschreibungen und anderen Faktoreinkommen wurden insgesamt entsprechend den Anteilen am Investitionsvolumen den Regionen zugerechnet, in denen die jeweiligen Bau- und Installationsfirmen ihren Firmensitz hatten.

c. Tab. 26a gibt das Ergebnis der Bestimmung der regionalen Struktur der Investitionsgüternachfrage für die drei Anlagearten wieder.

Tab. 26a läßt sich dahingehend zusammenfassen, daß die Abfluß-Effekte der Investitionsphase (= Importgehalt der Investitionsgüternachfrage in Huelva (86,5 %) 91 % und in Sevilla 75 % (75 %)) der Gesamtinvestition der Polindustrien betragen. Dabei gibt der erste Wert die durchschnittliche Importquote bezogen auf die einzelnen Polprovinz, der Klammerwert diejenige bezogen auf die Planregion Huelva-Sevilla an.

Tab. 26a: Herkunft der Anlagegüter in % der in Tab. 26 ausgewiesenen Investitionsvolumen nach Anlagearten

	Provinz Huelva	Provinz Sevilla	Rest Spaniens	Ausland
a) Huelva				
I	100	0	0	0
II	36	12	50	2
III	2,4	2,8	48,5	46,3
Total	9,1	4,4	48,4	38,1
b) Sevilla				
I	0	100	0	0
II	0	53	47	0
III	0	8,7	42,7	48,6
Total	0	25,1	42,2	32,7

<u>Im Hinblick auf den Polarisationseffekt innerhalb der Planregion muß das Ergebnis insbesondere für Huelva als unvorteilhaft angesehen werden.</u> Eine endgültige Bewertung dieses Ergebnisses kann aber nicht allein auf das mit diesem erhofften Effekt verbundene Ziel der regionalen Einkommensmaximierung abstellen. Denn in einer Volkswirtschaft, in der interregionale Integration als Mittel gesamtwirtschaftlicher Wachstumspolitik angesehen wird, ist eine Zielabwägung vorzunehmen. In diesem Zusammenhang kann darauf verwiesen werden, daß die Importquoten der Pole gegenüber dem Rest der Volkswirtschaft in der Produktionsphase mit 48,4 und 42,2 % als Zeichen hoher Integrationsgrade gewürdigt werden können.

Die strukturellen Ursachen der hohen und unterschiedlichen Abflußquoten in beiden Polen können allgemein in folgenden Punkten zusammengefaßt werden:

- Wird von der einzelnen Polprovinz ausgegangen, so erscheint die Differenz im Vergleich der Pole bei der Anlageart II mit 17 % als hoch. Sie wird ausgeglichen, wenn die Abflußquote auf die gesamte Planregion bezogen wird. Gleichzeitig ist der Importgehalt beider Pole bei

der Anlageart III im Vergleich zur Anlageart II in beiden
Polen auffällig höher. Das läßt den Schluß zu, daß im Vergleich beider Polprovinzen bei fast gleichem Entwicklungsstand gemessen am pro-Kopf-Einkommen
-- der unterschiedliche Marktumfang gemessen am Totaleinkommen dazu führt, daß der Diversifikationsgrad der Bau- und Baustoffindustrie in Sevilla größer ist als in Huelva,
-- während beim gegebenen Entwicklungsstand beide Polprovinzen nicht in der Lage sind, spezialisierte Ausrüstungsgüter anzubieten.
Daraus folgt, daß im Fall der Bauinvestitionen beim gegebenen Entwicklungsstand die Elastizität des Angebots wegen dessen vergleichsweise geringeren Spezialisierungsgrades bei größerem Marktumfang der Polprovinzen höher ist als die Elastizität bei Ausrüstungsinvestitionen.[1]

- Auffällig ist, daß in Huelva im Durchschnitt aller Anlagearten der extranationale Importgehalt um 5,4 % höher liegt als in Sevilla, während in Sevilla der extranationale Importgehalt für Ausrüstungsgüter um 2,3 % höher liegt als in Huelva. Das ist daraus zu erklären, daß extranationale Importe sich in beiden Polen fast ausschließlich auf die Ausrüstungsinvestitionen beziehen und daß diese Anlageart in Sevilla ein geringeres relatives Gewicht (Tab. 26) hat als in Huelva.

- Für die in Spanien verfolgte Strategie der Förderung von geographisch nachbarschaftlich angesiedelten Doppelpolen ist das schon genannte Achsenprinzip grundlegend. Deshalb ist es interessant, die in der Investitionsphase induzierten Interrelationen zwischen den Polprovinzen zu betrachten. <u>Es zeigt sich, daß die Beziehungen in dieser Phase vollständig einseitig waren</u>: Huelva importierte zwar in relativ geringem Umfang Investitions- und insbesondere <u>Bauinvestitionsgüter aus Sevilla, aber Sevilla nicht aus</u>

[1] In einer UN-Studie (UN, 63, 12 ff.) wird die im Zusammenhang mit dem pro-Kopf-Einkommen stehende Elastizität der Nachfrage als "income-elasticity" bezeichnet, die im Zusammenhang mit der Marktgröße (gemessen an der Bevölkerung) stehende als "growth-elasticity".

Huelva. Diese Schwäche und Einseitigkeit der Achsenbeziehung ist mindestens bis 1971 auch für die Produktionsphase der Polindustrien zu verzeichnen, wie unten (3.3.) gezeigt wird.

d. Die Abflußquote im Durchschnitt aller Anlagearten soll jetzt sektoral aufgeschlüsselt wiedergegeben werden.

Tab. 27: Herkunft der Anlagegüter in % des Investitionsvolumens jedes Sektors bis 31.12.1969

Sektor Nr. *)	Investitions-volumen in Mill. Ptas.	Regionale Verteilung in %			
		Huelva	Sevilla	Rest Spaniens	Ausland
a) Huelva					
1	284,5	13,4	5,3	31,3	50,0
2	1.427,5	16,7	4,2	43,9	35,2
5	10.081,6	6,4	3,9	48,7	41,0
6	242,0	18,2	5,0	52,9	24,0
7	1.189,6	16,4	10,4	61,9	11,3
8	1.209,9	10,0	3,3	45,6	41,1
9	214,0	12,2	3,3	27,6	57,0
10	54,7	60,0	7,3	30,9	1,8
Total	14.703,8	9,1	4,4	48,4	38,1
b) Sevilla					
1	785,4	0	39,2	39,0	21,8
4	888,2	0	22,9	23,5	53,6
3	246,5	0	29,7	44,7	25,6
5	823,0	0	24,1	41,4	34,5
6	3.431,4	0	25,5	45,2	29,4
7	1.374,6	0	21,2	29,4	49,5
8	687,0	0	14,7	77,9	7,4
9	207,5	0	32,2	52,4	15,4
Total	8.443,6	0	25,1	42,2	32,7

*) Vgl. Tab. 5

Es zeigt sich wieder, daß die sektoralen Ergebnisse im Vergleich beider Pole starke Unterschiede aufweisen, und daß der unterschiedliche product-mix der Polsektoren und die sich daraus ergebende Struktur der Investitionsgüternachfrage ebenso von Bedeutung für die Abflußquote sind wie der relative Entwicklungsstand und der Marktumfang der Polprovinzen. Den Einfluß des unterschiedlichen product-mix kann man am besten am Vergleich der relativen Anteile der Importe aus dem Ausland erkennen. Denn wenn in der gesamten Volkswirtschaft entsprechende Güter nicht produziert werden, spielt der relative Entwicklungsstand und die Marktgröße der Region für die Höhe der notwendigen Importe keine Rolle.

Der Sektor Energie ist ein besonders klares Beispiel dafür, daß <u>die in Tab. 27 wiedergegebenen Ergebnisse nicht etwa als Richtwerte auf Sektoren in anderen Zusammensetzungen angewendet werden können.</u> Es zeigt sich nämlich, daß der Importgehalt der Investitionsgüternachfrage (Ausland) in Huelva mit 57 % den im Vergleich der Sektoren höchsten Wert hat, in Sevilla mit 7,4 den niedrigsten. Dabei handelt es sich in beiden Polen um dieselbe Unternehmung. Während aber die Investitionen in Huelva sich auf die Bereitstellung neuer Produktionskapazitäten für elektrische Energie konzentrieren, gelten die Investitionen in Sevilla ausschließlich der Erweiterung des Verteilungsnetzes. Die entsprechenden Investitions-, insbesondere Ausrüstungsgüter, sind ganz unterschiedlicher Art. Das gilt besonders im Hinblick auf den Spezialisierungsgrad und die technische Effizienz ihrer Produktion. Entsprechend ergeben sich Unterschiede des Importgehalts.

<u>Im einzelnen sind die sektoralen Unterschiede im Vergleich zweier Pole auch deshalb nur bei Kenntnis der jeweiligen Unternehmungen zu beurteilen, weil in vielen Fällen nur Erweiterungsinvestitionen in Form der Modernisierung des Maschinenparks vorgenommen wurden.</u> Das gilt z. B. im Durchschnitt des Sektors Metall in Sevilla zur Erklärung der vergleichsweise hohen extranationalen Importe (ausschließlich Ausrüstungsgüter) gegenüber Huelva.[1]

---

[1] Bei diesem wie bei anderen Ergebnissen zur regionalen Struktur der Investitionsgüternachfrage muß aber berücksichtigt werden, daß zum Stichtag einige Industrien ihre Investitionen noch nicht abgeschlossen hatten. Die möglichen Konsequenzen für den Importgehalt der Investitionsgüternachfrage werden am Beispiel des Sektors Nr. 10 in der Tab. 26 deutlich.

Zusammenfassend kann gesagt werden, daß bezüglich der Unterschiede der Abflußquoten bei der Anlageart II der Marktumfang der jeweiligen Polregion bei gleichem Entwicklungsstand entscheidend ist. Dagegen ist bei Ausrüstungsinvestitionen zusätzlich der product-mix der investierenden Sektoren maßgeblich.

(3) Analog zur Bestimmung des Importgehaltes der Investitionsgüternachfrage für die Anlageart II kann die im Zusammenhang mit Infrastrukturinvestitionen auftretende Investitionsgüternachfrage Lieferregionen zugeordnet werden. Dabei werden hier die für die Polindustrien bei der Anlageart II gewonnenen Ergebnisse ohne Modifikation übernommen. Wenn auch Infrastrukturinvestitionen in bezug auf Wertschöpfungsanteil, Lohnquote und regionale Struktur der Vorleistungskäufe nicht notwendigerweise mit Investitionen in industrielle Bauten vergleichbar sind, erschien eine weitere Differenzierung wegen des überschlägigen Charakters der Berechnungen des Importgehalts der industriellen Investitionsgüternachfrage der Anlageart II nicht sinnvoll.

3.2.2. Finanzierungsstruktur der Polindustrien und Abfluß-Effekte während der Produktionsphase

Die Analyse der Finanzierungsstruktur der Polindustrien soll zeigen, welche Bedeutung Investitionssubventionen und öffentliche Kredite als Investitionsanreiz in den Polen im Rahmen der gesamten Finanzierung gehabt haben und welches Gewicht anderen Finanzierungskanälen zukam (1); im Zusammenhang mit der relativen Beteiligung regionalen, nationalen und ausländischen Kapitals am "Sozialkapital"[1]) der Industrien soll auf dieser Basis die Ab-

---

1) Im wesentlichen handelt es sich in den Polen um Kapitalgesellschaften oder Niederlassungen derselben. "Sozialkapital" ist abweichend von sonst üblichen Definitionen ein zusammenfassender Ausdruck für Grundkapital, Stammkapital, bzw. bei Personengesellschaften Gesellschaftereinlagen. Abgesehen von später zu nennenden Ausnahmen ist dieser Sammelbegriff für die vorliegende Analyse hinreichend.

flußquote der Zins- und Gewinneinkommen bestimmt werden
(2). Dazu ist es nicht erforderlich, eine detaillierte
Analyse der Finanzierungsstruktur durchzuführen. Vielmehr
genügt es, sich an folgendem Modell zu orientieren:

a. Die Analyse bezieht sich nur auf die Einkommensentstehungsseite. Das bedeutet zweierlei. Erstens geht es im Zusammenhang mit der Finanzierungsstruktur nur um die Abfluß-Effekte der Produktionsphase, die den direkten regionalen und nationalen Sozialproduktsbeitrag, die Wertschöpfung der Polindustrien, betreffen: Abfluß-Effekte aufgrund extraregionaler (-nationaler) Vorleistungskäufe stehen damit in keinem Zusammenhang.[1] Zweitens werden die Einkommensteile, die Regionsausländern zuzurechnen sind, als Abflüsse angesehen, obwohl ihre unmittelbare Wiederverwendung in der Region möglich ist. Das gilt aber nur für die Nettoeinkommensbeträge, da im folgenden vom Prinzip der nominellen Kapitalerhaltung in den Polindustrien ausgegangen wird: Abschreibungen werden nicht als Abflüsse verzeichnet. Es handelt sich also nicht um eine Analyse des unternehmerischen cash-flow.[2]

b. Die Analyse unterscheidet nur fünf Finanzierungskanäle: Investitionssubventionen, öffentlichen Kredit, Lieferantenkredit auf Käufe ausländischer Ausrüstungsgüter, Sozialkapital und "sonstige" Finanzierung. Letztere beinhaltet die Emission von Obligationen und Aufnahme von inländischen Krediten bei den Geschäftsbanken. Die vierte und fünfte Kategorie werden weiter zu einer zusammengefaßt. Sie wird im folgenden als "Sonstige Eigen- und Fremdfinanzierung" bezeichnet. Die Zusammenfassung hat ihre Ursache darin, daß zuverlässige Angaben nur über die drei erstgenannten Kategorien vorhanden waren, so daß die letzteren sich insgesamt als Restgröße ergaben.

---
1) Letztere werden in Abschnitt 3.3. behandelt.
2) Der Verzicht auf eine cash-flow-Analyse ist im Bestimmungsmodus von Abschreibungen und Gewinnen begründet (vgl. Anhang 2).

(1) <u>Relative Bedeutung der Finanzierungskanäle</u>:
Tabelle 28 zeigt das Gesamtergebnis für beide Pole.

Tab. 28: Struktur der Finanzierung des Anlagekapitals nach Quellen

	Investition in Mill. Ptas.	Anteil der Finanzierungsquellen in %			
		Subvention	öffentl. Kredit	ausländ. Lieferantenkredit	Sonstige Eigen- u. Fremdfinanzierg.
Huelva	14.703,8	6,8	23,7	31,8	37,7
Sevilla	8.443,6	3,4	22,2	27,4	47,0

Diese Tabelle bedarf einiger Anmerkungen. Einmal ist der Anteil der Subventionen und öffentlichen Kredite auf das Gesamtvolumen der Anlageinvestitionen aller Polindustrien bezogen worden. Es ist auch ein anderes Vorgehen möglich, da ja die genannten Förderungsmaßnahmen nur den Industrien zugute kommen, die im Wege des concurso zugelassen sind. Deren Investitionsvolumen beläuft sich zum Stichtag in Huelva auf 8.675,2 Mill. Ptas., in Sevilla auf 6.501,6 Mill. Ptas. Bezogen auf dieses Investitionsvolumen ergeben sich folgende Anteile:

Tab. 29:

	Subvention	öffentl. Kredit
Huelva	11,4 %	40,2 %
Sevilla	4,4 %	28,9 %

Die Unterschiede in der öffentlichen Förderung der Investitionsprojekte in Huelva und Sevilla sind jetzt noch deutlicher. Das liegt daran, daß der Anteil der nicht im Wege des concurso zugelassenen Polindustrien am gesamten Investitionsvolumen in Huelva höher ist als in Sevilla (41 % gegenüber 23 %). Die Unterschiede im Vergleich beider Pole bei der Subvention ergeben sich aus dem unterschiedlichen Charakter der beiden Pole im I. Plan. In Huelva als Polo de Promoción konnten Subventionen bis zu 20 % des Anlagekapitals gewährt werden, in Sevilla als Polo de Desarrollo bis zu 10 %. Die Unterschiede bei Subvention und öffentlichen Krediten im Vergleich beider Pole ergeben sich weiter aus der unterschiedlichen Einstufung der Industrien in den Gruppen A-D nach ihrer Förderungswürdigkeit. Die Unterschiede beim öffentlichen Kredit schließlich liegen in der Bindung dieser Finanzierungsmöglichkeit an bestimmte Anlagearten (bes. Anlageart II inländischer Herkunft) mitbegründet.

Es ist schwer zu sagen, ob der in Tab. 28 bzw. 29 dargestellte Förderungsgrad befriedigend ist. Hinsichtlich der öffentlichen Kredite ist hervorzuheben, daß ihre Vergabe nicht als <u>besondere</u> präferentielle Behandlung der Polindustrien anzusehen ist, wie es das Polförderungsprogramm an sich vorsah. Denn auch außerhalb der Pole sind konkurrierende Standorte mit entsprechenden Anreizen ausgestattet. Es kann gezeigt werden, daß der Banco de Crédito Industrial, der die Vergabe der öffentlichen Kredite steuert, im Laufe der Zeit die Kreditpolitik gegenüber den Polen immer restriktiver gehandhabt hat.

Tab. 30 gibt die sektorale Aufgliederung der Tab. 29 wieder. - Wie sich aus Tab. 30 ergibt, sind die sektoralen Unterschiede der Förderung durch Subvention und öffentlichen Kredit in beiden Polen bedeutend. Sie sind hier bezogen auf die gesamte Investition unter Einschluß der nicht im Wege des concurso zugelassenen Industrien. Das erscheint insofern als das zutreffendere Vorgehen, als wohl keine der nicht im Wege des concurso zugelassenen Industrien freiwillig auf Subvention und öffentlichen Kredit verzichtet haben dürfte und sich aus altruistischen Motiven nicht um die Zulassung bemüht hat.[1]

Betrachtet man die relative Höhe der Subvention und des öffentlichen Kredits als Indikator für die Förderungswür-

---

1) Hier ist eine Ausnahme zu machen: Der Hauptanteil der Investition im Sektor Holzverarbeitende Industrie betrifft ein staatliches Unternehmen. Daher erscheint der relative Anteil der Subventionen und öffentlichen Kredite hier als gering.

Tab. 30: Struktur der Finanzierung des Anlagekapitals nach Quellen, sektorale Aufgliederung

Sektor Nr. *)	Investition in Mill. Ptas.	Anteil der Finanz.-Quellen in %			
		Subvention	öffentl. Kredit	ausländ. Lieferantenkredit	Sonstige Eigen-u. Fremdfinanzierg.
a) Huelva					
1	284,5	13,7	30,0	41,8	14,5
2	1.427,5	3,6	8,2	27,4	60,8
5	10.081,6	6,6	29,6	34,6	29,2
6	242,0	5,4	33,8	18,5	42,3
7	1.189,6	16,9	5,3	9,1	68,7
8	1.209,9	0	0	34,7	65,3
9	214,0	8,7	35,0	48,2	8,1
10	54,7	8,7	-	0	0
Total	14.703,8	6,8	23,7	31,8	37,7
b) Sevilla					
1	785,4	3,7	20,2	16,9	59,2
4	888,2	1,2	12,8	45,3	40,7
3	246,5	7,7	54,8	21,2	16,2
5	823,0	6,9	31,6	28,1	33,4
6	3.431,4	3,9	13,5	24,8	57,8
7	1.374,6	2,2	22,3	42,0	33,5
8	687,0	0	54,0	6,4	39,6
9	207,5	2,4	31,8	11,6	54,2
Total	8.443,6	3,4	22,2	27,4	47,0

*) vgl. Tab. 5

digkeit, die den betreffenden Sektoren nach den Vorstellungen des Plankommissariats zukam, dann ergibt sich, daß folgende Sektoren überdurchschnittlich förderungswürdig erschienen: Nahrungsmittel, Chemie und "Verschiedene" in Huelva, Papier, Chemie, Energie und "Verschiedene" in Sevilla.

Dieser Indikator ist jedoch unbefriedigend. Er gibt deshalb die Förderungsbegründung nicht richtig wieder, weil neben der Förderungswürdigkeit bei der Vergabe von Krediten und Subventionen noch die "Förderungsbedürftigkeit" in Anschlag gebracht wird. Ist die Förderungswürdigkeit gegeben, dann wird weiter die Förderung davon abhängig gemacht, bei welchem Förderungsminimum die Industrie zur Ansiedlung entschlossen ist ("Attraktionsschwelle"). Bei einigen Industrien liegt dieses Minimum nahe 0, das sind die nicht im Wege des concurso zugelassenen. Von ihnen wird angenommen, daß sie sich wegen der Standortgunst ohnehin dort ansiedeln bzw. daß die Existenz des Pols selbst für sie einen hinreichenden Stimulus bietet. Das gilt etwa für den Sektor Baustoff in Sevilla, Energie in Huelva. Schließlich ist man so vorgegangen, daß ausländische Unternehmen zur Ansiedlung in einem Pol ohne Förderung gezwungen wurden; ohne Erfüllung dieser Auflage hätten sie im zollgeschützten Inlandsmarkt nicht Fuß fassen können.

(2) Für die Berechnung der Abflußquote bei Zins- und Gewinneinkommen ist die oben vorgenommene Einschränkung grundlegend, daß nur die Einkommensentstehungsseite betrachtet wird. Daraus ergibt sich, daß Regionsausländern zugerechnete Einkommensteile als regionale Abflüsse angesehen werden können. Da wegen ausländischer Kreditfinanzierung und Beteiligung ausländischer Unternehmen am Sozialkapital der Polindustrien die aus der Region abfließenden Einkommensteile nicht ausnahmslos Inländern des Rests der Volkswirtschaft zugute kommen, wird versucht, auch die Abflüsse in das Ausland zu bestimmen.

a. Um die Gewinneinkommen interregional bzw. international zurechnen zu können, ist es erforderlich, die Beteiligungsverhältnisse am "Sozialkapital" der Polindustrien abzuschätzen. Wie gesagt wurde, ist die Höhe des Sozialkapitals nicht in allen Fällen bekannt, daher war es nicht möglich, die Finanzierungsquellen 4 und 5 getrennt auszuweisen. Der Grund für die Nichterfassung des Sozialkapitals liegt darin, daß vielfach einer Polindustrie gar kein eigenes Sozialkapital zuzurechnen ist. Das gilt besonders für die größten Industrien, die Produktionsstätten von Unternehmen mit Sitz im Regionsausland sind.[1] Für die Zurechnung der Gewinneinkommen ist dieser Mangel bedeutungslos. Da erstens die Beteiligungsverhältnisse der Unternehmen an den Polindustrien und der jeweilige Firmensitz bekannt sind, zweitens ihre Verflechtung untereinander, kann der Anteil der Gewinneinkommen, der regionalen, nationalen (d. h. hier dem Rest des Landes zuzurechnender) und ausländischen Unternehmen zuzurechnen ist, recht zuverlässig bestimmt werden.[2]

Dabei wird so vorgegangen, daß der ausgewiesene Periodengewinn für jede einzelne Industrie entsprechend den Beteiligungsverhältnissen aufgeteilt wird. Tab. 31 zeigt, daß 1971 die regionale Abflußquote bei Gewinneinkommen der Polindustrien in Huelva 98 % (!) betrug, in Sevilla 61 %. Die Abflußquote ins Ausland betrug im selben Jahr in Huelva 30 %, in Sevilla 11 %.

Tab. 31: Anteil regionaler, nationaler und ausländischer Unternehmen am Gewinn der Polindustrien 1971 in %

	regional	"national"	ausländisch
Huelva	2	68	30
Sevilla	39	50	11

Da das Verhältnis von Periodengewinn und Sozialkapital nicht in der Zeit konstant ist, gelten die dargestellten Abflußquoten nur für 1971. Entsprechende Berechnungen sind für die übrigen Berichtsjahre vorgenommen worden, sie sind

---

1) Kapitalerweiterungen in diesen Unternehmen sind in sachlichem und zeitlichem Zusammenhang mit der Gründung von Polindustrien vorgenommen worden. Vielfach war das auch vom Banco de Crédito Industrial bei der Kreditvergabe zur Auflage gemacht worden. Die Unternehmen weiten aber ihr Kapital nicht nur im Zusammenhang mit Industriegründungen in den Polen, sondern mit ihrem gesamten Investitionsprogramm aus.
2) Bei Publikums-Kapitalgesellschaften kann es allerdings so sein, daß ein Teil des Aktienbesitzes von Regionsinländern gehalten wird, während der Firmensitz im Regionsausland liegt. Das wurde hier nicht berücksichtigt.

hier nicht wiedergegeben, da es sich nicht um "Normaljahre" in beiden Polen handelt.

b. Eine genaue Zurechnung der Zinseinkommen ist deshalb nicht möglich, weil aus den schon genannten Gründen in Tab. 28 und 30 die Finanzierungsquellen 4 und 5 nicht gesondert ausgewiesen werden konnten. Daher konnte auch die Zinsbelastung aufgrund "sonstiger Fremdfinanzierung" nicht berechnet werden. Wird unterstellt, daß der Sozialkapitalanteil an der Finanzierung der Anlageinvestitionen in beiden Polen im Durchschnitt etwa 25 % beträgt, dann ist für Huelva für 12 % der Anlageinvestition keine Zinsbelastung in Anschlag gebracht worden, für Sevilla für 22 %. Das bedeutet, daß die Gewinne der Polindustrien um diese Zinsbelastung zu hoch ausgewiesen sind, da ja die Gewinne als letzte Salden der Produktionskonten ermittelt wurden. Für die Bestimmung der Abflußquote bei Zins- und Gewinneinkommen insgesamt spielt das praktisch keine Rolle, wie sich im folgenden ergibt.

Die Zinseinkommen enthalten auch die Verzinsung des Umlaufskapitals. Seine Höhe wurde durch die Zusatzenquête bei einem Teil der Polindustrien erfaßt. Der Zinssatz wurde mit 8 % in Übereinstimmung mit den Gegebenheiten angesetzt. Die Verzinsung des Umlaufskapitals stellt die einzige Zinseinkommensart dar, die teilweise in der Region verbleiben könnte.

Das liegt daran, daß außer den Zinsen auf die nichterfaßte "sonstige Fremdfinanzierung" nur noch Zinsen für den öffentlichen Kredit und für ausländische Lieferantenkredite entstehen. Beide fließen in voller Höhe aus der Region ab.

Für die Abflußquote bei Zinsen des Umlaufskapitals ist der Anteil der Regionalbanken an der Finanzierung des Umlaufskapitals bestimmend. Hier muß in Huelva davon ausgegangen werden, daß der Anteil ungefähr 0 % ist. Die Polindustrien wickelten ihre Bankgeschäfte 1970 ausschließlich über die Bankzentralen am Sitz der Muttergesellschaft ab. Die Provinzbank in Huelva ist an der Finanzierung von Polindu-

strien zur Zeit der Enquête nicht beteiligt gewesen.[1]
Insgesamt halten die Geschäftsbanken in Huelva nur eine
Transaktionskasse für Lohn- und Gehaltszahlungen und tägliche Vorleistungskäufe geringeren Umfangs für die Polindustrien.

Die beiden Regionalbanken in Sevilla sind dagegen an der
Finanzierung der dortigen Polindustrien beteiligt. Genaue
Angaben dazu waren nicht zu erhalten. Eine Schätzung, daß
etwa 1/3 des Umlaufskapitalbedarfs und ebenso der "sonstigen Fremdfinanzierung" der Polindustrien von ihnen finanziert wurde, wurde in den Interviews im Zusammenhang
der Enquête für wahrscheinlich zutreffend gehalten. Daher
wurde die Abflußquote in diesem Fall mit 67 % angesetzt.
Insgesamt ergibt sich für alle Zinseinkommen folgende regionale Abflußquote:

Tab. 31a:

	1967	1969	1971
Huelva	100 %	100 %	100 %
Sevilla	81 %	79 %	74 %

c. Werden die beiden Abflußquoten für Gewinn- und Zinseinkommen zusammen betrachtet, so ergibt sich, daß der Fehler
der Bestimmung der Abflußquote bei "sonstiger Fremdfinanzierung" nicht schwer wiegen kann, da jeweils die regionalen Abflußquoten für beide Einkommensarten in Huelva und
Sevilla nur unwesentlich voneinander abweichen. Insoweit
ist es gleichgültig, daß die der sonstigen Fremdfinanzierung zuzurechnenden Zinsen in den Gewinnen enthalten sind.
Dennoch ist das Verfahren der Bestimmung der Zinsbelastung
und der Abflußquote für Sevilla recht unbefriedigend.

Im Zusammenhang mit der Abflußquote bei Gewinneinkommen

---

[1] Denkbar wäre überdies eine Kreditfinanzierung durch die
Sparkassen. Die Sparkassen, die in beiden Polprovinzen
bedeutende Kapitalsammelstellen sind und die auf Provinzebene selbständig operieren, sind aber satzungsgemäß nicht in der Lage, sich an der Industriefinanzierung zu beteiligen.

ist genau genommen noch zu berücksichtigen, daß die den
Unternehmen auferlegte Gewinnsteuer, die der Körperschaftsteuer im deutschen System entspricht, zusätzlich als Abfluß ins Regionsausland in Anschlag zu bringen gewesen
wäre. Das ist nicht geschehen, weil die vom Ministerio de
Hacienda für 1967 bereitgestellten Daten nicht ausreichten. Die Steuer ist jedoch von sehr geringem Gewicht (vgl.
Comisaría, 70, RGR, 42).[1]

Zusammenfassend kann gesagt werden, daß die Abflußquote
bei Gewinn- und Zinseinkommen in beiden Polen sehr hoch
ist. Erwartungsgemäß liegt die Abflußquote in Sevilla wesentlich niedriger als in Huelva. Das ist für den Beitrag
beider Pole zum jeweiligen Provinzeinkommen umso bedeutsamer, als in Huelva der Anteil der Gewinn- und Zinseinkommen an der Wertschöpfung der Industrien wegen der im
Durchschnitt kapitalintensiveren Produktion höher ist als
in Sevilla (vgl. die Input-Output-Tabellen in Anhang 3).
In Sevilla fließt also ein relativ geringer Anteil eines
relativ weniger bedeutenden Teils der Wertschöpfung der
Polindustrien ab als in Huelva.

Im Abschnitt 3.4. werden die aus den hier abgeleiteten Abflußquoten resultierenden Gesamtwirkungen im Sinne des direkten Effekts der SEMA-Systematik bestimmt. Das wichtigere Ergebnis stellen jedoch die Abflußquoten selbst dar,
denn sie gelten unabhängig von der Genauigkeit der quantitativen Erfassung der in den Input-Output-Tabellen ausgewiesenen Gewinne, welche - wie mehrfach betont wurde -
allen Vorbehalten gegenüber einer als letztem Saldo ermittelten Größe unterliegen. Dagegen ist die Wertschöpfungskategorie, die für die regionale Einkommensinzidenz
der Polindustrien i. S. des direkten Effekts maßgeblich
ist, die Lohnsumme, direkt und zutreffend erfaßt.

---

1) Die Nichtberücksichtigung läßt sich auch deshalb vertreten, weil regionale pro-Kopf-Einkommensberechnungen
nicht auf der Basis des verfügbaren Einkommens vorgenommen werden.

3.3. Input-Output-Relationen

In diesem Abschnitt werden anhand der Input-Output-Tabellen und der Zusatztabellen die Verflechtungen der Polindustrien untereinander, mit ihrem Hinterland, mit dem anderen Pol und seinem Hinterland, mit dem Rest der Volkswirtschaft und mit dem Ausland dargestellt. Auf der einen Seite werden dabei die Vorleistungskäufe betrachtet, auf der anderen die Verkäufe von Endprodukten jeder Industrie.

Die sektoral aggregierten Input-Output-Tabellen sind im Anhang 3 für die drei Berichtsjahre wiedergegeben.[1] Im Zusammenhang damit sind die Zusatztabellen zu lesen, die die Vorleistungskäufe jedes Sektors im Hinterland beider Polprovinzen und bei Industrien des jeweils anderen Pols nach liefernden Sektoren aufgeschlüsselt darstellen.

Die Input-Output-Tabellen und Zusatztabellen bedürfen nach obigem (vgl. insbesondere den Anhang 2) keiner weiteren Erklärung. Der Vergleich der Tabellen für die drei Berichtsjahre zeigt das Wachstum jedes Pols, wie es bereits in Abschnitt 3.1. behandelt wurde. Die Darstellungen in diesem Abschnitt beschränken sich im wesentlichen auf das Berichtsjahr 1971.

Dabei sind drei Fragen im Zusammenhang mit den in das Polprogramm gesetzten Erwartungen von besonderer Bedeutung:
- Welche absolute und relative Bedeutung die interindustriellen Relationen innerhalb jedes Pols haben,
- welche Verflechtungen die Polindustrien beider Pole untereinander und mit dem Hinterland beider Pole haben,
- welche Integrationsgrade mit dem Rest der Volkswirtschaft und dem Ausland zu beobachten sind.

Die hinter diesen Fragen stehenden Erwartungen sind insbesondere:
- <u>daß bedeutende interindustrielle Relationen innerhalb der Pole einen selbsttragenden regionalen Wachstumsprozeß fördern sollen,</u>
- <u>daß im Sinne der geographischen Polarisation Paelincks das Hinterland in diesen Prozeß einbezogen wird,</u>

---

[1] als Tab. 32-41 im Anhang 3.

- daß die Doppelpolansiedlung einen zirkulären Verursachungsprozeß zwischen den Polen begünstigt und
- daß die Polindustrien einen relativ hohen positiven Beitrag zur regionalen und nationalen Handelsbilanz erwirtschaften.

3.3.1. Input-Output-Relationen zwischen Polindustrien

Die Interrelationsmatrix der Input-Output-Tabellen zeigt erwartungsgemäß für beide Pole auch im Berichtsjahr 1971 eine große Anzahl leerer Felder. Dies, obwohl das Berichtsjahr im oben diskutierten Sinne für beide Pole als Normaljahr gelten kann. Würde auf die detaillierten Input-Output-Tabellen **ergänzend** zu diesem Abschnitt zurückgegriffen, so würde dieser Eindruck noch verstärkt: in beiden Polen ist die Anzahl der Transaktionen zwischen Polindustrien sehr gering.

Es soll nicht behauptet werden, daß die Interrelationsmatrix jede einzelne mögliche Transaktion geringerer Quantität wiedergibt. Das Befragungsverfahren erlaubt nicht, Vorleistungskäufe geringeren Umfangs exakt bestimmten Lieferern zuzuschreiben. Bei Betrachtung der detaillierten Input-Output-Tabellen und Kenntnis der jeweiligen Produkte der Polindustrien lassen sich aber a priori-Erwägungen darüber anstellen, zwischen welchen Industrien überhaupt Transaktionen stattgefunden haben könnten. Regelmäßig dann, wenn eine solche Vermutung gegeben war, wurde ausdrücklich nachgefragt.

Das gewonnene Bild scheint geeignet, insgesamt eine der vom Verf. zu Beginn der Untersuchung formulierte Arbeitshypothese zu stützen, daß nämlich im Gegensatz zur erklärten Auffassung des spanischen Plankommissariats die bisherige Polförderungspolitik sich vor allem an der Vorstellung einer quantitativen Agglomeration heterogener Aktivitäten orientiert hat (Buttler, 71, 184 f.). Erklärtermaßen sollte dagegen der Industrialisierungsprozeß nicht als bloß quantitativer, sondern vor allem qualitativer Agglomerationsvorgang gesehen werden (Comisaría del Plan/Italconsult, 68, 46).

Wieweit diese Aussage auch für einzelne Sektoren zu halten ist, wird jetzt erörtert (1). Anschließend wird gefragt, inwieweit es erlaubt ist, aus der Beobachtung der Transaktionsmatrix auf die Fähigkeit der Polindustrien zur Generation eines selbsttragenden regionalen Wachstumsprozesses zu schließen (2).

(1) Die Interpretation der Input-Output-Tabellen wird dadurch erleichtert, daß in Tab. 42 die Struktur der Käufe von Vorleistungen und Verkäufen von Endprodukten der Polindustrien nach Sektoren und Regionsabgrenzungen dargestellt wird. Die ausgewiesenen Prozentzahlen lassen sich auch als Integrationsgrade bezeichnen. Sie zeigen, wieder anders ausgedrückt, in welchem Maße sich die von den Polsektoren ausgehenden Verkopplungs-Effekte regional niedergeschlagen haben.

Zu Vergleichszwecken und im Hinblick auf die in den Abschnitten 3.3.2. und 3.3.3. zu interpretierenden Relationen werden in Tab. 42 nicht nur die die **Transaktionsmatrix** betreffenden Integrationsgrade ausgewiesen.

An dieser Stelle kann sich die Analyse auf die Beobachtung der zweiten Spalte der Tabelle sowohl bei den Vorleistungskäufen als auch den Verkäufen von Endprodukten beschränken.

Bevor darauf eingegangen wird, ist noch einmal auf die sektoralen Input-Output-Tabellen zurückzuverweisen. Dabei ist besonders interessant, daß in Huelva die intrasektoralen Relationen gegenüber den intersektoralen weit bedeutender sind. Der Anteil der auf der Diagonalen von links oben nach rechts unten eingetragenen Interrelationen an der Gesamtheit der interindustriellen Transaktionen im Pol beträgt wertmäßig in Huelva 87 %, in Sevilla 5 %. Werden nur die Transaktionen zugrunde gelegt, die nicht mit dem Sektor Energie vorgenommen wurden, so erhöhen sich die entsprechenden Anteile auf 99 bzw. 54 %.

Tab. 42: Regionale Struktur der Käufe und Verkäufe der Polindustrien 1971

	Vorleistungskäufe					Verkäufe von Endprodukten					
	Total in 10⁶ Ptas.	Geographische Verteilung in Prozent				Total in 10⁶ Ptas.	Geographische Verteilung in Prozent				
		Polindustrien	Rest der Provinz	Andere Polprov.	Rest Spanien	Ausland		Polindustrien	Rest der Provinz	Andere Polprov.	Rest Spanien	Ausland
a) Huelva												
Nahrungsmittel	113,1	10,2	14,5	65,5	7,0	2,8	188,0	0	22,5	10,8	48,8	17,9
Holzverarbeit.	511,3	6,2	36,9	9,5	45,6	1,8	929,5	0,4	3,3	3,4	87,8	5,1
Chemie	6.952,0	39,2	5,0	0,1	6,7	49,0	9.736,6	25,0	5,8	8,3	48,2	12,7
Baustoff	102,8	13,6	17,4	62,1	3,9	3,0	165,2	3,3	70,1	10,0	16,6	0
Metall	4.433,2	0,4	62,5	0,6	8,5	28,0	5.315,5	0	2,2	0,1	95,9	1,8
Verschiedene	67,4	1,0	10,5	14,1	74,4	0	134,0	6,9	8,2	14,7	69,9	0,3
Energie	141,5	0	66,0	34,0	0	0	353,7	100	0	0	00	0
Total	12.321,3	22,7	27,9	2,3	9,2	37,9	16.822,5	16,7	5,2	5,4	64,3	8,4
b) Sevilla												
Nahrungsmittel	1.724,3	1,0	61,0	0	7,4	30,6	2.118,8	0	32,8	4,3	44,4	18,5
Textil	490,7	2,0	74,4	0	7,3	16,3	658,4	0	67,8	1,7	7,9	2,6
Papierverarbeit.	570,2	1,0	24,0	0	65,5	9,5	810,5	0,3	23,1	2,1	61,0	13,5
Chemie	875,2	6,5	59,1	5,0	22,9	6,5	1.109,1	0,3	13,7	1,8	69,5	14,7
Baustoff	1.611,6	8,8	41,1	1,7	29,7	18,7	2.813,6	0,4	32,0	4,4	58,1	5,1
Metall	1.646,6	2,5	20,9	0	50,8	25,8	3.058,3	0,3	18,4	1,6	71,9	7,8
Verschiedene	194,6	4,5	8,8	0	77,7	9,0	304,4	0,5	32,3	6,5	56,5	4,2
Energie	95,1	0	100	0	0	0	255,1	100	0	0	0	0
Total	7.208,3	3,9	44,3	1,0	30,5	20,3	11.128,2	2,5	27,3	3,0	57,5	9,7

Der Vergleich der Anteile der von Polindustrien bezogenen Vorleistungskäufe im Zusammenhang mit der sich bei Beobachtung der absoluten Werte (Spalte 1) ergebenden quantitativen Bedeutung derselben zeigt, daß nur bei den Sektoren Chemie und Baustoff in beiden Polen relevante Verflechtungen vorliegen.

In Huelva ist zusätzlich im Sektor Holzverarbeitende Industrie eine wenn auch quantitativ noch unbedeutende Verflechtung zu erkennen. Die bis 1973 zu realisierenden Investitionen lassen schließen, daß in Huelva die Verflechtungen in den Sektoren Chemie und Holzverarbeitende Industrie stark zunehmen werden, weil in beiden Sektoren Investitionen geplant sind, deren Ursache im Angebot volumen- und gewichtsmäßig bedeutender Vorprodukte durch die bestehenden Polindustrien liegt. Diejenigen Projekte, deren Realisierung sicher erscheint, sind typischerweise Verarbeitern von Gewichtsverlustmaterialien zuzurechnen: wenn auch das wertmäßige Volumen der Vorleistungskäufe hoch ist, so ist doch die Relation Wert/Gewichtseinheit bei den Endprodukten wesentlich höher als bei den Vorprodukten.

Die Höhe der interindustriellen Verflechtungen im Pol hängt in beiden Polen offenbar davon ab, ob es sich um nach- bzw. vorgelagerte Produktionsstufen innerhalb der Sektoren handelt oder ob die Polindustrien sich untereinander durch unterschiedliche Spezialisierungen bei vergleichbarer Verarbeitungsstufe unterscheiden. Das ist prinzipiell keine neue Einsicht. Man kann aber daraus schließen, daß in Huelva in den Sektoren Chemie, Holz und Baustoffe die Existenz der zuerst angesiedelten Industrien attrahierend auf Nachfolgeaktivitäten gewirkt hat, während das in Sevilla nur in beschränktem Umfang für die Chemie- und Baustoffindustrie gelten kann. Das läßt sich im Zusammenhang mit der Beobachtung der timelags in der Entwicklung der Industrien in den detaillierten Input-Output-Tabellen im einzelnen verfolgen.

<u>Im Vergleich beider Pole trifft daher die Hypothese für</u>

Sevilla fast uneingeschränkt zu, daß der Pol eine heterogene Agglomeration untereinander unverbundener Produktionseinheiten darstellt. Huelva kann im wesentlichen als Pol der Chemieindustrie bezeichnet werden. Wenngleich der Sektor Metall gemessen am Bruttoproduktionswert ebenfalls eine Sonderstellung einnimmt, sind von dort aus keine Attraktionsimpulse zu erwarten. Der Grund liegt darin, daß die gesamte Produktion der Hauptindustrie des Sektors einer vertraglichen Zulieferbindung unterliegt. Projekte im Umfang von etwa 8 - 9 Mrd. Ptas. Anlageinvestition, die dem Sektor einen der Chemieindustrie vergleichbaren Rang hätten geben können, sind gescheitert.

(2) Für die Entwicklung des Chemiepols Huelva ist es charakteristisch, daß die intrasektorale Verflechtung 1971 bereits 35 % bezogen auf die gesamten Vorleistungskäufe betrug. Ein vergleichbar hoher Wert ist in der Untersuchung aller spanischen Pole von keinem anderen Sektor erreicht worden (vgl. die Input-Output-Tabellen für die übrigen 5 Pole im Exkurs zu Kap. 3). Dagegen ist die Bedeutung der Rohstoffbasis[1] der Provinz, die als Standortfaktor für die Erstansiedlungen sehr wichtig war, mit 5 % gering.
Man könnte daraus den Schluß ziehen, daß die Chemieindustrie in Huelva bereits eine Entwicklungsstufe erreicht hat, die die Ansiedlung eines weiteren Fächers von Aktivitäten auf der Seite der Zulieferer und Weiterverarbeiter begünstigt. Das würde bedeuten können, daß die Attraktion der bestehenden Chemieindustrie so groß ist, daß ein selbsttragender Wachstumsprozeß in der Region erwartet werden darf.

Die Situation Huelvas und hier im besonderen der Chemieindustrie soll im Anhang 4 beispielhaft dargestellt werden, um die Bedingungen eines möglichen selbsttragenden

---

[1] Das sind die Schwefelkiesvorkommen in Rio Tinto und anderen Lagerstätten im Norden der Provinz. Nach Schätzungen soll etwa die Hälfte des Weltvorkommens dort lagern.

Prozesses zu diskutieren.

Das Beispiel des Chemiepols Huelva wurde auch deshalb ausgewählt, weil mit der Industrie des Pols bereits die gesamte moderne Chemieproduktion der Provinz erfaßt ist. Überlegungen dazu, ob in anderen Sektoren die Entwicklung der Polindustrien den Charakter eines selbsttragenden regionalen Wachstumsprozesses trägt, könnten allenfalls im Zusammenhang mit der Beobachtung der interindustriellen Pol-Hinterland-Verflechtung angestellt werden. Diese wird im folgenden Abschnitt dargestellt.

3.3.2. Pol-Hinterland-Beziehungen und die Achse Huelva-Sevilla

In diesem Abschnitt werden die in 2.3. dargestellten Ströme 3-8 und 13-16 untersucht. Dabei interessieren besonders folgende Gesichtspunkte:
- Höhe und Struktur der Vorleistungskäufe der Polindustrien im Rest der Polprovinz und im Rest der jeweiligen anderen Polprovinz (5-8)
- Vorleistungskäufe der Polindustrien in Huelva von Polindustrien in Sevilla und vice versa (3+4),
- Verkäufe von Endprodukten der Polindustrien im eigenen Hinterland und im Hinterland des anderen Pols (13-16) und
- Höhe und Struktur der _interindustriellen_ Pol-Hinterland Verflechtung bei Vorleistungskäufen und Verkäufen von Endprodukten (Teile der Ströme 5-8 und 13-16).

Der erste Gesichtspunkte interessiert im Zusammenhang mit der _Bestimmung des indirekten Einkommenseffekts_ während der Produktionsphase der Polindustrien. Die Ströme 3 und 4, 7 und 8, 15 und 16 bezeichnen den _Beitrag der Polindustrien zu den interregionalen Beziehungen zwischen den Polprovinzen, der sog. Entwicklungsachse Huelva-Sevilla._ Die Ströme 5-8 und 13-16 werden daraufhin untersucht, _welcher Teil der durch sie bezeichneten Pol-Hinterlandsbeziehungen interindustrielle Relationen darstellt._ Dieser letzte Gesichtspunkt steht im Zusammenhang mit der am

Schluß des vorhergehenden Abschnitts gestellten Frage nach dem Beitrag der Polsektoren zu einem selbsttragenden regionalen Industrialisierungsprozeß. Dabei wird entsprechend den Aussagen der Wachstumspoltheorie unterstellt, daß nur dann ein wirksamer Beitrag zu erwarten ist, wenn die interindustriellen Pol-Hinterland-Relationen bedeutend sind.

(1) Die Ströme 3-8 sind in den Zusatztabellen zu den Input-Output-Tabellen nach empfangenden und liefernden Sektoren aufgegliedert wiedergegeben. Auf ihre Darstellung für 1971 mußte verzichtet werden, weil die zum Befragungszeitpunkt noch im Bau befindlichen Industrien die dafür erforderlichen detaillierten Angaben noch nicht machen konnten. Insgesamt können aber die Pol-Hinterlandbeziehungen in ihrer relativen Bedeutung auch für 1971 aus der Tab. 42 abgelesen werden. Dieses allgemeine Bild für 1971 soll zunächst betrachtet werden.

Tab. 42 zeigt die Pol-Hinterlandsbeziehung jeweils in der 2. und 3. Spalte der geographischen Verteilung von Vorleistungskäufen und Endproduktverkäufen. Sowohl in Sevilla als auch in Huelva ist zu beobachten, daß einem relativ hohen Anteil der Vorleistungskäufe aus dem Rest der eigenen Provinz im Durchschnitt aller Sektoren ein geringer Anteil aus der anderen Polprovinz gegenübersteht (27,9 gegenüber 2,3 % in Huelva, 44,3 gegenüber 1,0 % in Sevilla). Überdurchschnittlichen Anteil an den Käufen aus dem Rest der jeweiligen Polprovinz haben in Huelva die Sektoren Metall und Energie, in Sevilla die Sektoren Nahrungsmittel, Textil, Chemie und Energie. Die Hauptinputs dieser Sektoren aus dem Rest der Provinz sind in der Reihenfolge der Sektoren in Huelva Kupfererz und Schweröl, in Sevilla Oliven und Obst, Baumwolle, industrielle anorganisch-chemische Vorprodukte und Schweröl. Diese Aufzählung der wichtigsten intermediären Inputs der überdurchnittlich mit dem Rest der jeweiligen Polprovinz verbundenen Sektoren zeigt bereits, daß unter ihnen industrielle Vorleistungen von geringerer Bedeutung waren als solche aus extraktiven

181

Aktivitäten wie Landwirtschaft und Bergbau.

Die Verkäufe von Endprodukten an den Rest der Polprovinz zeigen andere Relationen. Sie sind in beiden Polen geringer als bei den Vorleistungen. Das charakterisiert die Polaktivitäten im Durchschnitt als Exportaktivitäten, abgesehen vom Sektor Baustoff in Huelva, dessen Produkte überwiegend vom Baugewerbe der Provinz gekauft werden, und vom Sektor Textil in Sevilla, der starke interindustrielle Relationen mit nicht polangehörigen Textilindustrien in der Provinz hat.

Die Verkäufe von Endprodukten an die andere Polprovinz reflektieren wiederum den geringen Marktumfang, gemessen am Totaleinkommen, bei vergleichbarem Entwicklungsstand, gemessen am pro-Kopf-Einkommen, in Huelva gegenüber Sevilla. Denn der Pol von Sevilla exportiert nicht nur absolut und relativ weniger in die Provinz Huelva als in den Rest der Provinz Sevilla, vielmehr exportieren auch die Industrien des Pols in Huelva mehr nach Sevilla, als sie im Rest der eigenen Provinz absetzen.

Daraus läßt sich bereits schließen, daß analog zur Betrachtung der Lieferströme während der Investitionsphase von Polindustrien und Infrastruktur die Verflechtungen, die von Huelva nach Sevilla ausstrahlen (Ausbreitungseffekte) höher sind als die von Sevilla nach Huelva. Diese Achsenbeziehungen sind jetzt näher zu untersuchen.

(2) Die Achse Huelva-Sevilla kann bis 1969 anhand der Zusatztabellen zu den Input-Output-Tabellen betrachtet werden. Dabei sind zuerst die direkten Lieferbeziehungen zwischen Polindustrien in Huelva einerseits, Sevilla andererseits (Ströme 3+4) interessant. Es zeigt sich, daß der Wert der Transaktionen mit etwa 36 Mill. Ptas. 1967 und 107 Mill. Ptas. 1969 gemessen an den gesamten Vorleistungskäufen der Polindustrien völlig bedeutungslos ist. Insoweit als mit der Doppelpolbildung die Schaffung integrierter sektoraler Komplexe intendiert war, muß das als vollständig gescheitert angesehen werden, zumal auch für

1971 keine wesentliche Erhöhung der betreffenden Lieferströme durch die Produktionsaufnahme weiterer Polindustrien erwartet werden kann.

Der Beitrag zu einer sog. Entwicklungsachse Huelva-Sevilla seitens der Polindustrien kann dann allenfalls noch in den Lieferbeziehungen jedes Pols mit dem Hinterland des anderen Pols gesehen werden. Tab.42 zeigt aber, daß bei Vorleistungskäufen der Pole die Restprovinz des jeweils anderen Pols kaum zum Zuge kommt. Dabei liegen die Käufe von Polindustrien in Huelva im Rest der Provinz Sevilla relativ weit über denen von Polindustrien in Sevilla im Rest der Provinz Huelva. Mit etwa 73 bzw. 15 Mill. Ptas. 1969 sind auch diese Lieferbeziehungen aber absolut gemessen völlig unbedeutend.

Bei den Verkäufen von Endprodukten in den Rest der anderen Polprovinz ist der Beitrag der Polindustrien jeweils höher als bei den Vorleistungskäufen und, wie schon angedeutet wurde, seitens Sevillas wiederum geringer als seitens Huelvas. Mit 221 bzw. 721 Mill. Ptas. 1969 und 332 bzw. 904 Mill. Ptas. 1971 haben die Verkäufe an die andere Polprovinz eine gewisse Bedeutung.

Insgesamt muß aber geschlossen werden, daß die "Achse" Huelva-Sevilla bis 1971 praktisch nicht existiert und daß daher bis dahin das Prinzip der Doppelpolansiedlung keinerlei Tragweite gehabt hat.

(3) Die industriellen Pol-Hinterlandsbeziehungen gibt Tabelle 45 wieder. Dort sind die Käufe und Verkäufe zusammengefaßt, die die Polindustrien in Huelva bzw. Sevilla mit verarbeitenden Industrien[1] im Rest ihrer Provinz und im Rest der anderen Polprovinz getätigt haben. Bei den Verkäufen wurde angenommen, daß die in den Input-Output-Tabellen für 1971 als Verkäufe von Produktionsgütern ausgewiesenen Ströme im vollen Umfang der verarbeitenden Industrie zufließen. Die interindustriellen Vorleistungskäufe sind für 1969 ausgewiesen, da die für ihre Bestimmung er-

---

1) hier: alle Industrien außer "extraktive Industrien".

forderlichen Zusatztabellen nur bis zu diesem Jahr vorliegen.

Tab. 45: Lieferverflechtungen der Polindustrien mit verarbeitenden Industrien im Hinterland (Huelva und Sevilla

	Pol Huelva		Pol Sevilla	
	ind.Verkäufe in % d.Ges. umsatzes 1971	ind.Vorleist.k. in % aller Vorleist.k. 1969	ind.Verkäufe in % d.Ges. umsatzes 1971	ind.Vorleist.k. in % aller Vorleist.k. 1969
Nahrungsmittel	20,4	0	13,9	0
Textil	-	-	62,8	2,8
Holzverarb.	2,9	0,4	-	-
Papierverarb.	-	-	25,2	30,6
Chemie	14,1	0,4	9,2	3,8
Baustoff	80,1	0	35,0	10,0
Metall	1,0	18,1*)	19,3	10,0
Verschied.	38,8	0	17,2	0
Energie	0	0	0	0
Total	9,8	0,5	23,7	6,3

*) Dieser Wert liegt 1971 sicherlich niedriger, da sich die Struktur der Endprodukte gegenüber 1969 außerordentlich verändert hat.

Zur Interpretation des Ergebnisses der Tab.45 sei noch einmal die Hypothese der Wachstumspoltheorie zitiert, wonach die Wachstumsgeschwindigkeit des Pols von der Höhe der interindustriellen Verflechtungen mit dem Hinterland beeinflußt wird. Denn unter sonst gleichen Bedingungen ist der Matrizialmultiplikator umso höher, je intensiver die Verflechtungen sind. Um das Theorem auf die Pol-Hinterlands-Beziehungen anzuwenden, ist es nützlich, sich die Verflechtungen der Polindustrien untereinander und mit dem Hinterland in einer Input-Output-Matrix für die gesamte Region Huelva und Sevilla vorzustellen. In der Tat ist es ja so, daß mit Hilfe der Beobachtung der Zusatztabellen und der in den Input-Output-Tabellen vorgenommenen Aufgliederung der Verkäufe in Produktionsgüter, Investitionsgüter und Konsumgüter eine Input-Output-Tabelle für die Gesamtregion aufgestellt werden kann, in der alle interindustriellen Relationen aufgrund von Verkopplungs-Effekten der Polindustrien verzeichnet sind. Allein die sektorale Aufgliederung der industriellen Käufer von Endprodukten der Polindustrien fehlt. Sie könnte mit einiger Sicherheit aus den vorliegenden Informationen bestimmt werden. Im Zusammenhang mit einer solchen vorgestellten Input-Output-Tabelle für die Gesamtregion können jetzt erste Schlüsse aus Tab.45 diskutiert werden.[1]

Die rückwärtige Verflechtung (Anteil der regionalen Vorleistungskäufe von Industrien) ist in beiden Polen gering, in Sevilla aber weit höher als in Huelva. Letzteres Ergebnis reflektiert wieder den höheren Diversifikationsgrad aufgrund größeren Marktumfangs in Sevilla. In beiden Polen kann daher nicht erwartet werden, daß die Industrie im Hinterland von der Entwicklung der Polindustrien über den Matrizialmultiplikator wesentlich beeinflußt wird. Es sei denn, daß die Verflechtungen der Lieferanten von Polindustrien mit anderen Industrien, die wiederum ihnen vorgelagert sind, explosionsartige Wachstumssprünge bewirkten. Und zwar bei denjenigen Vorlieferanten von Vorlieferaten der Polindustrien, die in der Polregion ansässig sind. Das zu postulieren, ist angesichts des Entwicklungsstandes der betrachteten Region kaum zu rechtfertigen.

Die industrielle Vorwärtsverflechtung ist in beiden Polen höher als die Rückwärtsverflechtung mit Industrien. Das reflektiert den Tatbestand, daß es sich in beiden Polen in der Regel um Industrien geringen Verarbeitungsgrades handelt, bei denen Vorleistungskäufe aus dem Primärsektor einschließlich der extraktiven Industrien überwiegen. Zu der relativ bedeutenden Vorwärtsverflechtung in Sevilla

---

1) Eine solche erweiterte Tabelle wird hier nicht vorgeführt. Ihre Darstellung hätte keinen über die Input-Output-Tabellen der Polindustrien, die Zusatztabellen und die Tabelle 45 hinausgehenden Informationsgehalt.

tragen insbesondere die Sektoren Textil (an andere Textilindustrien gelieferte Fasern), Baustoff (Lieferungen an das Bauhauptgewerbe), und Papierverarbeitung (Verpackungsmaterial) bei. Für den Anteil der regionalen Vorwärtsverflechtung in Huelva sind überdurchschnittlich maßgeblich der Sektor Nahrungsmittel (Kühlung und Lagerung für andere Nahrungsmittelindustrien), Baustoff (Lieferungen an das Bauhauptgewerbe) und Verschiedene (insbes. Verpackungsmaterial).

Keiner der genannten Sektoren, deren Aktivität die Vorwärtsverflechtung in der Region insbesondere zuzuschreiben ist, kann als führender Sektor akzeptiert werden. Die Nahrungsmittelindustrie in Huelva ist unbedeutend und notleidend. Ihre Entwicklungsaussichten sind aufgrund der Entfernung zu den Marktzentren gering, da die Tiefkühlprodukte ein gut ausgebautes Verteilungsnetz verlangen. Die Textilindustrie hat in Spanien insgesamt nur noch geringe Chancen, überdurchschnittliche Wachstumsraten zu realisieren, es sei denn, daß Auslandsmärkte eröffnet werden könnten. Die Produktion von Baustoffen und Verpackungsmaterial ist im wesentlichen als Nachfolgeaktivität führender Sektoren zu werten, ihre hohe Vorwärtsverflechtung steht auch damit im Zusammenhang, daß ihr Markt auf eine an die Polregion angrenzende Zone beschränkt ist.

<u>Das bedeutet, daß von den vorwärts-verflochtenen Sektoren im Hinterland nicht erwartet werden kann, daß sie autonome überdurchschnittliche Wachstumsraten haben werden, so daß über den Matrizialmultiplikator von ihnen aus starke Entwicklungsimpulse auf die Polindustrien nicht erhofft werden können.</u>

Das gilt schließlich auch für den bisher ausgeklammerten Sektor chemische Industrie außerhalb der Pole, insbesondere im Rest der Provinz Sevilla, wo aus Polindustrien bezogene Vorprodukte für Düngemittel verarbeitet werden. Der Markt für Düngemittel in Spanien ist bereits jetzt überbesetzt.

Zusammenfassend kann gesagt werden, <u>daß aufgrund der Vor-</u>

wärts- und Rückwärtsverflechtungen der Polindustrien mit
verarbeitenden Industrien im Hinterland unter Berücksichtigung der Intensität der Verflechtung und der Situation
der verflochtenen Sektoren nicht erwartet werden kann, daß
der intraregionale Matrizialmultiplikator hoch genug sein
könnte, um daraus die Folgerung eines zukünftigen selbsttragenden industriellen Wachstumsprozesses in der Polregion
ableiten zu können.

Dieses Ergebnis rechtfertigt nachträglich die Entscheidung,
die Untersuchung auf die Aufstellung von Input-Output- und
Zusatztabellen für die Polindustrien zu beschränken und
auf eine Input-Output-Analyse für die Gesamtregion zu verzichten. Denn im Zusammenhang mit der Analyse der regionalen Inzidenz der Input-Output-Relationen der Polindustrien
stehende Beziehungen sind mit dem gewählten Ansatz im wesentlichen erfaßt worden. Umfassendere Tabellen hätten für
die vorliegende Fragestellung nur geringen zusätzlichen
Aussagewert gehabt. Der mögliche Einwand, daß derart umfassende Tabellen aus Gründen der Prognose der weiteren
Entwicklung der Region wichtig sind, überzeugt nicht. Wie
gezeigt wurde, ist die Benutzung regionaler Input-Output-
Tabellen allenfalls in Verbindung mit der Anwendung von
Attraktionsmodellen zu Prognosezwecken geeignet.

3.3.3. Integrationsgrade und Handelsbilanzen mit dem Rest der Volkswirtschaft und dem Ausland

In der Diskussion um die spanischen Wachstumspole spielen
für den jetzt betrachteten Zusammenhang die folgenden Argumente eine Rolle:
- Die Wachstumspole sollen im Sinne der Exportbasistheorie
einen hohen positiven Außenbeitrag zur regionalen Handelsbilanz erbringen, da angesichts der Beschränktheit des regionalen Marktes entscheidende Wachstumsimpulse vom regionalen Außenhandel erwartet werden müssen ("export-led
growth").
- Die Wachstumspole sollen sich bei ihren Vorleistungskäufen soweit wie möglich auf im Regionsinland angebotene

Produkte beschränken (Konzept des "external blocking").
Soweit das aufgrund der gegenwärtigen Struktur der Region
nicht möglich ist, soll eine regionale Importsubstitutionspolitik Abhilfe schaffen (Konzept des "filling-in").
- Gegen eine Strategie des "external blocking" und "filling-in" wird eingewendet, daß sie dem Ziel der Maximierung der gesamtwirtschaftlichen Wachstumsrate und einem wünschenswerten Grad interregionaler Integration abträglich sei.

Die drei Argumente sind zu allgemein gehalten, als daß man sie in dieser Form überprüfen könnte. Deshalb wird hier nur untersucht, inwieweit sie überhaupt im Hinblick auf die vorliegende Situation relevant sein könnten, um als Basis für die Diskussion wirtschaftspolitischer Alternativen zu dienen. Dabei wird mit der Darstellung der interregionalen und -nationalen Verflechtung der Polindustrien begonnen (1), anschließend werden die resultierenden Handelsbilanzsalden dargestellt (2) und die Möglichkeiten untersucht, importierte Vorleistungen durch regionale bzw. nationale Produkte zu substituieren (3).

(1) Den Grad der interregionalen und internationalen Verflechtung der Polindustrien zeigt wiederum Tab. 42. Im Durchschnitt aller Sektoren ist in beiden Polen die Rückwärtsverflechtung mit dem Rest Spaniens und dem Ausland zusammengenommen etwa gleich und liegt bei 50 %. Während aber Huelva relativ abhängiger von ausländischen Importen als Sevilla ist, ist Sevilla abhängiger von Importen aus dem Rest der Volkswirtschaft. Die bedeutende Auslandsabhängigkeit Huelvas geht auf die Importe der Chemieindustrie und der Metallindustrie zurück, die höhere Abhängigkeit Sevillas vom Rest der Volkswirtschaft auf die Papier- und Metallindustrie.

Bei der Vorwärtsverflechtung spielt die Verflechtung mit dem Ausland erwartungsgemäß eine untergeordnete Rolle. Allein die Nahrungs- und Chemieindustrie exportiert in bedeutendem Umfang ins Ausland. Ein Sonderfall liegt in der Papierverarbeitenden Industrie in Sevilla vor: Es handelt

sich fast ausschließlich um die Exporte einer Druckerei.
Die Exporte der Chemieindustrie beschränken sich auf Düngemittel, und zwar in beiden Polen. Die Exporte der Nahrungsmittelindustrie in Sevilla betreffen in der Hauptsache Oliven und deren Öl.

Die wichtigen Exportproduktionen sind also diejenigen verhältnismäßig geringen Verarbeitungsgrades, während die Produktionen höheren Verarbeitungsgrades nur in Ausnahmefällen Zugang zum internationalen Markt gefunden haben. Das stützt die <u>These, nach der in Entwicklungsländern die Produktion von Gütern für den internationalen Markt der Produktion derselben für den nationalen</u> (und traditionell geschützten) <u>Markt mit einem Phasenverzug folgt</u> (Egner, 63, 113; Hesse, 68, 679). Typischerweise sind sie weiter <u>dadurch charakterisiert, daß die entsprechenden Exportmärkte geringe Wachstumschancen bieten.</u>

Die Exporte in den Rest der Volkswirtschaft sind in beiden Polen von erstrangiger Bedeutung. Sowohl in Huelva als auch in Sevilla repräsentieren die Verkäufe von Endprodukten der Polindustrien in den Rest der Volkswirtschaft mehr als 50 % der gesamten Umsätze. Im Durchschnitt beider Pole sind es etwa 60 %. Zu diesem Ergebnis tragen in Huelva die Sektoren Metall und Holzverarbeitung überdurchschnittlich bei, in Sevilla die Sektoren Metall, Papierverarbeitung, Chemie und Baustoff. Dabei ist es interessant, zwischen den Sektoren zu unterschieden, die im wesentlichen für eine engere Zone außerhalb der Polregion Huelva/Sevilla produzieren, und jenen, deren Markt sich auf die gesamte Volkswirtschaft erstreckt. Erstere sind in Huelva der Sektor Metall (fast die gesamte Produktion wird in Córdoba abgesetzt), in Sevilla die Sektoren Chemie, Papierverarbeitung und Baustoffe. Wichtigere "nationale" Industrien in dem Sinne, daß sie für den Gesamtmarkt der Volkswirtschaft produzieren, können also diejenigen sein, die einen unterdurchschnittlichen Anteil an den Exporten in den Rest der Volkswirtschaft gemessen an ihren Gesamtumsätzen haben. Typisch dafür ist die Chemieindustrie in Huelva.

(2) Die Ergebnisse der Vorwärts- und Rückwärtsverflechtungen der Polindustrien mit dem eigenen Hinterland, der anderen Polprovinz, dem Rest der Volkswirtschaft und dem Ausland werden insgesamt für den Durchschnitt beider Pole in Tab. 46 wiedergegeben. Die Handelsbilanzsalden, die hier für 1971 ohne sektorale Aufgliederung dargestellt sind, lassen sich ohne weiteres sowohl in sektoraler Aufgliederung als auch für die übrigen Berichtsjahre aus den sektoralen Input-Output-Tabellen ablesen.
Bemerkenswert sind an dieser Stelle der regionale Handelsbilanzsaldo in der untersten Zeile und der Saldo der Transaktionen mit dem Ausland in der vorletzten Zeile. Erwartungsgemäß ist der regionale Handelsbilanzsaldo in beiden Polen positiv und sehr hoch. Die Exporte in den Rest der Volkswirtschaft und das Ausland sind zusammengenommen in beiden Polen mehr als doppelt so hoch als die entsprechenden Vorleistungskäufe, wobei zu beachten ist, daß in keinem Pol die Wertschöpfungsquote 35 % überschreitet. Das reflektiert den Tatbestand, daß im Durchschnitt aller Sektoren in beiden Polen die regionalen Vorleistungskäufe relativ bedeutender sind als die regionalen Umsätze. Im Durchschnitt sind danach die Polindustrien in ihrem Allokationsverhalten stärker bezugs- als absatzorientiert.

Der negative Handelsbilanzsaldo Huelvas mit dem Ausland ist im folgenden interessant, weil sich an seiner quantitativen Bedeutung die Diskussion um die Belastung der nationalen Zahlungsbilanz durch das Polprogramm und die Wünschbarkeit der Importsubstitution am ehesten entzünden wird.

(3) Die Argumente der Zahlungsbilanzbelastung und der Möglichkeit der Importsubstitution bei den Vorleistungskäufen der Polindustrien sind jetzt zu prüfen.

Es wäre unzutreffend, aus einem negativen Handelsbilanzsaldo der Polindustrien mit dem Ausland auf eine entsprechende Belastung der nationalen Zahlungsbilanz zu schließen. Dies schon deshalb, weil das Angebot der Polindustrien selbst importsubstituierend wirken kann, sofern an-

Tab. 46: Synoptische Darstellung der Handelsbilanzen der Polindustrien 1971, Angaben in Mill. Ptas.

Transak-tionen mit	Pol Huelva			Pol Sevilla		
	Vorleist.-käufe	Endprod.-verkäufe	Saldo	Vorleist.-käufe	Endprod.-verkäufe	Saldo
Rest d. Provinz	3.438,4	880,2	-2.558,2	3.191,9	3.042,3	- 149,6
Anderer Polprov.	280,2	904,5	+ 624,3	72,3	331,5	+ 259,2
Rest Spaniens	1.134,1	10.820,7	+9.686,6	2.199,9	6.397,2	+4.197,3
Ausland	4.666,6	1.415,1	-3.251,5	1.462,5	1.075,7	- 386,8
Rest Spaniens + Ausland	5.800,7	12.235,8	+6.435,1	3.662,4	7.472,9	+3.810,5

dernfalls die übrigen Sektoren der Volkswirtschaft die entsprechenden Güter hätten importieren müssen. Das gilt unabhängig davon, ob das neue Angebot der Polindustrien bisher schon getätigte oder in unmittelbarer Zukunft andernfalls zu tätigende Importe ersetzt.

Das Belastungsargument wird nun dahingehend präzisiert, daß der Entlastungseffekt im Zusammenhang mit der Substitution von Importen anderer Sektoren gegenüber dem Belastungseffekt im Zusammenhang mit dem Importgehalt der Investitionsgüternachfrage für die Produktion importsubstituierender Güter erst mit einer Zeitverschiebung auftritt. Hier ist also nicht mehr von der Belastung während der Produktionsphase, sondern während der Investitionsphase die Rede. Danach ergibt sich, daß die massive Industrialisierungspolitik mindestens in der Übergangsphase zwischen Aufbau der Polindustrien und Aufnahme der Produktion einen Nettobelastungseffekt mit sich bringt.

Auch dieses bekannte Argument ist aber im vorliegenden Fall wegen der Finanzierungsmodalitäten der ausländischen Investitionsgüter[1] wenig durchschlagend. Zuerst ist zu beobachten, daß die Zeitverschiebung zwischen dem Kauf der ausländischen Investitionsgüter und der Produktionsaufnahme nicht sehr groß ist. Wie Tab.27 zeigt, beschränken sich ausländische Importe von Investitionsgütern fast ausschließlich auf Maschinen und maschinelle Anlagen. Diese werden oft erst im letzten Jahr vor der Produktionsaufnahme durchgeführt. Weiter werden die ausländischen Investitionsgüterkäufe überwiegend durch Lieferantenkredite finanziert. Dabei wird in der Regel so verfahren, daß 10 % des Kaufpreises bei Vertragsabschluß zu zahlen sind, weitere 10 % bei Lieferung der ersten Partie. 80 % werden in bis zu 5 Jahresraten bei einer durchschnittlichen Verzinsung von etwa 8 % auf den jeweiligen Restbetrag gezahlt.

---

1) Kapitaleinfuhren aufgrund von Einlagen ausländischer Unternehmen in das Sozialkapital der Polindustrien bleiben unberücksichtigt, da ihre Höhe unbekannt ist.

Das Belastungsargument gilt also nur in sehr abgeschwächtem Maß. Darüber hinaus ist es kein spezifisch für Polindustrien gültiges Argument. Da hinsichtlich des Importgehalts der Investitionsgüternachfrage in anderen neuen Industrien der Volkswirtschaft keine vergleichbaren Informationen vorliegen, kann diese Vermutung hier nicht belegt werden.

Jetzt ist das Argument der Importsubstitution im engeren Sinne zu prüfen. Danach soll angestrebt werden, Vorleistungskäufe der Polindustrien aus dem Ausland bzw. aus dem Rest der Volkswirtschaft (Argument des external-blocking bzw. filling-in) durch entsprechende inländische oder regionale Angebote zu ersetzen.

Tab. 47: Ausländische Vorleistungskäufe und Möglichkeiten ihrer Substitution durch inländische Produkte 1971

	Pol Huelva		Pol Sevilla	
	Importe in Mill. Ptas.	Substituierbarer Teil in %	Importe in Mill. Ptas.	Substituierbarer Teil in %
Nahrungsmittel	3,2	100	525,8	53
Textil	-	-	80,0	100
Papier	-	-	54,1	100
Holz	9,0	25	-	-
Chemie	3.405,7	3 - 20	56,6	100
Baustoff	3,0	0	304,2	3
Metall	1.245,6	25 - 30	424,2	100
Verschiedene	0	-	17,6	100
Energie	0	-	0	-
Total	4.666,6	16 - 35	1.462,5	62

Die Substitution von Vorleistungskäufen aus dem Ausland hängt davon ab, ob und in welchem Umfang bestimmte Produktionsgüter im Inland verfügbar zu machen sind, und davon, ob beim gegenwärtigen Entwicklungsstand der Volkswirtschaft und unter Berücksichtigung absoluter Vorteile ausländischer Lieferer ein inländisches Angebot sinnvoll erscheint. <u>Bereits wenn man sich bei der Analyse darauf beschränkt zu fragen, welche Güter wegen der Verfügbar-</u>

keit entsprechender natürlicher Ressourcen überhaupt im Inland bezogen werden könnten, ergibt sich eine starke Einschränkung der Substitutionsmöglichkeiten.

In der Tab.47 sind für Huelva in 2 Sektoren alternative Werte eingetragen. Einmal handelt es sich für die Chemieindustrie um die Möglichkeiten der Nutzung der Phosphorlager in der spanischen Sahara, zum anderen für die Metallindustrie um die Möglichkeit der Nutzung der Kupfererzlager im Rest der Volkswirtschaft. Beide Fälle waren zum Untersuchungszeitpunkt ungewiß.

Es zeigt sich, daß in Huelva und Sevilla zusammengenommen allenfalls 41 % der Importe zur Diskussion stehen, da der Hauptteil der Vorleistungsimporte technisch nicht in der Volkswirtschaft verfügbar gemacht werden kann.

Die Möglichkeiten einer Substitution von Vorleistungskäufen aus dem Rest der Volkswirtschaft durch Angebote innerhalb der Polregion (filling-in) sind in beiden Polen beschränkt. Für Huelva mit einem Anteil der Vorleistungskäufe aus dem Rest der Volkswirtschaft von 9 % aller Vorleistungskäufe ist das Argument der Importsubstitution von relativ untergeordneter Bedeutung. Darüber hinaus ist gerade in den Sektoren, die überdurchschnittlich aus dem Rest des Landes importieren, kaum eine Substitutionsmöglichkeit gegeben. Es handelt sich (Tab.42) um die Sektoren Holzverarbeitung und "Verschiedene". Die Importe der holzverarbeitenden Industrie sind Eukalyptusholz aus Badajoz, die Angebotsmöglichkeiten sind aus natürlichen Gründen in Huelva begrenzt. Beim Sektor Verschiedene handelt es sich um eine Mehrzahl von Produkten hohen Verarbeitungsgrades, bei denen die Gesamtnachfrage in der Polregion noch zu gering ist, um die Ansiedlung entsprechender Anbieter zu ermöglichen.

Das gilt mit der Ausnahme einer Papierfabrik, die in Huelva zu den bis 1973 zu realisierenden Projekten zählt und sowohl die Importe der papierverarbeitenden Industrien in Huelva als auch in Sevilla weitgehend ersetzen wird. Bei den übrigen Sektoren in Sevilla, die relativ überdurchschnittlich aus dem Rest der Volkswirtschaft importieren (Metallindustrie und Verschiedene), bzw. die einen quantitativ bedeutenden Beitrag zu den Importen aus dem Rest der Volkswirtschaft leisten (Baustoffe, insbesondere Baukeramik), sind die Substitutionsmöglichkeiten wiederum wegen der Nicht-Verfügbarkeit entsprechender Ressourcen und der weiten Fächerung der importierten Produkte bei oftmals hohem Verarbeitungsgrad und gleichzeitiger geringer Gesamtnachfrage in der Polregion begrenzt.

<u>Insgesamt erscheint es daher wenig sinnvoll, die Diskussion um die Möglichkeiten neuer Industrieansiedlungen in den beiden Polen bzw. in der Polregion mit dem Importsubstitutionsargument zu führen.</u> Jedenfalls gilt das insoweit, als die weiteren Investitionschancen bei der derzeitigen Industriestruktur der Pole und ihres Hinterlands nur in geringem Maße mit der Möglichkeit begründet werden können, bisherige regionale oder nationale Importe der Polindustrien zu ersetzen. Das bedeutet auch, daß eine Strategie des external-blocking wenig erfolgversprechend ist. Die filling-in-Strategie muß sich daher auf die Angebotsseite beschränken, d. h. auf die Weiterverarbeitung "in situ" derjenigen Produktionsgüter, die zur Zeit von den Polen und den produktiven Sektoren des Hinterlands angeboten werden.

Die Überlegungen werden sich daher darauf zu konzentrieren haben,
- ob mit den bisher in den Polen geförderten Aktivitäten bereits diejenigen getroffen wurden, deren sektorales Profil dem Standortprofil der Polregion am ehesten entspricht,
- und bei welchen Aktivitäten der Polregion die Flexibilität der Region - Ausdruck für die "Geschwindigkeit" und "Leichtigkeit", mit der neue Aktivitäten attrahiert werden - aufgrund des neuen Angebots der Polindustrien bereits hinreichend zugenommen hat, um die Förderung von Nachfolgeaktivitäten besonders lohnend erscheinen zu lassen.

Ein erster Ansatz dazu ist mit dem in Anhang 4 dargestellten Standortvergleich Huelva/Tarragona für die chemische Industrie gegeben.

3.4. Gesamteffekte der Produktionsphase

Die Darstellung der Gesamteffekte kann sich jetzt auf die Untersuchung der direkten, indirekten und induzierten Einkommenseffekte, d. h. auf die Polarisation der Einkommen in der Produktionsphase der Polindustrien beschränken. Der Abschnitt dient dazu, die diesbezüglichen Ergebnisse der Abschnitte 3.1. und 3.2. zusammenzufassen und zu ergänzen. Damit wird das Bild der synoptischen Darstellung der Ergebnisse der andalusischen Wachstumspole insofern abgerundet, als nach der Darstellung der Abfluß-Effekte aufgrund der Investitions- und Finanzierungsstruktur sowie aufgrund der Vorleistungskäufe aus dem Ausland und dem Rest der Volkswirtschaft <u>jetzt die Abfluß-Effekte bei der Wertschöpfung der Polindustrien aufgrund der Unterscheidung von Inlands- und Inländereinkommen (regional und national) bestimmt werden.</u>

Das heißt, daß ein gewisser systematischer Abschluß erreicht wird, bei dem zwar nicht die regionalen Einkommenswirkungen der Pole abschließend dargestellt werden, aber die unterschiedliche Einkommensinzidenz der Pole aufgrund ihrer Struktur und aufgrund der Ausgangssituation des sie umgebenden Hinterlands durch die verschiedenen Abflußquoten charakterisiert und erklärt wird. Verständlicherweise interessiert die Politiker mehr das Ergebnis der Pole im Hinblick auf die Wachstumsrate der pro-Kopf-Einkommen der Region. Dem hat seinerzeit die zitierte Studie der SEMA Rechnung tragen wollen, indem sie die Einkommenswirkungen des Lacq-Projekts zusammenfassend darzustellen versuchte. Das Ergebnis ist mit soviel methodischen Vorbehalten erkauft, daß es sich nicht lohnt, den Aussagewert der vorliegenden Untersuchung durch derartige Ungenauigkeiten zu belasten, auch wenn die Untersuchung in der Vorbereitung entsprechender Grundlagen weit differenzierter und genauer ist als die SEMA-Untersuchung. <u>Für die Prüfung der Hypo-</u>

thesen der Polarisations- und insbesondere der Wachstumspoltheorie ist das hier gewählte Vorgehen geeigneter.

3.4.1. Direkte und indirekte Einkommenseffekte

(1) Grundlage für die Berechnung des direkten Einkommenseffekts ist die Nettowertschöpfung der Polindustrien in den Berichtsjahren. Die Input-Output-Tabellen geben die Struktur der Nettowertschöpfung gegliedert nach Löhnen und Gehältern, Sozialversicherungsbeiträgen (Arbeitgeber- und Arbeitnehmeranteil), Zinsen für kreditfinanziertes Anlage- und Umlaufskapital, Gewinne und indirekte Steuer (Impuesto sobre el tráfico de la empresa, der Umsatzsteuer vergleichbar) wieder. Auf die Gefahr teilweiser Wiederholungen hin werden die Annahmen über die Zurechenbarkeit dieser Wertschöpfungskategorien kurz zusammenfassend dargestellt, die Begründungen sind im wesentlichen an anderer Stelle gegeben worden:

- Löhne und Gehälter: Inländereinkommen und Inlandseinkommen werden gleichgesetzt,
- Sozialversicherungsbeiträge: werden vollständig dem Rest der Volkswirtschaft zugerechnet,
- Zinsen für kreditfinanziertes Anlagekapital: Zinsen für öffentliche Kredite werden dem Rest der Volkswirtschaft zugerechnet, Zinsen für ausländische Lieferantenkredite dem Ausland,
- Zinsen für Umlaufskapital: vollständige Kreditfinanzierung unterstellt, in Huelva zu 100 % dem Rest der Volkswirtschaft zugerechnet, in Sevilla 33 % der Polprovinz, 67 % dem Rest der Volkswirtschaft,
- Gewinne: verteilt an Provinz, Rest der Volkswirtschaft, Ausland gemäß den Beteiligungsverhältnissen am "Sozialkapital",
- indirekte Steuer: vollständig dem Rest der Volkswirtschaft.

Die vorgenommene Differenzierung erlaubt zunächst, die regionale Abflußquote zu bestimmen. Die Abflüsse werden danach unterteilt in diejenigen, die dem Rest der Volkswirtschaft zugute kommen, und diejenigen, die ins Ausland abfließen. Es sei wiederholt, daß nur die Einkommensentstehungsseite betrachtet wird, nicht, wo die Einkommensbezieher die ihnen zugerechneten Einkommen effektiv verwenden.

a. Direkte Effekte auf das Regionaleinkommen: Nach den oben gegebenen Erläuterungen kann jetzt der direkte Effekt auf das regionale Inländereinkommen, d.h. der Regionsinländern zuzurechnende Anteil an der Nettowertschöpfung der Polindustrien in den Berichtsjahren, durch Addition der Löhne und Gehälter und der Gewinneinkommen aus regionalen Beteiligungen am Sozialkapital bestimmt werden. In Sevilla ist zusätzlich der Anteil an den Zinsen für das kreditfinanzierte Umlaufskapital zu berücksichtigen. Das Ergebnis gibt Tab.48 wieder:

Tab.48: Direkter Effekt auf das Einkommen der Provinz in Mill. Ptas. 1967-1971 und Abflußquote

	1967	1969	1971
a) Huelva			
Löhne und Gehälter	132,4	305,8	491,7
Gewinneinkommen	1,0	35,8	53,0
Total	133,4	341,6	544,7
Gesamte Abflußquote bezogen auf Nettowertschöpfung in %	66 %	70 %	85 %
b) Sevilla			
Löhne und Gehälter	573,3	898,7	1.086,1
Gewinneinkommen	188,7	404,0	632,6
Zinseinkommen	34,8	61,1	87,4
Total	796,8	1.363,8	1.806,1
Gesamte Abflußquote bezogen auf Nettowertschöpfung in %	43 %	43 %	50 %

Mit der Bestimmung der gesamten regionalen Abflußquote
bezogen auf die Nettowertschöpfung der Polindustrien ist
wieder ein besonders wichtiges Ergebnis gewonnen. Das
entsprechende Ergebnis für die Investitionsphase der Polindustrien ergab Tab.27, für die Investitionsphase der
Infrastrukturinvestitionen (unter den im Zusammenhang des
Abschnittes 3.2.1. gemachten Annahmen) ebenfalls Tab.27.
Eine Gegenüberstellung der dort abgeleiteten Abflußquoten
mit der Abflußquote nach Tab.48 für das "Normaljahr" 1971
zeigt Tab. 49:

Tab. 49: Zusammenfassende Darstellung der auf die Polprovinzen bezogenen Abflußquoten

	Huelva	Sevilla
Infrastrukturinvesti-tionen	64 %	47 %
Direkt produktive Inve-stitionen (Polindustrien)	91 %	75 %
Anteil des Regionsaus-ländereinkommen an der Nettowertschöpfung der Polindustrien	85 %	50 %

Die höchste Abflußquote liegt also in beiden Polen bei
der Investitionsgüternachfrage der Polindustrien vor, die
niedrigste bei Infrastrukturinvestitionen. Die Unterschiede der Abflußquoten in der Horizontalen und der Vertikalen bedürfen nach obigem keines weiteren Kommentars, da
sie die an den verschiedenen Stellen der synoptischen
Darstellung der Pole Huelva und Sevilla gegebenen Erklä-
rungen in jeder Hinsicht widerspiegeln.

b. Direkte Effekte auf das Einkommen des Rests der Volkswirtschaft: diese Effekte können für die Berichtsjahre
ebenfalls sehr einfach aufgrund der vorliegenden Informationen berechnet werden, indem für beide Pole von der
Nettowertschöpfung die Ausländereinkommen bei Zins- und
Gewinneinkommen und die Provinzländereinkommen nach a.
abgezogen werden. Im Fall der Pole Huelva und Sevilla
kann sogar noch weitergegangen werden, indem die Summe
der Provinzländereinkommen dem Inländereinkommen der

Tab. 50: Direkter Effekt auf das Einkommen des Rests der
Volkswirtschaft in Mill. Ptas. 1967-1971 und
Abflußquote

	1967	1969	1971
a) Huelva			
Nettowertschöpfung der Polindustrien	395,8	1.141,4	3.687,0
- ausländische Gewinneinkommen	- 125,0	261,8	725,1
- ausländische Zinseinkommen	181,8	136,0	55,8
- Provinzländereinkommen	133,4	341,1	544,7
Einkommen von Inländern im Rest der Volkswirtschaft	205,6	404,5	2.361,4
Anteil an der Nettowertschöpfung in %	52 %	35 %	64 %
Abflußquote ins Ausland in % der Nettowertschöpfung *	14 %	35 %	21 %
b) Sevilla			
Nettowertschöpfung der Polindustrien	1.392,7	2.378,1	3.507,3
- ausländische Gewinneinkommen	3,6	120,2	177,2
- ausländische Zinseinkommen	72,7	81,3	27,0
- Provinzländereinkommen	796,8	1.363,8	1.806,1
Einkommen von Inländern im Rest der Volkswirtschaft	519,6	812,8	1.497,0
Anteil an der Nettowertschöpfung in %	37 %	34 %	43 %
Abflußquote ins Ausland in % der Nettowertschöpfung *	6 %	9 %	7 %

*) Die Änderungen der Werte sind auf die zeitliche Struktur der Zinszahlungen und die Gewinnentwicklung (Anfangsverluste!) zurückzuführen.

Region Huelva/Sevilla gleichgesetzt wird. Denn es ist zu beobachten, daß zwischen den Polen keinerlei wesentliche Kapitalverflechtungen existieren, aufgrund derer z.B. Abflüsse bei Gewinn- und Zinseinkommen aus der Provinz der jeweils anderen Polprovinz zugute gekommen wären. Diese Beobachtung ist im einzelnen nicht abgesichert, dürfte aber im allgemeinen gelten. Soweit sie zutrifft, ergibt sich wiederum ein negatives Resultat für die sogenannte Achse Huelva-Sevilla. Gewonnene Primärerfahrungen im Zusammenhang mit Zusatzfragen bei der Enquête haben jedenfalls ergeben, daß allenfalls für die Zinseinkommen aufgrund der Umlaufskapitalfinanzierung in Huelva durch Banken in Sevilla eine Interdependenz bestehen dürfte.

Auch diese Ergebnisse können wieder mit den entsprechenden Ergebnissen für die Investitionsphase verglichen werden:

Tab. 51: Zusammenfassende Darstellung der Abflußquoten in das Ausland analog zu Tab.49

	Huelva	Sevilla
Infrastrukturinvestitionen	2 %	0 %
Direkt produktive Investitionen (Polind.)	38 %	33 %
Anteil des Ausländereinkommens an der Nettowertschöpfung der Polind.	21 %	7 %

Tab. 50 zeigt, <u>daß der direkte Effekt auf das Einkommen des Rests der Volkswirtschaft von 1967 bis 1971 absolut und relativ ansteigt.</u> Das hat zwei Gründe: Erstens entwickelt sich der Beitrag zum Einkommen des Rests der Volkswirtschaft schneller als der Beitrag zum Provinzeinkommen, <u>weil der Beitrag zum Provinzeinkommen im wesentlichen durch die Kontrakteinkommen, der zum Einkommen des Rests der Volkswirtschaft durch Zins- und Gewinneinkommen bestimmt ist.</u> Die Gewinneinkommen sind 1967 in Sevilla gering, in Huelva sogar negativ. 1971, nachdem ein Großteil der Industrien in beiden Polen die Normalauslastung erreicht hat, ist der Gewinnanteil an der Wertschöpfung höher (Huelva 65,8 %, Sevilla 64,3 % gegenüber 29,3 %) und damit der Wertschöpfungsanteil des Rests der Volkswirtschaft bei einer Beteiligung an den Gewinnen mit 68 % (Huelva) bzw. 50 % (Sevilla) überproportional gestiegen.

Zweitens steigt 1971 gegenüber 1967 der Anteil der Ausländereinkommen an der Wertschöpfung nicht so stark wie der dem Rest der Volkswirtschaft zuzurechnende Einkommensanteil. Das liegt daran, daß <u>die dem Ausland zuzurechnenden Zinseinkommen absolut sinken.</u> Wie erklärt wurde, hängt das mit den Finanzierungsmodalitäten bei importierten Investitionsgütern zusammen. Dagegen nehmen die Zinseinkommen des Rests der Volkswirtschaft zu, da sie entscheidend mit der Kreditfinanzierung des wachsenden Umlaufkapitalbedarfs zusammenhängen.

Auffällig ist in beiden Polen, daß die Abflußquote ins Ausland 1969 höher ist als in den beiden anderen Berichtsjahren. Auch dies ist daraus zu erklären, daß sich die Struktur der Ausländereinkommen aufgrund der Finanzierung der importierten Investitionsgüter zugunsten der Gewinneinkommen verschiebt.

Zusammenfassend kann festgestellt werden, <u>daß der Pol von Sevilla aufgrund seiner im Vergleich zu Huelva geringeren regionalen und nationalen Abflußquote eine stärkere Polarisation der Einkommen bewirkt als der Pol von Huelva.</u> Erwartungsgemäß wird dieses Ergebnis auch für den jetzt zu betrachtenden indirekten Einkommenseffekt bestätigt.

(2) Der indirekte Einkommenseffekt wird in Tab.52 wiedergegeben. Dabei sind die Vorleistungskäufe der Polindustrien im Rest der jeweiligen anderen Polprovinz mit erfaßt.

Tab.52: Indirekter Einkommenseffekt 1967 und 1969 in Mill. Ptas.

Indirekter Effekt des	1967		1969	
	im Rest der Prov.		im Rest der Prov.	
	Huelva	Sevilla	Huelva	Sevilla
Pols Huelva	153,2	20,4	337,6	109,5
Pols Sevilla	7,4	921,3	18,1	1.577,6
Beider Pole	160,6	941,7	355,7	1.687,1

Die indirekten Effekte der Pole im Rest der jeweils anderen Polprovinz reflektieren die Schwäche und Einseitigkeit der Achsenbeziehung Huelva-Sevilla. Die Bedeutung des indirekten Effekts jedes Pols für sein Hinterland in Relation zur Bedeutung des indirekten Effekts läßt sich am besten durch den Vergleich der Bruttowertschöpfung der Polindustrien mit dem indirekten Effekt auf ihr Hinterland darstellen. Denn beides sind Beiträge zum Bruttoinlandsprodukt der Provinz. Wie oben ausgeführt wurde, war es beim indirekten Effekt nicht möglich, Nettowertschöpfungsanteil und Inländeranteil an der Nettowertschöpfung analog zum Vorgehen beim direkten Effekt zu bestimmen.

Der Vergleich der Tab.53 zeigt also, in welchem Verhältnis Bruttowertschöpfung der Polindustrien und durch Vorleistungskäufe im Hinterland induzierte Bruttowertschöpfung sich zueinander verhalten. Über die Inzidenz auf das Inländereinkommen lassen sich nur Vermutungen aufstellen, von denen die begründetsten weiter unten genannt werden.

Tab.53: Beitrag der Polindustrien und ihrer Zulieferer im Hinterland zum Bruttoinlandsprodukt der Provinz in Mill. Ptas.

	1967		1969	
	Huelva	Sevilla	Huelva	Sevilla
Polindustrien	714,6	1.602,5	1.726,8	2.731,0
Zulieferer *)	153,2	921,3	337,6	1.577,6
Relation Zulief./ Polindust.	0,21	0,57	0,20	0,58

*) Nur durch Vorleistungskäufe der Polindustrien induzierter Beitrag.

Der Umstand, daß die Relation im Vergleich der Jahre fast konstant ist, überrascht. Wenn auch beobachtet werden konnte, daß in den einzelnen Polindustrien die Lieferbeziehungen relativ stabil sind, muß die Konstanz wegen der 1969 gegenüber 1967 erfolgten Veränderung der Produktzusammensetzung und der sich daraus ergebenden Struktur der Vorleistungskäufe als Zufall erscheinen (vgl. dazu die Zusatztabellen in 2.3.).

Im Vergleich beider Pole scheinen die dargestellten Unterschiede der Relation den Erwartungen zu entsprechen, da ja die Polindustrien in Sevilla einen weit höheren Anteil ihrer Vorleistungen im eigenen Hinterland beziehen als die in Huelva (vgl. Tab.42). Der Vergleich der Ergebnisse mit denen in Tab.42 ist aber nicht unmittelbar möglich, da sich Tab.42 auf das Berichtsjahr 1971 bezieht. Welche Möglichkeiten bestehen, für die Werte in Tab.53 eine begründete Projektion für 1971 vorzunehmen?

Einen Anhaltspunkt dafür, ob eine derartige Projektion vertretbar erscheint, ergibt die Beobachtung der Veränderung des Anteils der Vorleistungskäufe aus dem Rest der Provinz an den gesamten Vorleistungskäufen. Starke Veränderungen dieses Anteils werden sich auch in bedeutenden Umschichtungen der Anteile liefernder Sektoren niederschlagen. In der Regel wird das wegen der unterschiedlichen Wertschöpfungsquoten der liefernden Sektoren zu Veränderungen der relativen Bedeutung des indirekten Effekts, wie sie durch Tab.53 ausgedrückt wird, führen.

Es zeigt sich, daß in Sevilla der Anteil der aus dem Hinterland bezogenen Vorleistungen nur geringen Veränderungen im Zeitablauf unterlegen hat. Die Anteile sind 46,3 % 1967, 45,9 % 1969 und 44,3 % 1971. Weiter kann berücksichtigt werden, daß in Sevilla die Veränderung der Produktzusammensetzung der Sektoren durch die Industrien, die nach 1969 die Produktion aufgenommen haben, 1971 gegenüber 1969 im Vergleich zu Huelva weniger bedeutend ist. Deshalb könnte eine Projektion für Sevilla versucht werden. Unter der Annahme der Konstanz der für Sevilla 1969 in Tab.53 dargestellten Relation würde dann der indirekte Effekt 1971 etwa 2.290 Mill. Ptas. betragen.

Ein entsprechendes Vorgehen für Huelva verbietet sich. Denn die Relation Vorleistungskäufe im Hinterland/Vorleistungskäufe insgesamt ist für die Berichtsjahre 1967 7,1 %, 1969 8,6 % und 1971 27,9 %. Die kräftige Erhöhung des Wertes für 1971 <u>erschwert die Projektion, zeigt aber, daß unter Beschränkung auf die Berichtsjahre 1967 und</u>

1969 die Bedeutung des indirekten Effekts in Huelva nicht zutreffend erfaßt werden kann.

Eine Projektion für Huelva ist daher wünschenswert. Sie wird möglich, wenn nach den Gründen für die Veränderung des Anteils der Polprovinz an den Vorleistungen gefragt wird. Dabei zeigt sich, daß 91 % des Zuwachses der Vorleistungskäufe aus der Provinz einer einzigen Industrie zuzuschreiben sind. Deren Zulieferer sind bekannt. Es handelt sich um extraktive Industrien metallischer Minerale. Unter Berücksichtigung der Wertschöpfungsquote dieses Liefersektors in Höhe von 87,7 % (Comisaria, 70, RGR) und der allgemein bei der Berechnung des indirekten Effekts gemachten Annahmen ergibt sich ein durch die Vorleistungsnachfrage der genannten Industrie induzierter Beitrag zum Bruttoinlandsprodukt der Provinz in Höhe von 2417,5 Mill. Ptas. Zusätzlich ist jetzt die aufgrund erhöhter Vorleistungsnachfrage der übrigen Industrien im Hinterland 1971 entstehende Einkommenserhöhung zu schätzen. Dabei werden die 1969 gültigen Durchschnittswerte unterstellt. Der induzierte Beitrag beläuft sich hier auf 558,4 Mill. Ptas. Dann beläuft sich der indirekte Effekt des Pols von Huelva 1971 auf 2975,9 Mill. Ptas., die Relation zum Beitrag der Polindustrien zum Bruttoinlandsprodukt der Provinz ist 0,66.

Jetzt kann - bei allen notwendigen Vorbehalten - Tab.53 für 1971 ergänzt werden:

Tab. 53a: Ergänzung zu Tab.53, Schätzungen für 1971

	Huelva	Sevilla
Polindustrien	4.531,6	3.946,8
Zulieferer	2.975,9	2.289,1
Relation Zulieferer/ Polindustrien	0,66	0,58

Nun erscheint die Relation Zulieferer/Polindustrien in Huelva gegenüber Sevilla unter Berücksichtigung der Tab. 42 als überraschend hoch. Dafür allerdings gibt es zwei

Gründe: Erstens ist die Relation Vorleistungen aus dem Hinterland/Bruttowertschöpfung 1971 in Huelva nur unwesentlich niedriger als in Sevilla, zweitens ist im gewogenen Durchschnitt der Liefersektoren in Huelva die Wertschöpfungsquote höher als in Sevilla.

Abschließend sind einige Überlegungen dazu anzustellen, inwiefern es berechtigt ist, die Inzidenz der Pole auf das Regionsinländereinkommen in Sevilla 1971 dennoch höher einzuschätzen als in Huelva. Als erster Gesichtspunkt ist zu nennen, daß in Huelva 1971 die Differenz zwischen Bruttoinlands- und Nettoinlandsprodukt der Zulieferer wesentlich höher sein wird als in Sevilla. Denn bekanntlich ist die Kapitalintensität der extraktiven Industrien und entsprechend der Anteil der Abschreibungen an der Bruttowertschöpfung hoch. Die extraktiven Industrien stellen 1971 mit $\sim$90 % in Huelva einen außerordentlich hohen Anteil an den Vorleistungen aus dem Rest der Provinz.

Der zweite Gesichtspunkt bezieht sich darauf, daß die Abflußquote bei Zins- und Gewinneinkommen bezogen auf die Polprovinz nicht nur bei Polindustrien in Huelva höher sein wird als in Sevilla. D.h., daß die Differenz von Inlands- und Inländereinkommen auch bei Zulieferern in Huelva größer sein wird als in Sevilla. Für 1971 kann das als sicher gelten, weil mindestens 80 % aller Vorleistungskäufe der Polindustrien im Rest der Provinz aus den Minen des Rio Tinto-Gebiets kommen. Die Minen sind im Besitz von Kapitaleignern außerhalb der Polprovinz. Daher liegt in Sevilla auch 1971 der indirekte Effekt, nun gemessen als Beitrag der Zulieferer zum Nettoinländerprodukt, absolut und relativ höher als in Huelva.

Das Ergebnis dieses Abschnittes kann also dahingehend zusammengefaßt werden, daß in Huelva der direkte und indirekte Effekt auf das Provinzinländereinkommen sich im wesentlichen auf die bei Polindustrien und Zulieferern gezahlten Löhne und Gehälter beschränkt. In Sevilla ist auch im letzten Berichtsjahr trotz absolut niedrigerer Beiträge der Polindustrien und Zulieferer zum Bruttoinlandsprodukt der Beitrag zum Inländereinkommen höher als in Huelva.

Der relative Beitrag des Pols von Huelva zum Inländereinkommen seiner Provinz ist jedoch trotz der bedeutend höheren Abflußquote größer als in Sevilla. Denn im (mit ihrem Anteil an den Vorleistungen) gewogenen Durchschnitt der Zulieferer betragen die Löhne und Gehälter bezogen auf die Bruttowertschöpfung bei den Zulieferern bereits knapp 30 %. Da das gesamte Provinzeinkommen in Sevilla etwa viermal so hoch ist wie in Huelva, kann der relative Beitrag des Pols von Sevilla den von Huelva nicht erreichen. Angesichts der Bevölkerungsentwicklung in beiden Provinzen gilt weiter, daß die pro-Kopf-Einkommen in Huelva gegenüber Sevilla eine noch höhere Wachstumsrate zeigen müssen als die Totaleinkommen.

3.4.2. Der regionale Konsumausgabenmultiplikator

Gegenstand dieses Abschnitts ist, welche Bedeutung der induzierte Einkommenseffekt aufgrund der Verausgabung der im Wege des direkten und indirekten Effekts geschaffenen Provinzinländereinkommen hat. Die zusätzlichen verfügbaren Einkommen jeder Periode aufgrund direkter und indirekter Effekte verursachen Multiplikatorprozesse, die durch den regionalen Konsumausgabenmultiplikator beschrieben werden können. Die Unterschiede der Multiplikatorrelation k^H (für Huelva) und k^S (für Sevilla) stellen eine wichtige Information über das jeweilige Pol-Hinterland-Verhältnis dar. Zu erwarten ist, daß $k^H < k^S$ und daß entsprechend das Ergebnis der Überlegungen zu 3.4.1. zu ergänzen ist. Vom "Konsumausgabenmultiplikator" wird gesprochen, um eine eindeutige begriffliche Abgrenzung zu Matrizialmultiplikatoren zu gewährleisten.

Zuerst ist die Multiplikatorrelation zu entwickeln (1), anschließend werden die Möglichkeiten ihrer empirischen Bestimmung und das Ergebnis dargestellt (2). Das Ergebnis ist geeignet, optimistische Einschätzungen regionaler Multiplikatorwirkungen zu korrigieren.

(1) Ein <u>einfacher regionaler Multiplikator</u> könnte definiert werden als

$$k^i = \frac{1 - im^i}{1 - c^i(1-im^i)}, \qquad [1]$$

wobei c^i die marginale Konsumquote, im^i die marginale Importquote für Konsumgüter ausdrückt. Der Index i kennzeichnet irgendeine Region. Es handelt sich um einen einfachen regionalen Multiplikator, weil interregionale Rückkopplungseffekte unberücksichtigt bleiben.

Wird mit dieser Relation gearbeitet, dann wird offenbar unterstellt, daß die Einkommensteile, die in der Region ausgegeben werden, in dieser Region in vollem Umfang wieder zu Einkommen werden. Das kann aber nicht akzeptiert werden, da in der Konsumgüterproduktion der Region und den ihr vorgelagerten Aktivitäten innerhalb der Region z.T. Regionsausländereinkommen entstehen. Einmal dadurch, daß die Produzenten von Konsumgütern und deren innerregionale Vorlieferanten auf Vorleistungsimporte angewiesen sein werden, zum anderen dadurch, daß Teile der erzeugten Regionsinlandseinkommen Regionsausländern zuzurechnen sein werden (vgl. dazu Rittenbruch, 68, 55 ff.). Wenn auch nicht unterstellt werden soll, daß die Abflußquoten, wie sie bei Polindustrien beobachtet wurden, für die Konsumgüterproduktion gelten, zeigen die für Polindustrien gewonnenen Ergebnisse, wie wichtig die Berücksichtigung der Abflußquoten im vorliegenden Fall sein kann.

<u>Für periphere Regionen dürfte nach aller Erfahrung die Berücksichtigung der Abflußquoten wichtiger sein als die von interregionalen Rückkopplungseffekten.</u> Letztere strahlen vom Regionsausland auf eine periphere Region dadurch aus, daß erhöhte Importe der Region zu Einkommenszuwächsen der Exporträume und schließlich zur Erhöhung der Importe dieser Räume aus der peripheren Region führen. Auch Jansen, der einen regionalen Multiplikator mit Rückkopplungseffekten ableitet (Jansen, 68, 49 ff.), gibt für die Rückkopplungswirkung sehr niedrige hypothetische

Werte an, die er für plausibel hält. Dabei verwendet er noch nicht einmal explizit das obengenannte Argument, daß derartige Rückkopplungswirkungen auf periphere Regionen besonders gering sein werden.

Hier wird daher vorgeschlagen, einen einfachen regionalen Multiplikator zu benutzen, dafür aber den regionalen Abflußquoten besondere Aufmerksamkeit zu widmen. Der regionale Konsumausgabenmultiplikator hat die Form

$$\frac{dY^i}{dA_a^i} = k^i = \frac{(1 - im_c^i)(1 - im_v^i)}{1 - c^i(1 - im_c^i)(1 - im_v^i)} \; . \qquad [2]$$

Dabei ist dA_a die zusätzliche Menge von Konsumgüterausgaben, die aufgrund direkter und indirekter Poleffekte in jeder Periode gegenüber der Vorperiode von Regionsinländern ("autonom") getätigt werden, also der Zuwachs von Regionsinländern aufgrund der Polaktivität (direkte + indirekte Effekte) zufließenden Inlandseinkommen abzüglich direkter Steuern auf dieses Einkommen, der Sozialversicherungsbeiträge und der Ersparnis. im_c ist der aus dem Regionsausland importierte Teil der Konsumgüter, im_v ist die Abflußquote bei der Produktion regionsinländischer Konsumgüter. im_v berücksichtigt sowohl den Importgehalt der bei inländischen Produzenten von Konsumgütern und deren Vorlieferanten im Inland induzierten Vorleistungsnachfrage als auch die Differenz von Inlands- und Inländereinkommen auf diesen Stufen. c ist die marginale Konsumquote, der Index i bezeichnet hier wie bei den anderen Ausdrücken, daß es sich jeweils um den Ausdruck für eine bestimmte Region handelt.

Die erweiterte Multiplikatorrelation kann als Spezifikation der erstgenannten angesehen werden, für $(1 - im)$ wurde jetzt $(1 - im_c)(1 - im_v)$ gesetzt. Das trägt dem Umstand Rechnung, daß auch die in der Region produzierten Konsumgüter noch Importanteile beinhalten.

(2) Bei der Diskussion der Möglichkeiten der empirischen Bestimmbarkeit der Relation kann nur teilweise auf ge-

sichertes Material zurückgegriffen werden. Notwendige Annahmen werden auf ihre Plausibilität hin untersucht, abschließende Sensibilitätstests verdeutlichen die Abhängigkeit des Multiplikators von eventuellen Fehlern bei den Annahmen.

Allgemein muß darauf verzichtet werden, mit <u>marginalen</u> Konsum- bzw. Importquoten zu operieren. Einmal deshalb, weil auch für das gesicherte Material (z.B. aus der regionalen Gesamtrechnung) keine Zeitreihen vorliegen, zum anderen deshalb, weil bei Schätzungen sich ohnehin nur Näherungswerte ergeben. Das kann akzeptiert werden, soweit es die Spar- bzw. Konsumquote betrifft, wie später gezeigt wird. Die Sparquote der Haushalte ist mit Werten um 8 % bezogen auf das verfügbare Einkommen in beiden Polprovinzen leicht höher als im Rest der Volkswirtschaft (7,5 % für die gesamte Volkswirtschaft 1967, s. RGR, 27). Veränderungen relativ großer Bedeutung werden auf das Multiplikatorergebnis keine starke Wirkung haben. Problematischer erscheint die Annahme der Konstanz der Importquoten, da ja die neuen Polindustrien, deren Effekte hier zur Diskussion stehen, importsubstituierend für die Region gewirkt haben können. Das gilt für Huelva nicht in dem Maße wie für Sevilla, wie sich aus der Struktur des Angebots der Polindustrien in beiden Provinzen ergibt. Für Sevilla gilt es auch insofern nur abgeschwächt, als die Konsumgüterindustrien dort exportorientiert sind. Viele stellen Produkte her, die auch vorher schon in der Region in der Menge angeboten worden sind, daß sie nicht importiert zu werden brauchten. Immerhin ist anzuerkennen, daß in Sevilla Korrekturen angebracht sein könnten. Das geschieht im folgenden unter b.

a. Zuerst soll die Konsumquote bestimmt werden. Dazu ist folgende Vorüberlegung anzustellen: Die Multiplikatoranalyse ergibt für jede Periode die induzierte Erhöhung des Regionsinländereinkommens (dY^i). Das ist das Nettoinländerprodukt zu Faktorkosten, nicht das verfügbare Einkommen. Nur das verfügbare Einkommen abzüglich der Ersparnis wird in der Region in der nächsten Periode einkommenswirksam sein können, denn direkte Steuern einschließlich der Sozialversicherungsbeiträge sind Abflüsse aus der Region (s. a. Tiebout, 60, 76). Das ist eine Folge der zentralistischen Finanzverfassung der spanischen Volkswirtschaft.

Die Belastung des Nettoinländerprodukts zu Faktorkosten durch direkte Steuern einschließlich der Sozialversicherung (Zahllast) beträgt (Comisaría del Plan, 70, RGR, 24)

$$\frac{T_{dir}}{Y^H} = 0{,}088 \quad \text{und} \quad \frac{T_{dir}}{Y^S} = 0{,}086,$$

die Indizes H und S bedeuten hier wie im folgenden Huelva bzw. Sevilla. Die gesamte Ersparnis der Haushalte und Unternehmen der Provinzen bezogen auf das Nettoinländerprodukt zu Faktorkosten beträgt (RGR, 41)

$$\frac{S}{Y^H} = 0{,}100 \quad \text{und} \quad \frac{S}{Y^S} = 0{,}099.$$

Danach ist

$$\frac{C}{Y^H} = c^H = 0{,}812 \quad \text{und} \quad \frac{C}{Y^S} = c^S \ni 0{,}815.$$

Diese durchschnittliche Konsumquote c^i wird im folgenden als konstant und damit gleich der marginalen Konsumquote angenommen.

b. Im zweiten Schritt ist der Anteil der importierten Konsumgüter an den in der Provinz zusätzlich nachgefragten Konsumgütern zu bestimmen (im_c^i). Dabei entsteht die Schwierigkeit, daß keine regionale Import-Export-Statistik vorliegt, aus der die entsprechenden Werte hätten berechnet werden können. Regionale Handelsbilanzen werden ja wegen der Unkenntnis der einzelnen Güter und Dienstleistungsströme wie im Fall der RGR vielfach im Wege eines indirekten Verfahrens aufgestellt. Man geht von einzelnen Gütergruppen aus, für die die Differenz zwischen innerregionalem Angebot und regionaler Nachfrage bestimmt wird.

Die Differenz wird dann als regionaler Ex- bzw. Import verbucht.

Ein derartiges Verfahren könnte auch hier angewendet werden, wenn die Struktur der Konsumausgaben nach Produkten bzw. Produktgruppen bekannt ist. Das ist der Fall, denn das spanische statistische Amt (Instituto Nacional de Estadística) hat 1964/5 eine Untersuchung der Struktur der Konsumausgaben in allen Provinzen durchgeführt (I.N.E., 65). Es sei unterstellt, daß sich diese Struktur nicht entscheidend geändert hat. Diese Unterstellung ist notwendig, weil Vergleichsdaten zur Berechnung der Einkommenselastizität der Nachfrage nach den Produktgruppen fehlen. Man könnte versuchen, die Daten für diejenigen Provinzen, die 1965 ein gleich hohes pro-Kopf-Einkommen wie die Polprovinzen in den Berichtsjahren hatten, zu verwenden. Das Ergebnis einer solchen Querschnittsanalyse ist aber schwerlich im Sinne eines Entwicklungszeitpfades für einzelne Provinzen zu deuten, da ja regionale Konsumgewohnheiten, Unterschiede der personellen Einkommensverteilung, Verfügbarkeit von Dienstleistungsangeboten etc. erhebliche Auswirkungen auf die Struktur der Konsumgüternachfrage haben.

Die regionale Gesamtrechnung gibt in ihrem abschließenden Tabellenteil die für die Bestimmung der Salden der Handelsbilanz der Polprovinzen grundlegenden Daten über innerregionales Angebot und regionale Nachfrage großer Produktgruppen an (ebd., 67 ff.). Diese werden aber im folgenden nur zur Bestimmung des Importgehalts der Konsumgüternachfrage bei einem Teil der Produkte herangezogen, da die Produktgruppen zu hoch aggregiert sind und somit die Verfügbarkeit des weit feiner aufgegliederten Materials der Untersuchung des I.N.E. nicht optimal genutzt würde. Denn es ist zu beachten, daß das Ergebnis der indirekten Messung von Importströmen vom verwendeten Aggregationsgrad für die Produktgruppen abhängt. Haben Untergruppen Salden verschiedenen Vorzeichens, dann ist die Summe der Salden der Untergruppen höher, als wenn nur das konsoli-

dierte Ergebnis der übergeordneten Gruppe verbucht wird.
Die Angaben der RGR lassen sich nur für 27 Gruppen mit
denen der Studie des I.N.E. vergleichen, die Gruppierung
des I.N.E. umfaßt 88 Untergruppen, vielfach geht die Untergliederung bis hin zum einzelnen Produkt (Zucker,
Milch, etc.).

Um die Importquote für die einzelnen Güter- und Dienstleistungsgruppen abzuschätzen, wurden die 88 Produktarten der
Studie des I.N.E. vier Kategorien zugeordnet, nämlich solchen:
- die überhaupt nicht in der Provinz produziert werden, wie sich aus der Produktionsstatistik ergibt (betrifft 23 % der Konsumgüterkäufe in Huelva, 11 % in Sevilla);
- die nicht interregional gehandelt werden, insbesondere weil die Nutzung am Ort und im Augenblick der Produktion erfolgen muß (bestimmte Dienstleistungen, Nutzung von Wohnungen); die zwar interregional gehandelt werden, aber qualitativ undifferenziert[1] sind und in der Provinz so reichlich angeboten werden, daß Importe unbedeutend sein dürften (Fisch in Huelva, Olivenöl, Eier, Milch, in Sevilla z. B.) (betrifft 33 % der Konsumgüterkäufe in Huelva, 43 % in Sevilla);
- die zwar in der Provinz produziert werden, deren Angebot aber nicht ausreicht, oder die qualitativ so differenziert sind, daß auch bei ausreichendem Angebot nicht erwartet werden kann, daß nur Produkte der Provinz zum Zuge kommen. Bei letzteren handelt es sich z.B. um Textilien, Möbel, Haushaltsgeräte etc. (betrifft 32 % der Konsumgüterkäufe in Huelva, 34 % in Sevilla);
- die eigentlich der dritten Kategorie zuzurechnen sind, für die aber mangels entsprechender Zuordnungsmöglichkeit zu den in der RGR ausgewiesenen Produktgruppen keine indirekte Schätzung der Importe möglich war (betrifft 12 % der Konsumgüterausgaben in beiden Provinzen).

---

1) Das bedeutet, daß damit gerechnet werden kann, daß der interregionale Austauschhandel unbedeutend ist.

Aufgrund dieser Gruppierung können bereits folgende Aussagen gemacht werden: für die erste Kategorie beträgt die Abflußquote 100 %, für die zweite 0 %. Die Höhe des Anteils der zweiten Gruppe in beiden Provinzen bedarf einer Erläuterung. Es ist zu bedenken, daß es sich um Provinzen relativ geringen pro-Kopf-Einkommens handelt. In ihnen werden anteilsmäßig mehr Nahrungsmittel und täglich benötigte Dienstleistungen bedeutend sein (vgl. die folgende Tab.54). Die Nahrungsmittel einfacher Art überwiegen. Hochgradig differenzierte Produkte, insbesondere dauerhafte Konsumgüter, haben ein geringes Gewicht. So betrug der Anteil der Ausgaben für dauerhafte Konsumgüter an den gesamten Konsumausgaben 1967 in Huelva 6,3 %, in Sevilla 9,0 % (RGR, 27).

Für die Produkte der dritten Kategorie wurden die Importsalden im Wege des indirekten Verfahrens auf der Basis der Daten der RGR ermittelt. Es wurde nach folgendem Kriterium verfahren: war 1967 bei dem Produkt bzw. der Produktgruppe in der RGR ein Defizit ausgewiesen und war auch für 1971 aufgrund der Produktion von neuen Polindustrien keine Deckung zu erwarten, wurden die Ausgabenanteile der entsprechenden Güter vollständig als importierte Anteile verbucht. Denn wenn bei gegebener Nachfrage unter Berücksichtigung evtl. importsubstituierender Polaktivitäten bereits importiert werden mußte, muß die zusätzliche Nachfrage im vollen Umfang importerhöhend wirken. War dagegen bei einem Produkt bzw. einer Produktgruppe ein Überschuß verzeichnet,[1] wurde angenommen, daß keine Importe stattfanden. Nach diesem Verfahren ergab sich für die Produkte der dritten Kategorie ein Importanteil von insgesamt etwa 65 % in Huelva und 68 % in Sevilla. Diese Ergebnisse wurden auch für Güter der Kategorie 4 analog angewendet, da keine geeignete Methode zur Verfügung stand, und diese Güter an sich der dritten Kategorie zuzurechnen gewesen wären.

---

[1] Die in der RGR ausgewiesenen Salden berücksichtigen auch eine evtl. intermediäre Verwendung der Güter.

Man wird zugeben müssen, daß das Verfahren für Gruppe 3 und 4 nicht sehr befriedigt. Das liegt insbesondere daran, daß der Austauschhandel, der bei diesen Produkten eine erhebliche Rolle spielt (z.B. bei Textilien, Reinigungsmitteln und kosmetischen Artikeln, dauerhaften Konsumgütern, hochveredelten Nahrungsmitteln) vollständig unberücksichtigt geblieben ist. Das ist ein schwerwiegender Mangel, weil im vorliegenden Zusammenhang <u>wenig interessiert, ob eine Region ein bestimmtes Produkt in hinreichender Menge produziert, vielmehr, ob dieses intraregionale Angebot auch zum Zuge kommt und inwieweit das der Fall ist.</u> Daher sind für Gruppe 3 und 4 die Importe im Zweifel unterbewertet.

Dieser Fehler ist aber <u>im Vergleich</u> der Pole nicht so bedeutend, weil angenommen werden kann, daß die Abweichung von der Realität in beiden relativ gleich ist. Er wird weiter insofern kompensiert, als auch importierte Konsumgüter, soweit sie von regionsinländischen Einzelhändlern in der Region abgesetzt worden sind, nicht in voller Höhe ihres Endverkaufspreises als Importe zu verbuchen sind. Vielmehr sind die tatsächlichen Importe um die Wertschöpfung des sie vermittelnden inländischen Einzelhandels abzüglich der zur Erbringung dieser Dienstleistungen erforderlichen importierten Vorleistungen und Einkommen ausländischer Faktoren geringer.[1] Es soll nicht behauptet werden, daß dadurch die Unterbewertung der Importe, wie sie sich nach obigem Argument ergab, ganz oder darüber hinausgehend kompensiert wird, eine teilweise Kompensation ergibt sich aber zweifellos. Da die zur Messung des Inländeranteils der importierten Konsumgüterströme erforderlichen Informationen fehlen, soll unterstellt werden, daß

---

1) Das Bureau of Reclamation des U.S.Department of the Interior hat für die Bewertung sekundärer Effekte von Bewässerungsprojekten Regeln zur Erfassung der Groß- und Einzelhandelsgewinne aufgestellt (U.S.Department of the Interior, 52, zit. nach Jansen, 68, 53). Entsprechende Unterlagen wären auch im vorliegenden Fall nützlich gewesen.

der systematische Fehler nicht derartig groß ist, daß auf eine Analyse des Importgehalts der Konsumgüternachfrage bei Gruppe 3 und 4 überhaupt verzichtet werden sollte. Die Sensibilitätsanalyse unter d. wird zeigen, welche Bedeutung systematischen Fehlern bei diesen Gruppen für das Ergebnis der Multiplikatorrelation zuzumessen ist.

Wird unter den genannten Vorbehalten das Vorgehen bei der Bestimmung von im_c akzeptiert, dann kann mit einem Wert von

$$\frac{dIm_c^H}{dC^H} = im_c^H = 0,510 \quad \text{und} \quad \frac{dIm_c^S}{dC^S} = im_c^S = 0,420$$

für die Multiplikatoranalyse gerechnet werden. Tab. 54 zeigt, wie sich dieser Importgehalt zusammensetzt.

Tab. 54: Struktur des Konsums nach Hauptgruppen und deren Importgehalt

	Huelva		Sevilla	
	Anteil am Konsum	davon importiert	Anteil am Konsum	davon importiert
Nahrungsmittel	53,6 %	48 %	48,6 %	31 %
Bekleidung	15,1 %	80 %	10,8 %	77 %
Wohnung	6,0 %	0 %	6,8 %	0 %
Energie, Ausstattungen, Haushaltsgeräte, Reparatur	8,4 %	72 %	10,5 %	78 %
Verschiedene Güter und Dienste	16,9 %	44 %	23,3 %	44 %
Total	100,0 %	51 %	100,0 %	42 %

Tab. 54 zeigt im großen und ganzen die zu erwartenden Unterschiede der Konsumstruktur und des Importgehaltes der Konsumgüternachfrage in Huelva und Sevilla. Nur bei der vierten Gütergruppe der Tabelle ist der Importgehalt in Sevilla höher als in Huelva. Das beleuchtet die Fragwürdigkeit der indirekten Bestimmungsmethode für die Kategogie 3 in der vorhergehenden Klassifikation an einem konkreten Fall. Denn der Unterschied ergibt sich hauptsächlich deshalb, weil in Huelva ein Produktionszweig dauerhafter Konsumgüter (Möbelindustrie) besonders stark vertreten ist, dabei aber sehr spezialisiert ist. Gleichzeitig ist dieser Sektor in der RGR eindeutig identifizierbar, wogegen andere Produktionen dauerhafter Konsumgüter (Haushaltsgeräte) in Sevilla aufgrund der Aggregation der betreffenden Gütergruppe nicht isoliert zu identifizieren sind. Bei beiden Gütergruppen ist der Austauschhandel interregional sicherlich bedeutend, d.h. daß die vorgenommene Zuordnung (100 % Deckung des Eigenbedarfs in Huelva, 100 % Import in Sevilla) ganz sicher nicht zu halten ist.

Selbstverständlich wäre es möglich, das diesbezügliche Ergebnis unter Berücksichtigung der angeführten Überlegungen tendenziell zu korrigieren. Das wäre aber ein unzulässiges Verfahren, denn solange nicht ein systematisch für alle Bereiche anwendbares Zusatzkriterium gefunden ist, muß eine partielle Korrektur aufgrund mehr oder weniger zufälliger Primärerfahrungen als allzu aleatorisches Verfahren abgelehnt werden. Zudem wird die Sensibilitätsanalyse zeigen, daß die besprochenen Schätzfehler nicht annähernd groß genug sind, um den Verzicht auf entsprechende Schätzungen überhaupt nahezulegen.

c. Im <u>dritten Schritt</u> ist jetzt der Importgehalt der induzierten Vorleistungsnachfrage und der Anteil von Ausländereinkommen bei der Produktion zusätzlich nachgefragter inländischer Konsumgüter zu bestimmen. Das ist im_v^i. Zu diesem Zweck wird der durch innerregionale Konsumgüterproduktion geschaffene Bruttoproduktionswert (BPW) analytisch zerlegt in die Bestandteile

$$BPW^i = V_i + V_a + W_i + W_a, \text{ wobei} \qquad [3]$$

V die Vorleistungen bezeichnet, W die Bruttowertschöpfung. Der Suffix a kennzeichnet das Regionsausland, i wie oben die Region.

Die zu bestimmenden Anteile lassen sich ausdrücken in

$$1 = \frac{V_i}{BPW} + \frac{V_a}{BPW} + \frac{W_i}{BPW} + \frac{W_a}{BPW} = v_i + v_a + w_i + w_a. \quad [4]$$

V_a und W_a fließen bei der Produktion von Konsumgütern innerhalb der Region unmittelbar ab. Danach wäre $Im_v = V_a + W_a$. Das gilt aber nur, wenn V_i keinerlei Importbestandteile enthält. Doch muß damit gerechnet werden, daß auch die Produzenten inländischer Vorleistungen selbst Vorleistungen importieren. Wird angenommen, daß die gesamte Importquote Im_v nicht nur bei der Produktion von Konsumgütern auftritt, sondern auf jeder Stufe der Produktion inländischer Vorprodukte für Konsumgüter des Inlands, und weiter, daß die Relation V^i/W oder v_i/v_a auf jeder Stufe gleich ist, dann konvergiert die gesamte induzierte Importnachfrage bei Vorleistungen zu dem Wert

$$im_v = \frac{v_a + w_a}{v_a + w_a + w_i}. \quad [5]$$

Die oben gemachten Annahmen sollen für die weitere Analyse gelten. Nur mit Hilfe eines detaillierten Input-Output-Modells könnte ein Lösungsweg gefunden werden, bei dem die Annahme der Gleichheit der Vorleistungsquote auf allen Vorstufen fallengelassen werden könnte. Zusätzliche Kenntnisse über die Relation W_a/W_i wären für jede betroffene Aktivität notwendig, um auch die Annahme der Gleichheit der Abflußquote aufgrund der Differenz von Inlands- und Inländereinkommen durch realistische Werte zu ersetzen.

Es sind im folgenden v_a, w_a und w_i zu bestimmen. Zuerst wird die Relation V^i/BPW und die Relation W^i/BPW aufgesucht. Nach der RGR betrug sie 1967 im Durchschnitt aller Aktivitäten der Provinz

$$v^H = 0,450 \qquad v^S = 0,452$$
$$w^H = 0,550 \quad \text{und} \quad w^S = 0,548$$

Es besteht kein Zweifel, daß hier wie im folgenden die Benutzung der Durchschnittswerte der Gesamtprovinz problematisch ist. Auch das wäre unter Benutzung eines detaillierten Input-Output-Modells lösbar.

Jetzt ist w in seine Bestandteile zu zerlegen. Für w_a kann geschrieben werden:

$$w_a = \frac{W_a}{BPW} = \frac{T_{ind}}{BPW} + \frac{D}{BPW} + \frac{\text{ausländ. Faktoreink.}}{BPW} \quad [6]$$

Für w_i kann geschrieben werden:

$$w_i = \frac{W_i}{BPW} = \frac{L_i}{BPW} + \frac{\text{übrige inländ. Faktoreink.}}{BPW} \quad [7]$$

wobei L die Lohn- und Gehaltssumme (abzüglich der Sozialversicherungsbeiträge) ausdrückt.

Die Zurechnung von T_{ind} und D zum Ausländereinkommen ist zu begründen. Die indirekten Steuern fließen wegen der zentralistischen Finanzverfassung der Volkswirtschaft ins Regionsausland ab. Sie sind hier zu berücksichtigen, weil Y^i in [2] als Nettoregionseinkommen zu Faktorkosten zu definieren ist, wie oben ausgeführt wurde. Das ist auch der Grund für die Berücksichtigung von D als Abfluß. D kann zwar nicht als Ausländereinkommensanteil gelten, ist aber ein Abfluß bezogen auf W, da W hier die Bruttowertschöpfung bezeichnet. Da die Abzüge von W nicht bestimmt werden, um Aussagen über die Inzidenz der Pole auf das Auslandseinkommen zu bestimmen, sondern um die Restgröße des Inländereinkommens einzugrenzen, kann so verfahren werden, wie in Relation [6] vorgeschlagen ist. Würde dagegen ein interregionales Multiplikatormodell aufgestellt, wäre D nicht als Ausländereinkommensanteil zu berücksichtigen. W_a ist daher richtig definiert als Bruttowertschöpfungsabfluß.

Für l wird wie in früheren Fällen angenommen, daß es sich in voller Höhe um einen Inländereinkommensanteil handelt. Nun kann w geschrieben werden als

$$w = l + d + t_{ind} + \text{übrige Faktoreinkommen/BPW} \quad [8]$$

Nach den Ergebnissen der RGR ist dann

$w^H = 0,186 + 0,035 + 0,030 + 0,299$ und

$w^S = 0,209 + 0,038 + 0,038 + 0,263$.

Für die "übrigen Faktoreinkommen" sind Annahmen über ihre Zurechenbarkeit zu w_i bzw. w_a einzuführen. Wie in Abschnitt 3.2. gezeigt wurde, können solche Annahmen nur vermieden werden, wenn - wie bei Polindustrien - die Finanzierungs- und Beteiligungsstruktur bekannt ist. Eine für plausibel zu haltende Annahme könnte lauten, daß in Huelva 20 % der "übrigen Faktoreinkommen" Regionsausländern zuzurechnen sein werden, in Sevilla 10 %. Die Differenz zwischen den Provinzen ist nach den jetzt vorliegenden Erfahrungen vertretbar. Für die gegenüber den bei Polindustrien beobachteten Werten niedrige Abflußquote spricht, daß es sich bei den Produzenten von Konsumgütern in der Provinz in der Regel um Unternehmen mit Sitz in der Provinz handelt. Überdies sind es schon länger bestehende Klein- und Mittelbetriebe, bei denen die Gründe, die für die relativ hohen Abflußquoten in die Polindustrien gelten, nicht zutreffen. Werden diese Annahmen akzeptiert, dann ergibt sich für

$w_a^H = 0,030 + 0,035 + 0,059 = 0,124$ und für

$w_a^S = 0,038 + 0,038 + 0,026 = 0,102$.

Entsprechend ist $w_i = w - w_a$

$w_i^H = 0,426$ und

$w_i^S = 0,446$.

Die Bestimmung von v_a bzw. v_i muß vollständig anhand von Annahmen durchgeführt werden. Sicher ist, daß v_a^H größer sein wird als v_a^S. Weiter ist sicher, daß in beiden Provinzen die Höhe der Vorleistungsimporte gemessen an den gesamten Vorleistungen bei Konsumgüterproduzenten geringer sein wird als bei Polindustrien. Denn die Konsumgüter, die in den Provinzen selbst hergestellt werden, sind in der Regel einfache Produkte, deren Produzenten hohe Rückwärtsverflechtungsgrade mit dem Primärgütersektor haben, sofern sie nicht selbst dazu gehören. Das wurde oben bereits ausgeführt.

Deshalb wird angenommen, daß die inländischen Konsumgüterproduzenten der Provinzen nur 25 % (Huelva) bzw. 20 % (Sevilla) ihrer Vorleistungen importieren. Werden diese Annahmen als plausibel akzeptiert, dann ergibt sich für

$$v_a^H = 0,112 \quad \text{und} \quad v_a^S = 0,091.$$

Damit kann im_v gemäß der Relation [5] berechnet werden:

$$im_v^H = \frac{0,112 + 0,124}{0,112 + 0,124 + 0,426} = 0,356$$

$$im_v^S = \frac{0,091 + 0,102}{0,091 + 0,102 + 0,446} = 0,302.$$

d. <u>Nach der Berechnung von c, im_c und im_v kann die Multiplikatorrelation berechnet werden.</u>

<u>Durch Einsetzen in die Relation [2] ergibt sich für $k^H = 0,425$ und $k^S = 0,604$.</u>

Jetzt können die einzelnen Annahmen verändert werden, um die Sensibilität der Multiplikatorrelation auf Fehler bei den gemachten Annahmen zu zeigen.

1. Bei der Bestimmung von im_c unterlag die Methode der Schätzung des Importgehalts der Kategorien 3 und 4 starken Zweifeln. Es sei jetzt angenommen, daß der Importgehalt dieser Kategorien für Huelva um 20 % höher liegt, als zunächst geschätzt wurde. im_c^H wäre dann mit 0,573 um etwa 12,3 % insgesamt höher. Für die Multiplikatorrelation ergäbe sich $k^H = 0,353$, die relative Differenz zu obigem Ergebnis für k^H betrüge - 17 %.

2. im_v wurde unter der Annahme bestimmt, daß die inländischen Konsumgüterproduzenten inländische Vorleistungen einsetzen, die den gleichen Importgehalt haben wie die Konsumgüter haben würden, wenn nur unmittelbare Vorlei-

stungsimporte berücksichtigt werden. Jetzt sei angenommen, daß die Vorlieferanten der Konsumgüterproduzenten selbst keine Vorleistungen importieren, aber nach wie vor auch bei ihnen d und t_{ind} als Abflußquote zu berücksichtigen sind und daß der Ausländeranteil an den "anderen Faktoreinkommen" ebenfalls derselbe ist wie oben angenommen wurde. Es ergibt sich für im_v^H ein Wert von 0,220, er ist mit 38,3 % niedriger als der oben angenommene. Für k^H ergibt sich dementsprechend ein um 30,3 % höherer Wert, nämlich 0,554.

3. Weiter kann eingewendet werden, daß der Ausländeranteil an den "anderen Faktoreinkommen" in Huelva zu niedrig angesetzt ist. Statt eines Anteils von 20 % sei jetzt ein Anteil von 30 % eingesetzt. Daraufhin verändert sich im_v^H um + 13,2 % auf 0,403. k^H ist dann um 9,5 % niedriger, nämlich 0,385.

4. Schließlich soll geprüft werden, wie k^H auf eine Erhöhung der Sparquote um 2 % reagieren würde. c^H betrüge dann 0,792. k^H würde unter dieser Voraussetzung einen um etwa 1 % niedrigeren Wert annehmen, nämlich 0,421.

Welche Schlüsse lassen sich in bezug auf die Abhängigkeit der Multiplikatorrelation von Fehlern bei den wichtigen Annahmen ziehen? Werden sich die Fehler akkumulieren oder tendenziell ausgleichen?

1. Die Nichtberücksichtigung marginaler Veränderungen der Konsum-, Steuerzahllast- und Importquoten ist gerechtfertigt. Denn entweder reagiert der Multiplikator so wenig sensibel auf realistischerweise mögliche Veränderungen, oder die Erfassungsmethode ist so ungenau, daß Erwägungen über marginale Veränderungen keinen Sinn haben. Es ist aber tendenziell zu vermuten, daß im Entwicklungsprozeß die Sparquote und wegen des progressiven Tarifs der Einkommensteuer die Steuerzahllastquote steigen werden. Dagegen wird die Importquote cet. par. deshalb zu sinken tendieren, weil die Diversifikation der regionalen Produktionsstruktur die Substitution bisheriger Importe er-

möglicht. Die Effekte beider Veränderungen auf den Multiplikator sind tendenziell kompensarotisch.

2. Hinsichtlich der Importquote bei Konsumgütern würde der Verf. dazu neigen, aufgrund der oben angestellten Erwägungen das Ergebnis im großen und ganzen für zutreffend zu halten. Allerdings mit der Ausnahme des Ergebnisses für die Kategorien 3 und 4 in Sevilla. Hier dürfte der Importgehalt der Konsumgüternachfrage geringer sein als errechnet wurde. Der Multiplikator ist daher in Sevilla im Vergleich zu Huelva wahrscheinlich unterbewertet.

3. Die Bestimmung von im_v ist noch wenig überzeugend. Eine Verbesserung des Modells könnte zuerst hier einsetzen, indem unterschiedliche Vorleistungs- bzw. Wertschöpfungsquoten und Importquoten bei Vorleistungskäufen über ein Input-Output-Modell berücksichtigt werden. Hinsichtlich der Bestimmung von w_a erscheint das Ergebnis dagegen recht plausibel, so daß der Verf. vermuten würde, daß der Fehler bei im_v in einer zu hohen Quote v_a liegt. Dieser Fehler wird durch die Berücksichtigung der Vorstufen verstärkt. Daher würde der Verf. dazu neigen, auch hier eine Korrektur des Multiplikators nach oben hin für wahrscheinlich zu halten. Der Sensibilitätstest unter 2. hat aber gezeigt, daß entscheidende Veränderungen auch dadurch nicht zu erwarten sind.

4. Einleitend wurde die Hypothese aufgestellt, daß k^H kleiner sein werde als k^S. Ist das zutreffend getestet? Es könnte eingewendet werden, daß das Ergebnis die Hypothese nur deshalb stützt, weil die Annahmen nachträglich entsprechend diesem Vorverständnis gesetzt wurden. Dem ist zu widersprechen. Angenommen, bei v_a und w_a wären für Huelva und Sevilla keine unterschiedlichen Annahmen eingeführt worden, dann würde bei der (empirisch gesicherten) fast gleichen Konsumquote in beiden Provinzen k^S schon deshalb größer sein als k^H, weil im_c^H größer ist als im_c^S. Der Unterschied der Relation im_c in Huelva gegenüber Sevilla ergibt sich nun gerade nicht aufgrund gesetzter Annahmen, sondern wegen der (empirisch gesicherten) un-

terschiedlichen Bedeutung der Konsumgüterkategorie 2.
Überdies gibt es keinen plausiblen Grund anzunehmen, daß
v_a und w_a in Huelva nicht höher sein sollten als in Sevilla.

e. Das Ergebnis der Analyse des regionalen Konsumausgabenmultiplikators ergibt die Relation, mit der autonome Ausgabenveränderungen aufgrund direkter und indirekter Effekte der Polaktivitäten über den induzierten Effekt im Polhinterland verstärkt werden. Unter Berücksichtigung der systematischen Fehler kann es dahingehend zusammengefaßt werden, daß der Multiplikator in Huelva wahrscheinlich einen Wert zwischen 0,4 und 0,55 haben wird, in Sevilla zwischen 0,6 und 0,75.

Die Theorie des regionalen Multiplikators ist in der Literatur häufig unter Bezugnahme auf die Exportbasistheorie diskutiert worden (Isard, 60, 189 ff., Rittenbruch, 68, 54 ff., Richardson, 69, 247 ff.). Dabei wird der Ansatz der Exportbasistheorie auch dahingehend kritisiert, daß Vorleistungsimporte unberücksichtigt bleiben. Der Grund für die Fehlerhaftigkeit der Multiplikatorrelation der Exportbasistheorie liegt darin, "daß sich der Multiplikatorprozeß nur auf den Ausgabenbereich bezieht, die der Einkommensentstehung zugrunde liegende Produktionsseite jedoch nicht berücksichtigt wird" (Rittenbruch, 68, 56). <u>Richardson hält die Beobachtung auch der "indirekten" Abflüsse durch Vorleistungsimporte für außerordentlich bedeutsam. Das wird durch das vorliegende Ergebnis gestützt.</u>

Ein letztes Problem besteht in der Zurechnung der Ergebnisse der Multiplikatorperioden zu Perioden der Gesamtrechnung. Das ist im Hinblick auf die Beobachtung der relativen Einkommensinzidenz des Multiplikatoreffektes auf das periodenweise erfaßte Regionseinkommen wichtig. Erst mit der Periodisierung des Multiplikatoreffekts kann ein gemeinsamer zeitlicher Nenner für direkte, indirekte und induzierte Effekte der Wachstumspole gefunden werden. Bei der Behandlung dieser Frage wird man sich

an der Analyse der Länge der Multiplikatorperioden bei
Ackley (51, 350 ff.), Koyck (54, 5 ff.) und Machlup (40,
1 ff.) und insbesondere an den Modellen zur interregionalen Übertragung von Konjunkturschwankungen (Metzler, 50,
329 ff., Airov, 63, 1 ff.) orientieren können.

Die dargestellte Multiplikatoranalyse ist aus vielfachen
obengenannten Erwägungen im einzelnen noch nicht überzeugend. <u>Sie zeigt aber mit hinreichender Deutlichkeit, daß
der von den Wachstumspolen ausgehende induzierte Effekt
keinesfalls die Bedeutung hat, die ihm gemeinhin zugemessen wird.</u> Man kann noch weitergehend folgern, daß wahrscheinlich viele regionalpolitische Projekte nicht durchgeführt worden wären, wenn entsprechende Multiplikatoranalysen konsequent durchgeführt worden wären. Auf der anderen Seite ist das Ergebnis insofern nicht überraschend,
als es den z. B. für den "Mezzogiorno" und das Lacq-Projekt im Südwesten Frankreichs aufgestellten diesbezüglichen Vermutungen (Elkan, 65 sowie SEMA, 61) entspricht.
Die genannten Beobachtungen können ihrerseits zur Begründung der Plausibilität des vorliegenden Ergebnisses herangezogen werden.

<u>Exkurs:</u> Ergebnisse der Untersuchung der Entwicklungspole
Burgos, La Coruña, Valladolid, Vigo und Zaragoza

An dieser Stelle sollen wichtige Ergebnisse der Untersuchung der übrigen fünf Pole eingeschoben werden. Wie oben
bereits gesagt wurde, sind diese Untersuchungen im wesentlichen entsprechend dem Verfahren bei der Pilot-Studie
durchgeführt worden. <u>Die Ergebnisse werden zeigen, daß die
aufgrund der Pilot-Studie zu ziehenden Schlußfolgerungen
in grundsätzlicher Hinsicht für die Beurteilung des gesamten Polprogramms Gültigkeit beanspruchen können.</u>

In <u>Anhang 5</u> sind die Input-Output-Tabellen der fünf Pole
für das Jahr 1971 wiedergegeben. In Kap. 4 werden daraus
einige Strukturdaten ermittelt. Unter Hinzuziehung der
hier darzustellenden Ergebnisse der Untersuchung der jeweiligen Investitionsphase werden sie den vergleichbaren

Werten aus der Pilotstudie gegenübergestellt. <u>Dieses Vorgehen ermöglicht einen Gesamtüberblick über das spanische Polprogramm 1964-1971.</u>

(1) Neben den Informationen der Input-Output-Tabellen und der Zusatztabellen bieten Angaben über die Anlageinvestition, die geschaffenen Arbeitsplätze, die Infrastrukturinvestitionen und die relative Bedeutung der direkten Förderungsmaßnahmen (Subventionen und öffentliche Kredite) eine allgemeine Orientierung. Hier soll darauf verzichtet werden, die Sektorgliederung dieser Daten wiederzugeben, weil sich die relative Bedeutung der einzelnen Sektoren in jedem Pol aus den Input-Output-Tabellen ablesen läßt.

a. Anlageinvestitionen und neugeschaffene Arbeitsplätze werden in Tabelle 55 zusammenfassend dargestellt.

Tab. 55: Anlageinvestitionen und neugeschaffene (feste) Arbeitsplätze in den Industrien aller 7 Pole

Pole	Anlageinvestitionen der Polindustrien bis 31.12.1969 in Mill.Ptas.	Neue Arbeitsplätze bis 1971
Burgos	5.164,9	9.681
La Coruña	6.146,6	3.307
Huelva	14.703,8	3.938
Sevilla	8.443,6	9.047
Valladolid	4.229,2	8.394
Vigo	5.867,8	7.838
Zaragoza	5.460,8	11.331
Total	50.016,7	53.536

Es zeigt sich, daß mit der Pilotstudie in Andalusien bereits fast die Hälfte der Anlageinvestitionen in den Polen erfaßt wurde, aber nur knapp ein Viertel der neugeschaffenen Arbeitsplätze. Die Anlageinvestition pro Arbeitsplatz ist in den Polen sehr unterschiedlich. Valladolid, Burgos und Zaragoza nehmen in dieser Hinsicht extrem günstige Positionen ein, La Coruña und Huelva extrem

ungünstige. Im Durchschnitt der Pole hat ein neugeschaffener industrieller Arbeitsplatz etwa 1 Million Ptas., d.h. ungefähr 50.000 DM Anlagekapitaleinsatz erfordert. Dabei ist noch nicht berücksichtigt,
- der Umlaufskapitalbedarf,
- die Zinslast auf das Anlagekapital aufgrund der Kreditfinanzierung und
- die anteilig zuzurechnenden Infrastrukturinvestitionen.

Der gesamte Kapitalbedarf pro Arbeitsplatz ist also weit höher.

b. Die bis 1967 getätigten Infrastrukturinvestitionen sowwie die bis 1971 geplanten zeigt Tab.56. Realisationsziffern für 1971 liegen noch nicht vor, die oben im Zusammenhang mit den Infrastrukturinvestitionen in den andalusischen Polen dargestellten Vorbehalte hinsichtlich der Zurechenbarkeit der Infrastrukturinvestitionen zu neuen Aktivitäten gelten auch hier. Ebenso gilt, daß die Planansätze für 1971 in keinem Pol realisiert worden sein dürften.

Tab.56: Infrastrukturinvestitionen in den 7 Polen in Mill. Ptas.

	durchgeführte Investitionen bis 1967	für 1968-1971 geplante Investitionen
Burgos	92	926
La Coruña	27	339
Huelva	1.023	2.593
Sevilla	301	2.165
Valladolid	120	474
Vigo	100	795
Zaragoza	568	2.005
Total	2.231	9.297

c. Die direkten Förderungsmaßnahmen, die bis zum 31.12.69 wirksam wurden, gibt Tab.57 wieder. Die Tabelle zeigt auch die relative Bedeutung dieser Maßnahmen für die Finanzierung des Anlagekapitals.

Es zeigt sich, daß die öffentlichen Finanzierungshilfen gemessen an den gesetzlich vorgesehenen Höchstsätzen von 10-20 % für die Subvention und 60-70 % für den öffentlichen Kredit gering gewesen sind, denn sie erreichten im Durchschnitt aller Polindustrien nur etwa ein Drittel des Höchstsatzes. Ganz ähnlich sind die Erfahrungen mit der Investitionsförderung in Westfrankreich. Thumm berichtet, daß die gestaffelten "nominellen" Förderungsprämien von 20 %, 12 %, 10 % und 5 % sich aufgrund des Berechnungsverfahrens real auf 9,9 %, 6 %, 5 % und 2,5 % reduzieren (Thumm, 68, 162 f.).

Tab.57: Zum 31.12.1969 gezahlte Subventionen und öffentliche Kredite und ihre Bedeutung für die Finanzierung der zu diesem Stichtag realisierten Anlageinvestitionen in allen Polen

	Subvention		öffentl.Kredit	
	in Mill. Ptas.	in % der Anlageinvestition	in Mill. Ptas.	in % der Anlageinvestition
Burgos	360,4	7,0	1.164,4	22,5
La Coruña	31,7	0,5	1.783,9	29,0
Huelva	992,0	6,7	3.487,9	23,7
Sevilla	284,0	3,4	1.876,3	22,2
Valladolid	88,1	2,1	770,7	18,2
Vigo	61,6	1,1	1.334,4	22,7
Zaragoza	97,9	1,8	650,4	11,9
Total	1.915,7	3,8	11.068,0	22,1

(2) Im Zusammenhang mit dieser allgemeinen Orientierung geben die Input-Output-Tabellen der Pole Burgos, La Coruña, Valladolid, Vigo und Zaragoza zusammen mit den die Pol-Hinterland-Beziehungen detaillierenden Zusatztabellen einen Überblick der Situation der Pole. Die Tabellen selbst bedürfen keiner weiteren Erläuterung, denn sie wurden bis auf geringfügige Abweichungen nach dem Muster der Tabellen für Huelva und Sevilla aufgestellt. Deshalb ist auch im folgenden eine vergleichende Analyse aller 7 spanischen Pole auf dieser Grundlage möglich.

4. Erfüllen die spanischen Pole die Kriterien der Wachstumspoldefinition?

Zuerst sei die grundlegende Wachstumspoldefinition, die Lasuen mit Recht für die am weitesten akzeptierte hält, wiederholt: Ein Wachstumspol ist eine große Gruppe von Industrien (a), die untereinander durch starke Input-Output-Relationen verbunden sind (b), sich um eine führende Industrie gruppieren (c) und geographisch konzentriert angesiedelt sind (d). Die führende Industrie selbst (e) und (durch ihre Induktionseffekte (f)) die ganze Gruppe führen schneller Innovationen durch (h) und wachsen mit höherer Rate (i) als die Industrien außerhalb des Pols.

4.1. Identifikations- und Inzidenzkriterien

Wie im ersten Teil der Untersuchung dargestellt wurde, lassen sich die in der Definition aufgeführten Merkmale in Identifikations- und Inzidenzkriterien gliedern. Hier soll dargestellt werden, inwieweit die spanischen Pole ihnen nach den vorliegenden Ergebnissen entsprechen. Dabei folgt die Gliederung der in der Definition gegebenen Reihenfolge.

4.1.1. Identifikationskriterien

(1) Das Größenkriterium ist im Zusammenhang mit den übrigen Kriterien am geeignetsten unter Bezugnahme auf den Bruttoproduktionswert bzw. Umsatz zu quantifizieren. Tab. 62 zeigt, daß bei einem durchschnittlichen Bruttoproduktionswert der Pole von etwa 13 Mrd. Ptas. 1971, also etwa 0,65 Mrd. DM, die quantitative Bedeutung der Produktion der Pole gering ist. Im einzelnen schwanken die Werte zwischen etwa 0,85 Mrd. DM (Huelva) und 0,5 Mrd. DM (Zaragoza).

Die relative Bedeutung der Polindustrien im Rahmen der industriellen Produktion der spanischen Volkswirtschaft zeigt Tab. 62.

Tab. 62: Beitrag der Polindustrien zur industriellen
Bruttowertschöpfung der Volkswirtschaft

P o l e	in Mill.Ptas. 1971	in % des Beitrags der ges. Industrie Span.
Burgos	3.367,1	0,380
La Coruña	3.606,4	0,407
Huelva	4.531,6	0,512
Sevilla	3.946,8	0,443
Valladolid	3.671,4	0,415
Vigo	4.725,4	0,534
Zaragoza	3.446,3	0,389
Total	27.295,0	3,080
Ges.Ind.Spaniens *)	884.891,1	100,00

*) Quelle: Comisaría del Plan, Estimacion..., 71,87.

Insgesamt wurden danach 1971 von den Polindustrien 3 % der Bruttowertschöpfung der gesamten spanischen Industrie produziert. Im nationalen Maßstab sind die Pole daher größenmäßig von untergeordneter Bedeutung. Dagegen sind sie im selben Jahr mit durchschnittlich 27,3 % Anteil an der industriellen Wertschöpfung der Polprovinzen von erheblicher Bedeutung für die einzelnen Provinzen gewesen. In der Reihenfolge der Pole lauten die entsprechenden Anteilswerte 48,5 %, 21,3 %, 66,9 %, 18,3 %, 29,5 %, 35,1 % und 16,0 %. Erwartungsgemäß zeigen dabei die beiden ehemaligen Polos de Promoción Industrial, Burgos und Huelva, die höchsten Werte, Valladolid und Vigo nehmen eine Mittelposition ein.

Das Größenkriterium, das auf diese Weise sehr einfach quantifizierbar ist, ist nun aber nicht ebenso leicht zu bewerten. Darauf wurde schon im ersten Teil der Arbeit hingewiesen. Wie groß genau muß ein Pol sein, um die Qualifikation als Wachstumspol zu verdienen? Es soll darauf verzichtet werden, irgendeinen Maßstab anzubieten, denn das Größenmerkmal ist sinnvoll nicht auf heterogene Agglomerationen wie die spanischen Pole anzuwenden, sondern auf untereinander verflochtene Komplexe. Bei diesen wird gefordert, daß die sie bildenden Industrien insgesamt bedeutend sein müssen, weil sich damit die Vermutung höherer Attraktivität (Flexibilität) verbindet. Deshalb ist es erforderlich, zunächst zu prüfen, ob überhaupt von Komplexbildungen im Sinne der Wachstumspoltheorie gesprochen werden kann.

(2) Das Input-Output-Kriterium ist, wie mehrfach erläutert wurde, im Rahmen der Wachstumspoltheorie von überragender Bedeutung. Tab. 63 zeigt aber, daß mit Ausnahme der Pole Huelva und Valladolid die interindustriellen Relationen innerhalb der Pole sehr gering sind. Das bestätigt die These der vorwiegend heterogenen Agglomeration in den Polen, deren Ursache weniger in der Attraktion geplanter Komplexe, sondern in der Anreizwirkung der Förderungsmaßnahmen liegen dürfte.

(a) Zuerst sei die interindustrielle Verflechtung in den übrigen fünf Polen kommentiert:
- In Burgos beschränken sich die interindustriellen Relationen im Pol auf den Sektor der Nahrungsmittelindustrie. Aber auch dort erreichen sie nicht 1 % der gesamten Vorleistungskäufe. Insgesamt ist das Ergebnis für Burgos im Sinne des Input-Output-Kriteriums voll negativ. Der Grund dürfte darin liegen, daß die Industrien in Burgos vielfach Tochtergründungen von Industrien des Nordens sind. In den baskischen Provinzen mit der Ausnahme Alavas ist die Neugründung von Industrien aus Gründen der extremen Bodenknappheit nur zu Höchstpreisen für Grundstücke möglich. Das hat in der jüngsten Vergangenheit dazu geführt, daß neue Aktivitäten in der nördlich an Burgos angrenzenden Provinz Alava angesiedelt wurden. Da der Transportkostenunterschied gegenüber einer Ansiedlung in Alava unbedeutend sein dürfte, haben die in Burgos angebotenen Förderungsmaßnahmen eine teilweise Umlenkung der andernfalls für Alava vorgesehenen Investitionen bewirkt.

- In La Coruna, das den dritthöchsten, wenn auch insgesamt geringen, Interrelationsgrad im Pol aufweist, sind

Tab. 63: Intensität der regionalen Verflechtung der Industrien aller Pole 1971

	Vorleistungskäufe					Bruttoproduktionswerte				
	Total in 10⁶ Ptas.	von Pol-ind. in % d. Totals	Pol-Hinterl.-Bez. in % d. Totals			Total in 10⁶ Ptas.	an Pol-ind. in % d. Totals	Pol-Hinterl.-Bez. in % d. Totals		
			Rest der Provinz	Andere Polprovinz +	Industrielle Relationen ++			Rest der Provinz	Andere Polprovinz +	Industrielle Relationen ++
Burgos	11.939,2	0,3	16,7	4,3	3,9	15.306,3	0,25	6,9	3,1	2,8
La Coruña	9.272,0	6,3	15,3	1,2	6,7	12.878,5	4,5	15,1	3,2	3,9
Huelva	12.321,3	22,7	27,9	2,3	0,5	16.822,5	16,7	5,2	5,4	9,8
Sevilla	7.208,3	3,9	44,3	1,0	6,3	11.128,2	2,5	27,3	3,0	23,7
Valladolid	12.279,8	16,3	13,6	0,6	1,0	15.951,1	12,6	4,5	0,8	3,1
Vigo	6.034,5	2,4	29,1	5,6	9,1	10.759,9	1,4	16,6	1,4	11,6
Zaragoza	6.461,3	3,8	33,1	-	15,2	9.907,6	2,5	17,5	-	6,4
Total	65.516,4	9,3	23,8	2,4	5,0	92.754,1	6,6	12,0	2,9	8,2

+ Entsprechend den Polpaaren Burgos/Valladolid, La Coruña/Vigo, Huelva/Sevilla

++ Entsprechend den Werten für 1969, vgl. zur Begründung und Abgrenzung den Text zu Tab. 45

fast 50 % der Interrelationen auf den Umstand zurückzuführen, daß, wie in Huelva und Sevilla, die Elektrizitätswirtschaft zu den im Pol geförderten Aktivitäten gehört. Im Sinne der Polarisationstheorie sind die entsprechenden Ströme irrelevant. Wichtig sind im Pol noch die Interrelationen der Chemieindustrien untereinander. Aber obwohl sie etwa ein Viertel aller interindustriellen Relationen im Pol betreffen, sind sie doch bezogen auf die gesamten Vorleistungen der Chemieindustrie mit etwa 3 % unbedeutend.

- In <u>Valladolid</u> beschränken sich die Interrelationen auf die Metallindustrie, insbesondere die Automobilindustrie (Fasa-Renault). Renault hat mit einem Wert von etwa 1 Mrd. Ptas. auch intensive Lieferverflechtungen zu einer Industrie im Pol Sevilla, wohin die Fertigung für die Getriebe ausgelagert ist. Kommunikationskosten spielen bei der Massenfertigung solcher transportkostenunempfindlicher Produkte offenbar keine Rolle.

- In <u>Vigo</u> sind die Interrelationen insgesamt unbedeutend. Den Hauptanteil machen Interrelationen im Bereich der Metallindustrie aus. Mit etwas mehr als 2 % bezogen auf die gesamten Vorleistungskäufe der Metallindustrie sind sie wiederum unbedeutend.

- In <u>Zaragoza</u> werden etwa 95 % aller interindustriellen Relationen innerhalb des Metallsektors abgewickelt. Mit etwa 7 % der gesamten Vorleistungskäufe der metallverarbeitenden Industrien haben sie eine gewisse Bedeutung.

b. Oben wurde davon gesprochen, daß die neuen Aktivitäten - abgesehen von Huelva und Valladolid - nicht durch neue Komplexbildungen attrahiert worden sind. Das wurde im einzelnen für die Pole und die in ihnen angesiedelten Sektoren näher erläutert. Abgesehen von den Fällen der Pole Huelva und Burgos, in deren Hinterland vor der Polansiedlung nur wenig Industrie vorhanden war, ist die bisherige Darstellung aber unbefriedigend, weil es ja möglich sein kann, daß sich die neuen Polaktivitäten in schon in der Provinz bzw. Region befindliche Aktivitäten eingliedern können und so zur Komplexbildung beitragen. Die weitgehend administrative Abgrenzung der Wachstumspole trägt insofern dem Ansatz der Wachstumspoltheorie nicht genügend Rechnung.

Deshalb ist in Tab. 64 dargestellt, wie intensiv die Pol-Hinterlandsbeziehungen im Fall jedes Pols 1971 gewesen sind. Aufgrund der Zusatztabellen und der in den Input-Output-Tabellen ausgewiesenen Aufgliederung der Endproduktverkäufe wurde weiter errechnet, in welchem Umfang industrielle Pol-Hinterlandsbeziehungen zu verzeichnen waren. Die Tabelle entspricht in den ersten Spalten auf jeder Seite den ersten Spalten der Tabelle 42, in der letzten jeder Seite der Tabelle 45.

Die Polabgrenzung ist hier also nicht von der administrativen Abgrenzung abhängig gemacht, vielmehr sind die neuen Industrien im Interdependenzzusammenhang mit den in der jeweiligen Planregion vorhandenen dargestellt. Als Planregion sind jeweils die Provinzpaare entsprechend dem Konzept der Ansiedlung von Doppelpolen zugrunde gelegt, abgesehen von Zaragoza, wo daher der Vergleich eines besonderen Kommentars bedarf.

Tab. 64 zeigt, daß interindustrielle Relationen auf der Seite der Vorleistungskäufe (Rückwärtsverflechtung) der Polindustrien mit dem jeweiligen Hinterland in La Coruña, Sevilla und Vigo eine gewisse Bedeutung haben, in Zaragoza ist ein im Vergleich aller Pole besonders hoher Wert erreicht. Die Vorwärtsverflechtung ist in Huelva und Vigo geringfügig überdurchschnittlich hoch, wiederum in Sevilla von beträchtlicher Bedeutung. Letzteres Ergebnis wurde oben schon kommentiert. In allen übrigen Fällen sind die industriellen Rückwärts- bzw. Vorwärtsverflechtungen mit dem Hinterland unbedeutend. Das zusammengefaßte Ergebnis der interindustriellen Relationen im Pol und der Pol-Hinterlandsbeziehungen gibt Tab. 64 wieder.

Tab. 64: Regionale interindustrielle[**]) Beziehungen aller 7 Pole in % des Bruttoproduktionswerts 1971

	Industrielle Rückwärtsverflechtung Pol Hinterland [*])	Interindustrielle Verflechtungen im Pol	Industrielle Vorwärtsverflechtung Pol Hinterland
Burgos	2,8	0,3	2,8
La Coruña	4,8	4,5	3,9
Huelva	0,4	16,7	9,8
Sevilla	4,1	2,5	23,7
Valladolid	0,7	12,6	3,1
Vigo	5,4	1,4	11,6
Zaragoza	9,9	2,5	6,4
Alle Pole	3,5	6,6	8,2

[*]) Unter der Annahme, daß die für 1969 beobachteten Relationen bis 1971 konstant geblieben sind.
[**]) Verarbeitende Industrien.

Der interindustrielle regionale Verflechtungsgrad der Pole ist also insgesamt gering. Überdurchschnittlich ist die Position Sevillas und Huelvas, besonders schwach sind die regionalen interindustriellen Verflechtungen in Burgos und La Coruña. Valladolid, Vigo und Zaragoza nehmen wegen der in allen drei Polen vorhandenen Verflechtungen der Metallindustrie eine Mittelposition ein.

Das Ergebnis für Huelva und Sevilla wurde bereits im dritten Kapitel kommentiert. Dabei wurde besonders darauf hingewiesen, daß der hohe industrielle Vorwärtsverflechtungsgrad in Sevilla zu etwa 40 % der Baustoffindustrie zuzurechnen ist, die eine typische Nachfolgeaktivität ist. In keinem der anderen Pole hat die Baustoffindustrie die Bedeutung wie in Sevilla, abgesehen von Vigo, wo sie immerhin 10 % des Bruttoproduktionswertes im Pol produziert. Insgesamt kann geschlossen werden, daß Möglichkeiten relevanter Komplexbildungen im Pol-Hinterland-Zusammenhang allenfalls für die Metallindustrie in Valladolid, Vigo und Zaragoza vermutet werden können.

(3) <u>Die führenden Sektoren</u> lassen sich mit der Ausnahme
Sevillas in allen Polen eindeutig identifizieren. Wie die
Input-Output-Tabellen zeigen, handelt es sich jeweils um
einen Sektor, der mit Abstand den größten Anteil am Bruttoproduktionswert im Pol hat, in vier Polen sogar mehr
als 50 % des gesamten Bruttoproduktionswertes produziert.
Die bedeutendsten Sektoren und ihren Anteil an der Bruttoproduktion gibt Tab. 65 wieder.

Tab. 65: Die wichtigsten Sektoren in den Polen 1971

Pol	Sektor	Bruttoproduktionswert in Mill.Ptas.	Anteil am Bruttoproduktionswert des Pols
Burgos	Nahrungsmittel	6.718,6	44 %
La Coruña	Chemie	7.225,0	56 %
Huelva	Chemie	9.738,0	58 %
Sevilla	Metall	3.068,6	27 %
	Baustoff	2.827,2	25 %
	Nahrungsmittel	2.118,9	19,%
Valladolid	Metall	12.631,8	79 %
Vigo	Metall	6.701,4	62 %
Zaragoza	Metall	5.965,0	60 %

Im Sinne der Polarisationstheorie sind nicht alle der
aufgeführten Sektoren als führende Sektoren anzusprechen.
Die Nahrungsmittelindustrie und die Baustoffindustrie induzieren selbst keine räumlichen Komplexbildungen. Während die Nahrungsmittelindustrie im Sinne der Exportbasistheorie ein führender Sektor sein kann, ist die Baustoffindustrie keine typische Exportindustrie und daher
auch im Sinne der Exportbasistheorie kein führender Sektor. Als führende Sektoren können in den Polen also die
Chemieindustrie (La Coruña, Huelva) und die Metallindustrie (Valladolid, Vigo und Zaragoza) identifiziert werden. Diese sind es auch, die untereinander gewisse Verflechtungen haben, wenn auch, wie dargestellt wurde, mit
der Ausnahme Huelvas und Valladolids bisher unbedeutende.

(4) Die Beobachtung der Identifikationskriterien ergibt insgesamt folgendes Bild:

- <u>Die spanischen Pole sind bisher gemessen an ihrem Anteil an der gesamten Industrie der Volkswirtschaft klein, im Rahmen ihrer Region haben sie dagegen eine erhebliche Verstärkung des industriellen Produktionspotentials bewirkt.</u>
- <u>Die interindustriellen Relationen der Polindustrien untereinander und mit dem Rest der Region sind noch wenig bedeutend. Hohe Matrizialeffekte, die eine Selbstverstärkung von Wachstumsimpulsen zur Folge haben würden, sind bisher nur in Huelva zu erwarten.</u>
- <u>Die führenden Industrien sind in 5 Polen identisch mit sektoral stark polarisierenden Industrien. Die sektoralen Interdependenzbeziehungen haben sich aber bisher nur in geringem Umfang regional niedergeschlagen.</u>

Paelinck (65, 12) spricht von aktiven und potentiellen Wachstumspolen. Danach ist ein Pol aktiv zu nennen, wenn er in einem verbundenen industriellen Sektor einen sich beschleunigenden Wachstumsprozeß induziert, ein Pol ist potentiell vorhanden, wenn solche Induktionswirkungen zwar noch nicht wirksam, aber möglich sind. Unter Berücksichtigung vorstehender Ergebnisse könnte gesagt werden, daß die petrochemische und Teile der anorganisch-chemischen Industrie in Huelva, die Automobilindustrie in Valladolid und die Metallindustrie in Vigo und Zaragoza Ansätze des Übergangs zu aktiven Polen zeigen. Die Chemieindustrie in La Coruña ist noch ganz im Stadium des potentiellen Pols. Dagegen erfüllen die neuen Aktivitäten in Burgos und Sevilla die bisher diskutierten Bedingungen für potentielle Pole nicht, da diejenigen Aktivitäten, die zu starker sektoraler Polarisation neigen, insgesamt eine zu geringe Bedeutung in beiden Polen haben.

Die Kriterien für die Bewertung der vorgelegten empirischen Ergebnisse können nicht unbedingt intersubjektive Gültigkeit beanspruchen, insbesondere ist das bisherige

Bild noch unvollkommen, solange nicht die Inzidenzkriterien berücksichtigt sind.

4.1.2. Inzidenzkriterien

Der zweite Teil der Poldefinition lautete: Die führende Industrie selbst und (durch ihre Induktionseffekte) die ganze Gruppe führen schneller Innovationen durch und wachsen mit höherer Rate als die Industrien außerhalb des Pols.

(1) Über das <u>relative Wachstum der Polindustrien im Vergleich zu den Industrien außerhalb der Pole</u> lassen sich bei der Kürze der betrachteten Periode noch keine begründeten Aussagen treffen. Denn in den ersten Jahren nach der Polgründung wirkt sich der noch geringe Umfang der Pole dahin aus, daß neue Aktivitäten sehr hohe Wachstumsraten bedingen. Unter diesen Umständen ist es fast selbstverständlich, daß die Pole schneller wachsen als der Durchschnitt der Industrien der Volkswirtschaft. So ist im Durchschnitt aller Pole die Wachstumsrate der Bruttowertschöpfung mit 49,5 % 1971 gegenüber 1969 fast doppelt so hoch wie die Wachstumsrate des Durchschnitts aller Industrien der Volkswirtschaft im gleichen Zeitraum (26,8 % Quelle: Comisaría del Plan, Estimacion... 71, 85 u. 87).

Tabelle 66 ist geeignet, Zweifel an der Dynamik des Wachstums einiger Pole zu begründen. Wird die absolute Zunahme der Produktion in den Polen zwischen jeweils zwei Berichtsjahren gemessen, <u>dann erscheint es so, als ob die Produktionszunahme in einigen Polen eher zur Stagnation als zur Selbstverstärkung neigt</u>. In Tab. 66 kann die erste Spalte ungefähr als Produktionszuwachs 1967 gegenüber 1965 interpretiert werden, da von Ausnahmen abgesehen 1964 praktisch noch keine Produktion erfolgte.

In Sevilla, Valladolid und Zaragoza ist die Produktionszunahme zwischen den Berichtsjahren 1965, 1967, 1969 und 1971 kontinuierlich geringer geworden. In Burgos ist die Zunahme 1969-1971 geringer als in der Vorperiode, das gleiche gilt für La Coruña, Huelva und Vigo in der Pe-

Tab. 66: Entwicklung des Bruttoproduktionswertes der Pole 1967-1971

	Bruttoproduktionswert 1967 Mill. Ptas.	Zunahme absolut	
		1967-1969	1969-1971
Burgos	2.343,7	8.439,2	4.523,2
La Coruña	3.830,9	2.948,7	6.098,9
Huelva	3.351,1	3.145,4	10.352,3
Sevilla	4.758,7	3.326,0	3.070,4
Valladolid	11.121,1	2.621,2	2.208,8
Vigo	6.190,3	2.063,6	2.506,0
Zaragoza	3.387,0	3.310,4	3.210,2
Total	34.982,8	23.854,5	31.969,8

riode 1967-1969. In den drei letztgenannten Polen ist dafür die Zunahme 1969-1971 höher als in der Vorperiode. Dieses Ergebnis ist stark von den in allen Polen beobachteten unterschiedlichen Investitionszyklen und der jeweiligen Länge der Investitionsperiode beeinflußt. Deshalb können allgemeine Schlüsse nicht gezogen werden. Immerhin kann als sicher gelten, daß in Sevilla, Valladolid und Zaragoza nach der bereits ausgelaufenen Polförderung zusätzliche Impulse notwendig sein werden, damit auch in Zukunft die Wachstumsrate der Produktion über der des nationalen Durchschnitts liegt. Das gilt auch dann, wenn beachtet wird, daß das bei der Poluntersuchung angewandte Verfahren der Schätzung der Ergebnisse für 1971 im Zweifel zu zu geringen Werten geführt hat.

Insgesamt überrascht wegen der noch geringen Größe der Pole nicht, daß es mit ihrer Hilfe bis 1971 wahrscheinlich nicht gelungen ist, die Wachstumsrate der jeweiligen Provinzeinkommen der nationalen Wachstumsrate anzugleichen. Tab. 67 gibt die entsprechenden Werte wieder.

Auf die Problematik dieser Schätzung für die Polprovinzen wurde schon hingewiesen.

(2) Das Innovationsargument war im Rahmen der Untersuchung nicht systematisch zu prüfen. Dazu wäre es erfor-

Tab. 67: Geschätzte Wachstumsraten der Provinz- und des Volkseinkommens 1971 gegenüber 1967 in laufenden Preisen

	Totaleinkommen	pro-Kopf-Einkommen
Burgos	45,15	50,1 [1]
La Coruña	47,87	46,7 [1]
Huelva	44,40	43,4
Sevilla	42,70	35,4
Valladolid	45,95	43,7
Vigo	45,13	41,7
Zaragoza	46,68	42,2
Spanien	50,77	43,8

Quelle: Comisaria del Plan, Estimación..., 71, 106 u.115

derlich gewesen, die Untersuchung erheblich auszudehnen. Insbesondere hätten dabei die durch das Auftreten des Pols in den Polstädten bewirkten Strukturwandlungen untersucht werden müssen. Das bedeutet nicht, daß diesem Argument wenig Bedeutung zugemessen wird, im Gegenteil ist ja gezeigt worden, daß die Wachstumspolidee sich sehr stark auf Schumpeters Erklärungsansatz für den Prozeß der wirtschaftlichen Entwicklung stützt. Das soll weiter unten noch zur Diskussion gestellt werden.

An dieser Stelle werden daher nur einige Überlegungen und Einzelbeobachtungen zusammengetragen.

a. Die Pole sind selbst eine Innovation. Ihre Gründung hat insbesondere in den ersten Jahren eine bedeutende psychologische Wirkung gehabt. Das zeigt die Anzahl der

---

[1] Die Differenz zwischen den Zuwachsraten des Total- und pro-Kopf-Einkommens reflektiert die Veränderung der Bevölkerungsanteile. Positive pro-Kopf-Einkommens- bei negativen Totaleinkommensabweichungen deuten darauf hin, daß zwar das Einkommensziel erreicht wurde, aber nicht das Ziel, die Regionsbevölkerung in ihrer Heimatregion zu binden.

dem Plankommissariat vorgelegten Projekte. Insbesondere
gelang es bei den ersten Polgründungen, Kapital in den
Zentren für die Investition in den Polen zu mobilisieren.
Wie die Erfahrungen mit den neuen Polen Córdoba und Granada zeigen, hat das Konzept nicht an Attraktivität verloren. Während in den Polen des ersten Plans die Zahl der
neuen Aufnahmeanträge von Jahr zu Jahr zurückging, ist
mit der Gründung der neuen Pole offenbar das gleiche günstige Investitionsklima geschaffen worden wie in der Anfangsphase der 7 hier untersuchten Pole. Es scheint aber
jetzt stärker lokales als nationales und internationales
Kapital beteiligt zu sein.

b. Hinsichtlich der Beteiligung nationalen Kapitals steht
die Polförderungspolitik vor dem Dilemma, daß damit
gleichzeitig hohe Abflußquoten der erzeugten Regionsinländereinkommen verbunden sind, sofern die Gewinne nicht
in der Polregion reinvestiert werden. Andererseits kann
in der Regel nicht auf die Beteiligung nationalen Kapitals verzichtet werden, weil das regionale Sparaufkommen
unzureichend ist bzw. hinreichend potente Investoren in
der Region selten sind und weil mit dem Zufluß außerregionalen Kapitals neue Techniken und in der Regel Unternehmerpersönlichkeiten in die Region kommen. In Huelva
ist z.B. nur einer der Direktoren der großen Industrien
aus Huelva.

Die Beteiligung lokalen Kapitals beschränkt sich, abgesehen von traditionellen Exportindustrien, auf kleinere
Industrien. Deshalb wird die Investition in die Aktivitäten, die die Kerne möglicher Komplexe bilden, ausschließlich von Regionsausländern getragen.

c. In Huelva und Sevilla konnte beobachtet werden, daß
die wichtigsten neuen Projekte, die nach der ersten Anlaufsphase eingereicht wurden, in großem Umfang Erweiterungsinvestitionen schon bestehender Polindustrien betrafen. Das deutet auf einen hohen Grad der Wiederverwendung
des cash-flow in den Polindustrien selbst hin. Insbesondere in der Chemieindustrie in Huelva kann von einer be-

schleunigten Innovationstätigkeit gesprochen werden, soweit das von den anhängigen Projekten her zu beurteilen ist.

d. Schwer abzuschätzen ist, inwieweit Handel und Dienstleistungen im Rest der Provinz sich an die von Polindustrien entwickelte Nachfrage angepaßt haben. Es scheint so zu sein, daß die Anpassung an neue Konsumbedürfnisse sehr schnell gelungen ist, während die Anpassung an die Vorleistungsnachfrage in allen Fällen mit großen Schwierigkeiten verbunden ist oder gar unterbleibt. In allen Polen wird beklagt, daß das Angebot spezialisierter Dienstleistungen ausbleibt, so daß auf regionsausländische Anbieter zurückgegriffen werden muß, und daß der regionsansässige Handel nicht geneigt ist, sich auf die neue Nachfrage einzustellen. Das führt zu hohen Kosten der Lagerhaltung für Ersatzteile und andere Verbrauchsgüter des täglichen Bedarfs.

e. Wichtig erscheinen auch die Auswirkungen auf die Qualifikation der Arbeitskräfte. Abgesehen davon, daß die Polindustrien einen Teil der sonst zur Abwanderung oder Annahme minderqualifizierter Tätigkeit gezwungenen qualifizierten Arbeitskräfte in der Region halten, kalkulieren einzelne Industrien monatelange Ausschußproduktionen von vornherein ein, um sich einen eigenen Facharbeiterstamm heranzubilden. So war z. B. der Beruf des Buchdruckers in Sevilla überhaupt nicht repräsentiert. Die im Pol angesiedelte Druckerei - Imprenta Sevillana - kalkuliert etwa mit einem Jahr Ausschußproduktion, um international absetzbare Erzeugnisse liefern zu können. Das ist ein besonders interessanter, aber kein Ausnahmefall. Andererseits ist zu betonen, daß die Industrien im wesentlichen nur die bisher unqualifizierten Arbeitskräfte ausbilden, wobei nur beschränkte Qualifikationsgrade angestrebt werden.

f. Schließlich zeigt sich, daß auch die Primärproduktion durch die Polindustrien zu Erweiterungs- und Rationalisierungsinvestition angeregt wurde. Ein besonders deutliches

Beispiel sind die Investitionen im Bergbaugebiet von Rio
Tinto in Huelva. Vielfach ist es aber so, daß nur dann
erhebliche Investitionen induziert werden, wenn die betreffenden Aktivitäten in der Hand nationaler Unternehmen
sind.

Das sind mehr oder weniger zufällige Beobachtungen, sie
erlauben keine generellen Schlußfolgerungen. Insgesamt ist
die Beobachtungsperiode seit der Polgründung zu kurz, um
induziertes Innovationsverhalten zu untersuchen und die
entsprechende Hypothese der Wachstumspoltheorie im vorliegenden Fall zu testen.

4.2. Würdigung der Wachstumspolpolitik im I. und II. Plan

An dieser Stelle soll weniger eine Zusammenfassung der
bisher vorgelegten Ergebnisse gegeben als auf einige
Schwächen und Probleme der Wachstumspolpolitik hingewiesen werden.

(1) In allen Polen mit der Ausnahme Sevillas ist ein eindeutig führender Sektor zu beobachten, soweit es den Anteil am Sozialproduktsbeitrag des Pols betrifft. Dennoch
muß, mit der Ausnahme der Chemieindustrie in Huelva, der
Automobilindustrie in Valladolid und der Metallindustrie
in Vigo und Zaragoza, __von insgesamt heterogenen, nur durch
unwesentliche sektoral/regionale Verflechtungen gekennzeichneten Polen__ gesprochen werden. Dagegen stellt die
Wachstumspoltheorie auf das Interdependenzkriterium als
notwendige Bedingung regionaler Polarisation ab.

Als Alternative zur bisherigen Förderungspolitik bietet
sich daher die Bildung sektoral/regionaler Komplexe an.
Sie müssen nicht notwendigerweise auf einen Punktpol konzentriert sein, sondern können in einem räumlichen Verbund mehrerer zentraler Orte angesiedelt sein. Vorbild
für diese Idee war in Spanien das Industriedreieck Bari-
Brindisi-Tarent in Süditalien. Eine Nachahmung des Konzepts intendiert das Plankommissariat mit der Planung für
ein Industriedreieck Huelva-Sevilla-Cádiz.

Die Bildung von Industriekomplexen hat den Vorteil, daß sie der Notwendigkeit der ex-ante Koordination der Wachstumspolpolitik Rechnung trägt. Die Begründung dafür faßt Streit wie folgt zusammen: "Wie bereits dargelegt, zählt die Möglichkeit, Endnachfrageimpulse und externe Ersparnisse durch die direkte und indirekte Verflechtung auf engem Raum weitgehend internalisieren zu können, zu den spezifischen Standortvorteilen eines Wachstumspols. Für private ebenso wie öffentliche Investitionen in diesem Verbund gilt daher, daß sie in ihrer Rentabilität in mehr oder weniger starkem Maße voneinander abhängen. Die Komplementaritätsbeziehungen sind in der Aufbauphase eines Wachstumszentrums eher ein Hindernis. Denn wenn der private Investor unsicher ist, ob es zu den erforderlichen komplementären Investitionen kommen wird, wendet er sich eher den traditionellen Gravitationszentren zu... Somit kommt es für die Regionalpolitik darauf an, ein ganzes Bündel staatlicher wie privater Investitionen zu initiieren (Streit, 71a, 228, Hervorhebung von mir, F.B.). Das ist der circulus vitiosus der Polarisationsstrategie in peripheren Räumen, den der Verf. in einem früheren Aufsatz (Buttler, 71, 190) beschrieben hat.

Das bezeichnete Dilemma der Polförderungspolitik läßt sich insgesamt nicht leicht lösen. Betrachtet man die führenden Sektoren der Mehrheit der spanischen Pole, dann liefe eine Strategie der Bildung von Industriekomplexen in dieser Situation auf die Förderung von Zentren der Chemie- und Metallindustrie hinaus. Man wird aber schwerlich fünf potente Komplexe der Metallindustrie zusätzlich zu den bereits existierenden (insbesondere in Asturien und Vizcaya) fördern können, sei es wegen der hohen Förderungskosten, sei es wegen der regionalen Zersplitterung der Angebotsstruktur. Überdies muß bedacht werden, daß die insbesondere von den bisherigen Industrien des Metallsektors so dringlich geforderten räumlich nachbarschaftlich angesiedelten Zulieferer und spzialisierten Dienstleistungsbetriebe nur dann im Pol tätig werden können, wenn der jeweilige Schwellenwert kostengünstiger Produktion mindestens erreicht wird. Auch wenn vorgesehen ist, daß staatliche Unternehmen des Instituto Nacional de Industria Teile dieses Angebots übernehmen könnten, muß sich doch deren Ansiedlung an einer nationalen Prioritätsskala orientieren.

Deshalb erscheint der Vorschlag interessant, die Wachstumspolpolitik nicht allein auf die Betonung sektoral/regionaler Input-Output-Relationen zu gründen. Ihr entspräche eine Agglomeration vom Typ des Ruhrgebiets bzw. eine Unternehmensstruktur vom "Krupp-Typ". Dagegen sei es denkbar, daß das Wachstum der Pole von heterogenen Konzernen des "Litton-Typs", man könnte auch sagen vom "Oetker-Typ" getragen wird (Lasuen, 69, 146, ebenso Streit, 71a, 231). Mit der Betonung der diesem Typ von Unternehmenskonzentrationen zugrunde liegenden Agglomerationsvorteile tritt die Idee der nicht sektoral begründeten regionalen Polarisation, die im ersten Teil der Untersuchung erörtert wurde, in den Vordergrund. D.h., daß weniger sektorspezifische Lokalisations- als allgemeine Fühlungsvorteile für relevant gehalten werden. Damit ist der Schritt in der polarisationsstrategischen Diskussion von den Wachstumspolen zu den sog. Wachstumszentren bezeichnet (vgl. z.B. Darwent, 69, 11 ff., Hermansen, 70, 29 ff. und Hansen, 71, 20 ff.).

(2) Die Problematik der Wachstumspolpolitik in Spanien steht zweitens im Zusammenhang mit dem angewendeten Förderungssystem.

An erster Stelle ist zu beobachten, daß das System der Förderungsmaßnahmen eine eindeutige Bevorzugung kapitalintensiver Industrien impliziert. Zudem bezieht sich die Förderung durch Subvention, öffentlichen Kredit, Abschreibungsvergünstigungen z. B. nur auf den Anlagekapitalbedarf. Das hat zur Folge, daß Industrien, die arbeitsintensiv produzieren und/oder einen gemessen am Anlagekapitalbedarf hohen Umlaufskapitalbedarf haben, benachteiligt sind. Als Ausgleich könnte eine Prämie auf geschaffene Arbeitsplätze gewährt werden.

Weiter ist die Gewichtung direkter und indirekter Förderungsmaßnahmen diskussionswürdig. Dabei ergeben sich zwei Kontroversen. Die erste zielt ab auf das unvermeidliche Dilemma der Wachstumspolpolitik, "daß die Ungewißheit über Struktur und Durchsetzbarkeit eines Pols Vorsicht gebietet, während die Polstrategie eher ein besonderes Maß an regionalpolitischen Vorleistungen verlangt" (Streit 71 a, 230). Die zweite hat das für die Polförderungspolitik ins Feld geführte infant-industry-Argument zum Gegenstand. Danach strebt die spanische Wachstumspolpolitik der Grundidee nach erklärtermaßen die Förderung sektoral/regionaler Agglomerationen an, wobei Subventionen und verbilligte öffentliche Kredite dadurch motiviert sind, daß Anfangsschwierigkeiten der neuen Industrien aufgrund des Fehlens komplementärer Aktivitäten ausgeglichen werden sollen.

Das Ungewißheits-Argument hat insbesondere in der Diskussion um die geeignete Strategie beim Aufbau der Infrastruktur eine Rolle gespielt. Dabei wurde mit dem Prinzip der Vorsicht begründet, daß der Ausbau von Teilen der Infrastruktur der Ansiedlung von Industrien nachfolgen könne. Dazu sind zwei Beobachtungen gemacht worden. Einmal verlangt diese Strategie eine sehr flexible Koordination zwischen staatlichem und privatem Investor, zum anderen hat sie zur Voraussetzung, daß bei beiden die Investitionsperioden mehr oder weniger übereinstimmen. Die Erfahrungen haben gezeigt, daß die Koordination nicht flexibel genug war und es wahrscheinlich wegen der Vielzahl der beteiligten öffentlichen Stellen nicht sein konnte. Zweitens ist für die wichtigsten Infrastrukturprojekte, die auch den größten Anteil der investiblen Ressourcen binden, die Investitionsperiode so lang, daß wegen des gleichzeitigen Beginns der Infrastrukturinvestitionen und der direkt produktiven Investitionen 1964 die ersten Industrien noch mit erheblichen Engpässen bei der Produktionsaufnahme rechnen mußten.

Diskussionswürdig ist auch die Ausstattung der Industrieparks. Bisher hat nur die Bereitstellung der Industrieflächen relativ gut funktioniert, während die Anschlüsse an das Verkehrs-, Energie- und Wassernetz Engpaßfaktoren waren. Zu prüfen ist weiter, inwieweit insbesondere regionalen Investoren mit dem Angebot standardisierter Werkshallen ein zusätzlicher Anreiz gegeben werden könnte. Insbesondere durch die Form des Leasing (Ritter, 66, 1254) dieser Anlagen könnte das Investitionsrisiko und der Finanzierungsbedarf vermindert werden.

Subventionen werden einerseits dadurch begründet, daß sie einen Ausgleich für Verluste aufgrund von Infrastrukturengpässen bieten. Das erscheint aber wenig überzeugend. Sodann ist es das infant-industry-Argument, wonach Subventionen und subventionierte Kredite Verluste aufgrund des Fehlens komplementärer Aktivitäten in der Anlaufsphase ausgleichen sollen. Wenn aber das im Zusammenhang mit der Notwendigkeit der Planung von Industriekomplexen dargestellte Dilemma der Wachstumspolpolitik eine zutreffende Diagnose ist, wenn also die vorrangig auf Lokalisationsersparnisse aufgrund der notwendigen interindustriellen Verflechtung in situ angewiesenen Industrien von vornherein die Ansiedlung im Pol meiden, dann stößt das Überbrückungsargument insoweit ins Leere.

(3) Ein drittes Dilemma der Wachstumspolpolitik besteht darin, daß der Notwendigkeit einer konzentrierten Investitionsförderung der politische Zwang zur möglichst gleichmäßigen Behandlung aller Rückstandsregionen gegenübersteht. Selbstverständlich ist anerkannt, daß sich nicht alle Provinzen in peripheren Räumen zur Ansiedlung eines Pols eignen, dennoch bleiben genügend Alternativen offen. Die Förderungsdauer und Förderungsintensität im Fall jedes einzelnen Pols ist davon stark beeinflußt. So ist festzustellen, daß in Spanien der politisch begründete Wunsch, möglichst viele Regionen in die Förderung einzubeziehen, den Erfolg des gesamten Polprogramms gefährdet.

Für die sieben untersuchten Pole hat dieses Dilemma in

der Vergangenheit dazu geführt, daß

- die Förderungsintensität weit hinter den Erwartungen zurückgeblieben ist,
- daß die Auslegung der Förderungsbestimmungen im Verlauf der Zeit immer restriktiver gehandhabt wurde,
- daß angesichts der Vielfalt von mit ähnlichen Anreizen ausgestatteten Standorten das Gefälle der Förderungsintensität gering war und daß
- im Hinblick auf die Förderung neuer Pole die Förderungsdauer für die einzelnen Pole auf 6-8 Jahre begrenzt war.

<u>Erfahrungen mit Regionalprogrammen auch in anderen Ländern haben gezeigt, daß durchschlagende Erfolge der Regionalpolitik in so kurzen Fristen nicht erzielt werden können</u> (Richardson, 71, 50).

(4) Entscheidend und ungelöst bleibt das Problem der Anzahl und Auswahl der Polregionen, die Überwindung des Systems unverbundener Punktpole und die Bestimmung und Durchsetzung der geeigneten sektoralen Selektivitätskriterien. <u>Es ist deutlich, daß diese Diskussion nicht bei der Betrachtung intraregionaler Zusammenhänge stehenbleiben kann.</u> Deshalb ist es im folgenden nötig, die Diskussion um die Möglichkeiten und Grenzen einer gesamtwirtschaftlichen integrierten Sektoral/Regionalplanung in Spanien aufzugreifen. Es ergibt sich folgende <u>These</u>:

Das Konzept industrieller Wachstumspole verlangt vom Träger der Wachstumspolpolitik prognostisch verwertbare detaillierte Kenntnisse der Bestimmungsgründe für die Entwicklung der industriellen Siedlungsstruktur. Die damit bezeichnete Fragestellung ist wissenschaftlich noch nicht zufriedenstellend gelöst. Darüber hinaus fehlt es an entsprechenden ökonometrischen Studien zur Anwendung <u>bisher bekannter</u> Methoden auf den spanischen Beispielfall. <u>Aber auch dann, wenn eine zufriedenstellende Lösung erarbeitet werden könnte, wäre mit ihrer Verwirklichung der Träger der Wachstumspolpolitik überfordert.</u> Denn das Konzept der industriellen Wachstumspole verlangt vom Träger der Wirtschaftspolitik, daß er über Aktionsparameter verfügt, die er im Rahmen der in Spanien angestrebten weitgehend indikativen Planung ganz oder teilweise <u>nicht zur Verfügung hat</u>.

Eine "Überlebenschance" für das Wachstumspolkonzept als Strategie im Rahmen der indikativen Regionalplanung könnte darin gesehen werden, daß neue räumliche Agglomerationen eher durch das Vorhandensein allgemeiner Urbanisationsvorteile begünstigt werden als durch über Input-Output-Beziehungen zwischen Industrien vermittelte spezielle Lokalisationsvorteile. Soweit dieser Agglomerationstyp bedeutsam ist, <u>muß die Infrastruktur- und Urbanisationspolitik im Rahmen der Regionalpolitik ein stärkeres Gewicht als bisher erhalten</u>, zumal die entsprechenden Aktionsparameter dem imperativen Bereich der Planung zuzuordnen sind und damit vom Träger der Regionalpolitik tatsächlich kontrolliert werden können.

Eine weitere Chance für das Wachstumspolkonzept ergibt sich im Zusammenhang mit der Möglichkeit, die Bestimmungsgründe für die Entwicklung der industriellen Siedlungsstruktur, auch soweit sie auf interindustrielle Verflechtungen zurückgehen, mit Hilfe ökonomometrischer Studien zu erklären. Dabei sind, wie im ersten Teil der Arbeit dargelegt wurde, nicht allein marktmäßig vermittelte interindustrielle Relationen von Bedeutung. Da deutlich gemacht wurde, daß das einzelwirtschaftliche Aufwand/Ertragskalkül bei der Standortwahl unzureichend ist, <u>besteht für den Träger der Wirtschaftspolitik eine Chance darin, über Nutzen/Kosten-Analysen für alternative Standortentscheidungen für Bündel von Industrien Entscheidungskriterien zur Verfügung zu stellen und ihre Berücksichtigung durch Koordination der privaten Aktivitäten sowie eine gezielte Steuerung des sektoral/regionalen Gefälles der Förderungsmaßnahmen anzustreben.</u>

Da das im ersten Teil der Arbeit beschriebene "Cannae" der Wachstumspolpolitik der französischen Schule für den spanischen Beispielfall eindeutig dokumentiert werden konnte, da andererseits die grundsätzlichen polarisationstheoretischen Überlegungen des ersten Kapitels damit nicht als widerlegt gelten können, ist jetzt zu prüfen, welche Erfolgsaussichten die modifizierte Wachstumspolpolitik im Rahmen des dritten spanischen Entwicklungsplans hat.

5. Zur Strategie der räumlich polarisierten Entwicklung im Rahmen des III. spanischen Plans

In diesem Kapitel werden drei Grundfragen der neuen spanischen Polarisationspolitik behandelt, nämlich:
- ist es möglich, mit Hilfe eines gesamtwirtschaftlichen sektoral/regionalen Entscheidungsmodells vom Typ der von Mennes, Tinbergen und Waardenburg (69) vorgeschlagenen Programmierungsmodelle die Grundlinien der zukünftigen polarisationsorientierten Regionalplanung festzulegen?
- verspricht die Politik der Wachstumszentren (política urbana) eine umfassende Berücksichtigung und Konkretisierung der gegenwärtigen Polarisationstheorie?
- wie wird versucht, die Entwicklungsbedingungen für sektoral/regionale Pole bzw. für "nur" regionale Pole im gesamtwirtschaftlichen Zusammenhang zu erklären und strategisch zu instrumentalisieren?

Der Erörterung dieser Fragestellungen wird ein Einleitungskapitel über die regionalpolitische Strategie im III. Plan vorangestellt. Den Schlußabschnitt bildet ein Versuch, die alte Wachstumspolpolitik in diese Strategie einzuordnen und dadurch neu zu formulieren. Damit ist der thematische Grundriß dargestellt, innerhalb dessen im folgenden die am Ende des vierten Kapitels vorgetragene These diskutiert werden soll.

5.1. Grundlagen der Strategie

Die regionale Entwicklungspolitik im Rahmen des dritten Plans versteht sich als Weiterentwicklung der bisherigen. Mit Recht wird hervorgehoben, daß darauf verzichtet werden mußte, ganz neue Wege zu gehen, auch wenn dies für wünschenswert gehalten worden wäre. Denn die Festlegungen durch Entscheidungen im Rahmen der vorangegangenen

Pläne erlauben nicht, laufende Programme unmittelbar zu stoppen. So steht z. B. fest, daß das Wachstumspolprogramm wegen der im zweiten Plan erfolgten Neugründung von Polen im dritten Plan unverändert fortgeführt wird. Weiter kann im Rahmen indikativer Planung ein häufiger Wechsel der Strategien nur unvorteilhaft sein, da der Plan damit seine Orientierungsfunktion nicht zureichend erfüllen kann. Das gilt insbesondere für die Regionalplanung, die sich auch nach der Vorstellung der spanischen Planer im wesentlichen an <u>langfristigen</u> Zielen orientieren muß (Fernández-Rodríguez, 72, 438).

5.1.1. Die Doktrin: Hintergrund, Ziele

(1) Die Wachstumspolpolitik wird im dritten Plan fortgeführt, jedoch in modifizierter Form. Modifikationen lassen sich an drei Beispielen ablesen, nämlich an

- den Versuchen, das Punktpolsystem zu überwinden (Dreieck Huelva-Sevilla-Cádiz und Pol von Asturias im Kräftefeld des Dreiecks Oviedo-Gijon-Avilés),

- Untersuchungen, die die Lokalisationsbedingungen für die Industrie in Spanien zum Gegenstand haben, mit dem Ziel, die sektoralen Selektivitätskriterien zu verbessern (Attraktionsanalyse für Asturias, vgl. van Wickeren, 72, 507 ff.; Standortvergleich für die chemische Industrie, vgl. Anhang 4; Untersuchung der Lokalisationsbedingungen im Vergleich aller spanischen Provinzen, vgl. Angelet Cladellas und Clusa Oriach, 72, 449 ff.), sowie

- der Einbeziehung auch der Polstädte, für die das alte Förderungsprogramm abgelaufen ist, in die Urbanisationspolitik.

Die Wachstumspolpolitik ist im dritten Plan nicht mehr die einzige wichtige Säule für die Industrialisierungspolitik in peripheren Regionen. Vielmehr wird sie durch die Urbanisationsstrategie derart erweitert, daß sie in jene letztlich als Unterstrategie integriert werden soll. Durch die "política urbana" wird versucht, die Idee von der Region als "unidad operativa" des gesamtwirtschaftlichen Entwicklungsprozesses zu konkretisieren. Dahinter steht die Vorstellung, daß regionale Entwicklungspolitik in bezug auf gesamtwirtschaftliche Wachstumspolitik nicht akzessori-

schen, korrigierenden Charakter hat, sondern die Ziele
der gesamtwirtschaftlichen Wachstumspolitik zu fördern
geeignet ist. Einleitend zu dieser Arbeit war die These
formuliert worden, daß räumlich polarisiertes Wachstum
vom Standpunkt gesamtwirtschaftlicher Effizienzmaximierung "besser" sei als räumlich stark gestreutes. Gemäß
dieser These wäre zu ergänzen, daß eine polarisationsorientierte Regionalpolitik (Schlagworte: "dezentrale
Konzentration", "política urbana") am ehesten geeignet
zu sein scheint, eine mögliche Zielantinomie zwischen an
interregionaler Verteilungsgerechtigkeit orientierter Regionalpolitik und an gesamtwirtschaftlicher Effizienzmaximierung interessierter globaler Wachstumspolitik dahingehend aufzulösen, daß zwischen den genannten Zielen eine
wenigstens teilweise Kongruenz entsteht.

Der Zusammenhang der Ziele gesamtwirtschaftliche Effizienz einerseits, interregionale Verteilungsgerechtigkeit
andererseits hat in den Diskussionen während der Vorbereitung des dritten Plans eine bedeutende Rolle gespielt.
Erstes Ergebnis dieser Diskussionen war ein Versuch zur
Regionalisierung des gesamtwirtschaftlichen Programmierungsmodells für den dritten Plan mit dem Zweck, die Alternativkosten der am Ziel der interregionalen Verteilungsverbesserung orientierten Regionalpolitik, ausgedrückt in
Einheiten der ohne diese Politik zu verwirklichenden gesamtwirtschaftlichen Wachstumsrate des Sozialprodukts, zu
bestimmen. Hierauf wird im folgenden Abschnitt (5.2.) näher einzugehen sein. Das Ergebnis dieser Diskussion haben
die spanischen Planer im Konzept des dritten Plans offen
gelassen: "Si bien tal contraposición 'eficiencia-equidad' no es rigurosamente exacta, ha de tenerse en cuenta,
para definir los objetivos regionales, y a la hora de concretar y medir los beneficios y los costes de oportunidad
de dicha política" (Comisaría del Plan, III. Plan..., 72,
178).

(2) In Übereinstimmung mit den oben genannten Diskussionen
steht auch der Katalog der Ziele für die Regionalpolitik.
Fernández-Rodríguez (72, 439) nennt in der Reihenfolge

ihrer Gewichtung

- Beschleunigung des gesamtwirtschaftlichen Wachstumsprozesses durch optimale räumliche Allokation der Ressourcen,
- interregionale Verteilungsgerechtigkeit,
- Verbesserung der interregionalen Integration,
- Verminderung der regionalen Chancenungleichheit bei der Arbeitsplatzwahl,
- Förderung der Integration Spaniens in den Weltmarkt.

Diese Ziele sind in den einzelnen Plänen unterschiedlich gewichtet worden, das Integrationsziel taucht erst im dritten Plan ausdrücklich auf. Auch das gesamtwirtschaftliche Wachstumsziel hat als Ziel der Regionalpolitik erst im dritten Plan tragende Bedeutung. Während im ersten Plan in Anlehnung an das Gutachten der Weltbank (IBRD, 62, 431) gesamtwirtschaftliche und regionale Ziele in einem Konkurrenzverhältnis gesehen wurde, bedeutete im zweiten Plan die Vorstellung von der Region als Aktionsbasis (unidad operativa) der gesamtwirtschaftlichen Wachstumspolitik der Doktrin nach eine grundsätzliche Neuorientierung (Comisaría del Plan, Ponencia de Desarrollo Regional, 68, 7). Diese Neuorientierung war im zweiten Plan jedoch kaum von praktischer Bedeutung (Fernández-Rodríguez, 72, 445 f.). Ein Vergleich der Rangskalen der Ziele in den verschiedenen Plänen wird durch die Ergänzung und Neuinterpretation des Zielkatalogs erschwert. Denn auf den ersten Blick ergibt sich, daß das gesamtwirtschaftliche Wachstumsziel in allen Plänen an erster Stelle steht. Dadurch wird nicht deutlich, wie sich die Rolle der Regionalpolitik in der Vorstellung der Planer verändert hat: während die Regionalpolitik im ersten Plan ausdrücklich und im zweiten Plan faktisch eine akzessorische, palliative Rolle spielte (Buttler, 69, 433 ff.) und damit das Ergebnis der gesamtwirtschaftlichen Wachstumspolitik unter Verteilungsgesichtspunkten korrigieren sollte, wird sie jetzt als Mittel der Wachstumspolitik erkannt. D. h., die Raumabhängigkeit der Wachstumspolitik wird stärker betont als bisher.

Diese Betonung steht mit dem neu hinzugetretenen Ziel der

interregionalen Integration in engem Zusammenhang. Hierauf wird wegen der grundsätzlichen Bedeutung des Integrationsziels im nächstfolgenden Unterabschnitt ausführlich eingegangen. An dieser Stelle seien ergänzend die beiden im Katalog zuletzt genannten Ziele kommentiert.

Das vierte Ziel ist nicht selbständig, es kann sowohl als Argument innerhalb der Zielfunktion zur Bestimmung des ersten Ziels genannt werden als auch zur Konkretisierung des zweiten und dritten Ziels herangezogen werden. Entscheidend für die Rolle des Ziels ist in jedem Fall die relative Gewichtung jener drei Argumente. Daß es gesondert hervorgehoben wird, hat seinen Grund wohl darin, daß es eine bedeutende Rolle in der öffentlichen Diskussion spielt und daß spanische Politiker und Planer aus zwei verschiedenen Gründen dazu neigen, die interregionale Migrationsbewegung im Lande zu verringern (zum Ausmaß dieser Wanderungen 1960-1967 vgl. Buttler, 69, 440). Die Planer deshalb, weil die eindeutige Richtung der Wanderungsbewegungen in die metropolitanen Zentren (Barbancho, 67, 98 ff.) die für diese Zentren diagnostizierten Agglomerationsnachteile verschärft, die Politiker möglicherweise deshalb, weil die gesellschaftspolitischen Konsequenzen der Entwicklung eines zunehmenden städtischen Proletariats als systemgefährdend angesehen werden.[1]

Das fünfte Ziel - internationale Integration der spanischen Volkswirtschaft,- scheint auf den ersten Blick keine direkt regionalpolitische Begründung für sich zu haben. Die Erklärung dafür findet sich in dem besonderen Interesse der hochentwickelten Regionen des spanischen Nordostens, durch Verbesserung des Kommunikationssystems über die Py-

---

1) Diese gesellschaftlichen Konsequenzen ("crisis of inclusion") beurteilt Friedmann (68, 366) positiv: "In short, a policy of accelerated urbanization would tend to have disruptive effects on the traditional social system. At the same time, however, it would germinate and build up constructing forces potentially capable of transcending the "crisis of inclusion" that it itself would generate."

renäengrenze hinweg einen leichteren Zugang zum europäischen Markt zu erhalten. So ist die Aufnahme von Ziel fünf in den Katalog ein Preis, den die Zentrale in Madrid "zahlen" muß, damit das Interesse der wirtschaftlich hochentwickelten Regionen an der Regionalpolitik insgesamt aufrechterhalten bleibt.

(3) Die <u>Zusammenhänge zwischen den Zielen</u> eins bis drei werden von den Planern anders eingeschätzt als von den Politikern. Die planleitenden Vorstellungen sind letztlich politisch motiviert, deshalb ist an dieser Stelle nicht eine theoretisch-wirtschaftspolitische Diskussion der Zielzusammenhänge (vgl. dazu z.B. Richardson, 69, 365 ff. sowie unten Abschnitt 5.2.) geplant, sondern die Darstellung der entsprechenden Auffassungen der Träger der Regionalpolitik. Da es auch unter ihnen erhebliche Auffassungsunterschiede gibt, kann hier nicht mehr als der Versuch unternommen werden, einen allgemeinen Nenner zu charakterisieren.

Die Einschätzung der relativen Bedeutung der Ziele kann durch folgende Beobachtungen beschrieben werden:
a. In der offiziellen Darstellung der Politik steht aus propagandistischen Gründen das Ziel der interregionalen Verteilungsgerechtigkeit an hervorragender Stelle. Seine Hervorhebung dient der Werbung um Verständnis für die Regionalpolitik und zum Entwicklungsplan insgesamt. Dagegen zeigt der Umstand, daß keine Quantifizierung des Ziels erfolgt, daß konkrete Zusagen soweit wie möglich vermieden werden. Das Dilemma, dem sich die Politiker gegenübersehen, besteht darin, daß sie für möglichst breites Verständnis zu werben gezwungen sind, während sie nur wenigen Interessen, aus denen sich dieses Verständnis ableitet, gerecht werden können. Dabei ist vorausgesetzt, daß
- die den Regionalpolitikern zur Verfügung stehenden Ressourcen begrenzt sind, und daß
- die begrenzten Mittel aufgrund polarisationstheoretischer Erwägungen nicht ohne Verzicht auf Diskriminierung bestimmter Regionen eingesetzt werden können, wenn der Vorstellung von der gesamtwirtschaftlichen Effizienzmaximierung durch optimale räumliche Allokation der Ressourcen entsprochen werden soll.

Die erstgenannte Voraussetzung bedarf für Ökonomen, insbesondere im Hinblick auf die spezifische Kapitalknappheit in Entwicklungsländern, keiner Begründung. Die zweite ist im ersten Teil der vorliegenden Arbeit grundsätzlich begründet worden.

b. Das Ziel der interregionalen Integration ist abgeleitet aus der Diagnose einer unbefriedigenden Siedlungsstruktur der Volkswirtschaft. An dieser wird insbesondere dreierlei als entwicklungshemmend empfunden:

- der geringe Integrationsgrad der großen Verdichtungskerne untereinander und der damit einhergehende multiple Dualismus,
- das Mißverhältnis zwischen der Größe der Mittelstädte einerseits, ihrer Struktur und Funktion andererseits,
- die Zersplitterung der ländlichen Siedlungsstruktur.

Der regionale Dualismus ist in Spanien nicht gleichbedeutend mit einem einfachen Nord-Süd-Gefälle (de Miguel, 68, 68), er ist auch nicht als bloße räumliche Spiegelung der von Boeke (53), Friedmann (59) und Egner (66) in anderen Entwicklungsländern festgestellten Grundstrukturspaltung in einen Markt- und einen Subsistenzbereich zu beschreiben. Er ist multipel zu nennen, weil er durch eine geographische Gemengelage von untereinander wenig verbundenen Zentren und Entleerungsgebieten charakterisiert ist. Im Zusammenhang mit dem multiplen Dualismus steht eine unterschiedliche soziale Partizipation der Bevölkerung am Entwicklungsprozeß (de Miguel, 68, 131) sowie der sogenannte "minifundismo industrial", d.h. die stark durch
- teilweise handwerkliche - Kleinbetriebe bestimmte Betriebsgrößenstruktur.[1] Von einer auf die Verstärkung der industriellen Marktintegration gerichteten Infra- und Be-

---

1) "La consecuencia, muy importante, es el desarrollo de una superficie con mercados pequeños y dispersos hacia seis densas zonas de mercado muy distanciadas, rodeadas de regiones cada día más despobladas" (Perpiña y Grau, 69, 643).

triebsgrößenstrukturpolitik werden positive Wachstumseffekte erwartet.

Das Mißverhältnis zwischen der Größe der Mittelstädte einerseits, ihrer Struktur und Funktion andererseits, wird von Tamames und Barbancho hervorgehoben. Tamames fürchtet, daß kaum eine der historischen Mittelstädte für die erforderliche Anpassung an den modernen Urbanisationsprozeß geeignet erscheint (Tamames, 68, 50 f.). Barbancho hält jedenfalls eine umfassende Förderung der sozialen und ökonomischen Infrastruktur für dringend geboten. Er zeigt, in Übereinstimmung mit den Ergebnissen Ritters für andere Länder (Ritter, 72, 79 ff.), daß wegen der Unterausstattung der Mittelstädte die Bevölkerungswanderungen von den ländlichen Entleerungsgebieten direkt in Richtung auf die drei wichtigsten Gravitationszentren des Landes - Madrid, Cataluña und País Vasco - gehen (Barbancho, 67, 97 ff.). Weiter weist er nach, daß von Periode zu Periode mehr Mittelstädte einen negativen Wanderungssaldo aufweisen. Die Provinzhauptstädte sind in der großen Mehrzahl Mittelstädte, von den 50 Provinzhauptstädten verzeichneten 1960-1965 etwa 20 einen negativen Migrationssaldo (Barbancho, 68, 16 f.). Tamames und Barbancho stimmen in ihrem Urteil überein, daß viele dieser Städte für ihre Bewohner wegen der immer größeren Rückständigkeit unwirtlich geworden sind.[1)]

Die ländliche Siedlungsstruktur ist durch eine starke Zersplitterung gekennzeichnet. Es ist unmöglich, in allen Siedlungseinheiten ein größeres Maß sozialer Infrastruktur und damit eine höhere Chance sozialer Partizipation am Entwicklungsprozeß anzubieten, ohne daß eine Zusammenfassung von Siedlungseinheiten und schwerpunktmäßige För-

---

1) "Hay que remedir a (las)...futuras ciudades que... son pueblos que a veces tienen una belleza natural que enamoraría a cualquier pintor pero que encierran toda la inadecuación imaginable para la vida de personas. En este sentido hay que reconocer que muchos pueblos andaluces son muy bellos para visitarlos pero inhóspitos para vivirlos" (Barbancho, 68, 17).

derung lokaler zentraler Orte erfolgt.

c. Die am Integrationsziel orientierte Siedlungsstrukturpolitik verlangt bedeutende öffentliche Vorleistungen im Rahmen der Infrastrukturpolitik. Daher wird eingeräumt, daß die der langfristigen Effizienzmaximierung dienende Integrationspolitik zumindest kurzfristig die Wachstumsrate des privat verfügbaren Einkommens unter das Niveau drückt, welches andernfalls erreichbar gewesen wäre. Quantitative Vorstellungen dazu sind bisher nicht entwickelt worden.

Das Integrationsziel steht gleichfalls in engem Zusammenhang mit dem interregionalen Verteilungsziel. Das Verteilungsziel wird in diesem Zusammenhang jedoch uminterpretiert: es bezieht sich nicht allein auf die unmittelbare Verringerung der regionalen pro-Kopf- oder Totaleinkommensdifferenzen, sondern auch auf die Versorgung mit öffentlichen Gütern, insbesondere Infrastruktureinrichtungen, welche die Bedürfnisbefriedigungsmöglichkeiten in peripheren Regionen bei gleichem monetären Einkommen der Bewohner erhöhen und/oder die regionale und soziale Mobilitätsbereitschaft und -fähigkeit fördern. <u>Das Integrationsziel umfaßt also insgesamt drei Komponenten: Marktintegration im Rahmen der bestehenden Siedlungsstruktur, Veränderung der Siedlungsstruktur, Erweiterung der sozialen Partizipation.</u>

Da soziale Partizipation sowohl den Anteil an privaten als auch öffentlichen Bedürfnisbefriedigungsmitteln bezeichnet, ist das entsprechende Argument des Integrationsziels im Grunde umfassender als das traditionelle interregionale Verteilungsziel. Es läßt überdies die Möglichkeit alternativer Strategien für unterschiedliche Regionen offen, je nachdem, ob die Komponente der Erhöhung der Bedürfnisbefriedigungsmöglichkeiten in der Region oder die der Erhöhung der regionalen und sozialen Mobilitätsbereitschaft und Mobilitätsfähigkeit hervorgehoben wird. Passive Sanierung in einzelnen peripheren Räumen wie aktive Sanierung in anderen lassen sich gleichzeitig vertreten, sofern Kriterien gefunden werden können, die diese Diskriminierung im einzelnen begründen.

d. Damit sind einige wichtige im spanischen Plankommissariat diskutierte Gesichtspunkte im Zusammenhang mit dem Integrationsziel dargestellt. Der Verf. neigt dazu, das Verteilungsziel in seiner traditionellen Formulierung dem Integrationsziel überhaupt unterzuordnen. Dagegen ist zuzugestehen, daß in der öffentlichen Diskussion das Verteilungsziel noch derart dominant ist, daß die Politiker, die ja einen indikativen Plan nicht zwangsweise durchsetzen können, sondern die soziale Bereitschaft zu seiner Bejahung wecken müssen, nicht in der Lage sind, auf die gängigen plakativen Zielformeln zu verzichten.

Man muß aber auch vermuten, daß die Politiker sich den Zwängen, denen sie sich durch die Formulierung und öffentliche Vertretung des undifferenzierten traditionellen Verteilungsziels ausgesetzt haben, selbst zum Opfer fallen. Es wird gezeigt werden, daß der politische Zwang zur Einlösung der gegebenen Versprechen - auch in Abwesenheit demokratischer Kontrolle wie im vorliegenden Fall - dazu führt, daß die Politiker zu viel in zu kurzer Zeit erreichen möchten und daß eine entschiedene Abkehr vom Prinzip, allen Provinzen gleichzeitig gleichermaßen gerecht zu werden, nicht erfolgt. Daran dürfte auch der Versuch einer Strategie der dezentralen Konzentration auf gesamtwirtschaftlicher Ebene zunächst scheitern.

5.1.2. Dezentrale Konzentration

(1) Dezentrale Konzentration bezeichnet eine polarisationsorientierte Entwicklungsstrategie. Ihre Hauptelemente, Dezentralisierung und Konzentration sind zuerst zu erläutern.

Das Dezentralisationsargument bezeichnet allgemein den Willen, periphere Regionen oder periphere Zonen von Zentralregionen stärker in den Entwicklungsprozeß einzubeziehen. Entsprechend verschiedenen Rangfolgen der planleitenden Ziele lassen sich mehrere Varianten unterscheiden. Im Fall Spaniens kommen insbesondere drei Varianten bzw. Kombinationen dieser Varianten in Frage:

a. <u>Vorrang des traditionellen Verteilungsziels:</u> danach werden insbesondere Regionen mit relativ sehr geringem pro-Kopf-Einkommen gefördert, die traditionell über mindestens ein dominates Zentrum verfügen, das das Minimumkriterium für die entwicklungspolitisch als relevant angesehene Stadtgröße erfüllt (Beispiel: Granada).

b. <u>Vorrang des Integrationsziels</u>, hier insbesondere: Integration der Siedlungsstruktur. Danach werden insbesondere solche Regionen gefördert, die bedeutende traditionelle Siedlungskerne haben, welche
- entweder die Entwicklung einer Achse zwischen den bisherigen Zentralregionen fördern sollen (Beispiele: Burgos/Valladolid zwischen dem Norden und Madrid, Zaragoza/Logrono zwischen dem Norden und Katalonien),
- oder sich für den Aufbau gegengewichtiger Zentren oder Achsen eignen (Beispiel: Huelva/Sevilla/Cádiz).

c. <u>Vorrang des</u> (kurzfristig interpretierten) <u>gesamtwirtschaftlichen Wachstumsziels</u>. Damit wird die Dezentralisation auf begrenztem Raum um die traditionellen Kernzonen herum begründet, wobei argumentiert wird, daß
- die Kernzonen bereits unter erheblichen Agglomerationsnachteilen leiden, so daß versucht werden muß, die weitere Agglomeration zu bremsen,
- dabei allerdings zu vermuten ist, daß die soziale Grenzproduktivität neuer öffentlicher und privater Investitionen im Umland der Kernzonen höher ist als in peripheren Regionen (Beispiele: Entlastungspole für Madrid, besonders Guadalajara und Toledo, Planung für die Region Katalonien).

Das Dezentralisationsargument könnte viertens zur Begründung der Förderung solcher Regionen benutzt werden, die über <u>noch wenig genutzte natürliche Ressourcen</u> verfügen. Soweit dabei allerdings nur an die Erschließung von Bodenschätzen und die Verbesserung der landwirtschaftlichen

Produktionsbedingungen gedacht ist, kann daraus kein selbständiges Argument zugunsten der Entwicklung neuer Kernzonen abgeleitet werden, da die betreffenden Sektoren weder auf regionale Polarisationen bedeutenden Umfangs angewiesen sind, noch selbst stark polarisierend wirken.

Das <u>Konzentrationsargument</u> steht im Zusammenhang mit der polarisationstheoretischen Auffassung, daß selbsttragende regionale Entwicklungsprozesse erst dann in Gang gesetzt werden können, wenn bestimmte kritische Schwellenwerte mindestens erreicht werden. Das Schwellenwert-Kriterium ist dabei sowohl auf das Vorhandensein urbaner Standards als auch auf die Flexibilität der industriellen Siedlungsstruktur zu beziehen. Es bezeichnet, wie dargestellt wurde, keine hinreichende, sondern nur eine notwendige, als solche auch noch nicht exakt genug bestimmte Bedingung.

Als Regel hat aber zu gelten, <u>daß</u> ein konzentrierter Mitteleinsatz und damit die Notwendigkeit strenger regionaler Selektivitätskriterien polarisationstheoretisch wie erfahrungsgemäß hinreichend begründet ist, wie auch immer die die jeweilige Form der Dezentralisierung bestimmenden Kriterien aussehen mögen.

Das Konzentrationsargument steht auch im Zusammenhang damit, daß im Rahmen indikativer Planung darauf geachtet werden muß, daß regional differenzierte Orientierungsdaten des Plans als Grundlage privater Allokationsentscheidungen nur dann erfolgreich trendumlenkend wirken können, wenn ihre Signalwirkung hoch ist. Die Signalwirkung hängt cet. par. davon ab,
- wie hoch das interregionale Gefälle der direkten und indirekten Förderungsintensität ist und
- daß das Vertrauen der privaten Entscheidungsträger in die jeweils notwendige zeitliche Invarianz der Planprioritäten gewonnen werden kann.

Es wurde schon gezeigt, daß das Gefälle der Förderungsintensität zugunsten des Wachstumspolprogramms unzureichend war. Man kann auch zeigen, daß konjunkturpolitische Erwägungen der spanischen Zentralregierung den Spielraum für die Durchführung der Regionalplanung derart beeinflußt haben (Fernández-Rodríguez, 72, 445), daß von einer Taktik des "stop and go" gesprochen werden kann.

<u>Zusammenfassend</u> können die Argumente für eine Strategie räumlich dezentraler Konzentration wie folgt dargestellt werden:

- Dezentralisation insbesondere wegen des Integrationsziels, das insofern als Unterziel des Ziels der gesamtwirtschaftlichen Effizienzmaximierung angesehen wird, als mittel- und langfristig eine Verbesserung der sektoral/regionalen Allokation erreicht werden soll. Der Auffassungsunterschied gegenüber dem ersten Plan wird hier ganz deutlich. War im ersten Plan der Doktrin nach globale Wachstumspolitik der beste Garant für wirkungsvolle Durchsetzung auch regionaler Ziele, ist im dritten Plan der Doktrin nach optimale gesamtwirtschaftliche Wachstumspolitik erst durch (polarisationsorientierte) Regionalpolitik möglich.

- Dezentralisation wird teilweise unmittelbar aus dem Verteilungsziel abgeleitet. "Unmittelbar" bedeutet in diesem Zusammenhang, weil ja auch die integrationspolitisch begründete Strategie (selektive) regionale Umverteilungswirkungen mit sich bringt, daß ausschließlich oder vorrangig das Verteilungsargument bei der Anwendung von Selektivitätskriterien zum Tragen kommt.

- Dezentralisation wird teilweise schließlich im Zusammenhang mit dem Ziel kurzfristiger gesamtwirtschaftlicher Effizienzmaximierung gesehen: Stichwort Deglomerationspolitik.

- Konzentration wird postuliert, weil die verfügbaren Ressourcen knapp sind, weil minimale kritische Schwellenwerte mindestens erreicht werden müssen und weil die Signalwirkung indikativer Planung für die Privaten vom regionalen Gefälle der Intensität öffentlicher Förderung abhängt.

(2) Hinsichtlich der <u>Ansatzpunkte der Strategie</u> im dritten Plan läßt sich - wegen des Kontinuitätskriteriums - zwingend folgern, daß zunächst nur eine sehr vorsichtige Umstellung der Förderungsprogramme möglich sein wird. Kritisch ist festzustellen, daß wegen der teilweisen Zielkonkurrenz und wegen der zu beobachtenden Existenz politischer Restriktionen gegenüber der Anwendung rigoroser Selektivitätskriterien das Konzentrationsargument schwer durchsetzbar ist. Da das Dezentralisationsargument viel-

fache, politisch berechtigt erscheinende Varianten hat, da wegen des Mangels quantitativer Analysen des Zielzusammenhangs die obengenannte Zielrangfolge leicht im Sinne eines "sowohl als auch" umgedeutet werden kann, wird die Durchsetzung des Konzentrationsarguments nur in abgeschwächter Form möglich sein.

Fernández-Rodríguez (72, 446), der als kompetenter Interpret der politischen Durchsetzungschancen der Planungsstrategie anzusehen ist, nennt demgemäß auch nur sehr undeutliche Orientierungsdaten für die im dritten Plan beabsichtigte erste Etappe für die Konkretisierung der Strategie der dezentralen Konzentration, nämlich
- <u>dezidierte</u> Urbanisationspolitik auf nationaler Ebene,
- industrielle Lokalisationspolitik auf der Basis <u>bestimmterer</u> Kriterien und
- <u>Koordination</u> der Instrumente der Regionalpolitik, insbesondere der selektiven Regionalprogramme.

Die Bedeutung dieser Orientierungspunkte ist in den folgenden drei Abschnitten zu erläutern und kritisch zu würdigen. Dabei wird so vorgegangen, daß zunächst das ökonomische Problem definiert wird und anschließend die Planungsansätze zu seiner Lösung diskutiert werden. Es wird allerdings nicht ausreichen, die Untersuchung auf diese eher technokratische Analyse des Ziel-Mittel-Zusammenhangs zu beschränken. Vielmehr ist es notwendig, jeweils die Frage "cui bono?" zu stellen, die den Herrschafts- und Interessenhintergrund der Varianten der allgemein dargestellten Strategie im konkreten Fall beleuchten.

Dem Leser, der die Geschichte der französischen Planung kennt, wird auffallen, daß auch in der "neuen" Strategie - ebenso wie beim Wachstumspolkonzept - der Versuch zur Imitation der französischen Regionalplanung zu deutlich ist. Für Spanien dürfte zutreffen, was Cohen (69,ix) allgemein so formuliert hat: "French style economic planning has become an export product, and it has captured the market once dominated by American lectures on the virtues of a free-enterprise economy and soviet sermons on the necessity for central planning."

5.2. Integrierte Sektoral/Regionalplanung?

Die Planung für die sektorale Entwicklung im Rahmen des spanischen Entwicklungsplans wurde im ersten und zweiten Plan in der Weise vorgenommen, daß für wichtige Sektoren Investitionsprogramme aufgestellt wurden. Erst für den dritten Plan liegt ein gesamtwirtschaftliches Sektorprogrammierungsmodell vor. Mit seiner Hilfe soll die Koordination der sektoralen Investitionsprogramme gewährleistet und eine optimale Bestimmung des jeweiligen Investitionsvolumens erreicht werden (Comisaría del Plan, Proyecto..., 70). Die räumliche Allokation der Sektoren wird in diesem Modell nicht zu bestimmen versucht. Für eine Koordination der Regionalplanung mit der Sektorplanung erschien es daher wünschenswert, alternative Möglichkeiten der räumlichen Allokation der neuen Aktivitäten zu diskutieren. Dabei standen zwei Fragen im Vordergrund: erstens, wie die räumliche Dimension des Sektorprogrammierungsmodells in Abwesenheit regionalpolitischer Korrekturen aussehen würde, wenn die für die Vergangenheit zu beobachtenden Allokationsbedingungen weiter gälten, zweitens, wie durch Vorgabe von Zielwerten für die Einkommen peripherer Regionen und entsprechende sektorale Investitionsprogramme in diesen die Ergebnisse des Sektorprogrammierungsmodells verändert würden und welche Konsequenzen sich für die erreichbare gesamtwirtschaftliche Wachstumsrate des Sozialprodukts ergäben. Die erste Frage ist die nach der Raumwirksamkeit der Sektoralplanung, die zweite richtet sich auf die Raumabhängigkeit der Ergebnisse der Sektoralplanung. Ansätze zur Beantwortung beider wurden mit dem Projekt eines Zusatzmodells zum Sektorprogrammierungsmodell gemacht (Comisaría del Plan, Especificación..., 71). Sie bedeuten einen ersten Schritt in Richtung auf die Integration von sektoraler und regionaler Planung.

Im folgenden werden zwei auf die Beantwortung der beiden obengenannten Fragen ausgerichtete Versionen des Modells kurz vorgestellt. Anschließend wird gezeigt, daß beide Versionen grundsätzlich ungeeignet sind, die Realität zu er-

klären, wenn die Polarisationstheorie empirische Evidenz
für sich beanspruchen kann. Danach wird diskutiert, ob integrierte Sektoral/Regionalplanung in einem indikativen
Plan überhaupt sinnvoll ist. Hinsichtlich der regionalpolitischen Strategie im dritten Plan wird dazu hier die
These vertreten: Das sektoral/regional integrierte Planungsverfahren ist an den Modellen Tinbergens und seiner
Mitarbeiter (Mennes, Tinbergen, Waardenburg, 69) orientiert. In diesen hat die Sektorplanung Vorrang vor der Regionalplanung ("sector first - region second", Richardson,
72, 4). Diese Orientierung widerspricht der Doktrin der
polarisationsorientierten Regionalpolitik, ihre Resultate sind für die Begründung der regionalpolitischen Strategie nicht geeignet.

5.2.1. Zwei Versionen für ein Regionalmodell

Das Projekt für ein Regionalmodell orientiert sich an Carrillo-Arrontes (70) Arbeit über Mexiko, die sich als ein
empirischer Test der von Mennes, Tinbergen und Waardenburg
vorgeschlagenen Modelle versteht. Die Problemstellung
läßt sich kurz illustrieren:
Die räumliche Verteilung bestehender und durch neue Investitionen zu schaffender direkt produktiver Aktivitäten
läßt sich in einer Matrix für n Sektoren s und m Regionen
i darstellen.

Sektoren / Regionen	1	2	...	i	...	n	Regionale Totals
1	W_{11}	W_{21}	...	W_{i1}	...	W_{n1}	W_{s1}
2	W_{12}	W_{22}	...	W_{i2}	...	W_{n2}	W_{s2}
⋮							
j	W_{1j}	W_{2j}	...	W_{ij}	...	W_{nj}	W_{sj}
⋮							
m	W_{1m}	W_{2m}	...	W_{im}	...	W_{nm}	W_{sm}
Sektorale Totals	W_{1i}	W_{2i}	...	W_{ii}	...	W_{ni}	W_{si}

In der Matrix können die W als Zielwerte für die Nettowertschöpfung (und somit den Beitrag zum Volkseinkommen) der Sektoren in den Regionen bezeichnet werden. Die Spaltensummen ergeben die sektoralen Zielwerte, die mit denen der Sektorprogrammierung identisch sind. Die Zeilensummen ergeben die Totaleinkommen der Regionen (Inlandseinkommen). $\sum W_{si}$ ist der Zielwert für das Volkseinkommen.

Aus den Vorperioden sei bekannt, wie hoch die Werte für alle W_{si} im einzelnen waren. Wenn erwartet werden kann, daß die in den Vorperioden in den Regionen produzierenden Sektoren ihre Produktion zu konstanten Preisen wertmäßig exakt aufrechterhalten, brauchen in die Programmierung nur die neuen bzw. erweiterten Aktivitäten einbezogen zu werden. Bei entsprechender Interpretation der Matrix gibt $\sum W_{si}$ den real geplanten Nettosozialproduktszuwachs für die Planperiode bzw. für jedes Planjahr t (t = 1, ..., 4) an.

Wenn angenommen werden kann, daß Kapital der strategisch entscheidende knappe Faktor ist, kann man für die W_{si} der neuen Aktivitäten auch $\tilde{c}_{si}$ setzen. $\tilde{c}_{si}$ ist der Quotient aus Nettoinvestition und Wertschöpfung im Sektor s in der Region i, die Investitions/Nettowertschöpfungsrelation. Lageränderungen bleiben bei der Bestimmung der Nettoinvestition unberücksichtigt. Wenn weiter angenommen werden kann, daß keiner der $\tilde{c}_{si}$ durch das Hinzukommen neuer Aktivitäten verändert wird, läßt sich aus den Zielwerten für die W_{si} der Investitionsbedarf für die Sektoren in den Regionen bestimmen, der zur Realisierung dieser Einkommenszielwerte erforderlich ist. Es ist wichtig zu erkennen, daß es sich um regionale Inlands-, nicht Inländereinkommenswerte handelt.

Sind die $\tilde{c}_{si}$ gegeben und unabhängig von den Planungsentscheidungen, wird weiter vereinfachend angenommen, daß die $\tilde{c}_s$ für alle Regionen i unterschiedlich sind, dann ergibt sich für die Planer die Frage, bei welcher regionalen Verteilung der Sektoren der Zielwert $\sum W_{si}$ genau erreicht oder gar übertroffen wird, wenn eine bestimmte Nettoinvestition für jeden Sektor vorgegeben ist. Sind zusätzlich die Zielwerte für die Regionaleinkommen festgelegt, d.h. die $\Sigma\, W_s$ ($s = 1,\ldots n$) für jede der Regionen i ($i = 1,\ldots, m$), dann ergibt sich als Planungsaufgabe die Verteilung der Sektoren auf die Regionen zu finden, bei der sowohl für jeden einzelnen Sektor als auch für jede Region die Zielwerte bei minimalem Investitionseinsatz erreicht werden. Das gesamtwirtschaftliche Investitionsvolumen ist in diesem Fall die abhängige Variable.

Den Annahmen entsprechend lassen sich zwei Varianten des Regionalmodells bilden.

(1) **Die erste Version** soll Antwort auf die Frage geben, welche regionale Dimension das Sektorprogrammierungsmodell[1] unter der Annahme hat, daß die in der Vergangenheit beobachteten räumlichen Allokationsbedingungen weiter gelten. Diese Fragestellung ist nur dann identisch mit der Planungsaufgabe, diejenige räumliche Verteilung der Sektoren zu finden, welche gerade die Erreichung aller sektoraler Zielwerte ermöglicht, wenn unterstellt werden kann, daß die beobachteten $\tilde{c}_{si}$ im betrachteten Diagnose-Prognose-Zeitgraum konstant sind und in den der Sektoralplanung zugrunde liegenden gesamtwirtschaftlichen Input-Output-Daten zutreffend wiedergegeben sind. Bei für alle Regionen i unterschiedlichen $\tilde{c}_s$ bedeutet dies, daß der in der nationalen Input-Output-Tabelle ausgewiesene Nettowertschöpfungskoeffizient eines Sektors das gewogene arithmetische Mittel der regionalen Wertschöpfungskoeffizienten des Sektors abbildet.

Die Version des Modells wird in Analogie zu Carrillos Darstellung als das "historische Modell" bezeichnet, die zweite Version als das "einkommensredistributive Modell". Die "historische" Variante hat zum Ziel, eine Vorstellung über die in der Sektorplanung nicht explizit gemachte Raumdimension des Investitionsprozesses zu gewinnen. Darin könnte eine wichtige Informationsquelle und Entscheidungshilfe für die Regionalpolitik bestehen, denn diese kann in der Begründung ihrer Maßnahmen sich nicht allein auf die

Diagnose der Situation im Planungszeitpunkt beziehen, sie muß auch die Entwicklungstendenzen kennen, mit denen in Abwesenheit neuer regionalpolitischer Programme zu rechnen wäre. Ohne Kenntnis der räumlichen Implikationen der Sektorprogrammierung ist sinnvollerweise an eine richtige Dosierung des Mitteleinsatzes ebensowenig zu denken wie an die Koordination der Regionalpolitik mit den übrigen Maßnahmen der Entwicklungspolitik. Eine knappe Diskussion des sogenannten historischen Modells soll zeigen, inwieweit das verfolgte Ziel mit Hilfe des im Plankommissariat diskutierten einfachen Ansatzes erreicht werden könnte.

a. Ausgangspunkt der Überlegungen sind die aus der Sektorprogrammierung vorgegebenen zusätzlichen Beiträge der Sektoren zum Volkseinkommen. Es soll erklärt werden, wie sich diese Beiträge regional zusammensetzen werden. Dabei werden folgende Annahmen gemacht:
- alle Produktionsprozesse können in linearen Input-Output-Beziehungen beschrieben werden,
- es werden drei Kategorien von Gütern unterschieden: _regionale_ Güter werden nur in der Region produziert, in der sie auch verbraucht werden, interregionale Kommunikationskosten sind prohibitiv hoch, _nationale_ Güter haben innerhalb der Volkswirtschaft keine Kommunikationskosten, intranationale Kommunikationskosten sind prohibitiv hoch. Alle nicht regionalen und nicht nationalen Sektoren sind _internationale_ Sektoren, für sie sind alle Kommunikationskosten gleich Null.
- Die Produktion nationaler Sektoren ist eine Funktion des Volkseinkommens, die regionaler Sektoren eine Funktion des Regionaleinkommens; der gesamtwirtschaftliche Output aller Sektoren, seien sie regional, national oder international, ist durch das Sektorprogrammierungsmodell vorgegeben,
- nur Kapital wird als knapper Faktor berücksichtigt, die sektoral/regionalen Relationen Investition/Nettowertschöpfung sind in ihren Unterschieden repräsentativ für sektoral/regionale Durchschnittskostendifferenzen,

- die Preise aller Güter und Faktoren sind konstant,
- Investitions- und Produktionsbeginn fallen zusammen, die Zeitdauer der Investitionsperiode ist Null,
- alle Aktivitäten arbeiten vom Produktionsbeginn an mit Normalauslastung der Kapazität.

b. Es sind in diesem einfachen Modell hauptsächlich zwei Probleme, die, abgesehen von der Auffindung geeigneter Sektoren- und Regionenabgrenzungen, zu lösen sind.

ba. Für nationale und internationale Sektoren gilt die Bedingung

$$W_{si} = \beta W_s , \text{ wobei}$$

W_{si} die Wertschöpfung irgendeines Sektors in irgendeiner Region bezeichnet, W_s die Wertschöpfung des Sektors in der gesamten Volkswirtschaft. Der Parameter β, also der Anteil, den der Sektor in der Region i an der Wertschöpfung des Sektors in der Volkswirtschaft hat, ist zu bestimmen.

Für die Vergangenheit sind die β-Werte bekannt bzw. können durch entsprechende Aufbereitung des vorliegenden Materials, welches auch für die Aufstellung der regionalen Gesamtrechnungen der Polprovinzen verwendet wurde, ermittelt werden. Für die zu betrachtende Planperiode hängen sie von der regionalen Verteilung der Investitionen in den Sektoren ab. Zur Prognose der regionalen Verteilung der Investitionen, deren Gesamthöhe für jeden Sektor durch das Sektormodell vorgegeben ist, wird eine Fortschreibung der in der Vergangenheit anhand entsprechend langer Zeitreihen festgestellten Entwicklungstendenzen vorgesehen. Hier liegt eine für die Rechnung dieses außerordentlich einfachen Modells entscheidende Schwierigkeit. Einmal deshalb, weil hinreichend sichere und gleichzeitig detaillierte Vergangenheitswerte für das Investitionsvolumen der Sektoren in den Regionen sehr schwer zu erhalten sein werden, zum anderen, weil für eine Vielzahl von Sektoren und Regionen nicht angenommen werden kann, daß die Beobachtung der Vergangenheitswerte eindeutige Entwicklungstendenzen ergeben wird. Für die nationalen und internationalen Sektoren wird daher mit dem historischen Modell allenfalls dann ein brauchbares Ergebnis zu erzielen sein, wenn es gelingt, zumindest für größere Sektorabgrenzungen regionale Investitionsfunktionen aus den Vergangenheitswerten zu schätzen. Der dem Plankommissariat vorgelegte Modellentwurf sieht die Schätzung solcher Investitionsfunktionen vor, erläutert aber die Methodik nicht.

bb. Das zweite Problem ergibt sich im Zusammenhang damit, daß die Entwicklung der "regionalen Sektoren" von der Entwicklung der Regionaleinkommen abhängt, die ja selbst erst Ergebnis der Entwicklung der nationalen, internationalen und regionalen Sektoren in jeder Region sind. Daher ist es erforderlich, für jede Region aus den Vergangenheitswerten die Relation des Sozialproduktsbeitrags der regionalen Sektoren gemessen am Sozialproduktsbeitrag der übrigen Sektoren zu bestimmen. Unter der Annahme, daß diese Relation vollkommen unelastisch in bezug auf das Einkommen ist, kann sie im Sinne eines Exportbasismultiplikators auf das Ergebnis der Verteilung der übrigen Sektoren auf die Regionen angewendet werden.

Es kann aber nicht angenommen werden, daß die Relation, auf der der Exportbasismultiplikator beruht, im Entwicklungsprozeß konstant bleibt. Denn ein höheres regionales Einkommensniveau wird eine Umschichtung der Nachfragestruktur zugunsten höherwertiger, differenzierterer Güter mit sich bringen. Diese sind in hohem Maße nationale und internationale Güter. Danach wäre cet. par. zu vermuten, daß die Einkommenselastizität der Nachfrage unter sonst gleichen Umständen für regionale Güter geringer ist als für nationale und internationale. Das bedeutet, daß mit der Konstanz obengenannter Relation nur kurzfristig als Approximation gearbeitet werden kann. Zu beachten ist weiter, daß die Genauigkeit der Aussagen über die Entwicklung der regionalen Sektoren wegen des Exportbasismultiplikators von der Richtigkeit der Aussagen über die Entwicklung der nationalen und internationalen Sektoren in jeder Region abhängt.

c. Über die Investitions/Wertschöpfungsrelation der regionalen Sektoren kann im Rückschluß auch der Investitionsbedarf für diese Sektoren in den Regionen ermittelt werden. Die Konsistenzbedingung im Hinblick auf die dem gesamtwirtschaftlichen Sektorprogrammierungsmodell zugrundeliegende Investitionsplanung läßt sich noch einmal dahingehend zusammenfassen, daß die Summe der Investitionen in regionalen, nationalen und internationalen Sektoren für alle Regionen dem der Sektorprogrammierung vorgegebenen Investitionsvolumen gleich sein muß. Die Konsistenzbedingung im Hinblick auf die gesamtwirtschaftliche Wachstumsrate des Inlandseinkommens ist erfüllt, wenn für alle Regionen die Summe der Nettoinlandsproduktsbeiträge der Sektoren den sektoralen Zielwerten des Sektorprogrammierungsmodells gleich ist. Dann ist auch die Summe der regionalen Inlandseinkommenszuwächse gleich dem der Sektorprogrammierung vorgegebenen Volkseinkommenszuwachs. Die Verteilung der neuen Aktivitäten, die diesen Bedingungen genügt, führt zu einer regionalen Einkommensverteilung, die die durch das Sektorprogrammierungsmodell implizierte Raumdimension darstellt.

(2) In dieser **zweiten Version** sind die regionalen Einkommenszielwerte als vorgegeben anzusehen. Sie müssen der Bedingung genügen, daß ihre Summe gleich dem Zielwert für das Volkseinkommen ist. Die Bestimmung der regionalen Einkommenszielwerte unterliegt wie bisher der Restriktion, daß nur das in der Planperiode zusätzlich zu schaffende Einkommen in seiner regionalen Entstehung unterschiedlich verteilt werden kann. Die Planungsaufgabe lautet, die Verteilung neuer Aktivitäten auf die Regionen zu finden, bei der alle sektoralen und regionalen Zielwerte beim geringstmöglichen Investitionsaufwand simultan erreicht sind. Die übrigen Annahmen, die dem historischen Modell zugrunde liegen, werden dabei übernommen. Sie entsprechen denen des Modells von Carrillo-Arronte (Carrillo-Arronte, 70, 9 ff.).

Die zu minimierende Funktion kann geschrieben werden als

$$Z = \sum_{i=1}^{n} \sum_{s=1}^{m} \tilde{c}_{si} \cdot W_{si} \,.$$

Dabei sind die $\tilde{c}_{si}$ wirder die sektoral/regionalen Investitions-/Wertschöpfungskoeffizienten, sie drücken den Kapitalbedarf aus, den die Produktion einer zusätzlichen Wertschöpfungseinheit eines Sektors s in einer Region i erfordert.

Die durch das Modell zu erklärenden Variablen sind die in jedem Sektor in jeder Region zu produzierenden zusätzlichen Wertschöpfungseinheiten W_{si}. Dagegen sind die Koeffizienten wie im historischen Modell gegeben, ebenso die zusätzliche Wertschöpfung jedes Sektors für die Summe aller Regionen und die zusätzliche Wertschöpfung in jeder Region für die Summe aller in ihr produzierenden Sektoren. Das heißt, daß

$$\sum_{i=1}^{n} W_{si} = W_s \quad \text{und} \quad \sum_{s=1}^{m} W_{si} = W_i .$$

Zusätzlich soll gelten: $W_{si} \geq 0$.

(3) Die Lösung erfolgt über ein lineares Programm. Dieses Verfahren braucht jedoch nur für die nationalen und internationalen Sektoren angewendet zu werden, wobei zusätzlich einige W_{si}-Werte gleich Null gesetzt werden, weil es z.B. aus Gründen der Betriebsgrößenstruktur nicht möglich ist, jeden Sektor gleichzeitig in allen Regionen anzusiedeln.

Für die regionalen Sektoren in jeder Region ergibt sich der Investitionsbedarf unmittelbar, da ihre zusätzliche Wertschöpfung von den in diesem Modell vorgegebenen Zielwerten der jeweiligen Regionaleinkommen abhängt. Es gilt für regionale Sektoren die Relation

$$W_{si} = \gamma_{si} \cdot W_i$$

Dabei drückt γ den in der Vergangenheit beobachteten Anteil eines regionalen Sektors an der Wertschöpfung einer beliebigen Region aus. Sind die W_{si} auf diese Weise bestimmt, dann ist auch über die $\tilde{c}_{si}$ der in jeder Region für zusätzliche regionale Produktionen erforderliche Kapitalbedarf bestimmt.

Zusammen mit dem Kapitalbedarf für die nationalen und internationalen Sektoren ergibt sich das gesamte sektoral/regionale Investitionsprogramm. Der Vergleich der Investitionsvolumen des gesamtwirtschaftlichen Sektorprogrammierungsmodells und des einkommensredistributiven Regionalmodells ergibt die unter den getroffenen Annahmen sich ergebenden Alternativkosten der Regionalpolitik.

5.2.2. Kritik des Modells

Die kritische Würdigung des Modells hebt insbesondere zwei Einwendungen hervor, nämlich erstens, daß die Raumdimension praktisch nicht zum Tragen kommt, und zweitens, daß das Modell nur dann strategisch verwertbare Ergebnisse liefern kann, wenn feststeht, daß die Polarisationstheorie keinerlei empirische Evidenz beanspruchen kann. Dagegen soll hier weniger diskutiert werden, daß das Modell übersimplifiziert ist. Voraussetzung dafür wäre eine mehr die Einzelheiten hervorhebende Darstellung gewesen. Mennes, Tinbergen und Waardenburg bestreiten selbst nicht, daß ihr Modellansatz noch zu einfach und hinsichtlich der äußerst restriktiven Annahmen an der Existenz mathematisch exakter Lösungen orientiert ist. Die gennanten Autoren werden aber nicht mit einer Kritik einverstanden sein, die darauf abhebt, daß der Ansatz grundsätzlich unbefriedigend ist. Das soll im folgenden begründet werden (vgl. dazu Richardson, 72, 2 ff.).

(1) Modelle vom von Mennes, Tinbergen und Waardenburg vorgeschlagenen Typ reduzieren die Berücksichtigung raumdifferenzierender Faktoren der Wirtschaftsentwicklung auf ein Minimum:

a. <u>Transportkosten</u> finden implizit Berücksichtigung, indem die Unterscheidung in nationale, regionale und internationale Sektoren anhand der Transportkostenempfindlichkeit der betreffenden Produkte vorzunehmen versucht wird. Kommunikationskosten im weiteren Sinn bleiben im wesentlichen unbeachtet. Das implizite Verfahren zur Berücksichtigung von Transportkosten hat, abgesehen davon, daß es nur eine Ersatzlösung darstellt, entscheidende Schwächen. Wenn auch zuzugeben - im Fall konkreter Planungsentscheidungen aber jeweils zu überprüfen - ist, daß Transportkosten als raumdifferenzierende Faktoren relativ an Bedeutung verloren haben, sind sie deshalb noch nicht als vernachlässigbar anzusehen.

b. Die <u>Abgrenzung der Sektoren</u> muß aus Gründen der Rechenbarkeit des Modells sehr grob sein, damit wird erreicht, daß nur etwa dreißig bis fünfzig Sektoren unterschieden werden. Darin besteht ein weiteres Hindernis für die Anwendbarkeit des impliziten Transportkostenkalküls, denn je geringer die Zahl der Sektoren ist, desto problematischer wird es, sie nach Maßgabe der Transportkostenempfindlichkeit ihrer Produkte eindeutig in nationale, regionale, etc. zu klassifizieren. Zusätzlich ist zu beachten, daß die nach ISIC-Klassifikationen der Aktivitäten vorgenommene Sektorabgrenzung umso weniger über die Unterschiede der räumlichen Lokalisationsbedingungen aussagt, je gröber die Sektoreinteilung ist.

c. Mennes, Tinbergen und Waardenburg unterstellen <u>nur für regionale Aktivitäten regional unterschiedliche Investitions/Wertschöpfungsrelationen</u>. Das erscheint konsequent, wenn die Annahmen berücksichtigt werden, daß Kapital der einzige strategisch wichtige knappe Faktor ist und implizit als vollständig räumlich mobil angesehen wird, daß die erforderlichen Arbeitskräfte via Wanderungsbewegungen jederzeit an jedem Ort in erwünschter Qualifikation hinreichend verfügbar sind und daß die Kommunikationskosten für nationale und internationale Produkte vernachlässigbar gering sind. In den beiden im spanischen Plankommissariat diskutierten Modellversionen ist dagegen von der Vermutung ausgegangen worden, daß auch für nationale und internationale Sektoren die Investitions-/Wertschöpfungsrelationen regional differieren. Wenn diese Vermutung zutrifft, muß geschlossen werden, daß die Voraussetzungen des von Mennes, Tinbergen und Waardenburg gewählten Ansatzes nicht gegeben sind.

d. **Die Konstanz der Investitions/Wertschöpfungsrelationen** in der betrachteten Planungsperiode ist eine Vereinfachung, die dadurch gerechtfertigt erscheint, daß Erfolge der Regionalpolitik, die sich auch in der Veränderung sektoraler Kapitalproduktivitäten bei gegebener Produktzusammensetzung niederschlagen, nicht kurzfristig zu erzielen sind. Polarisationsorientierte Regionalpolitik hat zum Ziel, diese Relationen zu verändern. Daß ihr dies nicht in kurzer Frist gelingt, kann nicht als hinreichender Grund dafür angesehen werden, die Investitionslenkung unter der Annahme der Konstanz der Relationen durchzuführen. Das Planungsmodell ergibt unter idealen Bedingungen zwar kurzfristig weitgehend zutreffende Prognoseergebnisse, kann aber hinsichtlich der langfristigen Orientierung zu falschen Ergebnissen führen.

Insgesamt handelt es sich um ein Modell, in dem raumdifferenzierende Faktoren allenfalls implizit und in unzureichendem Umfang berücksichtigt werden. Wegen der Rechenbarkeit muß die Sektor- und Regionseinteilung so grob sein, daß auch für den Fall, daß die Ergebnisse für zutreffend zu halten wären, diese zu allgemein sind, um strategische Schlußfolgerungen zu ermöglichen.

(2) Verfeinerungen des Modells sind möglich. Einmal können Transportkosten direkt einbezogen werden (Saigal, 65), das Problem liegt hier in der Datenermittlung. Zum anderen nennen Mennes, Tinbergen und Waardenburg selbst Versuche, der Existenz von Unteilbarkeiten und steigenden Skalenerträgen in der Produktion Rechnung zu tragen, indem Zusammenhänge zwischen der Hierarchie der Siedlungen im Raum und der Verteilung der Industrien aufgedeckt werden (Mennes, Tinbergen, Waardenburg, 69,211 ff.). Für Spanien haben Angelet Cladellas und Clusa Oriach (72, 467 ff.) Korrelationen zwischen Stadt- und Betriebsgrößenstrukturen berechnet und festgestellt: "Die Stadtgröße scheint... eine statistisch signifikative Bedeutung für die Erklärung der beobachteten Betriebsgrößenunterschiede einiger Sektoren zu haben" (ebd. 470, übersetzt vom Verf.).

Grundsätzliche Einwendungen werden dadurch nicht entkräftet:

a. Auch wenn steigende Skalenerträge berücksichtigt werden, reduziert der Modellansatz die beobachtbare Dynamik des Entwicklungsprozesses auf eine Planperiode (Richardson, 72, 2);

b. räumliche externe Effekte werden nicht beachtet;

c. die Annahme vollständiger Kapitalmobilität läßt die Existenz von Autoritäts-Abhängigkeitsbeziehungen zwischen Zentrum und Peripherie unberücksichtigt, welche oftmals nur eine "selektive" Kapitalmobilität zulassen;

d. die Annahme über die Mobilität der Arbeitskräfte läßt die Qualität des Arbeitsangebots sowie die sozialen Opportunitätskosten interregionaler Migrationsbewegungen außer acht;

e. da zwischen regionalen Inlands- und Inländereinkommen nicht unterschieden wird, werden die polarisationstheoretisch bedeutsamen Abflußwirkungen nicht erfaßt. Die Berechnung der für die Erreichung der Einkommenszielwerte notwendigen Investitionen ist daher grundsätzlich korrekturbedürftig;

f. die komplementär notwendigen Infrastrukturinvestitionen werden durch das Modell nicht bestimmt, auch der von ihnen ausgehende regionale Einkommenseffekt bleibt unberücksichtigt;

g. das Modell ist überfordert, wenn soziale Ziele der Regionalpolitik, wie etwa das der Integration durch soziale Partizipation, ins Spiel gebracht werden.

Insgesamt ist das ökonomische System, von dem das Modell ausgeht, zu eng, um die für die Strategie der "Wachstumspolitik durch polarisationsorientierte Regionalpolitik" relevanten empirischen Tatbestände zu erfassen. Es ist auch nicht geeignet, Zusammenhänge in einem Teilbereich zutreffend zu erklären, weil dies zur Voraussetzung hätte, daß dieser Teilbereich sich als relativ abgeschlossenes ökonomisches Subsystem darstellte.

5.2.3. Der Widerspruch zwischen ordnungspolitischer Grundentscheidung und der Planungstechnik

(1) Integrierte Sektoral/Regionalplanung ist ein planungstechnisches Ideal, welches bei imperativer Planung vielleicht erreichbar erscheinen mag, bei indikativer Planung jedoch vom Träger der Wirtschaftspolitik Kontrollgewalt über Aktionsparameter verlangt, die nicht in seiner Hand sind. Imperative Planung hat zweifellos mit denselben Schwierigkeiten zu kämpfen, wie sie im vorangegangenen Abschnitt dargestellt wurden. Liegt jedoch, wie im spanischen Fall, eine Grundentscheidung zugunsten indikativer Planung vor, dann ist auch in den Fällen, wo Programmierungsmodelle "richtige" Ergebnisse liefern, deren Durchsetzung noch nicht gesichert. Zwei wichtige Gesichtspunkte können das verdeutlichen:

a. Die Planungspraxis in Spanien hat gezeigt, daß selbst globale Richtlinien der früheren Sektorprogramme nicht durchsetzbar waren. Zu erwarten ist, daß die durch regionale Desaggregation detaillierten Anweisungen noch weniger wirkungsvoll sein werden. Dies insbesondere, wenn, wie hier nachgewiesen wurde, die Begründung für diese Anweisungen auf schwachen Füßen steht.

b. Die Durchsetzung von Ergebnissen eines Programmierungsmodells im Vollzug des Plans ist mediatisiert durch das Herrschafts- und Interessengeflecht sowohl zwischen der Ebene der Planer und Politiker einerseits, der Ebene der Adressaten der Planungsanweisungen andererseits, als auch innerhalb der Ebenen beider Kontrahenten (vgl. dazu auch Cohen, 69, 28 ff.).

Die mangelnde Berücksichtigung dieser Probleme ist im konkreten Fall durch eine die gesellschaftlichen Interessenkonflikte übertünchende Solidaritätsidee begründet. Für die Beurteilung der Durchsetzungschancen integrierter Sektoral-/Regionalplanung wird man damit zu rechnen haben, daß die postulierte Solidarität in dieser Form nicht gegeben ist. Allerdings ist auch in Spanien die Beobachtung zu machen, daß cet. par. ein Konsensus umso leichter erreichbar ist, je weniger differenziert die strukturellen Verflechtungen sind, über die es zu entscheiden gilt. Diese Beobachtung rückt gleichzeitig die ideologische Gegensätzlichkeit von imperativer und indikativer Planung insoweit in eine realitätsnähere Perspektive, als festzustellen ist, daß auch in Systemen imperativer Planung die Durchsetzungschancen der Programmierungsergebnisse umso höher sind, je geringer der Komplexitätsgrad der betroffenen Interdependenzbeziehungen ist, also z.B. beim Aufbau von Kombinaten der Grundstoffindustrie.

Die Vernachlässigung solcher Fragen ebenso wie die Orientierung der offiziellen Propaganda hat in Spanien dazu geführt, daß von der Planung mehr erwartet wurde, als sie - insbesondere bei der vorgegebenen ordnungspolitischen Grundentscheidung - zu leisten in der Lage sein konnte. Die Folge war, daß die erzeugte Plangläubigkeit sich mit der Erwartung verband, daß die Planziele exakt zu erfüllen seien. Als diese Erwartung - wenn auch aus gutem Grund - sich als nicht erfüllbar erwies, wurde - fälschlicherweise - das nicht exakte Eintreffen programmierter Ergebnisse als Versagen der indikativen Planung interpretiert.

(2) Integrierte Sektoral/Regionalplanung soll ein Instrument konsistenter Planung sein. Wenn man diesem Anspruch vermittels eines Programmierungsmodells gerecht werden will, muß man auch in Rechnung stellen, daß die Konsistenz des Programms wegen der Sensibilität des Modells allenfalls durchsetzbar ist, wenn eine straffe Investitionskontrolle und -lenkung durchgeführt wird. So besteht auch im Rahmen der spanischen indikativen Planung ein Genehmigungszwang für bestimmte Schlüsselindustrien (Raffinerien, Stahlwerke z. B.). Weiter könnte daran gedacht werden, durch staatliche Unternehmungsgründungen korrigierend einzugreifen. Die Praxis des Instituto Nacional de Industria (INI) hat jedoch für die Vergangenheit gezeigt, daß dort eine derartige "Lückenbüßerrolle" abgelehnt wird. Für die Orientierung des Investitionsverhaltens des INI dürfte dasselbe gelten, was Richardson für private Firmen vermu-

tet: "I suspect that regional and local firms that follow the <u>regional</u> guidelines of the sector plan will probably make rather worse investment decisions than if they relied on their own unaided judgement" (Richardson, 72, 8).

Zusammenfassend kann gesagt werden, daß
- die erforderliche Investitionslenkung der Grundidee indikativer Planung widerspricht,
- auch dann wenn diese Grundidee bewußt nicht konsequent verfolgt wird, die Chance der Durchsetzung der Programmierungsergebnisse gering ist,
- schließlich zweifelhaft ist, ob die Durchsetzung der Programmierungsergebnisse überhaupt wünschenswert ist.

<u>Deshalb sind neue Wege zu suchen, einen möglichst konsistenten und realisierbaren Planungszusammenhang zu bestimmen. Dabei steht dem Träger der Wirtschaftspolitik mit der Siedlungs- und insbesondere Infrastrukturpolitik das entscheidende Instrument zur Verfügung.</u> Sein Einsatz kann aber nicht kurzfristig erfolgreich sein. Der Träger der Regionalpolitik sollte weiter in den Fällen, in denen räumliche Polarisationen aus intersektoralen Beziehungen sich herleiten, gezielt in die private Investitionspolitik direkt eingreifen, um die Entstehung von sektoral/regionalen Polarisationen zu beschleunigen.

Aus dieser Sicht ist die grundsätzliche Orientierung der Strategie der regionalen Entwicklungspolitik im dritten Plan zutreffend. Die Versuche zu ihrer Konkretisierung sind Gegenstand des folgenden Abschnitts.

5.3. Zur Identifikation regionaler und sektoral/regionaler Pole im dritten Plan

Wie im ersten Teil der Untersuchung dargestellt wurde, haben sowohl sektoral/regionale als auch "nur" regionale Pole ihre Entstehung der Existenz von Kommunikationskosten und interregionalen Autoritäts/Abhängigkeitsbeziehungen zu verdanken. Allerdings bestehen unterschiedliche Schwerpunkte. Man kann den Unterschied am einfachsten dadurch verdeutlichen, daß sektoral/regionale Pole sich im Zusammenhang mit der Tendenz zur Kommunikationskostenminimierung zwischen durch Input-Output-Beziehungen verbundenen Aktivitäten bilden, während "nur" regionale Pole sich schwerpunktmäßig auf der Existenz allgemeiner Urbanisationsvorteile gründen.

Begriffsbildung: sektoral/regionale Pole werden nach wie vor als Wachstumspole bezeichnet, "nur" regionale Pole als Wachstumszentren. Beide Begriffe sind in der Realität nicht in der strengen Form repräsentiert. Denn sektoral/regionale Pole können von allgemeinen Urbanisationsvorteilen ebenso profitieren wie "nur" regionale Pole von sektoral/regionalen Input-Output-Beziehungen einzelner ihrer Elemente untereinander. Wachstumszentren können deshalb auch einzelne Wachstumspole einschließen, "reine" Wachstumspole dürften eine seltene Ausnahme bilden. Der Oberbegriff sei "Entwicklungspol".

Wegen der kumulativen Verkettung von interindustriellen Lokalisations- und allgemeinen Urbanisationsvorteilen ist effiziente Wachstumsförderung für beide Typen abhängig von der Struktur der Siedlungen im Raum, insbesondere der Existenz "metropolitaner" bzw. "urbaner" Zonen. Mit dieser Hypothese wird im dritten Plan der Primat der "politica urbana" begründet.

5.3.1. Identifikation der metropolitanen, urbanen und ruralen Zonen als Anwendung eines allgemeinen Polarisationskonzepts?

Unter dem "allgemeinen" Polarisationskonzept wird aufgrund vorstehender Überlegungen die Förderung regionaler Polarisationen verstanden, sei es über sektorale Polarisationen, sei es unabhängig davon.

Im Sinne der Vorstellungen der Planer ist ein Entwicklungspol im Zusammenhang mit der urbanen Siedlungsstruktur zu identifizieren. Die Polregion wird als Teil des nationalen Siedlungssystems beschrieben, an dessen Spitze eine metropolitane Zone steht. Eine metropolitane Zone wird entsprechend dem Konzept der minimalen Stadtgröße identifiziert.

Danach muß die Stadtzone an der Spitze eines Siedlungssubsystems gleichzeitig drei Kriterien erfüllen:
- die in der Stadtzone - definiert als zusammenhängender Siedlungsverband - lebende Bevölkerung muß die 100.000-Einwohnergrenze überschreiten,
- davon müssen mindestens 20.000 Einwohner Industriebeschäftigte sein,
- in der Stadtzone müssen mehr als die Hälfte aller nach der 2-digitalen ISIC-Klassifikation definierten Sektoren repräsentiert sein. Ein Sektor gilt als repräsentiert, wenn sein Lokalisationsquotient (location quotient) 0,50 erreicht (Comisaría del Plan, Comisión de Areas Metropolitanas, 71).

(1) **Begründung** der Stadtentwicklungs- und Siedlungsstrukturpolitik (política urbana): Zusammenfassend lassen sich die bisher genannten Begründungen dahingehend formulieren, daß einerseits die alten metropolitanen Zonen der Neuordnung bedürfen, andererseits das Wachstumspolkonzept der Komplementierung durch Stadtentwicklungs- und Siedlungsstrukturpolitik bedarf. Die Siedlungsstrukturpolitik wird weiter aufgrund der Diagnose einer unbefriedigenden Siedlungsstruktur des Landes begründet. An der gegenwärtigen Siedlungsstruktur, wird, wie oben dargestellt wurde, insbesondere dreierlei als unbefriedigend empfunden:
- der geringe Integrationsgrad der großen Verdichtungskerne untereinander und der damit einhergehende multiple Dualismus,
- das Mißverhältnis zwischen der Größe der Mittelstädte einerseits, ihrer Struktur und Funktion andererseits,
- die Zersplitterung der ländlichen Siedlungsstruktur.

(2) **Kriterien** der Identifikation von urbanen bzw. Polarisationsregionen ("regiones urbanas"): Die Planung der metropolitanen Zonen - Areas metropolitanas, A.M. - und im Zusammenhang damit der urbanen Zonen - Areas urbanas, A. U. - orientiert sich an der von Lasuen vorgeschlagenen

Verbindung von Wachstumspoltheorie, Theorie der zentralen Orte und strukturanalytischer interregionaler Wachstumstheorie. Den A.M. kommt dabei die Rolle der Kernzonen für sektoral/regionale Polarisationen zu. Die A.U. können einerseits Randzonen der A.M. bilden, andererseits selbständige unvollkommene Subsysteme, deren Kern den Rang einer A.M. in der Zukunft erreichen kann. Grundsätzlich wurde aber versucht, die A.U. sämtlich bestimmten A.M. zuzuordnen.

a. Die A.U. selbst wurden anhand eines einzelnen Kriteriums bestimmt. Es sind die städtischen Zonen, in denen die in einem zusammenhängenden Siedlungsverband lebende Bevölkerung 30.000 bis 100.000 Einwohner beträgt. Konsequenterweise sind dann alle Zonen, die nach den gegebenen Definitionen keine Siedlungseinheiten über 30.000 Einwohnern enthalten, rurale Zonen (A.R.). Insgesamt ergaben sich bei Anwendung der genannten Kriterien auf die für das Jahr 1969 vorliegenden Daten 33 A.M. und 45 A.U. (Comisaría del Plan, Comisión de A.M., 71 und Comisión de A.U., 71).

Das würde zur Folge gehabt haben, daß wegen der zu großen Anzahl der A.M.(gemessen an der kaum geringeren Zahl von A.U.) den A.M. in der Regel nur 1 bis 2 A.U. zuzurechnen gewesen wären. Der Grund liegt in den möglicherweise zu niedrig angesetzten Erfordernissen zur Efüllung des Minimumkriteriums, weshalb unter den A.M. so heterogene Fälle wie Madrid und Huelva oder Barcelona und El Ferrol del Caudillo gleichrangig erscheinen. Nach der Zipfschen Regel[1] würde die Gleichrangigkeit von Zonen, deren Bevölkerungsdifferenz etwa durch das Verhältnis 30 : 1 ausgedrückt wird, auf eine unzutreffende Rangskaleneinteilung hindeuten (Zipf 65, zit. nach Richardson, 69, 182).

---

1) Die Zipfsche Regel besagt, daß die Bevölkerung irgendeiner Stadt tendenziell gleich der Bevölkerung der die Städtehierarchie anführenden Stadt dividiert durch die Rangstelle der Stadt in der Hierarchie ist.

Wohl auch deshalb hat die Comisión de A.U. die Zuordnung
der A.U. zu bestimmten A.M. in der Weise vorgenommen, daß
kleinere, geographisch benachbarte A.M. zu größeren Einheiten von insgesamt 300.000 Einwohnern in jeweils zusammenhängenden Siedlungsverbänden zusammengefaßt wurden.
Die Zuordnung zu diesen größeren Einheiten beruht auf
einem einfachen Gravitationsmodell, das die Interaktion
zwischen zwei Punkten oder Zonen mißt. In einfachster
Form kann das Interaktionspotential zweier A.M. i und j
untereinander als das Produkt der Masse der beiden A. M.
dividiert durch die Entfernung unter ihnen bestimmt werden. Nach Reilly (Reilly, 29, zit. nach Isard, 60, 499)
attrahiert ein Zentrum die im Hinterland angesiedelte
Nachfrage direkt proportional zu seiner Bevölkerungszahl
und in umgekehrter quadratischer Proportion zur Entfernung.

Um das zwischen zwei A.M. liegende "Hinterland" den A.M.
gemäß Reilly's "law of retail gravitation" zuzurechnen,
ist es erforderlich, die Grenze der Einflußzonen der beiden A.M. zu bestimmen. Sie ist als Ortslinie aller Punkte
definiert, für die die Bedingung

$$P_i/d_{xi}^2 = P_j/d_{xj}^2$$

erfüllt ist. Dabei bezeichnen i und j die beiden um das
zwischen ihnen liegende Hinterland konkurrierenden A.M.,
P die Bevölkerungszahl der A.M. und d_{xi} bzw. d_{xj} die Entfernung von i bzw. j zu irgendeinem Punkt x auf der Grenze.

Dies ist das von der Comisión de A.U. verwendete Modell
zur Identifikation der Einflußzonen der A.M. und damit
zur Bestimmung der sogenannten "regiones urbanas", die
als Polarisationsregionen bezeichnet werden können (Comisión de A.U., 71, 23 f.).

Um die Ansatzpunkte der Förderungsstrategie für die Polarisationsregionen zu bestimmen, ist von den Planungskommissionen versucht werden,

- im Hinblick auf die Industrieansiedlungspolitik möglichst sektorale Komplexe zu bestimmen und sie bestimmten urbanen Regionen zuzuordnen und
- im Hinblick auf die Infrastrukturpolitik und den Ausbau zentraler Dienstleistungen einen Kriterienkatalog aufzustellen, um die wichtigsten Engpässe in jeder urbanen Region zu kennzeichnen.

b. Der Lösungsvorschlag zur Identifikation von Polregionen ist außerordentlich einfach und erlaubt aufgrund der geringen Ansprüche an statistisches Material eine unmittelbare Anwendung. Kritisch ist einzuwenden, daß der von Reilly für Einzugsgebiete des Einzelhandels postulierte Zusammenhang hier verallgemeinert wird, ohne daß überzeugend nachgewiesen ist, inwiefern das zulässig erscheint. Dabei ist sicher, daß ein derartiges Potentialmodell allenfalls für die Abgrenzung von Einflußzonen für zentralörtliche Funktionen zweckmäßig ist (Kau, 70, 188 ff.). Wird auf diesem Modell die Planung der zonalen Infrastruktur aufgebaut, dann bleibt insbesondere unberücksichtigt, daß die Entwicklung nationaler und internationaler Sektoren in den Polregionen hinsichtlich des verwendeten Potentialmodells von exogenen Faktoren bestimmt ist. Die relevante Region der in der Polregion angesiedelten bzw. anzusiedelnden nationalen und internationalen Sektoren geht nicht in das Regionsabgrenzungskriterium ein. Deshalb ist die Identifikation der Polregionen oder "regiones urbanas" ausschließlich am Konzept der Hierarchie der zentralen Orte orientiert. Überlegungen zur Abstimmung der Regionalstrategie mit den Erfordernissen sektoral/regionaler Pole erscheinen deshalb weiter notwendig, weil nicht unterstellt werden kann, daß die "urbane Region" auch die Polarisationsregion der in ihr angesiedelten sektoralen Pole ist.

Der erste Einwand bezieht sich also darauf, daß für die Identifikation der Polregionen - ausgehend von der Idee eines allgemeinen Entwicklungspolkonzepts - die Bedeutung der industriellen Siedlungsstruktur als eigenständigem raumbildenden Faktors noch wenig klar analysiert wird.

Der zweite Einwand ergibt sich im Zusammenhang damit, daß das verwendete Polarisationskonzept angesichts der Vielzahl der in die Förderung einzubeziehenden A.M. und A.U. faktisch verwässert wird, weil die allgemeine Budgetrestriktion es nicht erlauben wird, ein national ausgelegtes Polarisationsprogramm in der vorgeschlagenen Breite zu realisieren. Durch die Differenzierung der Strategie für ländliche und urbane Regionen, und unter letzteren für metropolitane und urbane Zonen, wird zwar ein intraregionales Selektivitätskriterium wirksam, ein explizites interregionales Selektivitätskriterium existiert aber nicht. Allenfalls kann man vermuten, daß die im zweiten Plan angestrebten Schwerpunktbildungen durch Achsen (Fernández-Rodríguez, 72, 445) entlang der Küsten, in den Tälern des Ebro und Guadalquivir, die Verbindung des Nordens mit Madrid über die Pole Burgos und Valladolid, sowie die Deglomeration Madrids weiterhin gelten. Es wurde jedoch gezeigt, daß die Pole, die sämtlich im Verlauf solcher Achsen angesiedelt sind, bisher nur wenig zur Intensivierung der Achsenbeziehungen beitragen konnten.

Erst die Durchführung des dritten Plans wird zeigen, ob und welche Schwerpunktbildungen erfolgen, insbesondere, welche politischen Vorstellungen die anvisierte funktionale Gliederung des Gesamtraums bestimmt haben. Streit (71, 674) betont mit Recht die Bedeutung einer solchen Perspektive, weist aber auch auf die Schwierigkeiten ihrer Entwicklung hin. Vorerst ist zu erwarten, daß das Dezentralisationsprogramm mangels hinreichender Konzentration des Mitteleinsatzes zur "Proliferation" von Wachstumszentren (Hansen, 71, 1, zeigt, daß nicht nur in Spanien diese Tendenz besteht) und damit zur Selbstaufhebung führt. Ein Vergleich mit der französischen Gründung von "métropoles d'équilibre" gibt dafür einen ersten Hinweis: dort wurden im fünften Plan, der bei der Konzeption des dritten spanischen Plans Pate gestanden hat, "nur" elf gegengewichtige Zentren gegründet, deren urbane Zonen wesentlich höhere Bevölkerungszahlen aufweisen, als dies in Spanien der Fall ist (Hansen, 68, 235 ff.). Dabei ist zu vermuten, daß die für eine solche Strategie potentiell verfügbaren Mittel im hochentwickelten Frankreich relativ (und absolut) höher sind als im halbindustrialisierten Spanien.

Zusammenfassend kann festgestellt werden, daß es nicht möglich sein wird, ohne explizite Analyse der politischen Entscheidungsprozesse zutreffende Aussagen über die tatsächlichen Durchsetzungschancen einer Strategie der dezentralen Konzentration zu machen. Daß dieser Frage hier nicht weiter nachgegangen wird, hat seinen Grund nicht darin, daß sie als nicht den Ökonomen betreffende qualifiziert wird, sondern darin, daß die bisherigen diesbezüglichen Beobachtungen des Verf. zu ihrer Behandlung nicht ausreichen. Eine beispielhafte Arbeit auf diesem Gebiet kann in der Untersuchung der französischen Planung durch Cohen (69) gesehen werden.

Die vorliegende Untersuchung konzentriert sich deshalb auf Ansätze, die sich auf die im ersten obengenannten Einwand bezogenen Planungsfragen beziehen. Insbesondere soll überlegt werden, welche Möglichkeiten zur Identifikation sektoral/regionaler Polarisationen bestehen.

5.3.2. Identifikation sektoral/regionaler Pole - Attraktionsanalyse und Planung

Die raumdifferenzierende Bedeutung von Kommunikationskosten wurde oben begründet. Zielsetzung der Attraktionsanalyse ist, Kommunikationskosten zu messen. Die Attraktionstheorie verfolgt grundsätzlich den Anspruch, sowohl sektoral/regionale als auch nur regionale Polarisationen zu erklären. Bisher entwickelte Attraktionsmodelle (van Wickeren, 71) beschränken sich allerdings auf durch Input-Output-Beziehungen vermittelte regionale Allokationszusammenhänge, d. h. auf die Erklärung der Entstehung sektoral/regionaler Pole.

Die im ersten Teil der Untersuchung dargelegten Gründe

für das Auftreten von Kommunikationskosten, insbesondere
der Umstand, daß Kommunikationskosten teilweise nicht
marktmäßig abgegolten werden, führt dazu, daß sie bisher
nicht direkt meßbar sind. Eine indirekte Methode der Messung besteht darin, signifikant häufiges Auftreten nachbarschaftlicher Ansiedlung von durch Input-Output-Beziehungen verbundenen Aktivitäten als Indikator für Existenz
und Intensität der Wirksamkeit von Kommunikationskosten zu
interpretieren (Klaassen, 67, 116 ff.).

(1) Ein vorbereitender Schritt dazu besteht in der Untersuchung der Frage, ob sich empirisch ein Zusammenhang
zwischen Input-Output-Beziehungen und räumlich nachbarschaftlicher Ansiedlung überhaupt nachweisen läßt. Nach
den Regeln einer empirischen Wissenschaft verlangt dies
einen Test gegen die Hypothese, daß ein solcher Zusammenhang nicht besteht.

Die Arbeiten von Richter (69, 19 ff. und 70, 37 ff.) und
Streit (69, 177 ff.) geben eine erste Antwort. Beide Autoren haben regressionsanalytisch untersucht, ob durch Input-Output-Beziehungen verbundene Sektoren eher zur geographisch nachbarschaftlichen Ansiedlung neigen als unverbundene. Das wird von Richter für US-Daten und von
Streit für die BRD bestätigt. Dagegen haben die Untersuchungen Streits für Frankreich keine signifikant positiven
Ergebnisse erbracht. Sie schliessen, daß verbundene Sektoren eher zur nachbarschaftlichen Ansiedlung neigen als
unverbundene (Richter, 69, 24), daß zumindest teilweise
die nachbarschaftliche Ansiedlung von Industrien durch
Verkopplungseffekte erklärt werden kann (Streit, 69, 182
ff.).

Beide Autoren stimmen darin überein, daß zumindest für
einige Industrien auch gilt, daß intensivere Input-Output-Beziehungen eher zu räumlich nachbarschaftlicher Ansiedlung führen als weniger intensive. Auch dieses Ergebnis
stützt eine der Grundhypothesen der Attraktionstheorie,
nämlich: "... the larger the money flow from one industry
to another, the more intensely these industries will be

connected with each other and thus the stronger the tendency for the two to be located in close proximity" (Klaassen und van Wickeren, 69, 249).

Für Spanien haben Angelet Cladellas und Clusa Oriach ein ähnliches Verfahren angewendet (72, 474 ff.). Sie finden nur für wenige Sektorpaare signifikativ positive Korrelationskoeffizienten: für Energiewirtschaft und Bauhauptgewerbe, für Grundstoff- und verarbeitende Metallindustrie, für Papierindustrie, Druck- und Textilindustrie.

Die regressionsanalytischen Verfahren der zitierten Autoren sind nicht sehr weittragend, wenn man sich verdeutlicht, daß die gefundenen Resultate - insbesondere im spanischen Fall - eine suboptimale industrielle Siedlungsstruktur reflektieren können. Andernfalls wäre ja auch weniger zutreffend, was einleitend zu der vorliegenden Untersuchung postuliert wurde, nämlich das Versagen des Marktes als dynamischem räumlichen Allokationsmechanismus. Für Spanien ist jedenfalls eines der Hauptergebnisse der Studie von Angelet Cladellas und Clusa Oriach ein wichtiger Hinweis auf die Suboptimalität der Siedlungsstruktur. Die Autoren finden einen relativ hohen Grad industrieller Diversifikation in den spanischen Städten, unabhängig von deren Größe (ebd., 487). Dieser Befund stützt die These der zu geringen interregionalen Integration und des "minifundismo industrial".

Das Verfahren ist deshalb weiter zu verfeinern, weil man sich nicht mit der Bestimmung der bloßen Existenz von Kommunikationskosten zufriedengeben kann, sondern ihre Messung versuchen muß, um die Attraktionsintensität alternativer Standorte gegeneinander abwägen zu können. Schließlich genügt es nicht, die Attraktion für jeweils einzelne Sektorpaare zu untersuchen, vielmehr ist erforderlich, den Attraktionszusammenhang alternativ zusammengesetzter Sektor-Bündel (Komplexe) insgesamt zu beurteilen.

(2) Wie eine optimale industrielle Siedlungsstruktur auszusehen hat, kann auch die Attraktionstheorie bisher nicht

konkret beantworten. International vergleichende Studien könnten Anhaltspunkte geben, wenn man unterstellen darf, daß der räumliche Allokationszusammenhang der Sektoren in hochindustrialisierten Volkswirtschaften wegen ihres vergleichsweise höheren interregionalen Integrationsgrades weniger durch Marktunvollkommenheiten verzerrt ist als in halbindustrialisierten Ländern. Solche Studien sind im Nederlands Economisch Instituut in Vorbereitung.

Die bisherigen Attraktionsmodelle sind jedoch geeignet, den weiteren Einwendungen gegen die bisher besprochenen Verfahren zu entsprechen, indem sie eine Quantifizierung der Attraktionskoeffizienten für Sektorpaare und die Aufstellung von Attraktionsmatrizen (van Wickeren, 71, 88 ff.) und deren Auswertung für die Gesamtheit von Sektoren in einer jeweiligen Region anstreben. Wie wichtig das ist, soll an einem Beispiel hier erklärt werden. Angenommen sei, daß Industrie A dazu neigt, sich in der Nachbarschaft einer B-Industrie anzusiedeln, daß aber auch C-, D- und F-Industrien attrahierend auf sie wirken. Weiter sei angenommen, daß in Region j ebenso wie in Region k B-, C-, D- und F-Sektoren in unterschiedlichem Umfang (gemessen an der Höhe des Bruttoproduktionswertes bei jeweils homogenem Output) angesiedelt sind. Wie können wir eine Standortentscheidung für A treffen, ohne die differentielle Attraktionsintensität beider Regionen in bezug auf Industrie A zu kennen?

Bisher durchgeführte Attraktionsanalysen haben positive Ergebnisse gezeigt. So ist die erste umfänglicher Untersuchung für 30 Sektoren in den 11 holländischen Provinzen vorgenommen worden (Klaassen und van Wickeren, 69). Auch in Spanien wurde mit der Attraktionsanalyse für Asturias (van Wickeren, 72) bereits ein Versuch gemacht. Schließlich ist versucht worden, für Holland ein dynamisches Attraktionsmodell anzuwenden, bei dem die Veränderung der Attraktionskoeffizienten in der Zeit erklärt werden sollte (van Wickeren und Smit, 71, 89 ff.). Der Versuch ist aber deshalb gescheitert, weil in dem Modell mit Beschäftigungsziffern statt mit Bruttoproduktionswerten gearbeitet werden mußte. Dieses für die Arbeit mit statischen Modellen geeignete Verfahren verbietet sich, wenn unterschiedliche sektorale Wachstumsraten der Arbeitsproduktivität zu vermuten sind.

(3) Es erscheint lohnenswert, die bisherigen Erfahrungen mit der Attraktionsanalyse für die spanische Planung nutzbar zu machen und dabei zu Verfeinerungen der vorliegenden Attraktionsmodelle zu gelangen. So haben Klaassen, Paelinck, van Wickeren und der Verf. dem Plankommissariat 1972 einen Vorschlag für eine Attraktionsanalyse für den Gesamtraum Spaniens gemacht. Anlaß dazu gaben die abschließenden Überlegungen zur asturischen Attraktionsanalyse. Aus ihr ergab sich, daß aufgrund der vorhandenen Industriestruktur eine Liste von Sektoren aufgestellt werden konnte, die für die Neuansiedlung oder Erweiterung in Asturias infrage kamen. Die Liste sollte den Zweck erfüllen, sektorale Förderungsprioritäten für den neuen Pol von Asturias festlegen zu helfen. Für die Aufstellung der Liste waren zwei Kriterien maßgeblich, nämlich regionale Importsubstitution ("filling-in") und Attraktion durch vorhandene Aktivitäten in der Region (Existenz von Kommunikationskosten aufgrund von Input-Output-Beziehungen).

Gegen dieses Vorgehen bei der Aufstellung der Liste wurden im Plankommissariat deshalb Bedenken geäußert, weil Ergebnisse einer auf eine einzelne Region bezogene Attraktionsanalyse zwar erkennen lassen, daß bestimmte Aktivitäten attrahiert werden, aber nicht, ob die Attraktionskraft stark genug ist, um sich gegenüber der konkurrierender Regionen durchzusetzen. Deshalb sagt die Liste nur, welche Sektoren sich bevorzugt in Asturias niederlassen könnten, aber nicht, ob dadurch die gesamtwirtschaftliche räumliche Allokation verbessert wird. Dieser Einwand ist grundsätzlich richtig, inwieweit er relevant ist, wäre durch eine alle Regionen umfassende Attraktionsanalyse zu klären.

Die Attraktionsanalyse für Asturias hatte weiterhin statischen Charakter D.h., daß von einer zu einem Zeitpunkt bestehenden Aktivitätenstruktur der Region (repräsentiert durch die regionale Input-Output-Tabelle, vgl. für Asturias Piñera Alvarez, 72, 537 ff.) ausgegangen wird und nur die bei dem gegebenen Produktionsvolumen unmittelbar attrahierten zusätzlichen Aktivitäten in Betracht gezogen werden. Weder die Entwicklung der vorhandenen und zu attrahierenden Aktivitäten noch die Folgewirkungen für die Attraktion weiterer werden untersucht. Deshalb wurde vorgeschlagen, im Rahmen der gesamtspanischen Untersuchung auch dynamische Modellversionen zu verwenden, zumal statistische Erhebungsprobleme wie im Fall der Untersuchung von van Wickeren und Smit im spanischen Fall überwindbar erscheinen.

(4) Die Attraktions<u>theorie</u> hat einen weitergehenden Anspruch als die hier diskutierten bisherigen Attraktions<u>modelle</u> (vgl. dazu vom Verf., 72, 409), insbesondere deshalb, weil der attraktionstheoretische Anspruch - Erklärung von Kommunikationskosten - in den bisherigen Modellen nur insofern erfüllt werden kann, als durch Input-Output-Beziehungen vermittelte Attraktion erklärt wird. Die Reduzierung des Erklärungsanspruchs der Modelle wird deutlich, wenn folgende Definition für Kommunikationskosten (vgl. Teil I) berücksichtigt wird: die Existenz von Kommunikationskosten bedeutet, daß die Produktions- und/oder Nutzenfunktionen eines Wirtschaftssubjekts i in einer Region j davon beeinflußt wird, ob die mit ihm in Beziehung stehenden Wirtschaftssubjekte in räumlicher Nachbarschaft tätig sind oder nicht, unabhängig davon, ob die Beziehung durch den Marktmechanismus vermittelt ist oder ob dies nicht der Fall ist.

Für die Fragestellung dieses Abschnitts - Identifikation sektoral/regionaler Pole - ist der Erklärungsansatz der bisherigen Attraktionsmodelle allerdings zureichend. Für die Begründung der sektoralen Selektivitätskriterien der Regionalstrategie des dritten Plans ergeben sich damit insgesamt drei Ansatzpunkte, die die Verwendung der At-

traktionsmodelle vom Input-Output-Typ geraten erscheinen
lassen, nämlich:
- die Praxis der sektoralen Selektivitätskriterien im Rahmen der Wachstumspolförderung,
- der aus der Notwendigkeit koordinierter Sektoral/Regionalplanung begründete Wunsch nach Klärung der Bedingungen für die industrielle Siedlungsstruktur und deren Entwicklung auf gesamtwirtschaftlicher Ebene und
- der Umstand, daß die Urbanisationspolitik im dritten Plan mit einer attraktionstheoretisch bisher unbefriedigenden Methode der Identifikation sektoral polarisierender Aktivitäten arbeitet.

Der letztgenannte Ansatzpunkt ist wegen der strategischen Bedeutung der Urbanisationspolitik im dritten Plan noch besonders zu erläutern.

(5) Die Anwendung der Attraktionsanalyse ist im Zusammenhang mit Fragen zu sehen, die in der Planung für die áreas metropolitanas und áreas urbanas noch unbefriedigend gelöst sind. Man kann das Entwicklungskonzept für die A.M. kurz mit dem des ökonomischen Wachstumspols in der Terminologie John Friedmanns (Friedmann, 68, 368 f.) kennzeichnen. Ausgangspunkt für die Planung der industriellen Siedlungsstrukturen innerhalb dieses Konzepts durch die Comisión de A.M. ist dabei die Feststellung sektoral polarisierender Aktivitäten (oder Industriekomplexe). Als Berechnungsmethode wird die von Streit (Streit, 69, 177 ff.) vorgeschlagene kombinierte Messung von vorwärtigen und rückwärtigen Verkopplungseffekten verwendet. Die einzelnen Schritte zur Identifikation sektoral/regionaler Pole sind im folgenden kurz dargestellt.

a. Die 43 Sektoren der verarbeitenden Industrie, die die spanische Input-Output-Tabelle für 1966 ausweist, werden nach der Intensität ihrer gegenseitigen Verflechtung geordnet. Zur Messung der Intensität einer interindustriellen Input-Output-Beziehung, L_{ij}, zwischen zwei Sektoren i und j wird mit Streit folgende symmetrische Beziehung gewählt:

$$L_{ij} = L_{ji} = \frac{1}{4}\left(\frac{O_{ij}}{{}_iO_i} + \frac{O_{ij}}{{}_jI_j} + \frac{O_{ji}}{{}_jO_j} + \frac{O_{ji}}{{}_iI_i}\right) \quad ,$$

wobei O den Bruttoproduktionswert, I die interindustriellen Inputs ausdrückt. Die durch den Quotienten 1/4 ausgedrückte identische Gewichtung ist arbiträr, aber das wäre jede andere ebenfalls, solange ein allgemeines Maß wie das vorgeschlagene angestrebt wird.

b. Um Gruppen von verbundenen Sektoren oder sektorale Pole zu identifizieren, werden zwei Kriterien angewendet, die gleichzeitig erfüllt sein müssen:
- Die Elemente sektoraler Pole sind durch "relevante" Input-Output-Relationen verbunden. Eine Relation ist relevant, wenn sie einen höheren L_{ij}-Wert hat als der Durchschnitt aller L_{ij}-Werte des Sektors. Das heißt, daß relevante Beziehungen der Bedingung genügen müssen

$$L_{ij} > \frac{1}{n}\sum_i L_{ij} \; ;$$

- Die sektoralen Pole werden durch n (n > 2) Sektoren gebildet, wobei jedes Paar von Sektoren untereinander die Bedingung relevanter Relationen erfüllen muß. Damit sind nach Ansicht der Kommission sektorale Pole hinreichend identifiziert.

c. Unter Hinweis auf Richter (Richter, 69, 24) wird weiter die Überlegenheit sektoral/regionaler über nur sektorale Polarisationen im Hinblick auf gesamtwirtschaftliche Effizienz allgemein postuliert. Deshalb wird es für richtig gehalten, sektorale Pole grundsätzlich innerhalb einer urbanen Region nachbarschaftlich angesiedelt zu fördern.

Wie sofort gezeigt werden kann, ist Streits Verfahren im entscheidenden Punkt abgewandelt worden. Streit will nur solche Aktivitäten als Elemente sektoral/regionaler Pole bzw. Industriekomplexe bezeichnen, die nachgewiesenermaßen zur nachbarschaftlichen Ansiedlung neigen. Sein Kri-

terium, das zusammen mit dem Erfordernis der Relevanz der
Input-Output-Beziehungen erfüllt sein muß, lautet, daß
nur solche Aktivitäten als komplexbildende angesehen werden können, die untereinander einen positiven signifikanten Korrelationskoeffizienten zwischen Verkopplung und
nachbarschaftlicher Ansiedlung aufweisen (Streit, 69,182).

Es ist also zu erkennen, daß mit diesem Verfahren der
Kommission das Problem der Identifikation sektoral/regionaler Pole noch nicht zureichend gelöst werden kann! Die
vorangegangenen Überlegungen haben zudem gezeigt, daß
dies auch dann nicht hinreichend gelingen würde, wenn der
Methodik Streits vollständig gefolgt worden wäre. Deshalb
erscheint es sinnvoll, auch für die Planung der urbanen
Regionen das Instrument der Attraktionsanalyse einzusetzen.

5.4. Grundsätze der dezentralen Konzentrationspolitik und Einordnung des Wachstumspolkonzepts

In den beiden vorhergehenden Abschnitten wurden grundsätzlich offene Fragen der Identifikation regionaler und
sektoral/regionaler Pole und ihrer Einbeziehung in einen
konsistenten Planungszusammenhang aus polarisationstheoretischer Perspektive behandelt. Da die Planung bis zu
deren Lösung nicht zurückgestellt werden kann, können die
Planer den Politikern vielfach nur Daumenregeln anbieten,
die bei der Konkretisierung der Strategie zu beachten
sind. Sie betreffen insbesondere die interregionale Selektivität der öffentlichen Förderungsmaßnahmen, die sektorale Allokationspolitik in den ausgewählten Regionen
und das Verhältnis von direkten (Subventionen, Kredite,
Ge- und Verbote, etc.) und indirekten (ökonomische und
soziale Infrastruktur) Maßnahmen. Andere Planungsbereiche
erscheinen dagegen relativ präzise vorbereitet zu sein,
abgesehen davon, daß die Rückwirkungen alternativer Lösungen der oben genannten offenen Fragen nicht zum Tragen kommen. So haben die Planungskommissionen für die
metropolitanen und urbanen Zonen detaillierte Kriterien-

kataloge für die differenzierte Förderung unterschiedlicher Typen von metropolitanen und urbanen Zonen vorgelegt (Comisaría del Plan: Comisión..., 71). Diese Planungsunterlagen stellen einen bedeutenden Fortschritt gegenüber jenen dar, auf die sich die Entscheidungen zur Durchführung des zweiten Plans beziehen konnten. Insbesondere ist die Rezeption und Weiterentwicklung der planerischen Folgerungen aus dem Konzept der zentralörtlichen Funktionen hervorzuheben.

Deshalb sollen im folgenden nur zwei Argumente unterstrichen werden, nämlich die Notwendigkeit
- des Vorrangs der Infrastrukturpolitik und
- der Anwendung strenger regionaler Selektivitätskriterien.

5.4.1. Grundsätze

(1) Der erste Grundsatz ergibt sich als Folgerung daraus, daß die Planer den Politikern nicht empfehlen können, das Schwergewicht ihrer Aktivität auf die kurz- bzw. mittelfristige Steuerung der industriellen Allokation zu konzentrieren. Das wurde oben begründet. Das Schwergewicht ist daher auf die langfristig ausgerichtete Infrastrukturpolitik zu legen. Gleichzeitig sollten jedoch die sich aus intersektoralen Verflechtungen ergebenden Determinanten der industriellen Siedlungsstruktur weiter untersucht werden, da andernfalls die infrastrukturpolitischen Signale nicht auf die Allokationsbedürfnisse sektoral/regionaler Polarisationen ausgerichtet werden können.

Da bezüglich des letzten Punktes allenfalls für den vierten Plan Ergebnisse vorliegen werden, muß der Vorrang der Infrastrukturpolitik zunächst noch stärker sein. Deshalb stimmt der Verf. folgender Empfehlung Richardsons (72, 39/40) vorbehaltlos zu:

"My main point is that long-term planning is much easier to carry out than short-medium term planning, given the degree of intervention by the Spanish Government in the economy, the instruments available to it and the general characteristics of the institutional environment. In particular, it is much easier to influence regional development goals by long-term planning using the spatial allocation of urban infrastructure by the public sector rather than to co-ordinate sectoral and regional planning within a fouryear planning period."

Dieses Votum beinhaltet gleichzeitig ein Votum für die Unterordnung des Konzepts industrieller Wachstumspole unter die allgemeine Urbanisationspolitik.

(2) Der zweite Grundsatz hebt die Notwendigkeit selektiver (diskriminatorischer) und differenzierter Förderung heraus.

a. Die Forderung, daß sich die Entwicklungspolpolitik an der anvisierten funktionalen Gliederung des Gesamtraums auszurichten hat (Streit, 71, 674) ist zu unterstreichen. Für entsprechende langfristige Planungen fehlen noch elementare Entscheidungsgrundlagen. Im Plankommissariat wurde deshalb diskutiert, analog zu französischen Untersuchungen zur langfristigen Orientierung des "aménagement du territoire" (vgl. z.B. Délégation à l'Aménagement..., 69) Studien durchzuführen. Für den dritten Plan hätten diese allerdings nicht mehr zum Tragen kommen können. Deshalb sind in Fortsetzung der bisherigen Schwerpunktbildungen besonders zwei Selektionsvorschläge von Bedeutung, nämlich die im zweiten Plan verwendete Typologie von Problemregionen und die von Fernández-Rodríguez (72, 445) hervorgehobenen "großen Linien der langfristigen Organisation des Gesamtraumes", die Entwicklungsachsen (vgl. auch Buttler, 69, 453 ff.). Das Achsenprinzip sollte vor dem typologisch begründeten Selektivitätskriterium Vorrang haben, d.h., daß die nach Typen differenzierte Förderung von Provinzen (auf die sich die Typologie bezog) intensitätsmäßig ihrerseits nach dem Kriterium differenziert wird, ob die Provinzen einer der genannten Achsen zuzurechnen sind oder nicht.

b. Die Differenzierung nach Typen von Problemregionen (Comisaría del Plan, Proyecto..., 69, 62 ff.) ergibt folgendes Bild:
- Provinzen mit vorherrschender Agrarstruktur, unbedeutender Industrie, geringer Bevölkerungsdichte und un-

ausgebauter Gliederung zentralörtlicher Funktionen (1),
- Provinzen mit vorherrschender Agrarstruktur, dichterer Bevölkerung und funktionsfähigem Netz von Zentralorten (2),
- Provinzen mit blühender Landwirtschaft und entwickelter Industrie (3),
- überwiegend urbanisiserte Provinzen mit starken industriellen Ballungen (4).

Diese Typologie kann in revidierter Form übernommen werden. Dabei wird die vierte Gruppe noch einmal unterteilt in solche, deren Industrie durch traditionelle und strukturschwache Aktivitäten bestimmt ist und andere. Erstere werden als "regiones en crisis" bezeichnet. Die entsprechende Differenzierung der Hauptstrategien zeigt die folgende Zusammenstellung:

Typ	Strategien
(1) unterentwickelte Provinzen	Verbesserung der sozialen Infrastruktur, Landwirtschaftsförderung
(2) rückständige, aber entwicklungsfähige Provinzen	Polarisationsstrategie für zusammengefaßte Provinzgruppen, übrige wie (1)
(3) "ausgewogene Provinzen"	integrationsorientierter Infrastrukturausbau, keine weitere Förderung
(4a) Provinzen "en crisis"	Polarisationsstrategie möglichst im Zusammenhang mit Provinzgruppen unter (2)
(4b) traditionelle metropolitane Zonen	Stadtsanierung und Urbanisationspolitik im Umland

Zu (1): Zu diesen Provinzen dürften die Provinzen Extremaduras, die meisten der südlichen Submeseta und Aragons gehören. Ihr ökonomisches und soziales Entwicklungspotential ist zu gering, als daß in ihnen der Versuch zur Initiierung eines selbsttragenden Wachstumsprozesses gemacht werden könnte. Hauptpfeiler der Strategie ist die

Landwirtschaftsförderung, die die erste industrielle Verarbeitung und insbesondere die Verbesserung der Vermarktung der landwirtschaftlichen Produktion einschließt. Derartige verarbeitende Industrien polarisieren regional nicht. Eine weitgehende Kreditfinanzierung als förderungswürdig anerkannter Projekte und genossenschaftliche Organisation der Unternehmen sind geeignet, die regionale Einkommensinzidenz der erzielten Wertschöpfung zu erhöhen. Erfahrungen mit dem Plan Badajoz haben das bestätigt. Komplementär ist die soziale Infrastruktur im Hinblick auf das Ziel der Verbesserung der sozialen Partizipation der ländlichen Bevölkerung zu fördern.

Zu (3) und (4b): Die für die Provinzen dieser Typen vorgeschlagene Beschränkung auf wenige Strategien[1] - deren Kosten gleichwohl besonders im Fall der Stadtsanierung sehr hoch sein können - wird am wenigsten umstritten sein. Die Interessenlage in den betroffenen Provinzen ist verständlicherweise eine andere.

Zu (2) und (4a): Es handelt sich um die Provinzen, die bei alleiniger Berücksichtigung der bisherigen Typologie für eine gezielte Polarisationsstrategie infrage kommen. Für die den verschiedenen Typen zuzuordnenden Polarisationsstrategien ergeben sich aber verschiedene Stoßrichtungen. Während es im ersten Falle darauf ankommt, die zu bildende Planregion überhaupt erst an die "Agglomerationsschwelle" heranzuführen, besteht das Hauptproblem im zweiten Fall in der Überwindung traditioneller, einer weiteren Diversifikation entgegenstehender, Strukturfaktoren (Streit, 71a, 227).

(3) Der dritte Grundsatz macht die Existenz metropolitaner (nach der Definition der Comisión de A.M.) oder an

---

1) Es kann hier wie im folgenden immer nur von den Hauptschwerpunkten die Rede sein. Der Umstand, daß die Provinzen praktisch keine eigenen Einnahmen haben, bewirkt, daß alle anfallenden Aufgaben in der zentralen Planung Berücksichtigung finden müssen.

die Agglomerationsschwelle heranführbarer urbaner Zonen zur Vorbedingung für die Förderungswürdigkeit. Gerät dieses Kriterium mit dem Achsenprinzip in Konflikt, weil entlang einer gedachten Achse derartige Kernzonen nicht existieren, so ist der Infrastrukturausbau so zu gestalten, daß die Kommunikationskosten der Raumüberwindung zwischen den Achsenpolen bzw. auf Teilstrecken minimiert werden. Bezüglich der von Fernández-Rodríguez genannten Achsen dürfte das Minimumkriterium erfüllt sein, allerdings gilt für die Verbindung der galizischen und der andalusischen Achse mit den traditionellen Zentren insgesamt und für die Verbindung des Nordens mit Madrid für Teilstrecken (Miranda del Ebro - Madrid), daß der Infrastrukturausbau die kostenminimierende Raumüberwindung zum Ziel haben sollte, während in den an der Achsenverbindung liegenden Zonen nur die soziale Infrastruktur zu fördern ist.

(4) Der vierte Grundsatz hebt die Notwendigkeit der Evaluierung des sozialen Entwicklungspotentials hervor, soll daher nur darauf hinweisen, daß Modifikationen der bisherigen langfristigen Orientierung auch deshalb erst nach zusätzlichen Untersuchungen möglich sein werden, weil entsprechende Kriterien in der bisherigen Planungsdiskussion noch zu wenig Berücksichtigung gefunden haben. Die bisherigen Versuche zur Überwindung des Konzepts der industriellen Wachstumspole sind einseitig an der Betonung der Notwendigkeit der Einbeziehung der hierarchischen Gliederung der zentralörtlichen Funktionen orientiert gewesen. Ergänzend dazu ist es nötig, die subjektive Einstellung und die objektiven Möglichkeiten zum sozialen Wandel in peripheren Regionen stärker im Planungsprozeß zu berücksichtigen. Die Arbeiten von Friedmann (69), Hansen (71) und Utría (71) sind in dieser Beziehung richtungweisend. Erste Folgerungen aus solchen Überlegungen finden sich konsequenterweise im Kriterienkatalog der Kommission für die urbanen Zonen (Comisaría del Plan, Comisión de A.U., 71).

5.4.2. Einordnung des traditionellen Wachstumspolkonzepts

Hier soll der Versuch gemacht werden, die Elemente der Regionalpolitik des zweiten Plans mit denen der Urbanisationspolitik des dritten Plans zu verbinden. Es wird gezeigt, wie in einem allgemeinen Grundriß Neuorientierung und Kontinuität der Regionalpolitik veranschaulicht werden könnten. Die besprochenen Selektivitätsgrundsätze werden auf das Schema bezogen.

(1) In einer Matrix lassen sich die Typologie der Förderungszonen im zweiten Plan und die Aktionsebenen der Siedlungsstrukturpolitik im dritten Plan kombinieren:

Typen Rang in der Siedlungsstruktur	traditionelle metropolitane Zonen	Provinzen "en crisis"	ausgewählte Provinzgruppen vom Typ (2)	Übrige Provinzen, d. h. Typ (1) und teilweise Typ (2)
metropolitan		⇄	⇄	///
urban	///		⇄	///
rural	///			

Es ergeben sich zwölf mögliche Kombinationen. Vier von ihnen werden als irrelevant ausgeschieden (schraffierte Felder). Während das Ausscheiden der linken unteren Felder sich aus der Definition des betreffenden Typs erklärt, beinhaltet das Ausscheiden der rechten oberen Felder ein wirtschaftspolitisches Urteil. Danach sind dort, wie oben unter Hinweis auf die Notwendigkeit strenger Selektivität[1] postuliert wurde, nur Maßnahmen der Land-

---

[1] "La acción regional se basará en un criterio eminentemente estricto, criterio que se proyectará, en primer término, en la definición de la red y jerarquía de los núcleos de población"(Comisaría del Plan, Directrices... 71).

wirtschaftsförderung und des damit zusammenhängenden Ausbaus der ökonomischen Infrastruktur (EOC) sowie der Erhöhung der Mobilitäts- und Partizipationschancen durch Ausbau der sozialen Infrastruktur (SOC) vertretbar.

Die Pfeile im Schema kennzeichnen die Notwendigkeiten vertikaler und horizontaler Koordination der Programme. Die horizontalen Pfeile bezeichnen die von den Planungskommissionen für die A.M. und A.U. für erforderlich gehaltenen Abstimmungs- und Integrationsmechanismen, die vertikalen beziehen sich auf die Koordination der intraregionalen Funktionsteilung.

Im nächsten Schritt sind die Elemente der Regionalpolitik im zweiten Plan auf die acht strategischen Aktionsfelder zu beziehen. Das folgende Schaubild berücksichtigt nicht alle Facetten der bisherigen Regionalpolitik. Grund dafür ist auch, daß eine Vielzahl kleinerer Programme in die Konzeption der Förderung der áreas metropolitanas, urbanas und rurales einzugehen hat, um eine Zersplitterung aufgrund der Einführung neuer Elemente zu verhindern. Das entspricht auch im Grundsatz der Vorstellung der spanischen Planer.

Die einseitig gerichteten Pfeile indizieren die Einordnung, die zweiseitig gerichteten die besonderen Koordinationserfordernisse.

(2) Die Einordnung der Wachstumspolpolitik wird in dem Schaubild deutlich. Unwidersprochen dürfte bleiben, daß die Wachstumspolpolitik nur für die beiden mittleren Typen überhaupt infrage kommt. Insofern sagt das Schaubild nichts über zusätzliche Selektivitätskriterien aus. Ebensowenig dürfte die Zuordnung zu ausschließlich metropolitanen Zonen (in der Definition der Comisión de A.M.) fragwürdig sein, soweit das (niedrig angesetzte) Größenkriterium betrachtet wird.

Rang in der Siedlungsstruktur \ Typen	traditionelle metropolitane Zonen	Provinzen "en crisis"	ausgewählte Provinzgruppen vom Typ (2)	Übrige Provinzen
metropolitan				
urban				
rural				
Strategie vorwiegend	Stadtsanierung, Urbanisation im Umland	dezentrale Konzentration		SOC und Landwirtschaftsförderung
Programme des II. Plans	Wachstumspole	Industrieparks	Comarcalisation, Agrarreform	sog. "planes provinciales" und einzelne Sonderprojekte

Dagegen bedeutet die Zuordnung der Wachstumspolpolitik zum Entwicklungskonzept für die sog. metropolitanen Zonen insofern eine grundsätzliche Reorientierung, als das Wachstumspolkonzept dem Konzept des ökonomischen und sozialen Entwicklungspols untergeordnet wird. Die wichtigsten Konsequenzen für die Bestimmung von Art und Umfang des Einsatzes öffentlicher Förderungsmittel lassen sich auf der Grundlage einer zusammenfassenden Sicht beider Schemata wie folgt darstellen:

a. <u>Vorrang der Infrastrukturpolitik.</u> Damit wird verlangt, daß das Risiko des Angebots massiver öffentlicher Vorleistungen bewußt einkalkuliert wird. Das Risiko wird umso geringer sein, je stärker die sachliche und zeitliche Koordination von physischer und ökonomischer Planung verwirklicht werden kann. Als geeignetes Instrument bietet sich die Netzplantechnik an. Der Beobachter der Wachstums-

polpolitik im zweiten Plan mußte den Eindruck gewinnen,
daß die Planer versuchten, die private Initiative auf bestimmtes Handeln oder Unterlassen festzulegen, gleichzeitig jedoch keine bindenden Zusagen für Umfang und Terminierung öffentlicher Förderungsmaßnahmen zu machen. Diese
Praxis widerspricht der Idee überwiegend indikativer Planung grundsätzlich: es wird erwartet, daß unternehmerisches Investitionsverhalten Signale für die Orientierung
öffentlicher "Nachfolgeinvestitionen" setzt. Für dynamische Wirtschaftsbereiche ist dieses staatliche Investitionsverhalten unerträglich. Eine Industrie, die mit einer
durchschnittlichen Abschreibungsdauer ihrer wichtigsten
Anlagegüter von 8 - 10 Jahren kalkuliert, kann sich die
Ansiedlung an einem Standort, wo erst nach mehreren Jahren die notwendigen Infrastrukturarbeiten abgeschlossen
sind, schlichtweg nicht leisten.

b. <u>Notwendigkeit langfristiger Förderung.</u> Die Zuordnung
zur Urbanisationspolitik hat auch für den Planungshorizont
und die Förderungsdauer zu gelten. Da erwiesen ist, daß
ein Planungshorizont von zwei 4-Jahres-Plänen zu kurz ist,
da andererseits ein Planungshorizont von über 20 Jahren
kaum sinnvoll ins Auge gefaßt werden kann, sollte die
langfristige Planung 12 bis 20 Jahre umfassen. Das bedeutet nicht, daß die konkreten Planziele irreversibel sind.

c. Das erste der obigen Schemata trägt der Notwendigkeit
der <u>Einbeziehung der Wachstumspole in das regionale Siedlungssystem</u> Rechnung. D.h., daß anerkannt wird, daß von
den Punktpolen (im geographischen Sinn) nicht die erwarteten Ausbreitungseffekte ausgegangen sind, und insbesondere, daß auf eine automatische Ausbreitungstendenz im Umland nicht gehofft werden kann. Daher ist die Koordination
der Förderungsmaßnahmen für die metropolitane Polzone und
die zugehörigen urbanen Zonen zu unterstreichen. Es ist zu
prüfen, ob die Hypothese der Entsprechung von Betriebsgrößenstruktur und Größe der Siedlungseinheiten (Hierarchie-Hypothese) Aussagen über geeignete intraregionale
Dezentralisationskriterien abzuleiten erlaubt.

d. Das Wachstumspolkonzept als Instrument der Förderung sektoral/regionaler Polarisationen ordnet sich dem allgemeinen polarisationstheoretisch begründeten Urbanisationskonzept auch insofern unter, als es einen - wichtigen - Spezialfall des Bedingungszusammenhangs regionaler Polarisationen strategisch umzusetzen versucht. Das bedeutet, daß das Entwicklungspolkonzept gegenüber dem industrieller Wachstumspole für überlegen gehalten wird, weil es umfassender ist. Es ist deshalb umfassender, weil es mit Hilfe eines einheitlichen Kategoriensystems (Kommunikationskosten- und Autoritäts-Abhängigkeits-Beziehungen-Theoreme) sowohl sektoral/regionale als auch nur regionale Polarisationen zu erklären geeignet ist. Die Unterordnung des traditionellen Wachstumspolkonzepts bedeutet aber nicht, daß es für nicht mehr relevant gehalten wird, nur, daß seine Relevanz im ersten und zweiten Plan überschätzt wurde.

Industrielle Wachstumspolpolitik ist nach wie vor ein wesentliches Instrument polarisationsorientierter Regionalpolitik. Jedoch wird eine grundsätzliche Neuorientierung in der Auswahl der Förderungsmittel notwendig sein. Wie die Analyse der spanischen Wachstumspolpolitik im ersten und zweiten Plan gezeigt hat, sind die angewandten direkten Förderungsmaßnahmen ungeeignet gewesen, sektoral/regionale Polarisationen nachhaltig zu begründen. Oftmals wurden nicht übergangsbedingte Standortnachteile, sondern allenfalls Konsequenzen unzureichender Planung durch diese Maßnahmen kompensiert. Zutreffender erscheint das Verfahren

- zunächst attraktionsanalytisch zur nachbarschaftlichen Ansiedlung neigende Aktivitäten allgemein festzustellen,
- anschließend die bestgeeignete periphere Region für deren Ansiedlung zu suchen und
- schließlich die Ansiedlung eines entsprechenden Industriekomplexes insgesamt durchzusetzen, wobei
  -- das Schwergewicht öffentlicher Aktivität auf der sachlichen und zeitlichen Koordination privater Investitionsentscheidung und der rechtzeitigen Bereitstellung des ökonomischen und sozialen Infrastrukturkapitals liegt,

-- während direkte Förderungsmaßnahmen nur dem Ausgleich von Liquiditätsengpässen bei notwendigen komplementären Aktivitäten und von Verlusten aufgrund einseitiger Produktion von externen Effekten durch solche Aktivitäten in der Anfangsphase dienen.

(3) Dem Leser dieser Arbeit wird nicht entgangen sein, daß die Zahl der offenen Fragen sich durch die vorgelegte Problemanalyse nicht verringert hat. Dazu wird ein kurzes Schlußwort hier eingeordnet, weil an dieser Stelle der empirische Ausgangspunkt der Untersuchung von neuem, wenn auch in veränderter Perspektive, zutage tritt:

In dieser Arbeit standen Versuche zur Plankontrolle und zur Formulierung alternativer Informationssysteme als Grundlage der Planrevision unter besonderer Berücksichtigung der Eignung der Polarisationstheorie zur Erklärung der räumlichen Dimension des gesamtwirtschaftlichen Wachstumsprozesses im Vordergrund. Es ist nicht bewiesen worden, daß eine polarisationsorientierte Regionalpolitik im Fall der untersuchten Volkswirtschaft in bezug auf die vorliegende Zielkonstellation - Effizienz, Integration, Verteilungsgerechtigkeit - optimal ist. Dagegen konnte gezeigt werden, daß diese Politik nach den vorgetragenen Überlegungen und Erfahrungen vermutlich als überlegen anzusehen ist. Das bedeutet, daß es sinnvoll erscheint, die bisher abgeleiteten Grundsätze durch intensivere Studien zu überprüfen, und daß es wegen der Notwendigkeit, Planung auch unter Unsicherheit durchzuführen, richtig ist, die als vermutlich geeignetste erkannte Alternative zu wählen.

Das Dilemma und damit das Risiko einer solchen Entscheidung besteht allerdings darin, daß dann, wenn die Strategie der konzentrierten Dezentralisierung im einzelnen Fehlentscheidungen trifft, diese wegen der konzentrierten Mittelverwendung gravierend sind.

ANHÄNGE UND TABELLEN

Anhang 1: 1.3. Regionale und sektorale Selektivität:[1]
Investitionskriterien

Die Planung der Wachstumspole erfolgt so, daß zuerst die Region ausgewählt wird, die gefördert werden soll, dann die Sektoren, deren Entwicklung in der Region dem Förderungszweck dienen soll (region-first Alternative). Es könnte auch anders vorgegangen werden: zuerst wird untersucht, welche sektoralen Pole in einer gegebenen Situation das gesamtwirtschaftliche Wachstum am stärksten vorantreiben, dann, welche von ihnen sich in welcher peripheren Region am besten ansiedeln lassen (sector-first Alternative).

Wird der Wachstumspolitik - wie im I. und II. Plan - das Ziel der Angleichung der regionalen pro-Kopf Einkommensdifferenzen zugrunde gelegt, dann liegt es auf den ersten Blick nahe, die region-first Alternative zu wählen.

1.3.1. Regionale Selektivität

Das pro-Kopf Einkommenskriterium ist diesem Ansatz entsprechend das erste Auswahlkriterium:

Tab. 1: pro-Kopf Einkommen der Polprovinzen 1964 in Ptas.

Burgos	30.702
Huelva	21.180
La Coruña	21.358
Sevilla	22.683
Valladolid	31.634
Vigo 2)	25.563
Zaragoza	32.392
Spanien	31.036

(Quelle: Banco de Bilbao, 67, 20).

Zuerst ist festzustellen, daß 2 bzw. 3 der 7 Pole nach dem Pro-Kopf-Einkommenskriterium nicht zu den relativ

---
1) Die Digitalgliederung der Überschriften für die Anhänge soll ihre Zuordnung zum Text des 2. Teils verdeutlichen.
2) Die Provinz ist im Fall des Pols von Vigo Pontevedra. Zu Identifikationszwecken wird hier Vigo gesetzt.

armen Provinzen zählen, sofern als Abgrenzung zwischen relativ armen und reichen Provinzen das nationale Durchschnittseinkommen gewählt wird. Die fünf relativ armen unter den Polprovinzen sind ihrerseits nicht so arm, daß sie dem regionalen Ungleichgewichtskriterium der United Nations Commission for Europe entsprechen, die das spanische Plankommissariat übernimmt. Danach liegen in einem Land regionale Ungleichgewichte vor, wenn Bevölkerungsteile in Zonen mit weniger als 2/3 des nationalen Durchschnittseinkommens leben (Comisaría del Plan, 63, 149/50). Für keine der Polprovinzen trifft das 1964 zu. Dagegen trifft es auf 8 Provinzen zu, die jedoch keinen Pol haben.

Das pro-Kopf Einkommenskriterium reicht also erwartungsgemäß nicht aus. Insgesamt kann bisher nur festgehalten werden, daß gemessen am relativen pro-Kopf Einkommen Provinzen der unteren Mitte ausgewählt wurden.

Ein zweites Prinzip ist das der Entwicklungsachsen. Es steht im Zusammenhang mit der Zielsetzung einer stärkeren binnenwirtschaftlichen Integration. Integration wird als geographisch-ökonomische Verbindung interpretiert. Polen, die entlang einer gedachten Verbindungsachse zu ökonomischen Zentren liegen, wird in diesem Sinne eine Mittlerfunktion zugesprochen. Das Achsenprinzip hat mehrere Varianten:
- eine zusätzliche Schaltstelle soll die Kommunikation zwischen zwei oder mehreren Zentren verbessern;
- "Die Lokalisierung nach dem Prinzip der Achsen nutzt viele der Vorteile der Agglomeration - intensive Nutzung der Infrastruktur und der vorhandenen Einrichtungen, Erleichterungen des Transports und der Kontakte zwischen den Unternehmungen, Vorteile der Massenproduktion -, ohne all ihre Nachteile mit sich zu bringen" (Plaza Prieto, 68, 254);
- Nachbarschaftliche Ansiedlung zweier oder mehrerer Pole, zwischen denen ein zirkulärer Verursachungsprozeß einsetzen soll.

Mit der ersten Variante ist sicherlich die Auswahl von
Burgos zu erklären, wohl auch von Valladolid. Burgos
liegt auf der gedachten Achse zwischen zwei der höchstentwickelten Regionen Spaniens, dem Baskenland und Madrid.
Asturien, heute ein Krisengebiet (= überdurchschnittliches
pro-Kopf Einkommen, unterdurchschnittliche Wachstumsrate
desselben), ist eine traditionell reiche Provinz. Sie
bildet den Achsenendpunkt für Valladolid. Für Burgos und
Valladolid trifft gleichzeitig die dritte Variante zu.
Für Zaragoza trifft nur die erste Variante zu. Zaragoza
liegt nicht in direkter Nachbarschaft zu einer anderen
Polprovinz, aber im Ebrotal, das als natürliche Entwicklungsachse zwischen den baskischen Provinzen und Navarra einerseits, Katalonien andererseits angesehen wird.

Mit der dritten Variante allein ist die Doppelansiedlung
der Pole Huelva - Sevilla und La Coruña - Vigo zu erklären.
Auch hier handelt es sich um Nachbarprovinzen. Die Doppelansiedlung kann langfristig dazu führen, daß eine Achse
im Sinne der ersten Variante entsteht, so etwa eine Achse
des Tals des Guadalquivir im Falle Huelva -Sevilla.

Mit der zweiten Variante kann keine Polansiedlung im konkreten Fall erklärt werden, ihre Gültigkeit könnte allenfalls im Hinblick auf die Deglomerationspole gegeben sein.
So etwa für Guadalajara und Toledo.

Zu beachten ist, daß die dritte Variante nur ein abgeleitetes Argument beinhaltet. Sie allein erklärt nicht, warum
die durch Doppelpole geförderten Nachbarprovinzen überhaupt ausgewählt wurden. Immerhin war für Huelva - Sevilla
und La Coruña - Vigo bereits das pro-Kopf Einkommenskriterium zutreffend. Damit ist aber noch nicht erklärt,
warum nicht andere Provinzen, für die die erste Variante
des Achsenarguments nicht gilt und die ebenso unterdurchschnittliche pro-Kopf Einkommen aufweisen, ausgewählt
wurden. Daher ist ein drittes Kriterium erforderlich.

Das dritte Prinzip ist das der <u>Förderung solcher Provinzen, die als natürliche Zentren größerer Regionen zu</u>

gelten haben. Der Begriff des natürlichen Zentrums ist
zweifellos schwer bestimmbar. Dennoch kann Sevilla dieses
Prädikat für sich in Anspruch nehmen, gleiches gilt für
Burgos, für La Coruña und für Zaragoza.

Eine ähnliche Funktion erfüllen unter den relativ armen
Provinzen die von Córdoba, Granada und Murcia. Córdoba
und Granada sind als Pole im II. Plan gegründet worden,
Murcia ist Zentrum eines landwirtschaftlichen Großprojekts ab 1973. Für ihre Nichtberücksichtigung im I. Plan
war weitgehend die Budgetrestriktion maßgeblich.

Das vierte Prinzip ist das des Vorhandenseins natürlicher
Ressourcen einerseits, eines hohen Grades von Adaptionsfähigkeit an den ökonomischen Strukturwandel andererseits. Für Huelva gilt sicherlich das erstere, ebenso
könnte die Bedeutung der Fischereiwirtschaft in Vigo und
La Coruña in Anschlag gebracht werden. Ein hoher Grad
an Adaptionsfähigkeit ("capacidad de respuesta") wurde
sicherlich auch in Sevilla, Valladolid, La Coruña, Vigo
und Zaragoza erwartet. Im einzelnen ist das Argument
streitig, weil es schwer zu fassen ist.

Das fünfte Prinzip ist das der Schaffung gegengewichtiger Zentren. Ausgangspunkt ist die Beobachtung, daß sich
das ökonomische Gravitationszentrum Spaniens tendenziell
nach Nordosten in den durch die Zentren Madrid, Baskenland, Katalonien, Valencia markierten Quadranten verschiebt (Tamames, 68, 124 ff.).

Die Alternative lautet hier: Ausdehnung des gegenwärtigen
Systems von Zentren oder Schaffung eines Gegengewichts.
In dieser Hinsicht ist die Ansiedlung der Pole uneinheitlich. Immerhin gilt das Gegengewichtsargument gerade für
die vier Pole, für die das Achsenargument in seiner
ersten Variante nicht zutrifft. Dabei wurden mit
La Coruña - Vigo und Sevilla solche Provinzen ausgesucht,
deren Totaleinkommen überdurchschnittlich hoch ist
(Banco de Bilbao, vgl. 67, 18).

Dies sind allgemeine Kriterien, die unabhängig von den Lokalisationsbedingungen bestimmter Sektoren gelten, abgesehen einmal vom Kriterium der natürlichen Ressourcen. Nur mit ihrer Hilfe läßt sich die region-first Alternative in reiner Form realisieren.

Eine Zusammenfassung der Gesichtspunkte ergibt folgendes Bild:

Polprovinz	Zutreffende Kriterien
Burgos	1, 2, 3
Huelva	1, 2, 4
La Coruña	1, 2, 3, 4, 5
Sevilla	1, 2, 3, 5
Valladolid	2, 4
Vigo	1, 2, 4, 5
Zaragoza	2, 3, 4

Da die Zurechnung der Kriterien drei und vier problematisch ist, ist das Ergebnis etwas gewagt. Es soll auch nicht dazu dienen, die Auswahl der Polprovinzen nachträglich zu rechtfertigen. Denn einmal wäre auch bei eindeutiger Zurechnung die Gewichtung der Kriterien ins Auge zu fassen, zweitens ist keine systematische Analyse der übrigen Provinzen, auf die bestimmte Kriterien ebenso angewendet werden könnten, erfolgt. Schließlich könnte der Eindruck entstehen, daß die Auswahl der Polprovinzen unabhängig von machtpolitischen Konstellationen erfolgt sei. Das ist sicherlich nicht der Fall (Tamames, 68a, 127-28)[1].

Ist einmal die Polprovinz ausgewählt, steht die Auswahl des oder der zentralen Orte zur Diskussion, in denen die Ansiedlung neuer Aktivitäten bevorzugt erfolgen soll. Da sich die spanische Regierung zur Förderung von Punktpolen entschlossen hatte, lag es nahe, das wirtschaftliche Gravitationszentrum der Provinz auszuwählen. Dies fällt außer im Fall von Vigo mit der Provinzhauptstadt zusammen. Die hinter diesem Punktpolsystem stehende Idee ist

---

[1] Zur Diskussion um die Lokalisation der Pole in der spanischen Literatur: Buttler, 69, 447 ff.

die der Nutzung allgemeiner Urbanisationsvorteile, insbesondere im Hinblick auf die technischen Minimalkapazitäten der neuen Infrastruktur.

1.3.2. Sektorale Selektivität:

Für die Industrien, die sich in einem Wachstumspol ansiedeln wollen und die in den Genuß der Förderungsmaßnahmen kommen wollen, gilt ein besonderes Zulassungsverfahren (Concurso). Grundlage des Zulassungsverfahrens ist ein Antrag, der Angaben über die geplante Investition, zu schaffende Arbeitsplätze, Finanzierung, Produktionskapazität, Bruttoproduktionswert und Normalkostenstruktur enthält. Zusätzlich sind Angaben über besondere soziale Leistungen, Importgehalt der Investitionsgüternachfrage und ausländische Finanzierung zu machen.

(1) Im Zulassungsverfahren wird die Förderungswürdigkeit der Industrie in einem bestimmten Pol festgestellt und bei positiver Entscheidung eine zusätzliche Abstufung der Förderungswürdigkeit in vier Gruppen A - D vorgenommen. Unabhängig von dieser Abstufung hing die Höhe der gewährten Investitionsanreize davon ab, ob es sich um einen Polo de Promoción oder um einen Polo de Desarrollo handelt. Polos de Promoción (im I. Plan Burgos und Huelva) sind solche, deren Provinz bisher über nur sehr wenig Industrie verfügte, Polos de Desarrollo solche, bei denen schon vorhandene Industrialisierungsansätze unterstützt werden sollen (La Coruña, Sevilla, Valladolid, Vigo, Zaragoza). Heute ist diese Unterscheidung aufgehoben, alle Pole werden einheitlich als Polos de Desarrollo gefördert.

Die Förderungsmaßnahmen - abgesehen von der indirekten Förderung durch die Infrastrukturpolitik - sind folgende (Consejo Económico Sindical Nacional, 67, 142):

Förderungsmaßnahme	Förderungsgruppe			
	A	**B**	**C**	**D**
1. Abschreibungsfreiheit für die ersten 5 Jahre	ja	ja	ja	ja
2. Präferenzielle Behandlung bei Vergabe staatlicher Kredite	"	"	"	"
3. Zwangsenteignung des benötigten Industriegeländes	"	"	"	"
4.-7. Erleichterungen zwischen 50 und 95 % bestimmter Steuern und Gebühren in einer Übergangsphase abgestuft nach Förderungsgruppen	" (für 4.) 95 % (für 5.) 95 % (für 6. u. 7.)	" 95 % 50 %	" 95 % 50 %	" - -
8. Reduktion der Zollbelastung und Ausgleichssteuern bei Importen von Investitionsgütern, die nicht in Spanien angeboten werden	95 %	50 %	25 %	-
9. Reduktion lokaler Steuern auf Errichtung und Ausweitung von Betrieben bis zu 95 %	ja	ja	nein	nein
10. Investitionssubvention auf Fixkapital				
a) Polos de Promoción	20 %	10 %	-	-
b) Polos de Desarrollo	10 %	5 %	-	-

Die Maßnahmen 4-7 wurden hier nicht näher aufgeschlüsselt, weil sie sehr speziellen Regelungen des spanischen Steuersystems entsprechen und praktisch irrelevant gewesen sind. Praktisch irrelevant ist auch Maßnahme 9, in Fällen einzelner Pole darüber hinaus Maßnahme 3 gewesen. Die weitere Analyse kann sich auf die Maßnahmen 1, 2, 8 und 10 konzentrieren.

(2) Jetzt kann die Frage gestellt werden, welche Kriterien benutzt werden, erstens die Förderungswürdigkeit allgemein, zweitens das Maß der Förderungswürdigkeit im Zusammenhang mit der Einstufung in A, B, C, D zu beurteilen. Man müßte erwarten, daß hinter dieser Qualifikationsskala ein ausgeklügeltes polarisationstheoretisches Konzept steht und daß dieses zwar keine

eindeutige absolute Messung der Förderungswürdigkeit, aber immerhin eine Bestimmung des relativen Ranges einer Investition zulassen wird. Das ist aber keineswegs der Fall.

Die allgemeine Förderungswürdigkeit wird im Zusammenhang mit einer Liste bestimmt, in der für jeden einzelnen Pol diejenigen Aktivitäten aufgezählt werden, die zugelassen werden können. Die Nennung in der Liste gibt keinen Anspruch auf Zulassung, es handelt sich um eine Kann-Vorschrift. Für Polos de Promoción wurde keine Liste aufgestellt, es konnten alle Aktivitäten zugelassen werden, die "direkt zur ökonomischen und sozialen Entwicklung der Region beitragen" (Consejo Económico Sindical Nacional, 67, 58). Es handelt sich um eine Leerformel. Einzige Bedingung für die Zulassung war eine Mindestinvestition von 3 Millionen Peseten und ein Minimum von 20 neugeschaffenen Arbeitsplätzen.

Für Polos de Desarrollo galten ebenfalls Minimalerfordernisse, hier 5 Millionen Peseten Investitionsbetrag und 30 Arbeitsplätze.

Als Beispiel für eine Selektivitätsliste sei die für Sevilla für den ersten Concurso (1964) wiedergegeben:

    Nahrungsmittelindustrie
    Textilindustrie
    Papierverarbeitende Industrie
    Druck- und Verlagserzeugnisse
    Lederindustrie
    Chemieindustrie
    Baumaterial, Glas und Keramikerzeugnisse
    Verarbeitende Industrie für N-E Metalle einschließlich Verhüttung
    Metallerzeugnisse allgemein (nur verarb. Industrie)
    Maschinenbau
    Elektromotoren und -geräte, Zubehör
    Herstellung von Transportmaterial
    Präzisionsinstrumente, Meß- und Regeltechnik
    Sekundar- und Berufsausbildungsinstitute

Die Listen sind im Verlauf der Concursos immer wieder leicht abgeändert worden, insbesondere im Zusammenhang damit, daß bestimmte Aktivitäten inzwischen im Pol angesiedelt bzw. zur Ansiedlung zugelassen waren (vgl. Consejo Económico Sindical Nacional, 67, 148/9 im Zusammenhang mit der oben wiedergegebenen Liste).

Da es sich um Kann-Regelungen handelt, sind die zusätzlichen Kriterien für die Zulassung von entscheidender Bedeutung. Sie liegen allerdings nicht fest und sind im Grunde überhaupt nicht systematisch faßbar. Erschwerend wirkt, daß verschiedene Ministerien an der Entscheidung beteiligt sind. Jedem Ministerium sind allenfalls die eigenen Kriterien bekannt. Man muß vermuten, daß die Nicht-Bekanntgabe der Kriterien taktischen Gesichtspunkten folgt bzw. daß überhaupt keine systematischen Kriterien vorhanden sind. In welchem Maße die zusätzlichen Kriterien quantitativ relevant waren, zeigt das Verhältnis von eingereichten und angenommenen Anträgen:

Tab.2: Relation angenommener/eingereichter Anträge bezogen auf

	Anzahl	Investitionssumme	Arbeitspl.
Huelva	66,6 %	54,8 %	58,6 %
Sevilla	64,6 %	50,9 %	66,8 %
alle Pole	64,1 %	56,8 %	68,1 %

Diese Relationen gelten für den 1. Concurso (1964) (errechnet nach Tamames, 68, 120).

Wird akzeptiert, daß bereits bei der Frage nach der allgemeinen Förderungswürdigkeit systematische Kriterien zu vermissen sind, liegt der Schluß nahe, daß dies umso mehr für die Abstufungen der Förderungswürdigkeit gemäß der A,B,C,D-Klassifikation zu gelten hat. Im einzelnen spielen hier Erfahrungswerte, Intuition, Einfluß von Interessengruppen und allgemeine entwicklungsstrategische Erwägungen der beteiligten Stellen eine wichtige Rolle. Es soll auch nicht verkannt werden, daß insbesondere in der Anfangsphase der Polförderungspolitik auf operationale Kriterien nicht systematisch zurückgegriffen werden konnte. Die Polarisationstheorie in der durch die französische Schule gegebenen Prägung lieferte sie jedenfalls nicht.

Drei Beispiele sollen abschließend das Unbehagen verdeutlichen, das auch die spanischen Planer angesichts dieses Systems empfinden:

a. Die Selektivitätslisten sind oft als zu eng empfunden worden. Dabei wird beklagt, daß sowohl die Minimalerfordernisse willkürlich festgelegt wurden, als auch dem Kriterium der intersektoralen Interdependenz zu wenig Beachtung geschenkt wurde (Comisaría del Plan, Ponencia de Desarrollo Regional, 69, 235).

b. Die Selektivitätslisten haben zu sehr den Gesichtspunkt der bloß quantitativen, intersektoral unstrukturierten Agglomeration berücksichtigt. Erst für die neuen Pole des II. Plans werden systematische Input-Output-Studien vorgenommen (z.B. für Córdoba). Auch wurden ansatzweise Industriekomplexanalysen versucht (z.B. analog zum "Industriedreieck" Bari, Brindisi, Tarent in Süditalien, für Huelva, Sevilla, Cádiz in Andalusien (vgl. Comisaría del Plan/Italconsult, 68).

c. Schließlich ist erkannt worden, daß die Input-Output-Studien für die Planung sektoral/regionaler Pole wegen der Vernachlässigung des Kommunikationskostenarguments nicht ausreichen. Daher wurde für den Pol von Asturias (Oviedo) zum ersten Mal der Versuch einer Anwendung der Attraktionsanalyse gemacht (Nederlands Economisch Instituut, 71). Das Ergebnis ist aber unbefriedigend, weil derartige Attraktionsanalysen unter Einbeziehung aller kompetitiven Standorte durchgeführt werden müssen (vgl. dazu Teil 2, Kapitel 5).

Anhang 2: Einzelprobleme zum Abschnitt 2.2. des
2. Teils - Methoden und Instrumente

2.2.1. Konten der Polindustrien

(1) Produktionskonten und Input-Output-Tabellen:
Zweck dieser Rechensysteme ist
- den direkten Beitrag der Polindustrien zum Volks- und Regionaleinkommen und seine Veränderung während der Produktionsphase der Polindustrien zu messen. Volks- und Regionaleinkommensbeitrag unterscheiden sich, sofern das regionale Inländer- und Inlandseinkommen aufgrund der Polaktivität nicht identisch sind;
- die sektoral/regionale Struktur von Käufen und Verkäufen und ihre Veränderung zu beschreiben, so daß
-- die interindustriellen Relationen innerhalb des Pols in einer Input-Output Matrix dargestellt werden können,
-- die Käufe intermediärer Inputs von Polindustrien bei nicht polangehörigen Aktivitäten der Polregion aufgeschlüsselt werden,
-- Handelsbilanzen des Pols mit dem Rest der Volkswirtschaft und dem Ausland aufgestellt werden können;
- die Wertschöpfung der Polindustrien so aufzugliedern, daß die funktionelle Verteilung dieser Einkommenssumme erkennbar wird. Unter bestimmten Voraussetzungen lassen sich daraus Schlüsse auf die entsprechende persönliche Einkommensverteilung und deren regionale Dimension ziehen.

Das Produktionskonto wird hier kurz wiedergegeben, um mißverständliche Interpretationen seines Aussagewertes zu vermeiden.

Produktionskonto

Inputs — Pol X Industrie Y Jahr Z	Outputs
I. Käufe von Vorleistungen	I. Verkäufe
1. von Polindustrien[1]	1. an Polindustrien[3]
2. aus dem Rest der Provinz[2]	2. an den Rest der Provinz[4]
3. aus der anderen Polprovinz	3. an die andere Polprovinz[4]
4. aus dem Rest Spaniens	4. an den Rest Spaniens
5. aus dem Ausland	5. an das Ausland
II. Lageränderungen bei Produkten zu I	II. Lageränderungen bei Halb- und Fertigfabrikaten
III. Primärinputs	
1. Löhne und Gehälter	
2. Sozialversicherung	
3. Zinsen	
4. Gewinn	
Zwischensumme 1 – 4: Beitrag zum NSP zu Faktorkosten	
5. Indirekte Steuern	
Zwischensumme 1 – 5: Beitrag zum NSP zu Marktpreisen = Nettowertschöpfung	
6. Abschreibungen	
Zwischensumme 1 – 6: Beitrag zum BSP zu Marktpreisen = Bruttowertschöpfung	
Summe I + II + III: Bruttoproduktionswert	Summe I + II: Bruttoproduktionswert

Nicht alle Daten für die Produktionskosten wurden direkt erhoben, einmal aus Kontrollgründen, zum anderen, weil bestimmte betriebswirtschaftliche Bewertungssätze (z.B. bei Abschreibungen) volkswirtschaftlich irrelevant sind.

---

1) aufgegliedert nach einzelnen Lieferanten (vgl. I-O-Tab.)
2) aufgegliedert nach liefernden Sektoren im Sinne der regionalen Gesamtrechnung (vgl. Zusatztabellen)
3) aufgegliedert nach einzelnen Klienten (vgl. I-O-Tabelle)
4) aufgegliedert nach wahrscheinlicher Verwendungsart (Konsum, intermediärer Input, Investition, vgl. I-O-Tabelle)

Das Berechnungsverfahren war folgendes: Käufe von Vorleistungen, Verkäufe und Lageränderungen wurden direkt erhoben. Die Bruttowertschöpfung wurde als Saldo der Käufe von Vorleistungen und der Verkäufe unter Berücksichtigung der Lageränderungen ermittelt. Im zweiten Schritt wurden die Abschreibungen kalkuliert. Da die betriebswirtschaftliche Abschreibung für die volkswirtschaftliche Rechnung uninteressant ist und vergleichbare Größen zur regionalen und volkswirtschaftlichen Gesamtrechnung angestrebt wurden, wurde mit den Abschreibungssätzen gearbeitet, wie sie im Rahmen der spanischen volkswirtschaftlichen Gesamtrechnung verwendet werden. Die betriebswirtschaftliche Abschreibung ist deshalb uninteressant, weil
- die Maßstäbe für den betrieblichen Wertverzehr nicht mit den volkswirtschaftlichen Opportunitätskosten übereinstimmen,
- insbesondere in den Fällen, in denen nur eine Steuerbilanz aufgestellt wird, die Vergünstigung der Abschreibungsfreiheit für Polindustrien in der Anfangsphase der Produktion zur Überhöhung der Abschreibungsansätze gemessen am tatsächlichen Wertverzehr führt,
- insbesondere Zweigbetriebe extraregionaler Muttergesellschaften jeweils Abschreibungssätze wählen, die den Gewinn vollständig eliminieren.

Die Abschreibungssätze der volkswirtschaftlichen Gesamtrechnung sind:

für Grund und Boden	0 %
für Gebäude u. feste Installationen	3 %
für das übrige Anlagekapital	6 %

(Quelle: Banco de Bilbao, 1970)

Bruttowertschöpfung minus Abschreibungen ergeben den Beitrag der Polindustrie zum NSP zu Marktpreisen, die Nettowertschöpfung. Davon wurden die tatsächlich gezahlten indirekten Steuern abgezogen, um den Beitrag zum NSP zu Faktorkosten zu bestimmen. Der von jeder Industrie in den Jahren 1967 und 1969 tatsächlich gezahlte Betrag an

indirekten Steuern wurde nach den Unterlagen des Finanzministeriums festgestellt (Ministerio de Hacienda, Dirección General de Impuestos Indirectos, 1970), da
- die tatsächlichen Zahlungsströme interessierten und eine Anwendung des für die Aktivität gültigen Steuersatzes auf die erfaßten Umsätze zu hohen Werten geführt hätte, weil
- die Umsatzziffern der Erhebung um etwa 15-20 % über den dem Finanzministerium angegebenen Umsatzziffern lag. Angesichts der allgemein beklagten Defraudation wurden in der Untersuchung die vom Finanzministerium erfragten Umsatzzahlen (Ministerio de Hacienda, Dirección General de Impuestos Directos, 1970) nur als Kontrollwerte behandelt, die ein zugegebenes Mindestniveau an Verkäufen ausdrücken. Die Tatsache, daß die entsprechenden Daten der Untersuchung im Durchschnitt substanziell über denen des Finanzministeriums liegen, spricht für die Qualität des Ergebnisses der Enquête, nicht aber dafür, daß mit ihr schon "die ganze Wahrheit" erfaßt werden konnte.

Die Aufschlüsselung der Nettowertschöpfung abzüglich der indirekten Steuern bezog sich auf verschiedene Quellen. Aus der direkten Erhebung wurden die Daten für die Löhne und Gehälter bezogen. Die Beiträge zur Sozialversicherung konnten wiederum nicht zuverlässig direkt erfragt werden, weil auch ihre Höhe nicht im Zusammenhang mit den legal zu zahlenden Sätzen auf die Löhne und Gehälter richtig bestimmt werden kann. Angesichts der hohen Belastungsquote ist die Defraudation nicht unbedeutend. Da wiederum nur die tatsächlichen Zahlungsströme interessierten, wurden die gezahlten Beiträge jeder Industrie beim Sozialversicherungsträger direkt erfragt (Ministerio de Trabajo, Instituto Nacional de Previsión, 1970).

Die Zinsen, die von den Industrien zu zahlen waren, konnten ebenfalls nicht systematisch direkt erhoben werden, weil
- bei Zweigbetrieben meist nur ein Rohgewinn ohne Berück-

sichtigung der Zinslast ausgewiesen wird,
- insbesondere in vielen Fällen Höhe und Finanzierungsmodalitäten für das Umlaufkapital den Betriebsführern unbekannt waren.

Die Berechnung der Zinsen für das Anlagekapital wurden im Zusammenhang mit dessen Struktur und der entsprechenden Finanzierung unter der Voraussetzung der Beachtung landesüblicher Finanzierungsmodalitäten berechnet. Angaben über erhaltene Investitionssubventionen und Offizialkredite konnten wiederum beim entsprechenden Institut der Administration für jede Industrie erfragt werden (Banco de Crédito Industrial, 1970). Schwierig gestaltete sich die Erfassung des Umlaufkapitals. In einer Zusatzumfrage wurde versucht, ungefähre sektorale Richtwerte zu erhalten. Der Zinssatz wurde entsprechend der Landessitte am Zinssatz für Ausleihungen am Eurodollarmarkt orientiert.

In der Regel werden Zinsen auf das Fremdkapital als intermediäre Inputs behandelt, kalkulatorische Zinsen auf das Eigenkapital als Primärinputs. Dadurch ergibt sich eine Überbewertung der Wertschöpfung gegenüber den Vergleichsgrößen der regionalen und volkswirtschaftlichen Gesamtrechnung. Da der gesamte Einkommenseffekt der Polindustrien auf der Basis direkter und indirekter Effekte i.S. der SEMA-Systematik berechnet wird, wird diese Überbewertung bei den direkten Effekten jedoch durch eine entsprechende Unterbewertung der indirekten fast vollkommen kompensiert, weil die Wertschöpfungsquote im Bankensektor sehr hoch liegt (84,1 % für Huelva, 85,8 % für Sevilla, vgl. Regionale Gesamtrechnung für Huelva und Sevilla, 67, S. 63 und 66). Bei der Bestimmung der Effekte auf das Regionaleinkommen ist der Fehler noch geringer, da die Abflußquote sehr hoch ist.

Abschließend ist die Kategorie "Gewinn" kurz zu behandeln. Es handelt sich um den im Rechengang zuletzt ermittelten Saldo, alle Erhebungsfehler sind in diesem letzten Saldo kumuliert. Da die Untersuchung nicht eine Untersuchung der Rentabilität der Polindustrien sein sollte, muß der

Gewinn hier als bloße Kontrollgröße angesehen werden. Dabei wird davon ausgegangen, daß im großen und ganzen ein unter Beachtung der Besonderheiten des Rechenverfahrens vernünftig erscheinender Umsatzgewinn resultieren müßte, jedenfalls für das erste wirkliche Normaljahr der Produktionsphase, 1969 für Sevilla, 1971 für Huelva. Das ist der Fall.

Die Untersuchung konnte deshalb nicht die Rentabilität der Polindustrien zum Gegenstand haben, weil
- die dafür erforderliche Genauigkeit der Datenerfassung nicht zu erreichen gewesen wäre,
- weil die Bewertungsansätze bei Abschreibungen nicht den betriebswirtschaftlichen Ansätzen entsprechen,
- weil das Interesse der Studie an anderen Details wie der regionalen Struktur der Käufe und Verkäufe orientiert war und eine zu differenzierte Erhebungstechnik die Beantwortungsquote bei der Enquête wahrscheinlich stark gesenkt hätte.

(2) Konten der Investition und ihrer Finanzierung:
Zweck dieser Konten ist
- die Grundlage der Berechnung von Zinsen und Abschreibungen für die Produktionskonten und Input-Output Tabellen zu liefern,
- den Importgehalt der mit dem Aufbau der Polindustrien verbundenen Investitionsgüternachfrage aufgeschlüsselt nach den bereits im Produktionskonto dargestellten räumlichen Abgrenzungen zu ermitteln,
- den indirekten und induzierten Einkommenseffekt während der Investitionsphase zu bestimmen,
- die Finanzierungsstruktur der Polindustrien darzustellen, insbesondere die relative Bedeutung der Investitionssubventionen und der Offizialkredite sichtbar zu machen.

Der Aufbau dieses Kontos wirft keine besonderen Probleme auf. Es wird daher hier nicht wiedergegeben. Dagegen ist darauf hinzuweisen, daß die Anlageinvestitionen zwar zum Zeitpunkt ihrer Durchführung richtig bewertet sind, die Gesamtausgabe aber aufgrund des Zeitintervalls zwischen Investition und Inbetriebnahme um die anfallenden Zinsen höher liegt. Dieser Umstand wurde berücksichtigt.

2.2.2. Fragebogen, Kontrolldaten, Schätzungen der Daten für nicht-antwortbereite Industrien, Prognoseverfahren für 1971

(1) Der Fragebogen der Hauptenquête bedarf hier keiner Wiedergabe (vgl.Comisaría,72, 63ff.).Er ist so aufgebaut, daß insbesondere der mit ihm verfolgte Zweck der Aufstellung von Produktionskonten nicht unmittelbar ersichtlich wurde. Dadurch konnten etwaige bewußte Falschangaben in vielen Fällen aufgedeckt werden.

Das Befragungsverfahren war folgendes: Die Fragebogen wurden den Industrien zugeschickt und der Besuch des Befragenden angekündigt. Die ersten Besuche (insgesamt wurden einzelne Industrien bis zu 5 Malen besucht) dienten dazu, einen ersten Rücklauf der Fragebogen zu erreichen und Schwierigkeiten auszuräumen, die bei Anwendung des standardisierten Fragenkatalogs auf die unterschiedlichsten Situationen notwendigerweise auftreten mußten. Danach wurde ein erstes Produktionskonto aus den Angaben des Fragebogens erstellt. Evtl. Ungereimtheiten wurden unter Vorlage der Ergebnisse der ersten Auswertung zu klären versucht. Jeder Besuch wurde unter Verwendung aller über die Industrie verfügbarer Unterlagen (vgl. unten, Kontrolldaten) sorgfältig vorbereitet. Wegen der Ungeklärtheit der Frage, ob es überhaupt möglich sein würde, eine befriedigende Rücklaufquote bei befriedigend erscheinenden Antworten zu erreichen, wurden alle Befragungen in Huelva und Sevilla vom Verf. selbst durchgeführt. Eine detaillierte Kritik der nach einzelnen Industrien aufgeschlüsselten Input-Output Tabellen wäre erforderlich, um auf den ersten Blick berechtigte Zweifel Außenstehender weitgehend auszuräumen. Dem darf hier aus Gründen der Vertraulichkeit der Daten im einzelnen nicht entsprochen werden.

Die Zusatzenquêten sind kleineren Umfangs. Die wichtigere von ihnen bezog sich auf die Abschätzung des Importgehalts der Investitionsgüternachfrage, die im Zusammenhang mit der Konstruktion von Geschäfts- und Fabrikgebäuden der Polindustrien wirksam wurde. Anders als beim Kauf von Maschinen und maschinellen Anlagen, Werkzeugen, Betriebs- und Geschäftsausstattungen konnte die Herkunft der entsprechenden Anlagegüter nicht bei den Polindustrien selbst erfragt werden. Daher wurden die wichtigsten Konstruktions- und Installationsunternehmen befragt, deren Kenntnis sich aus den Angaben im Fragebogen der Hauptenquête ergab. Auf diese Weise wurde vermieden, daß die im Zusammenhang mit Bau- und Installationsleistungen entstandene Wertschöpfung unkritisch dem Bereich der Polregion zugerechnet wurde. Kritisch zu bemerken ist, daß nicht nach den Regeln von Stichprobenverfahren vorgegangen wurde, der Grund liegt darin, daß die Grundgesamtheit nicht exakt zu definieren war und die erfaßten Leistungen ihrer Natur nach zu heterogen waren, um Untergesamtheiten zu bilden, die wahrscheinlichkeitstheoretisch relevant gewesen wären.

Die kleinere der Zusatzenquêten bezog sich auf die Ermittlung des Umlaufskapitals. Seine Höhe war in der Hauptenquête nicht systematisch zu erfragen, weil das in allen Fällen von Zweigbetrieben, deren Einkauf und Absatz von der Zentrale abgewickelt werden, keinen Sinn gehabt hätte. Daher wurden einige repräsentative Industrien ausgewählt und die wichtigen Informationen zur Berechnung des in etwa benötigten Umlaufskapitals, z.B. Lagerungszeiten, Durchlaufszeit, Zahlungsziele, erfragt.

(2) Kontrolldaten: Es wurde eine Reihe von Kontrolldaten ausgewertet, um die Ergebnisse der Umfrage zu überprüfen.

a. Bei ihrem Antrag zur Aufnahme im Pol mußten, wie schon ausgeführt wurde, die Industrien Angaben über Produktionen, Bruttoproduktionswert, Normalkostenstruktur etc. machen. Es darf angenommen werden, daß diese Angaben

bewußt optimistisch dargestellt wurden. Daher ist es interessant gewesen, sie mit den Umfrageergebnissen, bei denen die Gefahr der Defraudation nicht auszuschließen war, zu vergleichen.
Das provisorische Produktionskonto, das in der überwiegenden Zahl der Fälle aus den Angaben der Anträge zu errechnen war, war bei den Befragungen als Kontrast sehr wichtig und gab in vielen Fällen Anlaß zu Rückfragen.

b. Wie schon gesagt wurde, stellte das Finanzministerium die für die Bestimmung der Umsatzsteuer (Impuesto sobre el tráfico de la empresa) grundlegenden Umsatzziffern für jede Industrie, soweit sie ausgewiesen wurden, zur Verfügung.

c. Die Daten des Sozialversicherungsträgers über gezahlte Sozialversicherungsbeiträge lassen Schlüsse auf die tatsächlich gezahlten Löhne zu. Entsprechende Normwerte für die Lohnsumme jeder Industrie wurden vom Sozialversicherungsträger berechnet. Auch hierbei ist die Defraudation erheblich, im Zusammenhang mit der Betriebsunfallversicherung konnten aber relativ sichere Angaben gemacht werden, weil hier ein Interesse besteht, nicht zu niedrige Angaben über die gezahlten Löhne zu machen.

d. Soweit innerhalb des Pols interindustrielle Relationen zu verzeichnen waren, konnte aus dem Maß der Übereinstimmung der Angaben von Produzenten und Klienten Rückschlüsse auf die Brauchbarkeit der Ergebnisse gezogen werden.

e. Über die Höhe der vorgenommenen Investitionen besteht wenig Zweifel, da im Hinblick auf die Subvention genau deklariert werden muß, welche Anlagen erstellt werden sollen. Die Auszahlung der Subvention erfolgt erst nach genauester Inspektion durch einen Funktionär des Industrieministeriums.

f. Technische Studien über Einsatz-Ausstoß-Verhältnisse und über Kuppelproduktionen ergaben gute Richtwerte für die Beurteilung der Güte der Ergebnisse der wertmäßigen

Input-Output Beziehungen. Das gilt insbesondere für die Grundstoffindustrien, bei denen die Marktpreise bekannt sind.

(3) Teilschätzungen für die nicht antwortbereiten Industrien wurden aufgrund der Kontrolldaten vorgenommen. In Anbetracht der geringen Bedeutung dieser Industrien erschien dies gerechtfertigt. Zusätzlich zu den genannten regelmäßig benutzten Kontrolldaten wurden herangezogen:
- die für die Aktivität am ehesten zutreffenden Koeffizienten der nationalen Input-Output-Tabelle (Werte zuletzt für 1966),
- die nach Anlagearten detaillierte Investitionsstatistik der jeweiligen Gerencia del Polo[1] für die betreffenden Polindustrien,
- die der Gerencia ebenfalls vorliegenden Informationen über Importe ausländischer Maschinen, maschineller Anlagen und Transportmittel,
- Angaben über Absatz- und Bezugsmärkte der einzelnen Vorleistungen und Produkte - soweit vorhanden - aus der mit dem Antrag eingereichten ausführlichen Begründung des Investitionsprojekts sowie aus Erfahrungsberichten des jeweiligen Chefs der Gerencia del Polo.

Die Lageränderungen wurden als = 0 angenommen, eine Prognose der Werte für 1971 wurde nicht vorgenommen, es wurde das Verfahren für die unter (4) aufgeführte dritte Gruppe angewendet.

Die Ergebnisse ebenso wie die für die übrigen Polindustrien wurden mit den Chefs der Gerencia zur Vermeidung grober Fehleinschätzungen diskutiert.

(4) Prognoseverfahren für 1971: Aus den bereits dargelegten Gründen war ein abgerundetes Bild erst zu erhalten, wenn alle Aktivitäten einbezogen wurden, die 1971

---
[1] Verwaltungs- und Kontaktstelle des Plankommissariats im Pol.

die Produktion aufnahmen bzw. substanziell höhere
Kapazitätsauslastungsgrade erreichten.

Allgemein wurde nach dem Grundsatz verfahren, die Schätzungen eher zu niedrig als zu hoch anzusetzen. Es wurde
mit der Annahme konstanter Preise des Jahres 1969 gearbeitet. Drei große Gruppen von Industrien waren zu unterscheiden, die in dieser Hinsicht eine differenzierte
Behandlung erforderten.

Gruppe 1: Industrien, die erst nach 1969 und vor Ende
1971 die Produktion aufnahmen. Hier war in der Umfrage
nur nach den erwarteten Werten für 1971 gefragt. Dazu
wurde ein besonderer Fragebogen vorgelegt, der gegenüber dem Fragebogen für die Industrien, die am Stichtag
bereits produzierten, vereinfacht war. Für diese Gruppe
war das Verfahren am einfachsten.

Gruppe 2: Industrien, die zwar vor dem Stichtag die Produktion aufgenommen hatten, deren Kapazität aber aus technischen Gründen im Durchschnitt des Jahres 1969 noch
nicht normal gefahren wurde. Das trifft insbesondere
für wichtige Industrien in Huelva zu. Dabei war es
regelmäßig so, daß Absatzprobleme für den zu erreichenden Grad an Kapazitätsauslastung unmaßgeblich waren, die
schrittweise Ausdehnung der Kapazität konnte also von
der beantwortenden Industrie im Fragebogen recht zutreffend vorausgeschätzt werden.

Gruppe 3: Industrien, die zwar schon 1969 ganzjährig
produzierten, deren Entwicklung jedoch aus Gründen der
Markt-, Wettbewerbs- und Finanzierungssituation nur sehr
schwer vorauszusehen war, als die Enquête durchgeführt
wurde. In vielen Fällen handelte es sich um eindeutig
fehlalloziierte oder überdimensionierte Industrien,
vielfach waren insbesondere Vermarktungsfragen nicht
hinreichend geklärt worden. Das trifft z.B. auf die
Industrien für Tiefkühlprodukte zu, die sämtlich notleidend sind, da sie ohne ein ihren Kapazitäten entsprechendes nationales Vermarktungssystem in der Luft

hängen. In allen diesen ungeklärten Fällen wurden die Werte für 1969 einfach auf 1971 übertragen. Nach dem Prinzip der im Zweifel niedrigen Ansätze schien dies die im Durchschnitt der Fälle sinnvollste Arbeitshypothese zu sein.

Die zu den einzelnen Gruppen zuzurechnenden Industrien sind aus den detaillierten Input-Output Tabellen ohne weiteres abzulesen, indem die Angaben für 1969 und 1971 verglichen werden.

2.2.3. Probleme der regionalen Gesamtrechnung:

Die Funktion der Gesamtrechnung für die Untersuchung wurde bereits bezeichnet. Da der Banco de Bilbao aufgrund seiner Arbeiten über die regionale Einkommensverteilung, seiner Mitarbeit an der Erstellung der nationalen Input-Output Tabellen und schließlich der Durchführung der ersten regionalen Gesamtrechnung für den Südosten Spaniens im Zusammenhang mit dem Tajo-Segura-Projekt besondere Erfahrungen auf diesem Gebiet hatte, wurde auf Anregung des Verf. dieser Teil der Untersuchung als Auftragsarbeit an die entsprechende Arbeitsgruppe des Banco vergeben.

Im Zusammenhang mit dem Untersuchungsgegenstand ergaben sich drei wichtige Probleme bei der Aufstellung der Gesamtrechnungen:

(1) Die Gesamtrechnungen beziehen sich ausschließlich auf das erste Berichtsjahr 1967. Ergebnisse für 1969 konnten noch nicht verarbeitet werden, da die Aufbereitung der entsprechenden Statistiken etwa drei Jahre gerechnet vom Beginn des Berichtsjahres erfordert. Das bedeutet, daß die Gesamtrechnungen nur eine Momentaufnahme ergeben, auf die die Entwicklung des Pols bezogen werden kann. Dagegen ist es nicht möglich, aus der Entwicklung der Gesamtgrößen bis 1971 auf den Beitrag des Pols zu schließen.

(2) Bekanntlich wurden die Infrastrukturausgaben des Staates bis einschließlich 1967 nicht systematisch in ihrer regionalen Verteilung erfaßt. Daher mußte die Gesamtrechnung einen willkürlichen Verteilungsschlüssel wählen. Der Schlüssel wurde an der Verteilung der Totaleinkommen der Provinzen orientiert. Das ist sicherlich unzulässig, wenn die staatlichen Infrastrukturinvestitionen als Instrument der mittel- und langfristigen Veränderung der regionalen Verteilung der Totaleinkommen gesehen werden. Unter dieser Voraussetzung müßte nämlich systematisch eine von der gegebenen Verteilung der Totaleinkommen abweichende Verteilung der Infrastrukturinvestitionen erfolgen.

(3) Entscheidend für die Qualität regionaler Gesamtrechnungen ist die Behandlung der regionalen Außenhandelsbeziehungen. Können, wie es die Regel ist, regionale Export- und Importströme nicht direkt gemessen werden, wird folgendes Verfahren angewendet: man bestimmt die regionale Produktion und den regionalen Verbrauch eines Gutes und schließt aus der positiven bzw. negativen Differenz auf die Höhe des entsprechenden regionalen Export- bzw. Importüberschusses. (Vgl. Banco de Bilbao/Comisaria del Plan de Desarrollo, Contabilidad Regional del Sureste, Madrid 1970). Dieses Verfahren ist also nicht geeignet, das regionale Außenhandels<u>volumen</u> zu bestimmen.

ANHANG 3

Tab.38: Ströme 3 + 4: Käufe der Polindustrien in Huelva von Polindustrien in Sevilla und vice versa +)

		Huelva Sevilla	Holzverarb.Ind.	Chemische Ind.	Baustoff-Ind.	Verschiedene	Total
1967		Nahrungsmittelindustrie					
		Textilindustrie					
		Papierindustrie					
		Chemische Industrie		35.819 ←			35.819
		Baustoffindustrie					
		Metall-Industrie					
		Verschiedene					
		Energie					
		TOTAL		35.819			35.819
1969		Nahrungsmittelindustrie				378 ←	378
		Textil-Industrie					
		Papierindustrie	142 ↑	1.200 ↑		9.516 ↑	10.858
		Chemische Industrie		30.857 ←			30.857
		Baustoff-Industrie		3.670 ←	61.200 ↑		64.870
		Metall-Industrie					
		Verschiedene					
		Energie					
		TOTAL	142	35.727	61.200	9.894	106.963

+) Der Pfeil zeigt den kaufenden Sektor an.
   Sektoren ohne Transaktionen sind nicht aufgeführt.

Tab. 39: Ströme 5+7: Käufe der Polindustrien in Huelva aus dem Rest der Provinz Huelva und dem Rest der Provinz Sevilla, in 10³ Ptas., 1967 +)

		Holzverarb.Ind.	Chem. Industrie	Baustoff-Indust.	Metall-Industrie	Verschiedene	Energie	T o t a l
Rest Huelva	Forstwirtschaft	64.885	0	0	0	0	0	64.885
	Extraktive Industrie	0	64.456	2.400	0	77	0	66.933
	Metallindustrie ohne metallverarbeitende Industrie	0	0	0	1.550	0	0	1.550
	Metallverarbeitende Industrie	0	0	0	260	0	0	260
	Gas und Wasser	0	8.925	0	0	0	0	8.925
	Groß- und Einzelhandel	6.016	5.533	275	3o4	93	20.386	32.607
	Staat ++)	0	2.423	0	329	0	222	2.974
	Versicherungen und verschiedene Dienste	4.834	3.231	0	222	228	0	8.515
	T o t a l	75.735	84.568	2.675	2.665	398	20.608	186.649
Rest Sevilla	Forstwirtschaft	13.751	0	0	0	0	0	13.751
	Extraktive Industrie	0	0	1.250	0	0	0	1.250
	Chemische Industrie	880	0	0	0	0	0	880
	Metallindustrie ohne metallverarbeitende Industrie	0	0	0	440	0	0	440
	Metallverarbeitende Industrie	0	0	0	6.84o	0	0	6.840
	Groß- und Einzelhandel	0	0	375	0	0	6.185	6.560
	Versicherungen und verschiedene Dienste	0	0	0	0	0	0	0
	T o t a l	14.631	0	1.625	7.240	0	6.185	29.681

+) Sektoren ohne entsprechende Transaktionen sind nicht aufgeführt.
++) Pachten für Industriegelände.

Tab. 40: Ströme 5+7: Käufe der Polindustrien in Huelva aus dem Rest der Provinz Huelva und dem Rest der Provinz Sevilla, in 10³ Ptas., 1969

	Pol von Huelva / Rest Huelva / Rest Sevilla	Nahrungsm.-Ind.	Holzverarb.Ind.	Chem. Industrie	Baustoff-Indust.	Metall-Industrie	Verschiedene	Energie	Total
Rest Huelva	Forstwirtschaft	0	93.166	0	0	0	0	0	93.166
	Extraktive Industrie	0	0	127.788	13.865	0	78	0	141.731
	Metallindustrie ohne metallverarb. Industrie	0	0	0	0	4.774	0	0	4.774
	Metallverarbeitende Industrie	0	0	0	0	800	0	0	800
	Gas und Wasser	229	18	18.692	80	19	49	0	19.087
	Groß- u. Einzelhandel	200	9.440	42.225	3.139	1.690	3.023	52.355	112.072
	Staat	257	0	4.864	50	1.221	11	305	6.708
	Versicherungen und versch. Dienste	0	7.010	21.028	137	2.187	3.770	0	34.132
	T o t a l	686	109.634	214.597	17.271	10.691	6.931	52.660	412.470
Rest Sevilla	Forstwirtschaft	0	18.871	0	0	0	0	0	18.871
	Extraktive Industrie	0	0	0	1.437	0	0	0	1.437
	Chemische Industrie	0	1.123	16.000	0	0	0	0	17.123
	Metallindustrie ohne metallverarbeitende Industrie	0	0	0	0	1.400	0	0	1.400
	Metallverarbeitende Industrie	0	0	0	0	924	0	0	924
	Groß- und Einzelhandel	0	25	1.200	670	1.662	0	0	3.557
	Versicherungen und verschiedene Dienste	0	25	1.800	0	467	0	27.072	29.364
	T o t a l	0	20.044	19.000	2.107	4.453	0	27.072	72.676

Tab. 41: Ströme 6+8 : Käufe der Polindustrien in Sevilla und aus dem Rest der Provinz Sevilla und dem Rest der Provinz Huelva, in 10³ Ptas., 1967

	Pol von Sevilla \ Rest von Sevilla / Rest Huelva	Nahrungsmittel-industrie	Textil-Industrie	Papier-Industrie	Chemische Industr.	Baustoff-Industrie	Metall-Industrie	Verschiedene	Energie	Total
Rest Sevilla	Landwirtschaft	443.087	256,185	0	199.000	0	0	0	0	898.272
	Extraktive Industrie	0	0	0	0	70.107	0	0	0	70.107
	Textilindustrie	0	13.135	0	0	0	0	0	0	13.135
	Holzverarbeit. Industrie	0	0	0	0	0	0	0	0	0
	Papier-Industrie	0	175	62.550	0	24.969	0	0	0	84.694
	Chemische Industrie	0	0	0	24.600	0	0	0	0	24.600
	Zement-Industrie	0	0	0	0	7.288	0	0	0	7.288
	Metallind. o. verarb. Ind.	0	0	0	0	309	51.636	0	0	51.945
	Metallverarb. Industrie	0	0	0	0	9.387	7.749	0	0	17.136
	Gas u. Wasser +)	296	0	0	0	0	1.493	0	0	1.789
	Groß- und Einzelhandel	59.064	11.022	1.765	7.076	67.406	25.313	930	0	172.576
	Versicherungen u. versch. Dienste	18.660	8.838	6.624	4.229	34.495	18.078	689	25.206	116.819
	Total	521.107	289.355	70929	234.905	210.961	104.269	1.619	25.206	1.458.351
Rest Huelva	Landwirtschaft	5.300	0	0	0	0	0	0	0	5.300
	Zement-Industrie	0	0	0	0	9.254	0	0	0	9.254
	Gießereien	0	0	0	0	0	0	0	0	0
	Total	5.300	0	0	0	9.254	0	0	0	14.554

+) teilweise Wasser aus eigenen Brunnen.

Tab. 41a: Ströme 6+8: Käufe der Polindustrie in Sevilla aus dem Rest der Provinz Sevilla und dem Rest der Provinz Huelva, in 10^3 Ptas., 1969

	Pol von Sevilla / Rest Sevilla / Rest Huelva	Nahrungsmittel-Industrie	Textil-Indust.	Papier-Indust.	Chemische Ind.	Baustoff-Ind.	Metall-Indust.	Verschiedene	Energie	Total
Rest Sevilla	Landwirtschaft	684.037	319.300	0	409.234	0	0	0	0	1.412.571
	Extraktive Industrie	0	0	0	0	165.133	0	0	0	165.133
	Textil-Industrie	0	13.672	0	0	0	0	0	0	13.672
	Holzverarb. Industrie	0	0	0	0	58	0	0	0	58
	Papierindustrie	0	215	87.040	0	40.492	0	0	0	127.747
	Chemische Industrie	172	0	0	31.150	0	0	0	0	31.322
	Zement-Industrie	0	0	0	0	27.201	0	0	0	27.201
	Metallind. ohne verarb. Indust.	0	0	0	0	746	101.324	0	0	102.070
	Metallverarb. Industrie	211	0	0	0	7.352	14.883	0	0	22.446
	Gas und Wasser	573	0	0	27.718	418	1.763	215	0	24.687
	Groß- und Einzelhandel	110.128	20.390	2.780	27.116	99.567	29.113	468	0	289.562
	Versicherungen u.versch.Dienste	39.295	11.441	8.279	27.901	69.613	17.379	1.334	72.374	242.616
	Total	829.416	365.018	98.099	517.119	410.580	164.462	2.017	72.374	2.459.085
Rest Huelva	Landwirtschaft	10.178	0	0	12.061	0	0	0	0	22.239
	Zementindustrie	0	0	0	0	1.380	0	0	0	1.380
	Gießereien	0	0	0	0	13.356	0	0	0	13.356
	Total	10.178	0	0	12.061	14.736	0	0	0	36.975

INPUT-OUTPUT-TABELLE   Pol Huelva , 1967, in 10^3 Ptas.   Sektoren

	Outputs	Nahrungsmittel-Ind.	Holzverarb. Ind.	Chemische Industrie	Baustoff-Industrie	Metallverarb.Ind.	Verschiedene	Energie	Zeilensummen
Inputs				Polindustrien/Sektoren					
Polindustrien/Sektoren	Nahrungsmittel-Industrie	0	0	0	0	0	0	0	0
	Holzverarb. Industrie	0	0	0	0	0	0	0	0
	Chemische Industrie	0	0	264.656	0	0	0	0	264.656
	Baustoff-Industrie	0	0	0	0	0	0	0	0
	Metallverarb. Industrie	0	0	0	0	1o8	0	0	108
	Verschiedene	0	0	0	0	0	0	0	0
	Energie	0	5.325	90.673	429	182	86	86	99.695
Interind. Relat. im Pol		0	5.325	355.329	429	290	86	86	361.459
Käufe aus dem Rest der Provinz		0	75.735	84.568	2.675	2.665	398	20.608	186.649
Importe	Sevilla	0	14.631	0	1.625	7.240	0	6.185	29.681
	Rest von Spanien	0	111.979	148.807	2.340	1.917	1.878	0	266.921
	Ausland	0	6.430	1.783.384	2.000	0	0	0	1.791.814
	Total	0	133.040	1.932.191	5.956	9.157	1.878	6.185	2.088.416
Löhne und Gehälter		0	45.5oo	78.155	2.501	4.689	1.546	0	132.391
Sozialvers. AG-Anteil		0	9.100	13.673	499	938	328	0	24.538
Zinsen		0	20.226	302.236	4.771	999	2	15.283	343.517
Gewinn		0	66.055	- 268.971	4.341	2.345	- 2.006	54.606	- 143.630
Beitrag zum NSP z. Faktk.		0	140.881	125.093	12.112	8.971	- 130	69.889	356.816
Indirekte Steuern		0	8.950	29.775	70	136	0	13	38.944
Beitrag zum NSP z. Marktpr.		0	149.831	154.868	12.182	9.107	(- 130)	69.902	395.760
Abschreibungen		0	51.488	265.178	949	1.045	202	0	318.862
Beitrag zum BBP z. Marktpr.		0	201.319	420.046	13.131	10.152	72	69.902	714.622
Bruttoprodukt.wert		0	415.419	2.792.134	22.200	22.264	2.434	96.695	3.351.146

Verkäufe an Rest Huelva				Sevilla				Exporte			Lageränd. H.- und F-Fabrikat.	Bruttoproduktionswert
KG	PG	IG	Total	KG	PG	IG	Total	Rest Spanien	Ausland	Total		
0	0	0	0	0	0	0	0	0	0	0	0	0
6.250	6.000	0	12.250	18.750	0	0	18.750	381.712	2.707	403.169	0	415.419
0	118.450	0	118.450	0	234.361	0	234.361	509.671	967.998	1.712.030	696.998	2.792.134
0	16.200	0	16.200	0	3.000	0	3.000	0	0	3.000	3.000	22.200
0	0	16.746	16.746	0	0	0	0	4.500	0	4.500	910	22.264
0	1.300	0	1.300	0	42	0	42	926	0	968	166	2.434
0	0	0	0	0	0	0	0	0	0	0	0	99.695
6.250	141.950	16.746	164.946	18.750	237.403	0	256.153	896.809	970.705	2.379.820	701.074	3.351.146

A b k ü r z u n g e n :

NSP = Nettosozialprodukt

BSP = Bruttosozialprodukt

KG = Konsumgüter

PBG = Produktionsgüter

IG = Investitionsgüter

INPUT-OUTPUT-TABELLE   Pol Huelva, 1969, in 10³ Ptas.   Sektoren

Inputs \ Outputs	Nahrungsmittel-Ind.	Holzverarb. Ind.	Chemische Industrie	Baustoff-Industrie	Metallverarb. Ind.	Verschiedene	Energie	Zeilensummen
Nahrungsmittel-Industrie	0	0	0	0	0	0	0	0
Holzverarb. Industrie	0	3.455	0	0	0	0	0	3.455
Chemische Industrie	0	0	760.619	0	0	0	0	760.619
Baustoff-Industrie	0	0	0	5.410	0	0	0	5.410
Metallverarb. Industrie	0	0	0	0	456	0	0	456
Verschiedene	0	186	60	0	0	0	0	246
Energie	3.536	9.194	164.547	7.417	748	578	0	186.020
Interind. Relat. im Pol	3.536	12.835	925.226	12.827	1.204	578	0	956.206
Käufe aus dem Rest der Provinz	686	109.634	214.597	17.271	10.691	6.931	52.660	412.470
Importe: Sevilla	0	20.186	20.200	63.307	4.453	9.516	27.072	144.734
Importe: Rest von Spanien	1.929	156.501	307.701	3.129	25.403	45.808	0	540.471
Importe: Ausland	0	19.182	2.696.541	2.300	1.762	0	0	2.719.785
Importe: Total	1.929	195.869	3.024.442	68.736	31.618	55.324	27.072	3.404.990
Löhne und Gehälter	3.942	73.241	175.540	16.038	23.998	11.545	1.550	305.854
Sozialvers. AG-Anteil	557	14.168	27.291	3.436	5.884	3.145	350	54.831
Zinsen	2.439	18.082	216.167	7.765	6.285	7.276	21.305	279.317
Gewinn	-3.697	105.925	219.087	22.950	22.690	15.882	22.659	405.436
Beitrag zum NSP z. Faktkk.	3.239	211.416	638.085	50.189	58.797	37.848	45.864	1.045.438
IIndirekte Steuern	243	9.930	79.799	1.295	816	928	2.864	95.974
Beitrag zum NSP z. Marktpr.	3.482	221.346	717.884	51.484	59.613	38.776	48.827	1.141.412
Abschreibungen	5.520	62.327	418.534	10.381	8.775	10.874	68.991	585.402
Beitrag zum BSP z. Marktpr.	9.002	283.673	1.136.418	61.865	68.388	49.650	117.818	1.726.814
Bruttoprodukt.wert	15.153	602.011	5.300.683	160.699	111.901	112.483	137.550	6.500.480

Verkäufe an Rest Huelva				Sevilla				Exporte			Lageränd. H.- und F.-Fabrikat	Bruttoproduktionswert
KG	PG	IG	Total	KG	PG	IG	Total	Rest Spanien	Ausland	Total		
3.876	9.446	0	13.322	142	0	0	142	1.689	0	1.831	0	15.153
27.000	0	0	27.000	9.000	8.545	0	17.545	491.120	35.136	543.801	+ 27.755	602.011
0	405.185	0	405.185	0	672.937	0	672.937	1.254.231	1.977.100	3.904.268	+ 230.611	5.300.683
0	113.281	0	113.281	00	11.042	0	11.042	24.920	3.500	39.462	- 2.546	160.699
0	52.553	59.500	112.053	0	0	0	0	0	0	0	- 608	111.901
0	10.981	0	1o.981	0	19.663	0	19.663	76.110	408	96.781	+ 4.475	112.483
0	11.530	0	11.530	0	0	0	0	0	0	0	0	197.550
30.876	602.976	59.500	693.352	9.142	712.187	0	721.329	1.848.670	2.016.144	4.586.143	264.779	6.500.480

Abkürzungen:

NSP = Nettosozialprodukt

BSP = Bruttosozialprodukt

KG = Konsumgüter

PG = Produktionsgüter

IG = Investiticnsgüter

INPUT-OUTPUT-TABELLE Pol Huelva 1971 in 10^3 Ptas. (Preise von 1969)   Sektoren

Outputs \ Inputs	Polindustrien/Sektoren							Zeilensummen
	Nahrungsmittel-Ind.	Holzverarb. Ind.	Chemische Industrie	Baustoff-Industrie	Metallverarb. Ind.	Verschiedene	Energie	
Polindustrien/Sektoren								
Nahrungsmittelindustrie	0	0	0	0	0	0	0	0
Holzverarb. Industrie	0	3.455	0	0	0	0	0	3.455
Chemische Industrie	0	0	2.429.791	0	0	0	0	2.429.791
Baustoff-Industrie	0	0	0	5.410	0	0	0	5.410
Metallverarb. Industrie	0	0	0	0	456	0	0	456
Verschiedene	600	8.518	88	0	0	0	0	9.206
Energie	10.976	19.532	296.205	8.571	17.743	658	0	353.685
Interind.Relat. im Pol	11.576	31.505	2.726.084	13.981	18.199	658	0	2.802.003
Käufe aus dem Rest der Provinz	16.360	188.872	347.563	17.907	2.767.200	7.055	93.471	3.438.428
Importe								
Sevilla	74.023	48.589	9.260	63.886	26.832	9.516	48.052	280.158
Rest von Spanien	7.930	233.352	463.334	4.004	375.320	50.129	0	1.134.069
Ausland	3.182	9.000	3.405.711	3.047	1.245.647	0	0	4.666.587
Total	85.135	290.941	3.878.305	70.937	1.647.799	59.645	48.052	6.080.814
Löhne und Gehälter	12.311	84.029	246.696	16.038	117.003	14.006	1.550	491.633
Sozialvers. AG-Anteil	2.188	16.135	39.320	3.436	23.979	4.029	350	89.437
Zinsen	11.013	17.888	187.768	5.583	165.613	4.039	13.749	405.653
Gewinn	33.141	229.986	1.611.169	27.019	364.982	36.947	122.220	2.425.464
Beitrag zum NSP z. Faktk.	58.659	348.038	2.084.953	52.076	671.577	59.021	137.869	3.412.187
Indirekte Steuern	3.740	18.754	139.634	1.395	104.823	1.190	5.302	274.838
Beitrag zum NSP z. Marktpr.	62.393	366.792	2.224.587	53.471	776.400	60.211	143.171	3.687.025
Abschreibungen	14.559	72.860	561.475	10.473	105.303	10.874	68.991	844.535
Beitrag zum BSP z. Marktpr.	76.952	439.652	2.786.062	63.944	881.703	71.085	212.162	4.531.560
Bruttoprodukt.wert	190.023	950.970	9.738.014	166.769	5.314.901	138.443	353.685	16.852.805

Verkäufe an Rest Huelva				Sevilla				Exporte			Lageränd. H.- und F.-Fabrikat	Bruttoproduktionswert
KG	PG	IG	Total	KG	PG	IG	Total	Rest Spanien	Ausland	Total		
10.619	31.646	0	42.265	13.629	6.700	0	20.329	91.711	33.718	145.758	+ 2.000	190.023
27.000	3.671	0	30.671	9.000	23.110	0	32.110	815.845	47.371	895.327	+ 21.517	950.970
0	565.427	0	565.427	0	809.818	0	809.818	4.692.967	1.238.646	6.741.431	+ 1.365	9.738.014
0	115.781	0	115.781	0	16.542	0	16.542	27.420	0	43.962	+ 1.616	166.769
0	52.553	62.500	115.053	0	0	6.000	6.000	5.099.000	95.000	5.200.000	+ 608	5.314,901
0	10.981	0	10.981	0	19.663	0	19.663	93.710	408	113.781	+ 4.475	138.443
0	0	0	0	0	0	0	0	0	0	0	0	353.685
37.619	780.059	62.500	880.178	22.629	875.833	6.000	904.462	10.820.654	1.415.143	13.140.259	+ 30.365	16.852.805

Abkürzungen:

NSP = Nettosozialprodukt

BSP = Bruttosozialprodukt

KG = Konsumgüter

PG = Produktionsgüter

IG = Investitionsgüter

INPUT-OUTPUT-TABELLE Pol Sevilla, 1967, in 10³ Ptas. Sektoren

		Polindustrien/Sektoren							
		Nahrungsmittel-Ind.	Textil-Industrie	Papierverarb. Ind.	Chemie-Industrie	Baustoff-Industrie	Metallverarb. Ind.	Verschiedene	Energie	Zeilensummen
Polindustrien/Sektoren	Nahrungsmittel-Ind.	0	0	0	0	0	0	0	0	0
	Textil-Industrie	0	0	0	0	0	0	0	0	0
	Papierverarb. Ind.	0	0	849	0	0	700	0	0	1.549
	Chemie-Industrie	0	0	0	0	0	0	0	0	0
	Baustoffindustrie	0	0	0	0	7.309	0	0	0	7.309
	Metallverarb. Ind.	0	0	0	0	0	11.447	0	0	11.447
	Verschiedene	0	0	0	0	0	0	0	0	0
	Energie	5.718	5.753	1.092	2.966	36.568	14.841	1.519	0	68.457
Interind. Ind. im Pol		5.718	5.753	1.092	3.815	43.877	26.988	1.519	0	88.762
Käufe aus dem Rest d. Provinz		521.107	289.355	70.929	234.905	210.961	104.269	1.619	25.206	1.458.351
Importe	Huelva	5.300	0	0	25.819	9.254	0	0	0	50.373
	Rest Spanien	95.398	20.202	62.919	38.626	142.812	364.435	32.898	0	757.290
	Ausland	454.894	62.000	22.300	56.079	82.611	120.130	3.400	0	801.414
	Total	555.592	82.202	85.219	130.524	234.677	484.565	36.298	0	1.609.077
Löhne und Gehälter		39.897	28.069	14.886	19.292	118.938	345.923	5.087	1.200	573.292
Sozialvers. AG-Anteil		11.186	10.575	3.832	5.294	29.290	66.146	2.525	300	129.148
Zinsen		20.487	12.927	5.378	8.509	66.393	68.999	4.296	814	187.803
Gewinn		3.983	54.099	7.919	- 7.521	64.087	253.155	2.670	29.393	407.785
Beitrag zum NSP z. Faktk.		75.553	105.670	32.015	25.574	278.708	734.223	14.578	31.707	1.298.028
Indirekte Steuern		13.833	12.660	8.371	5.201	23.288	30.176	991	200	94.720
Beitrag zum NSP z. Marktpr.		89.386	118.330	40.386	30.775	301.996	764.399	15.569	31.907	1.392.748
Abschreibungen		17.906	32.680	3.957	8.224	101.382	31.091	3.169	11.344	209.753
Beitrag zum BSP z. Marktpr.		107.292	151.010	44.343	38.999	403.378	795.490	18.738	43.251	1.602.501
Bruttoproduktionswert		1.189.709	528.320	201.583	408.243	892.893	1.411.312	58.174	68.457	4.758.691

Verkäufe an Rest Sevilla				Huelva				Exporte			Lageränd. Halb- u. Fertigfabrikate	Bruttoproduktionswert
KG	PG	IG	Total	KG	PG	IG	Total	Rest Spaniens	Ausland	Total		
253.357	100.816	0	354.173	27.536	15.004	0	42.540	680.564	99.272	822.376	13.160	1.189.709
25.491	367.125	0	392.616	9.750	2.458	0	12.208	125.271	0	137.479	- 1.775	528.320
0	67.972	0	67.972	0	10.163	0	10.163	121.789	0	131.952	110	201.583
13.968	77.061	0	91.029	0	4.071	0	4.071	283.426	29.717	317.214	0	403.893
0	205.842	0	205.842	0	34.039	0	34.039	611.310	19.894	665.743	13.999	892.893
7.550	80.092	78.708	166.350	2.300	10.225	4.000	16.525	1.218.124	7.606	1.242.255	- 8.740	1.411.312
0	21.477	0	21.477	0	10.929	0	10.929	21.136	1.440	33.505	3.192	58.174
0	0	0	0	0	0	0	0	0	0	0	0	68.457
300.366	920.385	78.708	1.299.459	39.586	86.889	4.000	130.475	3.062.120	157.929	3.350.524	19.946	4.758.691

Abkürzungen:

NSP = Nettosozialprodukt
BSP = Bruttosozialprodukt
KG = Konsumgüter
PG = Produktionsgüter
IG = Investitionsgüter

INPUT-OUTPUT-TABELLE Pol Sevilla, 1969, in 10^3 Ptas. Sektoren

		Nahrungsmittel-Ind.	Textil-Industrie	Papierverarb. Ind.	Chemie-Industrie	Baustoffindustrie	Metallverarb. Ind.	Verschiedene	Energie	Zeilensummen
Polindustrien / Sektoren	Nahrungsmittel-Ind.	0	0	0	0	0	0	0	0	0
	Textilindustrie	0	0	0	0	0	0	0	0	0
	Papierverarb. Ind.	300	0	0	731	0	1.300	0	0	2.331
	Chemie-Industrie	0	0	0	0	0	3.161	0	0	3.161
	Baustoffindustrie	0	0	0	0	6.498	0	0	0	6.498
	Metallverarb. Ind.	0	0	0	0	0	3.730	0	0	3.730
	Verschiedene	1.600	0	0	0	0	0	0	0	1.600
	Energie	9.450	9.988	1.666	46.901	63.227	61.929	2.054	0	195.015
	Interind. Relat. im Pol	11.350	9.988	1.666	47.632	69.525	70.120	2.054	0	212.335
	Käufe aus d. Rest d. Provinz	829.416	365.018	98.099	517.119	410.580	164.462	2.017	72.374	2.459.085
Importe	Huelva	10.556	0	0	42.918	18.406	0	0	0	71.880
	Rest Spaniens	180.370	35.610	145.190	151.405	221.860	676.264	42.224	20.000	1.472.923
	Ausland	508.189	80.000	40.000	55.143	185.954	267.202	1.000	0	1.137.488
	Total	699.115	115.610	185.190	249.466	426.220	943.466	43.224	20.000	2.682.291
	Löhne und Gehälter	80.362	43.623	16.164	37.397	210.723	503.689	5.088	1.600	898.646
	Sozialvers. AG-Anteil	21.741	13.584	4.474	11.250	45.111	89.932	3.124	400	189.616
	Zinsen	31.591	40.137	6.648	38.763	63.251	101.478	2.856	10.820	295.544
	Gewinn	108.330	25.372	31.779	48.635	79.351	488.176	11.263	58.511	851.417
	Beitrag zum NSP z. Faktk.	242.024	122.716	59.065	136.045	398.436	1.183.275	22.331	71.331	2.235.223
	Indirekte Steuern	22.471	14.830	10.593	11.190	30.413	51.416	1.440	550	142.903
	Beitrag zum NSP z. Marktpr.	264.495	137.546	69.658	147.235	428.849	1.234.691	23.771	71.881	2.378.126
	Abschreibungen	24.434	39.171	4.487	38.029	139.220	72.409	4.360	30.760	352.870
	Beitrag zum BSP z. Marktpr.	288.929	176.717	74.145	185.264	568.069	1.307.100	28.131	102.641	2.730.996
	Bruttoproduktionswert	1.828.810	667.333	359.100	999.481	1.474.394	2.485.148	75.426	195.015	8.084.707

	Verkäufe an Rest Sevilla			Huelva			Exporte			Lageränd. d. H.- u. F-Fabrikate	Bruttoproduktionswert
KG	PG	IG	Total	KG	PG	IG	Total	Rest Spaniens	Ausland	Total		
440.631	150.626	0	591.257	42.129	23.286	0	65.415	782.728	315.728	1.163.871	73.682	1.828.810
35.200	411.437	0	446.637	9.504	1.895	0	11.399	145.758	16.681	1.173.838	46.858	667.333
0	117.532	0	117.532	0	10.737	0	10.737	217.167	5.320	233.224	6.013	359.100
51.068	76.601	0	127.669	460	16.495	0	16.955	703.551	144.406	864.912	3.759	999.481
39.012	374.075	0	413.087	0	69.220	0	69.220	855.267	75.393	999.880	54.929	1.4741394
16.035	296.901	0	312.936	5.000	29.028	0	34.028	1.990.438	89.030	2.113.496	54.986	2.485.148
0	31.624	0	31.624	0	13.631	0	13.631	27.659	1.500	42.790	- 588	75.426
0	0	0	0	0	0	0	0	0	0	0	0	195.015
581.946	1.458.796	0	2.040.742	57.093	164.292	0	221.385	4.722.568	648.058	5.592.011	239.619	8.084.707

Abkürzungen :

NSP = Nettosozialprodukt
BSP = Bruttosozialprodukt
KG = Konsumgüter
PG = Produktionsgüter
IG = Investitionsgüter

INPUT-OUTPUT-TABELLE Pol Sevilla, 1971, in 10^3 Ptas. Sektoren

		Polindustrien/Sektoren							
		Nahrungsmittel-Ind.	Textil-Industrie	Papierverarb. Ind.	Chemie-Industrie	Baustoffindustrie	Metallverarb. Ind.	Verschiedene	Energie	Zeilensummen
Polindustrien / Sektoren	Nahrungsmittel-Ind.	0	0	0	0	0	0	0	0	0
	Textil-Industrie	0	0	0	0	0	0	0	0	0
	Papierverarb. Ind.	329	0	0	731	0	1.300	0	0	2.360
	Chemie-Industrie	0	0	0	0	3.214	0	0	0	3.214
	Baustoffindustrie	0	0	0	0	10.590	0	0	0	10.590
	Metallverarb. Ind.	0	0	0	0	0	3.730	5.000	0	8.730
	Verschiedene	1.600	0	0	0	0	0	0	0	1.600
	Energie	15.789	9.968	5.694	56.588	131.131	32.108	3.776	0	255.074
Interind.Relat. im Pol		17.718	9.988	5.694	57.319	141.721	40.352	8.776	0	281.568
Käufe aus dem Rest d.Provinz		1.052.177	365.018	137.143	517.048	662.731	345.626	17.082	95.114	3.191.938
Importe	Huelva	378	0	0	43.928	28.003	0	0	0	72.309
	Rest Spaniens	128.162	35.610	373.279	200.336	474.949	836.453	151.136	0	2.199.925
	Ausland	525.847	80.000	54.100	56.580	304.182	424.196	17.617	0	1.462.522
	Total	654.387	115.610	427.399	300.844	807.134	1.260.649	168.753	0	3.734.756
Löhne und Gehälter		84.211	43.623	45.774	46.754	321.166	503.719	39.752	1.200	1.086.199
Sozialvers. AG-Anteil		23.452	13.584	12.039	12.184	88.068	90.358	12.474	300	252.459
Zinsen		37.111	26.064	20.987	31.364	92.924	119.042	6.060	5.100	338.652
Gewinn		192.801	36.706	124.071	76.930	471.401	569.458	38.085	114.883	1.624.335
Beitrag zum NSP z. Faktk.		337.575	119.977	202.871	167.232	973.559	1.282.577	96.371	121.483	3.301.645
Indirekte Steuern		27.278	14.830	20.932	14.683	57.758	64.213	5.205	916	205.615
Beitrag zum NSP z. Marktpr.		364.853	134.807	223.803	181.915	1.031.317	1.346.790	101.576	122.199	3.507.260
Abschreibungen		29.667	41.910	18.647	43.673	184.262	75.255	8.359	37.761	439.534
Beitrag zum BSP z. Marktpr.		394.570	176.717	242.450	225.588	1.215.579	1.422.045	109.935	159.960	3.946.794
Bruttoproduktionswert		2.118.802	667.333	812.665	1.100.799	2.877.165	3.068.672	304.546	255.074	11.155.056

	Verkäufe an Rest Sevilla				Huelva				Exporte			Lageränd. der Halb- u. Fertigfabrikate	Bruttoproduktionswert
KG	PG	IG	Total	KG	PG	IG	Total	Rest Spaniens	Ausland	Lageränd. der Halb- u. Fertigfabrikate Total		
433.022	262.456	0	695.478	59.571	32.000	0	91.571	939.484	392.269	1.423.324	0	2.118.802
35.200	411.437	0	446.637	9.504	1.895	0	11.399	183.726	16.681	211.806	8.890	667.333
200	186.896	0	187.096	0	16.949	0	16.949	494.562	109.500	621.011	2.198	812.665
67.370	84.483	0	151.853	2.000	17.677	0	19.677	771.538	162.835	954.050	- 8.318	1.100.799
39.012	860.185	0	899.197	0	123.868	0	123.868	1.636.502	143.478	1.903.848	13.530	2.827.165
16.035	547.650	0	563.685	5.000	43.423	0	48.423	2.199.262	233.211	2.485.896	10.361	3.068.622
7.150	38.876	52.300	98.326	0	13.631	6.000	19.631	172.102	12.760	204.493	127	304.546
0	0	0	0	0	0	0	0	0	0	0	0	255.074
597.989	2.391.983	52.300	3.042.272	76.075	249.443	6.000	331.518	6.397.176	1.075.734	7.804.428	26.788	11.155.056

Abkürzungen:

NSP = Nettosozialprodukt
BSP = Bruttosozialprodukt
KG = Konsumgüter
PG = Produktionsgüter
IG = Investitionsgüter

Anhang 4: Standortvergleich für die Chemieindustrie in
Andalusien und Katalonien

Ausgangspunkt der Vorstellung von der Möglichkeit eines
selbsttragenden Prozesses bilden die in der Wachstumspoltheorie als "Leontief-Rasmussen-" und "Perroux-Effekt"
(Paelinck, 63) bezeichneten Matrizialmultiplikatoren. Der
Perroux-Effekt betrifft die Multiplikation der zu einem
Zeitpunkt bestehenden Ausgangsmatrix. Wird unterstellt,
daß die Attraktion eines Pols positiv korreliert ist mit
seinem Entwicklungsstand, dann wird der Prozeß der Multiplikation der Ausgangsmatrix von Stufe zu Stufe beschleunigt. Den Entwicklungsstand des Pols könnte man durch einen Flexibilitätsindex messen, wie ihn Klaassen definiert
(Klaassen, 70, 116). Der Leontief-Rasmussen-Effekt betrifft die Absorptionsfähigkeit des Pols für von außen
kommende bzw. durch irgendeine Polindustrie induzierte
Wachstumsimpulse. Je höher die Verflechtung innerhalb der
Ausgangsmatrix, desto höher ist der Anteil, mit dem auch
die induzierte Vorleistungsnachfrage im Pol selbst zur
Produktions- und Wertschöpfungserhöhung führt.

Es soll unterstellt werden, daß in der Volkswirtschaft
nach den möglichen neuen Produkten des Pols eine steigende Nachfrage besteht. Ebenso wie diese Annahme ist im vorliegenden Fall die weitere realistisch, daß aufgrund praktizierter Hochschutzzollpolitik ein zusätzlicher Anreiz
besteht, diese Produkte in der Volkswirtschaft in steigendem Umfang zu produzieren. Dennoch ist fraglich, ob und in
welcher Form sich diese Aktivitäten im Pol ansiedeln und
wie hoch entsprechend der Perroux-Effekt ist. Denn nicht
allein die Flexibilität einer Region für einen Komplex
ist entscheidend, sondern die relative Position im Hinblick auf die Flexibilität anderer Regionen mit konkurrierenden Standorten.

Im Fall der Chemieindustrie Huelvas ist die konkurrierende
Region Katalonien, der konkurrierende Standort Tarragona.
Weitere konkurrierende Standorte sind Puertollano, Ca-

stellón de la Plana, Escombreras und Algeciras. Letztere sind gegenüber Tarragona zusammen mit Huelva in dem Nachteil, daß sie in peripheren Regionen liegen. Sie sollen hier nicht weiter untersucht werden.

Zu erwarten ist, daß alle konkurrierenden Standorte sich zunächst auf die chemische Grundstoffproduktion beschränken müssen, während sich die verarbeitende Industrie auf die traditionellen Marktzentren des Landes konzentriert. Unter diesen Umständen ist zu prüfen, welcher Standort bei welchen Güterkategorien der Grundstoffproduktion im Vorteil ist. Als Hypothese könnte im Gegensatz zur Hypothese eines selbsttragenden Prozesses in Huelva formuliert werden: Das Entstehen eines konkurrierenden Chemiepols in Tarragona führt dazu, daß ein Großteil der zuvor für Huelva geplanten Projekte nach Tarragona verlagert wird.

Wie schon bei der Darstellung der Projektwerte für 1973 angedeutet wurde, tauchte diese Fragestellung im Zusammenhang mit der Beobachtung auf, daß im Bereich der chemischen Industrie in Huelva nach 1969 verschiedene Großprojekte offenbar zurückgestellt wurden, wenn auch nicht formell die Aufnahmeanträge zurückgezogen wurden. Daraufhin hat die Ponencia de Localización Industrial, eine Fachgruppe der an der Regionalplanung beteiligten Stellen, einen Standortvergleich durchgeführt. Dabei wurde davon ausgegangen, daß der geplante Komplex in Tarragona so realisiert sein würde, wie es den beim Industrieministerium anhängigen Projekten entspricht. Unter dieser Voraussetzung wurde gefragt, welche weiteren Produktionen aufgrund von Transportkostenunterschieden und des jeweils vorhandenen Produktionspotentials sich besser für die Allokation in Huelva bzw. Tarragona eigneten (Comisaría del Plan/Ponencia de Localización Industrial, 71).

a. Transportkostenunterschiede: Tabelle 43 gibt die Transportkostenunterschiede zwischen Huelva und Tarragona bei den Produktionen wieder, die in beiden Industriekomplexen potentiell angesiedelt werden könnten.

Tab.43: Transportkostenvergleich Huelva/Tarragona für relevante Grundstoffproduktionen der chemischen Industrie

Standort / Produkt	A.Hauptprimärinputs Ptas/t		B.Endprodukte Ptas/t		A + B Ptas./t	
	Huelva	Tarrag.	Huelva	Tarrag.	Huelva	Tarrag.
I. Anorgan.						
1	63	267	527	337	590	604
2	1.051	1.471	527	337	1.578	1.808
3	647	956	526	336	1.172	1.292
II. Organ.						
4	0	420	516	275	516	695
5	350	602	516	275	866	877
6	555	734	515	275	1.070	1.009
7	353	445	516	275	869	721
8	966	723	515	276	1.481	999
9	374	804	527	337	901	337
10	0	420	527	337	527	757
11	122	420	526	337	648	757
12	1.684	60	528	337	2.212	397
13	1.545	55	528	337	2.073	392
14	417	184	526	336	943	520
15	0	0	470	371	470	371
16	0	420	239	192	239	612
III. Kunstst.						
17	718	718	516	275	1.234	993
18	928	928	516	275	1.444	1.203
19	491	107	515	275	1.006	382
20	1.010	515	516	276	1.526	791

Dabei zeigt sich, daß wegen der peripheren Lage Huelvas und der Konzentration der verarbeitenden Industrie in den Zentren des nordöstlichen Quadranten des Landes die Transpostkosten für die infrage kommenden Endprodukte neuer Aktivitäten in Huelva in 100 % der Fälle über den entsprechenden Werten für Tarragona liegen. Dagegen hat Huelva, bezogen auf die Anzahl der Fälle, einen Vorteil bei den Transportkosten für die Hauptinputs dieser Produkte. In 65 % der Fälle ist das entsprechende Transportkostenniveau gleich bzw. niedriger als in Tarragona. Insgesamt ergibt sich, daß unter Berücksichtigung von Transportkosten der Hauptinputs und Endprodukte Tarragona in 60 % der Fälle im Vorteil ist, Huelva in 40 %.

Tab. 44: Allokationsquotienten (provisorisches Flexibilitätsmaß) für die Komplexe Huelva und Tarragona)

	Huelva		Sevilla	
	L_1/L_2	L_3/L_4	L_1/L_2	L_3/L_4
Anorganisch chemische Produkte	5,1	5,4	2,2	2,7
Organisch chemische Produkte	3,8	1,8	6,1	9,4
Kunststoffe	-	-	4,0	4,0

Quellen zu Tab. 43 und 44: Comisaría del Plan/Ponencia de Localización Industrial: Análisis Comparativo Preliminar de los Complejos Existentes en Tarragona, Puertollano, Castellón, Escombreras, Algeciras y Huelva, Madrid 1971, unveröffentlicht.

b. Flexibilität: Als provisorisches Flexibilitätsmaß kann der Allokationsquotient (location quotient, vgl. Isard, 60, 124) angesehen werden. Er mißt für jedes Produkt bzw. jede Produktgruppe die Spezialisierung eines Standortes in Relation zum entsprechenden Spezialisierungsgrad der Volkswirtschaft. Er wird hier sowohl bezogen auf die Bruttowertschöpfung als auch die Beschäftigtenzahl der beiden Komplexe und der Volkswirtschaft bestimmt.

L_1/L_2 ist der Allokationsquotient bezogen auf die Bruttowertschöpfung, L_3/L_4 derjenige bezogen auf die Beschäftigtenzahl. L_1 ist definiert als Anteil einer Produktgruppe an der Bruttowertschöpfung des jeweiligen Komplexes, L_2 als Anteil der Produktgruppe an der Wertschöpfung der chemischen Industrie in der Volkswirtschaft. Für L_3 und L_4 gilt analoges, statt Wertschöpfung ist Beschäftigtenzahl gesetzt. Je höher L_1/L_2 bzw. L_3/L_4, desto größer ist der relative Spezialisierungsgrad des Komplexes bei der betreffenden Produktgruppe.

Als Flexibilitätsmaß kann der so bestimmte Allokationsquotient insofern gelten, als er ausdrückt, welche Produktionsgruppe in den beiden Komplexen jeweils die relativ größte Bedeutung hat. Wird die Annahme als sinnvoll angesehen, daß die Attraktion eines Komplexes in bezug auf bestimmte neue Produktionen umso größer ist, je bedeutender die entsprechende Produktgruppe im Komplex bereits ist, dann kann aus der relativen Höhe der Allokationsquotienten auf die Standortqualität, die jeder Komplex für jede Produktgruppe bietet, geschlossen werden.

Tabelle 44 zeigt nun, daß Huelva gegenüber Tarragona bei den anorganisch-chemischen Produkten im Vorteil, bei den übrigen im Nachteil ist. Insbesondere bei der Produktion von Kunststoffen, die im Komplex Huelva noch nicht existiert, ist der Vorteil Tarragonas hoch.

Das Ergebnis unterstreicht im großen und ganzen die in Tabelle 43 gefundenen Standortunterschiede aufgrund des Transportkostenvergleichs. Auch dort ist Huelva in allen Fällen der anorganisch-chemischen Produkte im Vorteil, in allen Fällen der Kunststoffproduktion im Nachteil. Einige Produkte der organischen Chemie (5 von 13) sind aufgrund von Transportkostenvorteilen für Huelva geeignet.

c. Andere Standortfaktoren: Bei dem bestehenden Infrastrukturangebot in Huelva und Tarragona sind keine nennenswerten Engpässe vorhanden. Die Verfügbarkeit von Arbeitskräften ist kein standortbestimmender Faktor, da wegen der Begehrtheit industrieller Arbeitsplätze Migrationsbewegungen induziert werden. Im Hinblick auf die Attraktion qualifizierter Arbeitskräfte dürfte Tarragona aufgrund der gebotenen urbanen Standards im Vorteil sein.

Ein interessantes Detail sind die zu erwartenden Lohnkostenunterschiede. Deshalb, weil dieser Standortfaktor, der in anderen Ländern von Bedeutung ist, in Spanien relativ bedeutungslos zu sein scheint. Ein Grund dafür, daß interregional die Lohnkosten bei vergleichbaren Qualifikationen wenig differieren, liegt in der straff zentralistischen Organisation der spanischen "Sindicatos", ein anderer in der hohen Anpassungsgeschwindigkeit des Arbeitsangebots aufgrund von Migrationen insbesondere weniger qualifizierter Arbeitskräfte. Die Ponencia de Localización Industrial hält es in der zitierten Studie für realistisch, die Lohnkostendifferenzen im Zusammenhang mit Unterschieden des Lebenshaltungskostenindex zu sehen. Dabei zeigt sich das etwas überraschende Ergebnis, daß der Lebenshaltungskostenindex im peripheren Huelva höher ist als im zentralen Tarragona. Da vergleichbare Daten über die in den Komplexen Huelva und Tarragona gezahlten Löhne nicht verfügbar waren, schloß die Kommission auf ein möglicherweise leicht höheres Lohnkostenniveau in Huelva gegenüber Tarragona.

Vergleichbare Informationen über sonstige standortdifferenzierende Faktoren lagen nicht vor.

d. Zusammenfassend kann nach dem Bisherigen vermutet werden, daß in der durch die untersuchten Produktionen charakterisierten ersten Ausbaustufe der beiden Komplexe die anorganisch-chemische Produktion von Huelva attrahiert werden, die übrigen stärker von Tarragona. Sicher ist, daß die Produkte 4 und 5, also organisch-chemische, in Huelva produziert werden. Das liegt daran, daß die Raffinerie in Huelva versuchen wird, durch die Realisierung der entsprechenden Projekte ihren Anteil an der petrochemischen Industrie auszubauen. Sie wird es aus Gründen der Realisierung interner Ersparnisse in Huelva tun, weil dort die Hauptindustrie des entsprechenden Unternehmens in Spanien ist. Für weitere drei organisch-chemische Produkte ist Huelva als Standort möglich (10, 11 und 16). Insgesamt wird sich also der Ausbau des Komplexes in Huelva in der nächsten Stufe auf diese und die ersten 5 Produkte konzentrieren, soweit aus den Untersuchungen der Comisión de Localización Industrial geschlossen werden kann.

Kritisch ist zum Vorgehen der Kommission zu sagen, daß es sich bei der Untersuchung nicht um eine Industriekomplex-Analyse im Sinne der für ein derartiges Vorgehen richtungweisenden Arbeit von Isard, Schooler und Vietorisz handelt.

Zwar beschränkt sich der Anspruch der Untersuchung auf die Erklärung der vermutlichen Spezialisierung der Komplexe Huelva und Tarragona in der nächstfolgenden Ausbaustufe. Wie aber oben erläutert wurde, haben Isard, Schooler und Vietorisz nachgewiesen, daß dies dem einzelunternehmerischen Standortkalkül entsprechende Vorgehen problematisch ist. Denn der Standortvorteil kann bei integrierter Planung von zusätzlichen Produktbündeln, also unter Einschluß weiterer Ausbaustufen, ein anderer sein als bei der Analyse einzelner zusätzlicher Produkte. Die kritische Würdigung kann sich auf diese Bemerkung beschränken, da noch an anderer Stelle die durch die Industriekomplexanalyse angebotene Alternative zur Investitionsplanung im Hinblick auf Huelva und Sevilla diskutiert wird (vgl. 4.2. im Text).

ANHANG 5

INPUT-OUTPUT-TABELLE   Pol Burgos, in 10^3 Ptas., 1971

Inputs \ Outputs	Nahrungsmittelind.	Textilind.	Papier- u. Holzind.	Chemische Ind.	Baustoffind.	Metallverarb. Ind.	Verschiedene	Total	Verk. an Res KG
Nahrungsmittelindustrie	34549							34549	664468
Textilindustrie									8965
Papier- und Holzind.	1184				2225			3409	8271
Chemische Industrie				680				680	35800
Baustoffindustrie									3.323
Metallverarb. Ind.									6023
Verschiedene									56139
Interind. Relat. im Pol	35733	-	-	680	2225	-	-	38638	782989
Lageränd., Vorleistungen	-19940	446	-8889	-59675	-2940	-33317	32334	-91981	
Käufe aus dem Rest d.Prov.	1124973	43270	214002	190413	62774	270139	82640	1988211	
Valladolid	505284	-	-	-	-	11759	-	517043	
Rest v. Spanien	3973312	85055	450724	1079485	168162	1660069	127189	8173996	
Ausland	--	-	-	341281	22434	917624	31908	1313247	
Total	4478596	85055	450724	2050766	190596	2589452	159097	10004286	
Löhne und Gehälter	175011	28676	62477	163775	35150	270859	34.145	770093	
Sozialvers.Beiträge	68775	10312	21159	66925	13850	105014	12455	298490	
Zinsen	140504	8300	35026	26123	8651	71123	13009	3o2736	
Gewinne	519596	24722	115947	265234	52940	206517	30798	1215854	
Beitrag z.NSP zu Faktork.	903886	72010	234609	522057	110591	653613	90407	2587173	
Indirekte Steuern	122773	3663	17710	52512	7060	64639	6550	274907	
Beitrag z.NSP zu Marktpr.	1026659	75673	252319	574569	117651	718252	96957	2862080	
Abschreibungen	72584	15616	80175	213503	22830	92349	7972	505029	
Beitrag zum BSP zu Marktpr.	1099243	91289	332494	788072	140481	810601	104929	3367109	
Bruttoproduktionswert	6718605	220060	988331	2970256	393136	3636875	379000	15306263	

st Burgos		Exporte				Lagerveränd. H. + F.-Fabrikate	Bruttoproduktionswert
PG + IG	Total	Valladolid	Rest Spanien	Ausland	Total		
-	664468	136762	5633160	350780	5983940	-101114	6718605
-	8966	7900	182685	3950	186635	16560	220060
88278	96549	39784	844191	-	844191	4398	988331
14593	50393	178257	2221506	469500	2691006	49920	2970256
29777	33100	9006	262040	88190	350230	800	393136
135061	141084	96926	3057650	295631	3353281	45584	3636875
3141	59280	10889	210966	82815	293.781	15050	379000
270850	1053839	479524	12412198	1290866	13703064	31198	15306263

INPUT-OUTPUT-TABELLE   Pol La Coruña, in 10^3 Ptas., 1971

Inputs \ Outputs	Nahrungsmittelind.	Chemische Ind.	Baustoffind.	Metallindustrie	Energie	Verschiedene	Total	Verkäufe an Rest La KG	PG
Nahrungsmittelind.	5940	-	-	-	-	60	6000	998134	40190
Chemische Ind.	10171	150180	1100	19844	97650	809	279754	26760	105801
Baustoff-Ind.	-	-	1085	-	-	-	-	-	47771
Metallind.	2688	-	250	13437	-	-	16355	-	128192
Energie	17126	108657	510	152216	-	1721	280230	-	-
Verschiedene	-	-	-	-	-	-	-	54312	-
Interind. Relat. im Pol	35905	258837	2945	185497	97650	2590	583424	1079206	321954
Käufe aus El Ferrol	-	-	-	75302	-	-	75302		
Käufe aus d.Rest d. Prov.	1121017	58519	7828	138278	8150	11634	1345426		
Käufe aus Pontevedra	96070	12600	-	4758	-	2220	115648		
Käufe aus Asturias	-	18750	2500	77839	-	241	99330		
Importe Rest Spanien	330793	88978	14735	289013	-	33330	756849		
Importe Ausland	762505	5101924	-	426357	-	5276	6296062		
Importe Total	1093298	5190902	14735	715370	-	38606	7052911		
Löhne und Gehälter	95973	160026	4969	149057	6172	33322	449519		
Sozialvers.Beiträge	27938	19023	1259	52087	1028	7830	109165		
Zinsen	70467	124696	1692	75616	11113	3750	287334		
Gewinne	159975	1007346	7938	826457	86512	6186	2094414		
Beitrag z.NSP zu Faktorpr.	354353	1311091	15858	1103217	104825	51088	2940432		
Indirekte Steuern	56072	144500	977	48102	5605	2313	257569		
Beitrag z.NSP zu Marktpr.	410425	1455591	16835	1151319	110430	53401	3198001		
Abschreibungen	46901	229799	4013	56756	64000	6957	408426		
Beitrag z. BSP zu Marktpr.	457326	1685390	20848	1208075	174430	60358	3606427		
Bruttoproduktionswert	2803616	7224998	48856	2405119	280230	115649	12878468		

Coruña		Pontevedra			Asturias			"Exporte"			Bruttoproduktionswert
IG	Total	KG	PG	IG	KG	PG	IG	Rest Spanien	Ausland	Total	
-	1038324	224288	2710	-	32693	387	-	1061906	239973	1301879	2803616
-	132561	23651	100242	-	35147	171341	-	5921286	527462	6448748	7224998
-	47771	-	-	-	-	-	-	-	-	-	48856
284158	412350	-	41335	8283	-	34216	546	1828645	56921	1885566	2405119
-	-	-	-	-	-	-	-	-	-	-	280230
-	54312	6132	-	-	-	-	-	35933	876	36809	115649
284158	1685318	254071	144287	8283	67840	205944	546	8847770	825232	9673002	12878468

INPUT-OUTPUT-TABELLE Pol Valladolid, in 10^3 Ptas., 1971

Inputs \ Outputs	Nahrungsmittelindustrie	Textilindustrie	Baustoffindustrie	Metallind. ohne Transportmat.	Transportmaterial	Verschiedene	Total	Verkäufe an Rest d.Prov. KG	PG	IB
Nahrungsmittelindustrie								100786	136395	-
Textilindustrie								24317	4854	-
Baustoffindustrie								-	102610	-
Metallind. (ohne Transportmat.)					7466		7466	20240	19309	3500
Transportmaterial					1994611		1994611	113641	66470	-
Verschiedene								-	118869	-
Interind. Relat. im Pol					2002077	-	2002077	258984	452007	3500
Lageränd., Vorleistungen	15603	-6767	-14610	-5784	-545308	16340	540526			
Käufe aus dem Rest d. Prov.	815153	11532	43353	59003	657810	78267	1665118			
Importe Burgos	51255	-	-	3513	-	21000	75768			
Importe Rest Spanien	319109	113095	99428	232695	7382601	758136	8905064			
Importe Ausland	103678	340	53000	-	-	15242	172260			
Importe Total	474042	113435	152428	236208	7382601	794378	8153092			
Löhne und Gehälter	103481	24095	68681	73198	1070482	62310	1402247			
Sozialvers.Beiträge	25869	6023	17170	18300	218768	15577	301707			
Zinsen	27032	3419	11617	15396	111124	29393	197981			
Gewinne	127852	46809	10235	49334	782428	53583	1070241			
Beitrag z.NSP z. Faktork.	284234	80346	107703	156228	2182802	160.863	2972176			
Indirekte Steuern	15435	1017	6019	7721	187699	20975	838776			
Beitrag z.NSP zu Marktpr.	299669	81363	113722	163949	2370411	181838	3210952			
Abschreibungen	69251	4467	31394	20082	290743	44469	460406			
Beitrag z. BSP z. Marktpr.	368920	85830	145116	184031	2661154	226307	3671358			
Bruttoproduktionswert	1673718	204030	326287	473458	12158334	1115292	15951119			

Total	Exporte				Lageränderung H.+F.-Fabrikate	Bruttoproduktionswert
	Verk. an Prov. Burgos	Rest Spanien	Ausland	Total		
237181	12350	1371031	21032	1392063	32124	1673718
29171	10297	152733	-	152733	11829	204030
102610	7995	173973	12827	186800	28882	326287
43049	6291	390.256	22070	412326	4326	473458
180111	60325	9466818	3740	9470558	452729	12158334
118869	30079	935648	19745	955393	10951	1115292
710991	127337	12490459	79414	12569873	540841	15951119

INPUT-OUTPUT-TABELLE   Pol Vigo, in 10^3 Ptas, 1971

Inputs \ Outputs	Nahrungsmittelind.	Textilindustrie	Papierindustrie	Baustoffindustrie	Chemische Industrie	Metallindustrie	Verschiedene	Total	Verkäufe an Rest d. KG	Verkäufe an Rest d. IG + PG
Nahrungsmittelindustrie	8500	-	-	9600	2750	1870	-	16720	402120	-
Textilindustrie	17401	1500	-	-	-	-	-	18901	40777	-
Papierindustrie	5560	-	1730	9150	2500	1690	-	14630	61228	105990
Baustoffindustrie	-	-	-	-	-	9600	-	3600	66900	117250
Chemische Industrie	105	-	-	135	-	100	-	340	17160	-
Metallindustrie	-	-	12000	-	-	80860	-	92860	31325	839140
Verschiedene	-	-	-	-	-	-	-	-	-	105580
Interind. Relat. im Pol	25566	1500	13730	12885	5250	88120	-	147051	619510	1167960
Käufe aus Rest d. Prov.	617860	9190	266260	188462	47406	581236	45775	1156189		
Käufe aus Prov. La Coruña	13600	-	150000	13000	28928	109461	20000	334989		
Käufe aus Prov. Asturias	-	-	-	1250	-	46100	25000	72350		
Rest Spanien	63239	50608	216443	122214	70538	2928260	1200	3452502		
Ausland	6000	43800	69116	18000	3500	126600	-	267016		
Total	69239	94408	285559	140214	74038	3054860	1200	3719518		
Löhne und Gehälter	58913	36460	85518	221213	86780	712676	3850	1145410		
Sozialvers. AG-Anteil	46418	8700	38410	100170	6640	144050	1850	346238		
Zinsen	20698	4321	30230	32100	7812	240378	7278	342817		
Gewinn	47249	3571	344733	266040	83041	1507790	96273	2348697		
Beitrag zum NSP z. Faktk.	173278	53052	498891	619523	124273	2604894	109251	4183162		
Indirekte Steuern	8033	2722	20356	18056	5410	87576	2130	144283		
Beitrag zum NSP z. Marktpr.	181311	55774	519247	637519	129683	2692470	111381	4327445		
Abschreibungen	22248	7402	179856	38045	7195	138043	5197	397986		
Beitrag zum BSP z. Marktpr.	203559	63176	699103	675624	136878	2830913	116578	4725431		
Bruttoproduktionswert	930220	168725	1415652	1086400	298500	6701390	209000	10759914		

Prov.	La Coruña			Asturias			"Exporte"			Bruttoproduktionswert
Total	KG	IG + PG	Total	KG	IG + PG	Total	Rest Spanien	Ausland	Total	
402120	28320	-	20320	13820	-	13820	435830	41410	477240	930220
40777	16484	-	16484	7098	-	7098	78526	8466	86992	168752
167218	13698	20250	33948	-	3000	3000	1194746	600	1195346	1415652
184150	2125	7350	9475	1900	5750	7650	710525	120000	830525	1036400
17160	6500	-	6500	-	-	-	158900	115100	274000	298500
870465	8641	55723	64364	8560	7320	15880	4959081	680260	5639341	6701390
105580	-	900	900	-	-	-	62700	40000	102700	209000
1787470	67768	84223	151991	31378	16070	47448	7600308	1005836	8606144	10759914

INPUT-OUTPUT-TABELLE   Pol Zaragoza, in 10^3 Ptas., 1971

Inputs \ Outputs		Nahrungsmittelindustrie	Papierindustrie	Chemische Industr.	Baustoffindustrie	Metallind. ohne verarbeit. Ind.	Metallverarb. Ind. ohne Transportmat.	Transportmaterial	Verschiedene	Total	KG
Nahrungsmittelindustrie										-	662331
Papierindustrie			444							444	173364
Chemische Industrie										-	10920
Baustoffindustrie						4890	75			4965	-
Metallind., ohne verarb. Ind.							49592	96313		145905	-
Metallverarbeitende Ind., ohne Transportmat.		2997					7953	529		11479	71998
Transportmaterial							22480	64330		86810	-
Verschiedene										-	14247
Interind. Relat. im Pol		2997	444			4890	80100	161172		249603	932860
Käufe aus dem Rest der Prov.		833447	143077	138081	70544	106094	547012	278444	23925	2140624	
Importe	Nordregion	155658	8683	-	31902	72585	541554	370982	1015	1182379	
	Katalonien	7949	48773	98221	4719	5124	131611	238237	9950	544584	
	Madrid	1546	154724	-	256	-	37532	152015	46758	392831	
	"Rest Spanien"	328759	41145	391700	32431	163506	541582	220141	4633	1723897	
	Ausland	22841	27400	74676	10252	-	53228	38955	-	227352	
	Total	516753	280725	564597	79560	241215	1305507	1020330	62356	4071043	
Löhne und Gehälter		80230	104596	144520	74958	105400	488930	324547	18300	1341479	
Zinsen		33156	21227	63530	15946	8714	87901	53037	3800	287311	
Gewinn		63092	83677	179005	11998	60327	582292	255291	18165	1253847	
Beitrag zum NSP z. Faktk.		176478	209500	387055	102900	174441	1159123	632875	40265	2882637	
Indirekte Steuern		40356	18629	14346	5879	12489	49585	21270	1517	164071	
Beitrag zum NSP z. Marktpr.		216834	228129	401401	108779	186930	1208708	654145	41782	3046708	
Abschreibungen		25422	59191	113553	25033	19896	82470	68064	5960	399589	
Beitrag zum BBP z. Marktpr.		242256	287320	514954	133812	206826	1291178	722209	47742	3446297	
Bruttoproduktionswert		1595453	711566	1217632	283916	559025	3223797	2182155	134023	9907567	

PG u. IG	Verkäufe an Rest der Prov. Total	Exporte Nordregion	Katalonien	Madrid	Rest Spanien	Ausland	Total	Lagerveränderungen H. u. F.-Fabrikate	Bruttoproduktionswert
-	662331	268562	108844	188452	355647	-	921505	11617	1595453
46431	219795	105428	113178	86612	179875	-	485092	6235	711586
198593	209513	103820	577308	49524	82295	90446	903393	104726	1217632
71335	71335	39305	78237	40149	42642	-	200333	7283	283916
25332	25332	70649	67539	102754	100763	40444	382149	5639	559025
404380	476378	485378	440955	493113	629125	587788	2636998	98942	3223797
56937	56937	89034	472795	725421	364322	295204	1946776	91632	2182155
-	14247	16236	20978	29394	46041	2008	114657	5119	134023
803008	1735868	1179051	1879834	1715418	1800710	1015890	7590903	331193	9907567

Literaturverzeichnis *)

Ackley, G., 51: The multiplier time-period: money, inventories, and flexibility, in: American Economic Review, 1951, S. 350 ff.

Airov, J., 63: The construction of interregional business cycle models, in: Journal of Regional Science, Bd. 5, 1963, S. 1 ff.

Angelet Cladellas, J. und Clusa Oriach, J., 72: Desarrollo regional y localización industrial en España, in: Boletín Estudios Económicos, Nr. 86, Bilbao 1972, S. 449 ff.

Archibugi, F., 69: La planificación física y económica en el desarrollo nacional, in Ciudad y Territorio, 1969, S. 6 ff.

Aujac, H., 60: La hiérarchie des industries dans un tableau des échanges industriels et ses conséquences dans la mise en oevre d'un plan national decentralisé, in: Revue Economique, Bd. XL, 1960, S. 169 ff.

Aydalot, P., 65: Etudes sur le processus de polarisation et sur les réactions des industries anciennes à la lumière de l'expérience à Lacq, Cahiers de l'ISEA, Serie L, März 1965

Banco de Bilbao, 67: Renta Nacional de España y su distribución provincial, Año 1964, Bilbao 1967

Barbancho, A. G., 67: Las migraciones interiores españolas, Madrid 1967

Barbancho, A. G., 68: Las ciudades medias, discurso de Apertura, Facultad de Ciencias Políticas Económicas y Comerciales de la Universidad de Granada 1968/69 *

Barlow-Report, 40: Report of the Royal Commission on the Distribution of the Industrial Population, London 1940

Bauchet, P., 55: Les tableaux économiques, analyse de la région Lorraine, Paris 1955

Beck, R., 68: Regionalisierung und territoriale Neugliederung der Verwaltung in Spanien, in: Verwaltungsarchiv, Bd. 59, 1968, S. 17 ff.

Berry, B. J. L. und Pred, A., 61: Central place studies: A bibliography of theory and applications, Philadelphia 1961

---

*) Die im folgenden mit einem * versehenen Arbeiten sind unveröffentlicht.

Berry, B. J. L., 61: City size distribution and economic development, zitiert nach:Regional Development and Planning, herausgeg. von J. Friedmann u. W. Alonso, Cambridge 1964, S. 138 ff.

Berry, B. J. L. und Garrison, W. L., 58: Recent developments of central place theory, Papers and Proceedings of the Regional Science Association, IV, 1958, S. 107 ff., hier zitiert nach dem Wiederabdruck in: Urban Economics, herausgeg. von W. H. Leahy, D. L. McKee, D. Dean, New York und London, 1970, S. 117 ff.

Blaug, M., 64: A case of emperor's clothes: Perroux' theories of economic domination, in: Kyklos, Bd. 17, 1964, S. 551 ff.

Boeke, J. H., 53: Economics and economic policy of dual societies, Haarlem 1953.

Böventer, E. v., 62: Die Struktur der Landschaft. Versuch einer Synthese und Weiterentwicklung der Modelle J. H. v. Thünens, W. Christallers und A. Löschs. In: Optimales Wachstum und optimale Standortverteilung, Schriften des Vereins für Sozialpolitik N. F. 27, herausgeg. von R. Henn, G. Bombach und E. v. Böventer, Berlin 1962, S. 77 ff.

Borts, G. H., 60: The equalization of returns and regional economic growth, in: American Economic Review, Bd. 50, 1960, S. 319 ff.

Borts, G. H. und Stein, J. L., 1964: Economic growth in a free market, New York und London 1964

Boudeville, J. R., 57: L'économie régionale espace opérationnel, Institut de Science Economique Appliqée, Paris 1957

Boudeville, J. R., 65: Frontiers and interrelations of regional planning, in: Problems of economic development, herausgeg. von E.A.G.Robinson, London 1965, S. 456 ff.

Buttler, F., 69: Alternativen der spanischen Regionalplanung, in: Informationen des Instituts für Raumordnung, Nr. 15/69, Bad Godesberg 1969, S. 427 ff.

Buttler, F., 70: Politica regional de redistribución de ingresos y estructuración espacial en el marco de los planes de desarrollo, in: De Economía, No. 111, Madrid 1970, S. 177 ff.

Buttler, F., 71: Wachstumspole im Konzept der Entwicklungsplanung, in: Voraussetzungen einer globalen Entwicklungspolitik und Beiträge zur Kosten- und Nutzenanalyse, herausgeg. von R. Meimberg, Schriften des Vereins für Sozialpolitik, N.F. 59, Berlin 1971, S. 175 ff.

Buttler, F., 72: Análisis de atracción y planificación económica del espacio, in: Boletín de Estudios Económicos, Nr. 86, Bilbao 1972, S. 405 ff.

Carrillo-Arronte, R., 70: An empirical test on interregional planning, Rotterdam 1970

Castillo, J. C., 68: La sociedad de consumo, Madrid 1968

Chenery, H. B., 60: Patterns of industrial growth, in: American Economic Review, Bd. 50, 1960, S. 624 ff.

Chenery, H. B., und Watanabe, T., 58: International comparisons of the structure of production, in: Econometrica, Bd. 26, 1958, S. 487 ff.

Chinitz, B., 66: Appropriate goals for regional economic policy, zitiert nach dem Wiederabdruck in McKee, D.L., Dean, R.D. und Leahy, W.H.: Regional Economics, Theory and Practice, New York, London 1970, S. 221 ff.

Christaller, W., 33: Die zentralen Orte in Süddeutschland, Jena 1933

Clark, C., 45: The economic function of a city in relation to its size, in: Econometrica, Bd. 13, 1945, S. 97 ff.

Cohen, St., 69: Modern Capitalist Planning: The French Model, Cambridge/Mass. 1969

Comisaría del Plan de Desarrollo, 63: I Plan de Desarrollo Económico y Social, Madrid 1963

Comisaría del Plan de Desarrollo, Ponencia de Desarrollo Regional, 68: II Plan de Desarrollo Económico y Social, Madrid 1968

Comisaría del Plan de Desarrollo/Italconsult, 68: Estudio para la Determinación y promoción de un conjunto integrado de industrias en Huelva-Sevilla-Cádiz, Madrid/Rom 1968

Comisaría del Plan de Desarrollo, 69: II Plan de Desarrollo Económico y Social, Madrid 1969

Comisaría del Plan de Desarrollo, 70: Nota sobre la política de la administración en relación con los polígonos industriales, Madrid 1970 *

Comisaría del Plan de Desarrollo, 70: Proyecto de un modelo econométrico de desarrollo, Madrid 1970 *

Comisaría del Plan de Desarrollo, 70: RGR, Regionale Gesamtrechnung für Huelva und Sevilla, Madrid 1970 *

Comisaría del Plan de Desarrollo, 71: Especificación de un modelo de desarrollo regional, Madrid 1971 *

Comisaría del Plan de Desarrollo, Ponencia de Localización Industrial, 71: Análisis comparativo preliminar de los complejos existentes en Tarragona, Puertollano, Castellón, Escombreras, Algeciras y Huelva, Madrid 1971 *

Comisaría del Plan de Desarrollo, Comisión de Areas Metropolitanas, 71: Areas metropolitanas españolas, Madrid 1971 *

Comisaría del Plan de Desarrollo, Comisión de Areas Urbanas, 71: Areas urbanas españolas, Madrid 1971 *

Comisaría del Plan de Desarrollo, 71: Estimación de la renta provincial de 1971, Madrid 1971 *

Comisaría del Plan de Desarrollo, Directrices..., 71: III Plan de Desarrollo Económico y Social, directrices de política de desarrollo, documento de trabajo, Madrid 1971 *

Comisaría del Plan, 72: Evaluación económica de los polos de desarrollo, Estudios del Instituto de Desarrollo Económico, Madrid 1972

Comisaría del Plan, 72: Tercer Plan de Desarrollo, Madrid 1972

Consejo Económico Sindical Nacional, 67: Legislación sobre Polos de Promoción y Desarrollo Industrial, Madrid 1967

Consejo Económico Sindical Nacional, 69: Tablas input-output de la economía española, Madrid 1969

Dahrendorf, R., 57: Soziale Klassen und Klassenkonflikt in der industriellen Gesellschaft, Stuttgart 1967

Darwent, D. F., 69: Growth poles and growth centers in regional planning - A review, in: Environment and Planning, Bd. 1, 1969, S. 5 ff.

Davin, L. E., Degeer, L. und Paelinck, J., 59: Dynamique économique de la région liégoise, Paris 1959

Davis, O. A., und Winston, A., 62: Externalities, welfare, and the theory of games, in: Journal of Political Economy, Bd. 70, 1962, S. 241 ff.

Délégation a l'aménagement du territoire et a l'action régionale, 69: schéma général d'aménagement de la France, la façade méditeranéenne, Paris 1969

Denison, E., 67: Why growth rates differ, Washington 1967

Derwa, L., 57: "Analyse input-output de la région liégoise, Revue de Conseil Economique Wallon, September-November 1957

Easterlin, R. A., 60: Regional growth of income: long term tendencies, in: Population redistribution and economic growth, United States, 1870-1950, Bd.2, herausgeg. von S. Kuznets, A.R.Miller, und R.A.Easterlin, Philadelphia, 1960, S. 141 ff.

Eckstein, O., 65: Water resource development, the economics of project evaluation, Cambridge/Mass. 1965

Egner, E., 63: Der Einfluß der europäischen Wirtschaftsgemeinschaft und der überseeischen Industrialisierung auf die westdeutsche Industrie, in: Forschungs- und Sitzungsberichte der Akademie für Raumforschung und Landesplanung, Bd.23, Hannover 1963, S. 107 ff.,

Egner, E., 66: Art. Dual Economies, in: Entwicklungspolitik, Handbuch und Lexikon, herausgeg. von H.H.Walz, H.Besters und E.E.Bösch, Stuttgart, Berlin, Mainz, 1966, Sp. 1079 ff.

Egner, E., 67: Política regional y desarrollo económico, Bilbao 1967

Elkan, P. G., 65: How to beat backwash: The case for customs-drawback unions, in: Economic Journal, Bd. LXXV, 1965, S. 44 ff.

Fernández-Rodríguez, F., 72: La política regional de los planes españoles de desarrollo, in: Boletín de Estudios Económicos, Nr. 86, Bilbao 1972, S. 431 ff.

Friedmann, J., 59: Regional planning: A problem in spatial integration, in: Papers and Proceedings of the Regional Science Association, Vol.5, 1959, S. 167 ff.

Friedmann, J., 68: The strategy of deliberate urbanization, in: The Journal of the American Institute of Planners, Nov. 1968, S. 364 ff.

Friedmann, J., 69: A general theory of polarized development, Santiago de Chile 1969 *

Friedmann, J., 70: Towards a National Urbanization Policy: Problems, Decisions and Consequences, Kopenhagen 1970 *

Gerfin, H., 64: Gesamtwirtschaftliches Wachstum und regionale Entwicklung, in: Kyklos, Bd.17, 1964, S.565 ff.

Giersch, H., 63: Das ökonomische Grundproblem der Regionalpolitik, in: Jahrbuch für Sozialwissenschaft, 14, 1963, S. 386 ff.

Hägerstrand, T., 66: Aspects of the spatial structure of social communication and the diffusion of information, Papers and Proceedings of the Regional Science Association, Vol.16, 1966, S. 27 ff.

Hanna, F., 59: State income differentials, 1919-1954, Durham 1959

Hansen, N. M., 65: Unbalanced growth and regional development. Western Economic Journal, Bd. IV, 1965, S. 3 ff.

Hansen, N. M., 67: Development pole theory in a regional context, in: Kyklos, Bd. 20, 1967, S. 709 ff.

Hansen, N. M., 68: French regional planning, Edinburgh 1968

Hansen, N. M., 71: Criteria for a growth center policy, Genf, UNRISD, April 1971 *

Hansen, N. M., 71a: Intermediate Size Cities as Growth Centers, New York, Washington, London 1971

Hansen, N. M., 70 : Rural Poverty and the Urban Crisis, Bloomington 1970

Hauser, Ph. M., 63: The social, economic, and technological problems of rapid urbanisation, in: Hoselitz, B. F. und Moore, W. E.: Industrialization and society, Den Haag 1963

Hermansen, T., 70: Development poles and development centers in national and regional development - elements of a theoretical framework, in: A review of the concepts and theories of growth poles and growth centers, herausgeg. vom United Nations Research Institute for Social Development, Genf 1970, S. 1 ff.

Hesse, H., 68: Importsubstitution und Entwicklungspolitik, in Zeitschrift für die gesamte Staatswissenschaft, Bd. 124, 1968, S. 641 ff.

Hirschman, A. O., 67: Die Strategie der wirtschaftlichen Entwicklung, deutsch, Göttingen 1967

Hoover, E. M., 48: The location of economic activity, New York, London, Toronto 1948

Hoselitz, B. F., 60: Sociological aspects of economic growth, Glencoe 1960

IBRD, 62: Informe del Banco Internacional de Reconstrucción y Fomento. El Desarrollo Económico de España, Madrid 1962

I.N.E., 65: Encuesta de presupuestos familiares, resultados provisionales, nacionales y provinciales, Madrid 1965

I.N.E., 68: Migración y estructura regional, Madrid 1968

I.N.E., 70: Boletín mensual estadístico, Jg. 1970, Madrid 1970

I.N.E., 70: Instituto Nacional de Estadística. Contabilidad nacional de España. Años 1966, 1967, 1968 y avance de 1969, Madrid 1970

Isard, W., Schooler, E. W., Vietorisz, Th., 59: Industrial complex analysis and regional development, New York und London 1959

Isard, W., 60: Methods of regional analysis, New York, London 1960

Jansen, P. G., 68: Infrastrukturinvestitionen als Mittel der Regionalpolitik, Gütersloh 1968

Jochimsen, R., 66: Theorie der Infrastruktur, Tübingen 1966

Jürgensen, H. und Marx, D., 64: Regionalplanung und wirtschaftliches Wachstum, Essen 1964

Kau, W., 70: Theorie und Anwendung raumwirtschaftlicher Potentialmodelle, Tübingen 1970

Klaassen, L. H., 65: Aménagement économique et social du territoire, Paris 1965

Klaassen, L. H., 67: Methods of selecting industries for depressed areas, Paris 1967

Klaassen, L. H. und van Wickeren, A. C., 69: Interindustry relations; an attraction model, in: Bos, H. C., Towards Balanced international growth, Amsterdam 1969, S. 245 ff.

Klaassen, L. H., 70: Growth poles in economic theory and policy, in: A review of the concepts and theories of growth poles and growth centers, herausgeg. vom United Nations Research Institute for Social Development, Genf 1970, S. 91 ff.

Körner, H.; 67: Industrielle Entwicklungspole als Instrument der Regionalpolitik in Entwicklungsländern, in: Kyklos, Bd. 20, 1967, S. 684 ff.

Körner, H., 70: Sozialökonomischer Dualismus als Herausforderung für die Infrastrukturpolitik, in: Grundfragen der Infrastrukturplanung für wachsenden Wirtschaften, Schriften des Vereins für Socialpolitik N.F. 58, herausgeg. von H. Arndt und D. Swatek, Berlin 1970, S. 201 ff.

Koyck, L. M., 54: An econometric study on the time-shape of economic reactions, Amsterdam 1954

Kuklinsky, A. R., 70: Regional development, regional policies and regional planning. Problems and issues. In: Regional Studies, Vol. 4, 1970, S. 269 ff.

Kuznets, S., 66: Modern economic growth, New Haven and London 1966

Labasse, J. und Laferrère, M., 60: La région lyonnaise, Paris 1960

Lasuen, J. R., Lorca, A., Oria, J., 68: Desarrollo económico y distribución de las ciudades por tamaño, in: Arquitectura, 1968, S. 5 ff.

Lasuen, J. R., 69: On growth poles, in: Urban Studies, Bd. 6, Nr. 2, 1969, S. 137 ff.

Lasuen, J. R., 71: A generalization of the growth pole notion, Madrid 1971 *

Lösch, A., 44: Die räumliche Ordnung der Wirtschaft, Jena 1944

Machlup, F., 40: Period analysis and multiplier theory, in: Quarterly Journal of Economics, Bd.14, 1939-40, S. 1 ff.

Marx, D., 66: Wachstumsorientierte Regionalpolitik, Göttingen 1966

Mennes, L. B. M., Tinbergen, J., und Waardenburg, J. G., 69: The element of space in development planning, Amsterdam 1969

Metzler, L., 50: A multiple region theory of income and trade, in: Econometrica, Bd. 18, 1950, S. 329 ff.

Meyer, J. R., 68: Regional economics, a survey, in: Surveys of economic theory, Bd. II, S. 240 ff. Herausgeg. von der American Economic Association und der Royal Economic Society, London, Melbourne, Toronto, New York 1968

de Miguel, A., 68: Estructura regional del comportamiento económico: renta, ahorro, consumo y nivel de vida, Madrid 1968 *

Myrdal, G., 67: Economic theory and underdeveloped regions, London 1957

Nederlands Economisch Instituut, 71: Une analyse d'attraction pour les Asturies, Rotterdam 1971 *

Neutze, G. M., 65: Economic policy and the size of cities, Canberra 1965

North, D. C., 64: Location theory and regional economic growth, in: Regional development and planning, herausgeg. von J. Friedmann und W. Alonso, Cambridge/Mass. 1964, S. 240 ff.

Nurkse, R., 53: Problems of capital formation in underdeveloped countries, Oxford 1953

Olsen, E., 71: International trade theory and regional income differences, United States 1880-1950, Amsterdam 1971

Paelinck, J., 63: La teoría de desarrollo regional polarizado, in: Revista de Economía Latinoamericana, Nr.9 Caracas 1963, S. 1 ff.

Paelinck, J., 65: La Théorie du développement régional polarisé, in: Cahiers de l'ISEA (Serie L, 15) März 1965, S. 5 ff.

Pedersen, P. O., 69: Innovation diffusion in urban systems, Lund 1969 *

Perloff, H. S., Dunn, E.S., Lampard, E. E., und Muth, R. F., 60: Regions, resources and economic growth, Baltimore 1960

Perpiña y Grau, R., 69: La constitución económica de España como muestra de comunidades heterogéneas y ante el mercado común europeo, in: Boletín de Estudios Económicos, Vol. 23, 1969

Perpiña y Grau, R., 71: La problemática de delimitación espacial regional, in: Boletín de estudios económicos Bd. 26, 1971, S. 675 ff.

Perroux, F., 50: Economic space, theory and application, in: Quarterly Journal of Economics, Bd. 64, 1950

Perroux, F., 55: Note sur la notion de pôle de croissance in: Economie Appliquée, 1955, S. 307 ff.

Perroux, F., 60: La firme motrice dans la région et la région motrice, in: Théorie et politique de l'expansion régionale, Actes du colloque international de L'Institut de Science Economique de l'Université de Liège (1960)

Plaza Prieto, J., 68: El desarrollo regional y España, Madrid 1968

Piñera Alvarez, P., 72: La tabla input-output de la economía asturiana 1968, in: Boletín de Estudios Económicos, Nr. 86, Bilbao 1972, S. 537 ff.

Popescu, O., 64: Probleme der wirtschaftlichen Entwicklung Lateinamerikas, in: Gestaltungsprobleme der Weltwirtschaft, Festschrift für A. Predöhl, herausgegeben von H. Jürgensen, Göttingen, 1964, S. 374 ff.

Pütz, Th., 60: Die wirtschaftliche Konzeption, in: Zur Grundlegung wirtschaftspolitischer Konzeptionen, herausgeg. von H. J. Seraphim, Schriften des Vereins für Socialpolitik, N.F. 18, Berlin 1960, S. 9 ff.

Richardson, H. W., 69: Regional economics, London 1969

Richardson, H. W., 71: Regional development policy in Spain, in: Urban Studies, 1971, S. 39 ff.

Richardson, H. W., 72: Some Aspects of Regional Development Policy in Spain, OECD-Report, Juni 1972 *

Richter, Ch. E., 69: The impact of industrial linkages on geographic association, in: Journal of Regional Science, Bd. 9, Nr. 1, 1969, S. 19ff.

Richter, Ch. E., 70: Systematic relationships between industrial linkages and the agglomeration of manufacturing industries, in: The Review of Regional Studies, Bd. 1, 1970, S. 37 ff.

Rittenbruch, K., 68: Zur Anwendbarkeit der Exportbasiskonzepte im Rahmen der Regionalanalyse, Berlin 1968

Ritter, U., 66: Art. Industrieparks, in: Entwicklungspolitik, Handbuch und Lexikon, Herausgeg. von H. H. Walz, H. Besters und E. E. Bösch, Stuttgart, Berlin, Mainz 1966, Sp. 1253 ff.

Ritter, U., 71: Die siedlungsstrukturellen Grundlagen der Entwicklungsplanung, in: Voraussetzungen einer globalen Entwicklungspolitik und Beiträge zur Kosten- und Nutzenanalyse, Schriften des Vereins für Socialpolitik, N.F. 59, herausgeg. von R. Meimberg, Berlin 1971, S. 163 ff.

Ritter, U. P., 72: Siedlungsstruktur und wirtschaftliche Entwicklung, Berlin 1972

Rodwin, L., 61: Metropolitan policy for developing areas, in: Regional economic planning, herausgeg. von W. Isard, und J. H. Cumberland, Paris, 1961, S. 221 ff.

Romans, J. Th., 65: Capital exports and growth among U.S. regions, The New England Research Series, Nr. 1, Middletown, Conn. 1965

Rosenfeld, F., 64: Structure et perspectives économiques de la province de Turin, Metra III, 4, 1964

Rostow, W. W., 67: Stadien wirtschaftlichen Wachstums, 2. deutsche Auflage, Göttingen 1967

Saigal, J. C., 65: The Choice of Sectors and Regions, Rotterdam, University Press 1965

Salvatore, D., 72: The Operation of the Market Mechanism and Regional Inequality, in: Kyklos, Bd. XXV, 1972, S. 518 ff.

Samuelson, P. A., 48: Der Ausgleich der Faktorpreise durch den internationalen Handel, zuerst in: The Economic Journal, Bd. 58, 1948, S. 163 ff., hier zit. nach Rose, K., Hg.: Theorie der internationalen Wirtschaftsbeziehungen, Köln/Berlin 1966, S. 69 ff.

Sargent-Florence, P., 44: The selection of industries suitable for dispersion into rural areas, in: The Royal Statistical Journal, Bd. 107, 1944, S. 93 ff.

Schumpeter, J., 12: Theorie der wirtschaftlichen Entwicklung, Leipzig 1912

Scitovsky, T., 54: Two concepts of external economies, in: The Journal of Political Economy, 1954, S. 143 ff.

SEMA, 61: Effets des industries du gaz naturel de Lacq sur l'économie du departement des Basses-Pyrenées, Paris 1961

Siebert, H., 67: Zur Theorie des regionalen Wirtschaftswachstums, Tübingen 1967

Siebert, H., 69: Regionalwirtschaftslehre in den USA: Ein Überblick, in: Jahrbuch für Sozialwissenschaft, Bd. 20, 1969, S. 51 ff.

Siebert, H., 70: Regionales Wirtschaftswachstum und interregionale Mobilität, Tübingen 1970

Stanford Research Institute und School of Planning and Architecture of New Delhi und Small Industry Extension Training Institute of Hyderabad, 68: Costs of urban infrastructure for industry as related to city size in developing countries, Stanford 1968

Stohler, J., 67: Zur Methode und Technik der Cost-Benefit-Analyse, in: Kyklos, Bd. 20, 1967, S. 218 ff.

Streit, M. R., 69: Spatial associations and economic linkages between industries, in: Journal of Regional Science, Vol. 9, 1969, S. 177 ff.

Streit, M. R., 71: Probleme regionalpolitischer Diagnose und Projektion, in: Schmollers Jahrbuch, Bd. 91, 1971 S. 669 ff.

Streit, M. R., 71a: Regionalpolitische Aspekte des Wachstumspolkonzepts, in: Jahrbuch für Sozialwissenschaft, Bd. 22, 1971, S. 221 ff.

Szamanski, S., 71: Some empirical evidence of the strengths of linkages between groups of related industries in urban-regional complexes, in: Papers of the Regional Science Association, Bd. 27, 1971, S. 137 ff.

Tamames, R., 68: Los centros de gravedad de la economía española, Madrid 1968

Tamames, R., 68a: España ante el segundo plan de desarrollo, Barcelona 1968

Di Tella, T. S., 70: The concept of polarized development in Regional Planning - A sociological interpretation, in: A review of the concepts and theories of growth poles and growth centres, herausgeg. vom United Nations Research Institute for social development, Genf 1970, S. 145 ff.

Thumm, U., 68: Die Regionalpolitik als Instrument der französischen Wirtschaftspolitik, Berlin 1968

Tiebout, C. M., 56: Exports and regional economic growth, in: Journal of Political Economy, 64, 1956, zitiert nach: Regional development and planning, herausgeg. von J. Friedmann und W. Alonso, Cambridge/Mass., 1964, S. 256 ff.

Tiebout, C. M., 60: Community income multipliers: a population growth model, in: Journal of Regional Science, Bd. 2, 1960, S. 75 ff.

UN 63: A study of industrial growth, UN-Department of Economic and Social Affairs, New York 1963

Utria, R. D., 71: Social Variables in Regional Development UNRISD/71/C.11., Genf, August 1971, hektografiert

Vanek, J., 62: International trade. Theory and economic policy, Homewood/Ill., 1962

van Wickeren, A. C., 71: Interindustry relations: some attraction models, Enschede 1971

van Wickeren, A. C., 72: Un análisis de atracción para la economía asturiana, in: Boletín de Estudios Económicos, Nr. 86, Bilbao 1972, S. 507 ff.

van Wickeren, A. C. und Smit, H., 71: The dynamic attraction model, in: Regional and Urban Economics, Bd. 1., Nr. 1, Amsterdam 1971, S. 89 ff.

Williamson, J. G., 65: Regional inequality and the process of national development, in: Economic Development and Cultural Change, Bd. XIII, Nr. 4, Teil 2, 1965, S. 3 ff.